Paris
1911

# Neymarck, Alfred

## *Finances contemporaines*

1

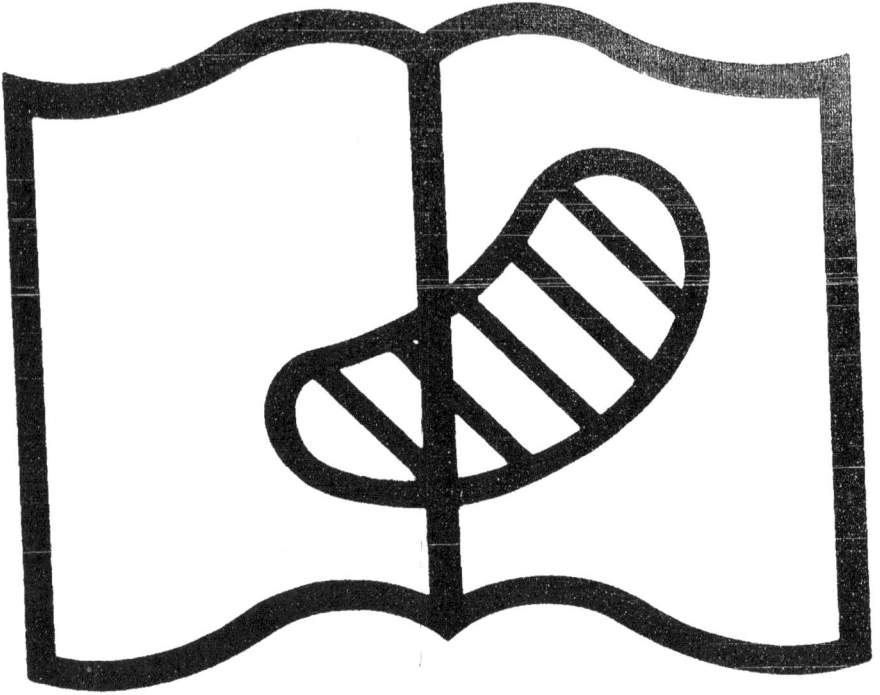

Symbole applicable
pour tout, ou partie
des documents microfilmés

Original illisible

**NF Z 43**-120-10

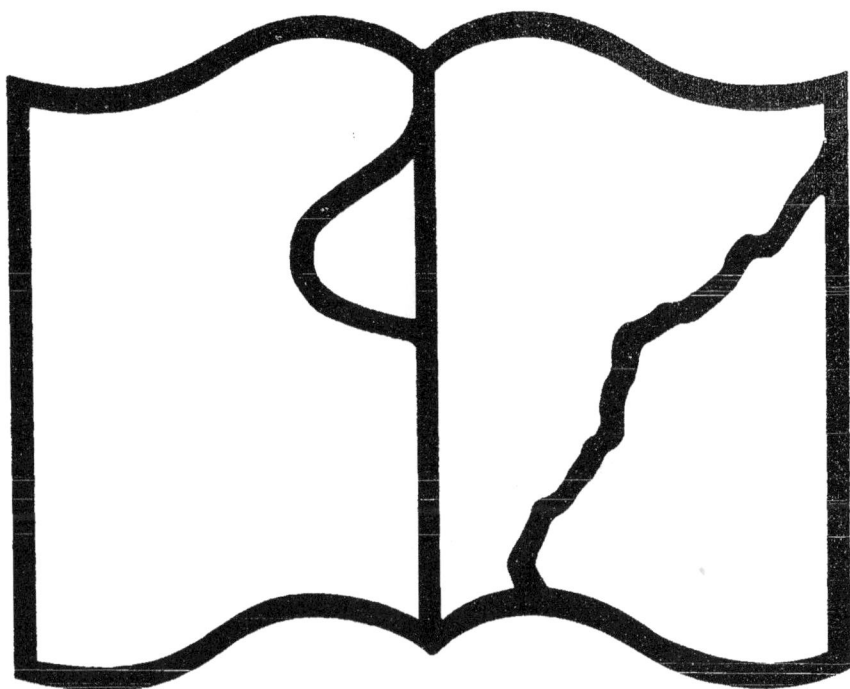

Symbole applicable
pour tout, ou partie
des documents microfilmés

Texte détérioré — reliure défectueuse

**NF Z 43**-120-11

*( Cousines la Caricature )*

## ALFRED NEYMARCK

# FINANCES CONTEMPORAINES

I

## TRENTE ANNÉES FINANCIÈRES

1872 - 1901

PARIS

Librairie GUILLAUMIN et Cie

ÉDITEURS DU JOURNAL DES ÉCONOMISTES,
DU DICTIONNAIRE DU COMMERCE, DE L'INDUSTRIE ET DE LA BANQUE,
DU DICTIONNAIRE D'ÉCONOMIE POLITIQUE.

*14 — Rue Richelieu — 14*

1902

# FINANCES CONTEMPORAINES

EXTRAIT

DES

## Publications de M. Alfred NEYMARCK

*Ancien président de la Société de statistique de Paris.*
*Membre du Conseil supérieur de statistique, etc.*

---

APERÇUS FINANCIERS, 2 vol. grand in-8°, 1868-1875.

COLBERT ET SON TEMPS, 2 vol. grand in-8°, 1877.

TURGOT ET SES DOCTRINES, 2 vol. grand in-8°, 1885.

UN CENTENAIRE ÉCONOMIQUE, 1789-1889, 1 vol. in-8°, 1889.

VOCABULAIRE MANUEL D'ÉCONOMIE POLITIQUE, 1 vol. in-12, 1898.

RAPPORT GÉNÉRAL fait au *Congrès international des valeurs mobilières* sur son organisation et ses travaux, 1 vol. grand in-8°, 1900.

ÉTUDES DIVERSES sur l'histoire, l'économie politique, les valeurs mobilières, les impôts, les chemins de fer, les travaux publics, la statistique et la législation; volumes ou brochures, 1873 à 1902.

ALFRED NEYMARCK

# FINANCES CONTEMPORAINES

## I

## TRENTE ANNÉES FINANCIÈRES

### 1872-1901

PARIS

Librairie GUILLAUMIN et Cie

ÉDITEURS DU JOURNAL DES ÉCONOMISTES,
DU DICTIONNAIRE DU COMMERCE, DE L'INDUSTRIE ET DE LA BANQUE,
DU DICTIONNAIRE D'ÉCONOMIE POLITIQUE,

*14 — Rue Richelieu — 14*

1902

# AVANT-PROPOS

## I

Cet ouvrage, dont les premières pages remontent à trente ans, forme la suite des APERÇUS FINANCIERS que nous avons fait paraître en 1872 et 1873 et dont les deux volumes sont épuisés. Nous avons pensé qu'il pouvait être utile, en rééditant les revues annuelles que nous avons régulièrement consacrées aux principaux faits financiers, économiques, industriels, commerciaux, politiques, de rappeler des événements aujourd'hui oubliés et de montrer quelle importante étape notre pays a parcourue pendant cette période.

Motifs et objet de cette publication.

« L'histoire, écrivions-nous en tête du premier volume des APERÇUS FINANCIERS, a des faces diverses : c'est par ses côtés financiers que nous avons voulu étudier celle de ces dernières années. Les finances dominent tout : elles sont l'âme de la politique chez les peuples qui se paient de réalités et non de chimères. Si elles sont bonnes, le peuple est heureux; si elles périclitent, tout est crise, révolution, instabilité. La conséqunce, si on n'y prend garde, est la ruine. »

Importance des finances dans l'histoire.

Nous pourrions nous borner à répéter aujourd'hui cette courte préface. Elle explique le but que nous nous sommes proposé en écrivant ce livre, qui pourra éviter aux lecteurs curieux des faits économiques et financiers contemporains, les recherches pénibles, les investigations minutieuses et les longues lectures.

Constatations périodiques des faits économiques et financiers

On ne rencontrera ici que de simples exposés de faits. Nous avons, pendant les trente années écoulées de 1872 à 1901, publié successivement, au moment op-

Des faits ici seulement.

1

Etudes diver-
ses publiées an-
térieurement.

Réflexions et
conclusions à en
tirer.

portun et dans la forme qui paraissait la mieux appro-
priée, des mémoires et des études sur les sujets qui
préoccupaient plus particulièrement l'opinion (1). Nous
n'avons pas l'intention d'y insister autrement, mais il
nous a semblé qu'il convenait ici de noter les réflexions
éveillées par les événements à mesure qu'ils se sont
produits, de fixer les idées sorties de ces événements
mêmes, de rappeler les projets conçus, entrevus et résumés tous les ans : enfin, puisque les méthodes d'observation sont aujourd'hui en pleine faveur, nous
avons pensé que c'était surtout ici la place des constatations que nous avons recueillies au jour le jour sur
les faits qui se sont successivement produits.

## II

Ce volume s'ou-
vre avec l'année
1872.

Ce volume commence avec la revue de l'année 1872.
Nos emprunts libératoires sont accomplis. Nous som-

Concours Wo-
lowski (Acadé-
mie des sciences
morales et poli-
tiques).

(1) Dans la séance publique annuelle du 28 novembre 1891, M. Léo
Aucoc, président de l'Académie des sciences morales et politiques,
annonçait que, sur le prix de 3,000 francs fondé par M. Wolowski, en vue
de récompenser « le meilleur ouvrage d'économie politique, finances ou
statistique qui aura été publié dans les six années qui auront précédé
la clôture du concours », l'Académie avait attribué à M. Alfred Neymarck
une récompense de 2,500 francs.

En même temps, le président de l'Académie appréciait ainsi ses travaux :
« L'Académie, dit M. Aucoc, a jugé que les travaux économiques et financiers de M. Neymarck, qui ont pour base des recherches scientifiques à
la fois étendues et solides, méritaient une large récompense. Aucun fait
considérable ne s'est produit depuis dix ans en finance et en économie
politique, aucune question importante n'a été soulevée ou dans les débats
des pouvoirs publics ou dans la presse, sans que la plume alerte et toujours prête de M. Neymarck en ait fait l'objet d'un examen sérieux. Si
ces travaux sont pour la plupart de peu d'étendue, ils portent tous l'empreinte d'un esprit éclairé et indépendant et ils ont contribué efficacement,
comme le livre plus ancien de M. Neymarck sur Turgot, à répandre les
plus saines doctrines économiques. L'Académie leur décerne une récompense de 2,500 francs. »

Prix Bourdin
(Société de sta-
tistique de Paris)

Antérieurement, la Société de statistique de Paris avait, sur le rapport
fait par M. Émile Cheysson au nom d'une commission spéciale composée de
MM. Émile Levasseur, Cheysson, Yvernès, de Foville et Cochut, anciens présidents de la Société, décerné à M. Neymarck le prix Bourdin qu'elle venait
de fonder. La médaille d'or de ce prix lui fut remise dans la séance
solennelle de septembre 1889.

mes à la veille d'un acte considérable au point de vue national : le traité conclu le 15 mars 1873 entre la France et l'Allemagne en vue d'assurer la prompte libération du territoire. En vertu de ce traité, qui fut, on peut le dire, le véritable testament politique de M. Thiers, les paiements stipulés par le traité de Francfort devaient être devancés et, dès le mois de septembre suivant, la France, délivrée de toute occupation étrangère, devait être rendue à elle-même, c'est-à-dire à nous seuls Français.

*La libération du territoire.*

Les emprunts nationaux, la libération du territoire, c'est sur ces faits capitaux que s'ouvre la période de trente années que nous embrassons, longue période d'une vie humaine quoique bien courte dans l'histoire d'un peuple. L'œuvre accomplie pendant ces trente années peut paraître, à première vue, confuse, indécise, constituée de parties hétérogènes et disparates; cependant, quand on la considère dans son ensemble, on s'aperçoit qu'étant données les difficultés qu'il a fallu surmonter, elle a été grande.

*L'œuvre de ces trente années a été grande.*

C'est en effet la reconstitution tout entière de la nation, du pays, qui s'est accomplie. Il a fallu tout réorganiser, créer plutôt à nouveau l'armée et la marine. Nous avons dû aborder toutes les questions : questions politiques et financières, commerciales et industrielles, sociales, administratives aussi, affaires intérieures et extérieures, affaires coloniales, relations avec les puissances étrangères.

*Reconstitution du pays.*

La France rendue à elle-même, plus de 25 milliards dépensés pour reconstituer nos forces militaires, des travaux publics considérables entrepris, nos réseaux de chemins de fer presque triplés, l'instruction publique donnée à tous, les œuvres charitables et sociales développées, la fortune mobilière et immobilière augmentée, la fortune publique et privée accrue, tel est le bilan de cette période. En même temps, nos budgets des dépenses s'élevaient à des chiffres qui auraient paru

*Résultats obtenus.*

jadis impossibles à atteindre, tandis que le rendement des impôts, directs ou indirects, continuait à s'accroître.

Et presque simultanément, des questions vitales pour un pays se posaient, exigeant de promptes solutions, comme les conversions de rentes, le renouvellement du privilège de la Banque de France, des impôts nouveaux à créer, des impôts anciens à supprimer, et tant d'autres; ou bien encore, les paniques et les ruines causées par les krachs de l'Union générale, de l'ancien Comptoir, des Dépôts et comptes courants, du Panama, etc., se produisaient inopinément.

### III

L'histoire de cette longue période pouvait comporter une division logique, marquée par les faits les plus saillants et les plus caractéristiques, soit au point de vue politique, soit au point de vue économique et financier.

Elle aurait pu distinguer plusieurs phases diverses :

I. Du traité de libération du 15 mars 1873 jusqu'au jour où la rente 5 % atteignit le pair, attestant ainsi le plein développement de notre crédit;

II. Du retour de la rente au pair jusqu'à la séparation de l'Assemblée nationale, après le vote d'une constitution et l'organisation des pouvoirs publics;

III. Depuis la mise en vigueur de la constitution nouvelle jusqu'aux élections générales de 1877 et à la formation d'un ministère républicain;

IV. Depuis l'avènement de la gauche au pouvoir jusqu'à la retraite du maréchal de Mac-Mahon;

V. De l'élection de M. Grévy à la présidence de la République jusqu'à la date actuelle sous les présidences successives de MM. Carnot, Casimir-Perier, Félix Faure et Emile Loubet.

Cette division eût, semble-t-il, rationnellement distribué les différentes parties d'un récit soutenu, que rien ne fût venu interrompre.

Mais nous n'avons pas à raconter; nous présentons seulement une série d'études, d'analyses, d'aperçus qu'ont fait naître, à mesure qu'elles se produisirent, des causes dont il était nécessaire de prendre en main la défense. Pour la facilité du lecteur et en raison de la nature même de ces travaux, nous avons dû nous astreindre au groupement chronologique par année. Cette classification tout artificielle offrait un avantage sérieux : elle permettait de présenter, à la fin de chaque chapitre annuel, une revue suffisamment détaillée des événements importants et des principaux faits financiers de l'année. Ces examens d'ensemble, si imparfaits qu'ils soient, sont souvent utiles, toujours commodes à consulter.

Division chronologique.

Une autre classification, préférable même à la division historique indiquée plus haut, aurait encore pu être adoptée si on n'avait été tenu à cet ordre des années : c'est la classification naturelle et méthodique. Nous n'entendons pas y renoncer complètement et, si ce mode de procéder n'a pu être observé dans le cours de cet ouvrage, nous le suivrons en groupant dans des publications ultérieures, qui feront la suite de ces FINANCES CONTEMPORAINES, les matières que nous avons successivement traitées pendant ces trente années aux points de vue financier, économique, statistique et fiscal. Ces matières forment trois catégories, très nettement séparées, mais qui gardent cependant entre elles des liens multiples :

Division méthodique.

I. Finances d'Etat ;

II. Economie politique et statistique ;

III. Finances pures et appliquées; chemins de fer; travaux publics; institutions et questions de crédit; législation fiscale et financière.

## IV

Nous avons étudié chaque année les parties des finances publiques et privées, qui paraissaient suscep-

Points spécialement étudiés chaque année.

tibles de réformes soit au point de vue de l'ordre même de la comptabilité générale, soit au point de vue du contrôle nécessaire que la nation doit légitimement exercer sur l'emploi de ses deniers.

**Finances publiques. Budgets.**

A toutes les époques, nous avons demandé une grande simplicité dans la confection des budgets; déjà, sous l'Empire, nous avions cherché à réagir contre la tendance toujours facile à l'ouverture des comptes ou budgets extraordinaires dans lesquels on faisait entrer, plus ou moins régulièrement, des dépenses d'un caractère permanent.

**Dépenses.**

Puis il a fallu réclamer opiniâtrement la réduction des dépenses stériles, repousser opiniâtrement les économies ruineuses et imprévoyantes, demander au contraire qu'on n'hésitât pas devant des dépenses productives faites avec sagesse et esprit de suite.

**Loi de finances.**

Nous avons sans cesse adjuré les deux Chambres d'examiner et de discuter la loi de finances annuelle avec toute l'attention qu'elle mérite et le soin scrupuleux qu'elle exige.

**Questions fiscales.**

Les questions d'impôt ont eu leur tour. Il n'est peut-être pas de pays au monde où les questions fiscales aient été aussi agitées que chez nous, où les créations, suppressions, modifications et surcharges d'impôts aient été aussi nombreuses. Au lendemain de la guerre

**Emprunts de la guerre. Impôts nouveaux.**

et de la Commune, une des vives préoccupations de l'Assemblée nationale et de M. Thiers, sans oublier ses illustres collaborateurs en tête desquels on nous permettra de rappeler la grande mémoire de M. Léon Say, fut de trouver des impôts nouveaux pour gager les emprunts colossaux qui avaient été effectués. Puis, de 1878

**Dégrèvements, dépenses, emprunts.**

à 1880, on fut pris d'une fièvre de dégrèvement fiscal, en même temps que d'une fièvre de dépenses et d'emprunts pour les travaux publics ; on voulait emprunter d'un côté, dégrever de l'autre. Que n'a-t-on pas dit et

**Les grands travaux publics, le plan Freycinet.**

écrit sur la nécessité et l'utilité des grands travaux publics, sur le « programme Freycinet » et sur « l'ère des dégrèvements »? Cette politique financière devait aboutir à un résultat que bien des esprits prévoyants avaient indiqué : l'accroissement des charges des contribuables. Après avoir créé des impôts nouveaux, supprimé des impôts anciens, emprunté, on s'est aperçu que les impôts étaient mal répartis. Il n'en pouvait être autrement. La vieille querelle entre les impôts directs et les impôts indirects est devenue plus vive, plus ardente; puis survinrent les auteurs de nouveaux impôts, tous ceux qui se figurent avoir trouvé une panacée pouvant tout guérir et subvenir à tout. De là, depuis de nombreuses années, une maladie presque incurable que nous avons qualifiée d' « obsession fiscale », maladie qui paraît se calmer un jour pour devenir plus aiguë et plus enfiévrée le lendemain.

*Accroissement des charges des contribuables.*

*L'obsession fiscale.*

Cette obsession fiscale a eu pour résultat d'accroître, depuis trente ans les impôts qui grèvent les valeurs mobilières françaises et étrangères. Les droits de timbre par abonnement et les droits de transmission ont été augmentés; on a créé une taxe de 3 % sur le revenu, portée ensuite à 4 % sur les valeurs et à 8 % sur les lots. Le droit de timbre au comptant a été relevé tant sur les fonds d'Etat étrangers que sur les autres valeurs étrangères n'ayant pas acquitté l'abonnement. Enfin un impôt sur les opérations de bourse a été établi. On a voulu dégrever l'impôt foncier : ce sont les titres mobiliers qui, finalement, ont payé le dégrèvement.

*Ses conséquences.*
*Les charges supportées par les valeurs mobilières considérablement accrues.*

Toutes les variétés d'impôts ont été produites au jour et discutées : impôt sur le capital, impôt sur le ou les revenus, impôt sur la rente, impôt global, impôt progressif ou dégressif, accroissement des droits de succession, etc. Malgré toutes les critiques, malgré toutes les attaques dont elles ont été l'objet, nos quatre vieilles contributions directes, combattues à droite comme à gauche, par tous les partis politiques, ont prouvé leur force de résistance en donnant des résultats chaque année croissants, alors que certaines de nos autres branches de revenus publics causaient de sérieuses déceptions au Trésor.

Opérations financières accomplies depuis trente ans.

Pendant ces trente années se sont accomplies les plus colossales opérations financières qui aient jamais vu le jour : tout d'abord nos deux emprunts libératoires de 2 et 3 milliards; puis la création d'un nouveau type de rente, le 3 % amortissable, l'émission de bons du Trésor, obligations trentenaires, quinquennaires, sexennaires, à long et à court terme; les énormes conversions, comme celle accomplie en 1888 en Angleterre par M. Goschen, qui roulait sur un capital de 14 milliards, et, chez nous, celles de l'emprunt Morgan et ensuite des rentes 5 %, 4 1/2 % et 3 1/2 % ; les trop nombreux emprunts communaux et départementaux ; les émissions d'obligations hypothécaires et communales du Crédit foncier, puis leur conversion ou leur remboursement anticipé ; les larges appels au crédit faits par les gouvernements étrangers; les émissions et placements d'obligations de chemins de fer et de sociétés industrielles. Enfin, à côté des affaires de crédit qui ont réussi, il faut noter la ruine d'une quantité d'entreprises qui ont causé des pertes nombreuses aux capitalistes et rentiers!

Révolution accomplie dans les mœurs et les habitudes financières.

On peut dire que, depuis 1870, une véritable révolution s'est accomplie dans les mœurs, dans les habitudes, dans les coutumes financières, en même temps que dans le crédit et dans le mode même de « faire » les affaires. Des crises dont on ne soupçonnait pas l'apparition et encore moins la violence ou la durée, ont éclaté dans le monde entier. Le mot « krach » a été employé en 1873 pour indiquer la crise qui frappait alors les marchés autrichiens et allemands. Depuis, tous les pays ont eu leur « krach ». La Grande-Bretagne a eu son krach des banques et celui de la maison Baring; les Etats-Unis ont eu les leurs; quant à nous, les affaires Philippart, l'Union générale en 1882, les Métaux et le Panama en 1889, la chute retentissante de plusieurs sociétés de crédit comme l'ancien Comptoir d'escompte et la Société des dépôts et comptes courants, etc., indiquent suffisamment que les krachs ne nous ont pas épargnés.

Les krachs.

On peut dire que, dans ces trente années, le crédit s'est montré sous toutes ses faces en bien et en mal. Il a dévoilé toute sa puissance ; il a connu tous les excès, développé la richesse publique et privée, entraîne aussi la ruine de ceux qui en ont abusé. *Le crédit.*

Pendant toute cette période, il a fallu encore affirmer sans cesse la valeur de nos rentes françaises et défendre leur intégrité. Nous nous sommes toujours élevé contre les projets qui pouvaient porter atteinte à leur juste valeur et protesté contre toute création d'impôt sur les rentes nationales, qui aurait pour conséquence de nous placer à la suite des nations peu scrupuleuses dont le crédit est précaire et dont la solvabilité est douteuse. *Les rentes françaises.*

Aussi avons-nous, à maintes reprises, sévèrement apprécié les pratiques des Etats qui n'hésitaient pas à violer le contrat de leurs emprunts, soit en imposant abusivement leurs rentes, soit en faisant subir indûment à leurs créanciers des réductions que ceux-ci étaient forcés de subir, sans que l'alternative du remboursement leur fût offerte. *Violation par des Etats étrangers de leurs contrats d'emprunts.*

Nous avons, sur ce point, signalé une grande lacune dans le droit public de l'Europe et demandé, à la suite des banqueroutes d'Etats partielles ou totales qui s'étaient produites, qu'on formulât enfin un droit public financier, dont les règles fussent désormais obligatoires pour les nations besogneuses en quête de ressources. Sans doute, on avancera lentement dans cette voie, mais déjà plusieurs jalons ont été posés : l'Institut international de statistique, le Congrès international des valeurs mobilières, se sont préoccupés de cette question et, tôt ou tard, il arrivera certainement que les puissances qui détiennent les capitaux, fixeront une règle pour les rapports financiers internationaux. *Droit public financier européen réclamé.*

Aux finances de l'Etat, se rattachent étroitement les finances des départements et des communes. Les conséquences de nos désastres, la vulgarisation de la pratique des emprunts, la facilité avec laquelle nos grandes *Finances départementales et communales.*

et petites villes trouvèrent des prêteurs, ont profondément modifié les conditions financières de nos provinces. De là est née une situation nouvelle qui appelle la vigilance des pouvoirs publics : c'est ici qu'un contrôle salutaire et nécessaire peut être exercé pour éclairer et guider les municipalités peu familiarisées avec les opérations de crédit. Que les communes puissent emprunter avec facilité, c'est là un fait heureux dont on ne saurait se plaindre, mais il faut veiller à ce qu'elles ne compromettent pas leur crédit. Il faut leur apprendre à emprunter le moins possible ; lorsqu'elles l'ont fait, à substituer, dès qu'elles le peuvent, un emprunt moins onéreux à une dette plus lourde; enfin et surtout, à pratiquer un amortissement scrupuleux dont l'État, qui par sa nature même y est moins strictement obligé, devrait bien leur donner l'exemple.

*Contrôle nécessaire.*

*Utilité d'un conseil supérieur des finances.*

Pour examiner ces questions, pour préparer la solution de ces problèmes qui réclament une étude et une expérience spéciales, pour éclairer le gouvernement, les ministres, les commissions parlementaires elles-mêmes, sur les difficultés de la gestion des finances publiques et sur les précautions avec lesquelles le crédit de l'État doit être mis en jeu, ce ne serait pas trop, croyons-nous, des lumières d'hommes éminents rompus à la pratique des choses de finances et à l'application des vrais principes. Nous avions émis le vœu que ces talents indépendants fussent rassemblés en un conseil supérieur des finances auprès duquel, en toute conjoncture difficile et pour toute opération délicate, le ministre fût certain de trouver un avis sage, sérieusement motivé et justifié par l'expérience acquise. Ce vœu fut presque réalisé : M. Magne, dont la mort causa de très vifs regrets, préparait une création de cette nature lorsqu'il dut quitter le ministère. Ce précédent ne sera pas oublié et quelque jour, nous en sommes convaincu, un administrateur habile et prudent reprendra cette tentative, la mènera jusqu'au bout et s'en trouvera bien.

Si le conseil supérieur des finances n'a pas encore été Les commissions extra-parlementaires. institué, nous avons le ferme espoir qu'il ne saurait tarder à l'être. Déjà le gouvernement, les différents ministères qui se sont succédé au pouvoir, ont reconnu la nécessité de faire appel, pour certaines questions spéciales, à des commissions extra-parlementaires. Nous citerons la commission du cadastre, celles de l'impôt sur les revenus, de l'alcool, de la population, des sociétés par actions, le conseil supérieur de statistique, le comité consultatif du cadastre, etc.

## V

Les questions économiques et commerciales ont pris, Questions économiques et sociales. depuis trente ans, un intérêt capital. Depuis 1892, les progrès qu'avait réalisé la réforme libérale de 1860 ont Résultats de la réforme de 1860 annihilés. été annihilés.

M. Thiers avait deviné la puissance financière du pays, force que nul autre peut-être ne soupçonnait, et il sut, en grand financier qu'il était, la mettre en jeu d'une manière admirable pour la délivrance finale de la nation. A cet égard, il nous a beaucoup appris à tous; mais, chose étonnante, ce merveilleux esprit était resté absolument étranger à notre transformation, disons plus, à notre révolution économique. Le renouvellement et l'immense accroissement de l'outillage industriel, la vaste expansion de notre commerce, le rayonnement de nos échanges autour de nous, l'émulation que la concurrence étrangère avait provoquée parmi les producteurs, tout cela semblait lui avoir échappé et nous faillîmes alors revenir en arrière.

Ce mouvement de recul fut pendant quelques années enrayé ; il se produisit même un temps d'arrêt. On ne recula pas ; mais on n'avança plus. C'est alors que les protectionnistes eurent le loisir de retrouver des forces très actives; ils déployèrent une très vive ardeur et,

La protection, régime économique du pays depuis 1892.

depuis 1892, on peut dire que la protection a été le régime économique normal de notre pays. Depuis 1870, la lutte a donc été très vive sur ce terrain et nous devons reconnaître que, malheureusement, nous sommes loin, très loin, aujourd'hui, du régime libéral de 1860.

Conclusion de traités de commerce.

Nous voudrions que des traités de commerce fussent conclus sur des bases aussi libérales que celles des traités antérieurs, mais il faut aller d'abord au plus pressé et s'efforcer d'atténuer le mal que le régime inauguré en 1892 a fait au pays.

Lutte libre et outillage perfectionné.

Ainsi, au point de vue international, nous demandions la lutte, la lutte libre ; mais en même temps nous réclamions qu'on mît sans cesse au service de notre industrie et de notre commerce des armes aussi sûres et aussi perfectionnées que celles dont disposaient nos émules et nos rivaux.

Ce plan comprenait le développement de nos chemins de fer et de nos canaux, l'amélioration des voies navigables et des ports ; la construction de nouveaux bassins à flot et de vastes docks. A cet égard, le programme autrefois tracé par M. de Freycinet nous a paru, en quelques-unes de ses parties, plus hardi que nous ne l'eussions souhaité, mais il est plus facile de remédier à un excès en ce sens qu'aux dangers d'une abstention ou d'une timidité qui aurait pu être désastreuse.

Régime des chemins de fer.

La question du régime des chemins de fer a été ardemment et passionnément discutée. Qui n'a présent à l'esprit, et la création et la ruine des chemins de fer d'intérêt local ; le désastre du réseau Philippart; le rachat de la Vendée et des Charentes, etc.; la constitution d'un réseau d'Etat qui, au dire de ses promoteurs, ne devait être qu'une expérience passagère? puis les batailles, qui durent encore, à propos du rachat des grandes compagnies; enfin, les importantes conventions de 1883, si injustement attaquées.

En cherchant à approfondir ces questions dès qu'elles ont été soulevées, nous n'avons pas hésité à nous prononcer pour le maintien du système actuel qui donne satisfaction à tous les intérêts, ceux de l'Etat, du public, des contribuables, et ceux des porteurs de titres qui représentent une part considérable de la fortune mobilière, plus de 20 milliards! L'Etat est d'ailleurs suffisamment armé pour obtenir toutes les améliorations que le public, l'industrie et le commerce peuvent désirer.

Nous avons donc rejeté bien loin non seulement tout rachat partiel ou total des chemins de fer, mais encore toute intervention de l'Etat excédant le juste exercice du contrôle et de la surveillance qui sont de son droit et de son devoir. *Rôle de l'Etat.*

Nous nous sommes efforcé de démontrer constamment, par des exemples, des faits, des chiffres, le péril de certaines expériences ou de mesures inopportunes, en matière de finances, de crédit, d'impôts, d'emprunts, de travaux publics.

## VI

Les faits d'ordre purement financier qui intéressent à la fois et la richesse publique et les fortunes privées, ont constamment agité l'opinion. Ici, l'abstraction a peu de part, l'exposition des principes est constamment appuyée par les témoignages de l'observation et les indications qui en découlent. *Questions financières.*

Rechercher et signaler les réformes grâce auxquelles peuvent être assurées la moralité des affaires, la régularité des négociations, la sincérité des marchés, la sécurité des capitaux, l'intégrité de la réputation financière du pays, tels sont les principes qui nous ont toujours guidé. *Principes qui nous ont guidé dans leur examen.*

A la Banque de France, qui a rendu et rend chaque jour de si grands services à l'Etat et au commerce, nous avons demandé pour le public un accès plus libre, des commodités plus grandes, des formalités moins nombreuses, des avances plus larges, un champ d'opérations plus étendu. Ce que nous souhaitions surtout pour *La Banque de France.*

cette grande institution, c'est que, par un rajeunisse-
ment en quelque sorte continu, elle se trouvât toujours
à la hauteur des progrès accomplis et en mesure de
défier toute concurrence. Sur bien des points, ces vœux
ont été réalisés.

**Le Crédit foncier de France.**

Au Crédit foncier de France, nous demandions une
plus grande extension des prêts hypothécaires, un abaissement notable du taux de leur intérêt, un plus grand
rayonnement sur la surface du pays, un détachement
complet de toute opération extra-statutaire.

**La régime des sociétés anony-mes.**

Des accidents d'une gravité exceptionnelle, survenus
à divers intervalles sur notre marché financier, ont à
plusieurs reprises appelé l'attention sur la législation
qui régit les sociétés anonymes. Nous avons examiné
cette loi de 1867, qui a si prodigieusement vieilli, et
signalé à plusieurs reprises son insuffisance, ses la-
cunes et ses vices. La faute n'en est pas tout entière
aux législateurs qui l'ont élaborée : qui donc, en 1867
et même en 1870, eût pu soupçonner la vaste expansion des forces du crédit qui s'est produite à la suite
de nos grands emprunts? Qui donc eût pu prévoir
qu'une fièvre si brûlante d'entreprises et de spéculations
s'emparerait de tous les marchés européens? Qui eût
pu prévoir les désastres de Vienne, les catastrophes
de Berlin et de Francfort, les écroulements des grandes
banques étrangères et les sinistres, moins redoutables
toutefois, auxquels notre marché a assisté ?

Comment ne pas regarder de très près la situation
faite aux capitaux et à l'épargne de la France par la
législation des sociétés? Ce que cet examen nous a
appris, nous l'avons dit en montrant que, bien souvent
sous le régime de la loi de 1867, tout peut être fraude,
duperie, mensonge et illusion dans une société régulièrement constituée en apparence, que tout peut y être
fictif : le capital social, les apports, les souscriptions,
les opérations, les dividendes, tout, absolument tout —
fictifs même les actionnaires.

Il était utile de demander une plus grande publicité, une plus complète lucidité des bilans des sociétés françaises et étrangères; la communication des comptes et des rapports annuels en temps opportun, avant la convocation des assemblées générales; une représentation plus large et plus fidèle des actionnaires dans ces assemblées.

C'était ce même souci des intérêts du public qui nous faisait désirer une revision des conditions d'admission des valeurs à la cote officielle de la Bourse de Paris. Il nous semblait qu'il fallait choisir l'une ou l'autre alternative : la liberté absolue ou une sélection plus attentive. Il faut tout admettre indistinctement à la cote ou se montrer plus exigeant avant de délivrer à des valeurs nouvelles un certificat de notoriété qui, c'est là un fait indéniable, influe certainement sur les résolutions des capitalistes.

*Admissions des valeurs à la cote officielle.*

Il est enfin de nombreuses questions soulevées dans le cours de ces trente dernières années, qu'il a été opportun d'exposer et de discuter : législation des marchés à terme, organisation des marchés financiers, monopole des agents de change, lois fiscales concernant les valeurs mobilières ou le marché lui-même.

*Organisation du marché financier.*

En dehors des questions de doctrine et d'application, il convenait de s'attacher à traduire aussi fidèlement que possible la signification des événements importants et de préciser avec exactitude la situation réelle du marché, chaque fois du moins qu'elle pouvait paraître douteuse et donner lieu à des appréciations erronées ou à des craintes irréfléchies. Crises, paniques, entraînements, enthousiasmes exagérés, désarrois subits, hausses passagères ou persistantes, ont offert un large champ d'observations faites en vue des enseignements qu'on en pouvait tirer.

*Situation du marché. Cours. Événements qui ont motivé leurs mouvements.*

## VII

Dans toutes ces revues annuelles, nous avons sévèrement écarté toute préoccupation politique.

A peine, çà et là, avons-nous, dans ces chroniques périodiquement publiées, noté en quelques lignes destinées seulement à en marquer l'existence, tantôt un fait considérable, tantôt une date importante. Nous n'avons voulu que constater, dans la mesure strictement nécessaire et en dehors de toute appréciation des hommes et des partis, l'influence que certains événements politiques ont exercée sur la situation financière du pays, sur les dispositions de notre marché, sur les cours de nos fonds publics.

Aussi n'est-ce pas sans quelque hésitation que nous nous détachons de cet ouvrage qui représente pour nous la somme des efforts tentés pendant une période déjà longue. Nous eussions pu intituler exactement ce livre : *Trente années d'études*, études poursuivies avec le seul désir de dire la vérité, sans aucun parti pris, guidé uniquement par le souci de dissiper l'obscurité qui plane encore sur tant de questions capitales.

En jetant un regard en arrière sur ces années parcourues, sur les problèmes étudiés et les matières agitées, on reconnaîtra que bien des progrès ont été accomplis et des réformes réalisées : mais on reconnaîtra aussi que le but est loin encore et qu'il reste beaucoup à faire pour l'éducation économique et financière du pays; et nous ne parlons pas de son éducation politique, ni des événements qui, dans cet ordre, ont si profondément agité le pays!

Le découragement serait certes permis à qui n'aurait pas une foi inébranlable dans la puissance du vrai et le résumé de ces trente années serait peu fait pour ranimer les espérances. Que de temps dépensé en luttes stériles, en discussions vaines, en récriminations oiseuses, en représailles funestes! Que de semaines, que

de mois sacrifiés aux animosités de partis, aux rancunes politiques, aux ressentiments personnels! Et
combien peu de jours consacrés au travail sérieux, aux
discussions fructueuses, aux délibérations graves mais
profitables!

Quelle œuvre législative et administrative à accom
plir; que de questions soulevées, posées, presque jugées
même! Et combien peu de solutions! Quel petit nombre
de pas faits dans un tel chemin!

Serait-ce que la pensée en France se fût épuisée et
appauvrie? Non; car pendant ce laps de temps, on a
beaucoup pensé, remué beaucoup d'idées, formé beaucoup de projets, exposé bien des théories et bien des
systèmes. Les intentions ont été meilleures et plus sincères que les volontés n'ont été fortes. On a tout abordé,
tout effleuré ; on n'a pas achevé. Tout ou presque
tout de ce qui importe le plus à la nation reste interrompu.

La nation a été vraiment admirable de courage, de
patience, de résignation. C'est grâce à son travail, à ses
efforts, à son économie que tant de milliards ont pu
être payés, tant d'impôts levés et recouvrés avec une
régularité et une ponctualité surprenantes. Elle a vaillamment supporté le surcroît des charges anciennes et
toutes les charges nouvelles que lui avaient imposées
ses désastres et ses déchirements. Grâce à ses sacrifices, notre armée a pu être reconstituée, la défense
de notre territoire réorganisée. Elle n'a trahi ni par
des plaintes, ni par des murmures, les souffrances, les
privations subies pour faire face à de si dures obligations. Elle a assuré sa propre libération, ranimé, accru
même son crédit, qui est aujourd'hui un des premiers
du monde et qui lui a permis de devenir, en quelque
sorte, le commanditaire de presque tous les pays en
leur prêtant des capitaux considérables, milliards sur
milliards, sans compter ceux que des débiteurs malheureux ou de mauvaise foi lui ont fait perdre. Elle a
rehaussé encore sa vieille et glorieuse réputation de

probité et de fidélité à ses engagements. Elle ne doit rien à personne autre qu'à elle-même.

La rente, qui est l'expression du crédit de l'Etat, a atteint et dépassé le pair et se tient tout en haut de l'échelle des cours des fonds publics des autres pays, en même temps que ses capitaux disponibles et ses épargnes se sont accrus dans des proportions qu'on n'aurait jamais pu entrevoir et qui auraient été plus considérables encore si nous n'avions eu parfois à souffrir de nos propres dissensions.

*On peut tout attendre de la France.*

Ce livre ne se fermera donc pas sur un regret, mais sur une espérance : car on peut tout attendre d'un tel peuple, capable de racheter si noblement ses erreurs ou ses fautes, capable d'un effort prolongé et constant, d'un relèvement si prompt et si puissant. Il peut voir parfois ses vœux méconnus, ses désirs et ses destinées retardés ; mais, quelque jour, son génie finira par triompher de l'insuffisance des hommes et de la résistance des événements.

Alfred Neymarck.

# 1872

---

## L'ANNÉE DES TROIS MILLIARDS

---

### I

On se souvient de ce qu'était la France au commence-Situation au début de l'année.ment de 1872. Six mois à peine s'étaient écoulés depuis la défaite d'une épouvantable insurrection qui avait ajouté tant de ruines à toutes celles que l'étranger avait faites. Six mois! Qu'est-ce que six mois dans la vie d'une nation? Était-ce assez seulement pour que la nôtre eût pu se retrouver et renaître à l'espoir ? Cependant ces quelques mois avaient suffi pour que le courage se ranimât partout; pour que partout, sans plus attendre, on se remît à l'œuvre. La France laborieuse commençait à racheter par le travail les maux qu'avaient causés les haines de partis. La politique semblait être le moindre de ses soucis : un jour avait suffi aux représentants du pays pour établir une constitution rudimentaire, renfermée tout entière dans quelques lignes et qui pourtant suffisait amplement à toutes les nécessités gouvernementales. On se fût contenté de moins encore pourvu que l'ordre se maintînt et que l'on pût travailler en paix. Déjà la souscription d'un emprunt de deux milliards avait prouvé que notre crédit était resté intact et nous avait rendu un peu de ce prestige que la fortune des armes nous avait enlevé.

L'année qui s'ouvre paraît donc devoir être consacrée tout entière aux affaires, à la production, à l'acquittement des charges énormes que nous a léguées la guerre. On doit, avant tout, rétablir l'équilibre du budget, créer de nouvelles ressources et, après avoir réorganisé nos finances pour affermir notre crédit naissant, reconstituer l'armée, chargée d'assurer le maintien de l'ordre, et l'administration qui réclame de promptes réformes.

L'Assemblée nationale justifie les espérances du pays. Le mois de janvier 1872 est consacré presque exclusivement à la discussion des lois financières, à l'examen de nos intérêts les plus graves.

A tout prix il faut de l'argent. On a versé deux milliards à la Prusse, il en reste encore trois à payer, sans compter ceux que nous avions dépensés nous-mêmes pendant la guerre, ceux que l'insurrection nous avait coûté. On croit devoir recourir à l'impôt. Mais quel nouvel impôt va-t-on frapper? Alors on étudie, on discute avec ardeur, avec passion, tous les projets en présence : impôt sur les patentes, impôt sur la propriété foncière, impôt sur le revenu, sur le capital, sur le chiffre des affaires, sur les livres de commerce, sur les valeurs mobilières, sur les matières fabriquées, sur les matières premières.

Ces débats n'ont pas toujours donné les résultats que nous eussions désirés et nous n'avons point ménagé les critiques à plusieurs des projets votés; mais, quelle qu'en fût l'issue, ces discussions étaient les seules qui pussent être utiles; si passionnées qu'elles fussent, elles ne pouvaient engendrer qu'une agitation heureuse et féconde. Et, tant que les députés de la France se sont bornés à de telles luttes, ils ont bien et véritablement été l'expression de la majorité de la nation.

Le jour même où une discussion de ce genre déterminait une crise gouvernementale (20 janvier) avec quelle satisfaction n'écrivions-nous pas ces lignes :

« Nous savons maintenant ce qui passionne la nation. Ce ne sont plus, Dieu merci, les questions politiques, constitutionnelles ou autres, mais les questions d'affaires; quel contraste entre l'animation déployée, sur tous les points du pays, à propos des matières premières, et l'indifférence avec laquelle sont accueillies les propositions touchant à la politique purement théorique, purement dogmatique, si nous pouvons nous exprimer ainsi? »

Cette sollicitude ardente pour les intérêts de la France ne s'éteint pas tout à coup et si, par intervalles, la politique fait encore irruption dans les débats parlementaires, on doit néanmoins reconnaître que les trois premiers mois de l'année 1872 sont presque entièrement consacrés aux affaires : discussion sur les traités de commerce, examen du budget ; amendement Raudot; discours pacifique de M. Thiers, le 30 mars.

*Période calme : les traités de commerce, le budget.*

*Discours de M. Thiers (30 mars).*

Commencée sous de si favorables auspices, cette année va malheureusement se poursuivre à travers les querelles de partis et de stériles agitations parlementaires.

## II

Les représentants, après les laborieuses discussions d'affaires, se séparent pour quelques jours. Chacun d'eux va, suivant une expression consacrée, « se retremper dans le sein des populations » dont il tient son mandat. Les conseils généraux élaborent consciencieusement et dans le plus grand calme, sauf quelques rares exceptions, toutes les questions d'intérêt local et départemental. L'ordre règne partout et les esprits semblent apaisés.

*Vacances parlementaires.*

C'est alors que le discours d'Angers, prononcé par M. Gambetta, commence une série de discussions qui, après avoir beaucoup agité les provinces, soulèvent ensuite dans le sein de l'Assemblée les passions les plus ardentes, les colères les plus funestes. Les partis se réveillent et leurs fréquentes collisions vont, à des intervalles, hélas! trop rapprochés, interrompre le travail de la nation, compromettre l'ordre et arrêter le mouvement des affaires. Désormais, dans les débats

*Discours de M. Gambetta à Angers. Agitations politiques.*

législatifs, et dans ceux mêmes qui doivent exciter le moins l'humeur des partis, la politique interviendra à tout propos.

Marchés de la guerre.
Accusations de parti.

On l'éprouve lors de la discussion des marchés. Que de récriminations le discours du duc d'Audiffret-Pasquier ne soulève-t-il pas? Que d'accusations, et des plus honteuses, les partis ne se jettent-ils pas à la face? Il semble que personne ne doive sortir pur de cette affreuse échauffourée où les hommes politiques s'attribuent mutuellement des fraudes infâmes que des fripons de bas étage ont seuls commises.

Projet de réorganisation de l'armée.
Intervention de Thiers.

On se rappelle encore combien fut passionnée la discussion du projet de loi sur la réorganisation de l'armée. L'intervention de M. Thiers en cette circonstance soulève pour la seconde fois les plaintes, si souvent reproduites depuis, d'un grand nombre de députés qui se croient pour ainsi dire violentés par la présence du président de la République au sein de l'Assemblée.

Période troublée.

A dater de cette époque la politique ne nous fait plus grâce; il semble que, dans la situation difficile entre toutes où se trouve le pays, le génie du mal se plaise à multiplier les obstacles déjà si nombreux devant nous, à seconder nos pires ennemis en enflammant les esprits, en ranimant les haines encore vives, en arrachant le pays aux affaires, au labeur, au repos.

Élections radicales du 9 juin.
Conséquences.

Voici venir les élections du 9 juin. Plusieurs départements sont, pendant quelques jours, en proie à une émotion inexprimable, à toutes les ardeurs de la lutte électorale la plus acharnée. Qu'en sort-il? Des élections radicales. Le parti conservateur se trouve bouleversé, le monde des affaires inquiet, la Bourse, ce thermomètre de la confiance publique, ébranlée, anxieuse. Les conservateurs sont pris de panique; une démarche est tentée auprès de M. Thiers afin de déterminer des réformes constitutionnelles qui ferment pour quelque temps la porte aux ambitions des radicaux. Le chef de l'Etat les regarde comme inopportunes. L'incertitude persiste; l'inquiétude générale ne fait que croître.

Et cela dans les circonstances les plus déplorables :
à la veille d'un emprunt énorme dont la nécessité est,
pour tous, depuis longtemps démontrée ; à la veille
d'un traité avec l'Allemagne pour lequel les négociations deviennent d'autant plus pénibles et d'autant plus
délicates.

Chose remarquable, tant de perturbations, tant de
crises successives qui semblent accumulées contre
nous, moins encore par la fatalité que par l'imprévoyance des hommes, n'ont pas eu les conséquences
graves qu'on pouvait redouter.

Tous les marchés de l'Europe se trouvent dans la
situation la plus incertaine ; il eût été logique de prévoir que le nôtre subirait les mêmes épreuves. Il s'en
est à peine ressenti. On peut dire qu'au lendemain de
ses désastres, la France a triomphé et des discordes de
l'intérieur et des dangers du dehors. Tout nous a réussi
presque malgré nous, malgré nos fautes, malgré les
erreurs des partis, malgré l'égoïste ambition de leurs
chefs.

*Situation in-
certaine des mar-
chés financiers
européens.*

L'Allemagne, que nos luttes politiques eussent dû
rendre si défiante, si réservée, l'Allemagne conclut avec
nous un traité qui permet d'alléger dans un terme prochain les charges des provinces occupées et de les délivrer de la présence de l'ennemi. Des impôts longtemps
repoussés et qui répugnent à la majorité sont votés. On
se croit encore assez fort, assez sûr du crédit de la
France pour demander à son épargne, aux capitaux
du monde entier, la somme énorme de trois milliards
et demi!

*Traité avec
l'Allemagne an-
ticipant l'évacua-
tion.*

Cet emprunt est couvert douze fois. Là encore, cependant, des fautes ont été commises. Le chiffre inouï des
souscriptions inspire presque de l'effroi. Les conditions
faites aux banquiers étrangers, à la spéculation, aux
dépens des souscripteurs nationaux soulevaient des
doutes sur la réalité du résultat. De quelles craintes
le monde financier n'était-il pas assailli? Et quels re-

*Emprunt de
3 milliards et
demi, couvert
12 fois.*

grets étaient exprimés à raison du mode d'émission que l'on avait choisi?

En dépit de ces regrets, en dépit de ces craintes, cet emprunt s'est classé. Les versements sont effectués régulièrement, les anticipations sont nombreuses. L'épargne, que l'injustice qui lui avait été faite, n'a point découragée, rachète chaque jour les rentes qu'elle n'a pu souscrire et, pour la seconde fois, la France laborieuse, la France économe, remporte sur le terrain des affaires une victoire éclatante, bien faite pour satisfaire son amour-propre.

Il est permis de se demander s'il faut plus s'étonner des effroyables désastres subis par la nation ou des prodigieux efforts qu'elle a accompli pour relever son crédit, faire honneur à ses engagements et retrouver les sources d'une prospérité qu'on croyait à jamais éteinte (1).

## III

M. Thiers s'installe à Paris. Vacances parlementaires.

Cependant, après ce triomphe financier dont on fait les honneurs à la République, les vacances de l'Assemblée semblent assurer au pays trois mois de calme, trois mois pendant lesquels après avoir retrouvé l'espoir, on va travailler courageusement et se remettre de tant d'émotions. On aura enfin le repos, un repos laborieux d'ailleurs.

De sa retraite de Trouville, M. Thiers continue à expédier les affaires et, bientôt, le président rentre à l'Elysée, témoignant ainsi de sa confiance dans l'esprit de la capitale.

Entrevue des trois empereurs à Berlin.

Les événements du dehors, si menaçants qu'ils puissent paraître pour la France, détournent à peine son attention et l'entrevue des trois empereurs à Berlin réussit à peine à alimenter pendant quelques jours la presse parisienne.

(1) Voir notre étude sur *Les milliards de la guerre*, in-8°, 1874.

Le 26 septembre, dans une harangue qui a un grand retentissement, M. Gambetta fait un exposé de ses doctrines. Ses paroles, bientôt répétées, réveillent partout les passions endormies et les craintes déjà calmées. La Bourse en éprouve une grande inquiétude ; les rentes baissent, le 5 % de 40 centimes et le 3 % de 75.

Pendant ce temps d'autres manifestations ultra-républicaines se produisent sur d'autres points; à Nantes ont lieu des scènes déplorables qui montrent combien il entre d'intolérance dans les esprits si prompts à revendiquer pour eux toutes les libertés.

C'en est fait du travail, c'en est fait des affaires; la politique nous déborde. C'est un prince de la famille déchue qu'on arrête et qu'on expulse. Ce sont les élections du 20 octobre dans lesquelles les républicains conservateurs et les radicaux s'attribuent tour à tour la victoire. Ce sont surtout les orages que déchaîne, au sein de l'Assemblée réunie de nouveau, le message présidentiel. Il y a, en effet, deux parties bien distinctes dans ce document : la première, est vraiment rassurante; elle nous encourage, en nous montrant le tableau des efforts accomplis, des résultats obtenus, de la délivrance poursuivie avec ardeur et presque entièrement réalisée ; la seconde, au contraire, nous éloigne des préoccupations calmes, sages et fécondes, elle nous rejette en pleine tempête et, posant la question constitutionnelle, rallume les ambitions, les passions et les haines.

L'esprit de conciliation disparaît; de part et d'autre les exigences sont plus absolues que jamais. La droite veut que M. Thiers réitère publiquement le blâme déjà infligé au discours de Grenoble. La gauche maintient énergiquement toutes ses prétentions. Une nouvelle crise gouvernementale éclate; la majorité se désagrège; la discorde triomphe partout.

C'est trop peu encore. Les affaires languissaient : il faut qu'elles cessent complètement; l'activité et le tra-

vail sont encore trop prospères : il faut les arrêter tout
à fait : la campagne de la dissolution commence. Heureusement l'ancienne majorité a réfléchi, elle s'est ral-
liée et se retrouve tout entière et compacte pour combattre les agitateurs; elle hâte le dénouement de cette
lutte stérile et ce dénouement est pour elle une victoire. Heureuse victoire qui rend au pays, sinon ce
calme impossible à atteindre et toujours vainement
poursuivi, du moins un peu de tranquillité et d'espoir.

Nos représentants accordent enfin quelques heures
aux questions financières, à ces questions qui nous dominent de si haut et qu'on oublie parce qu'on s'acharne
à regarder en bas.

Ainsi finit l'année, triste fin et qui nous laisse mécontents, mécontents de tous, mécontents de nous-
mêmes; irrités de la coupable violence des uns, de la
complaisance des autres et honteux de notre propre
faiblesse.

Nous n'avons<br>pas fait ce que<br>le pays attendait<br>de nous.

Si nous n'avons pas manqué de courage, si l'amour
du travail ne nous a pas abandonnés, nous avons trop
souvent cédé à de funestes passions. Au lieu de nous
réunir pour l'œuvre commune, nous n'avons pas suffisamment évité tout ce qui pouvait nous diviser. C'est là
cependant qu'était le devoir de tous.

## IV

Sommes-nous<br>trop pessimistes.

On nous accusera, peut-être, d'avoir dans l'exposé
rapide que nous venons de présenter des efforts, du
labeur, et des défaillances de l'année 1872, d'avoir montré sous un jour trop sombre les événements purement politiques et de leur avoir prêté, à tort, une trop
grande influence sur les affaires, sur la prospérité de
la nation, sur l'esprit général même du pays.

En somme, dira-t-on, ce ne sont là que des appréciations personnelles et, pour qu'elles aient quelque
poids, il faudrait qu'elles eussent une valeur concrète,
positive, représentée par des faits, mieux même que

par des faits qui peuvent être diversement interprétés,
par des chiffres.

En un mot, pour bien connaître l'étendue des dommages que la politique a causés aux affaires, il faut les
traduire dans le langage clair et irréfragable des
affaires. Après tout, il est bon de calculer la part de
responsabilité que chacun doit avoir dans les épreuves
difficiles qu'a traversées la France.

*Non. Les chif-
fres vont le dé-
montrer.*

C'est ce travail que nous allons faire, travail assez
aride, mais qui mérite toute l'attention de nos lecteurs.
Ce sera notre conclusion et l'on devra y voir le bilan
scrupuleux et exact de l'année 1872.

*Bilan de 1872.*

Notons d'abord les résultats généraux qui sont caractéristiques entre tous :

*Marché finan-
cier.*

Au mois de janvier 1872 le 3 % atteint le cours de
57.25; il est aujourd'hui à 53.65. Il a baissé de 3 fr. 60.

*Rentes fran-
çaises.*

Au mois de janvier 1872, le 5 % a été coté jusqu'à
91.75, il s'est élevé en février jusqu'à 92 fr. 30. — Le
5 % de l'emprunt nouveau, c'est-à-dire celui dont le
cours est le plus haut, est aujourd'hui à 87.95, soit sur
le cours de janvier 1872 une baisse de 3 fr. 80, soit sur
celui de février 1872 une baisse de 4 fr. 35.

Ces variations sont énormes si l'on considère qu'elles
ont été subies par les deux valeurs qui, étant les régu-
latrices du marché, devraient être les plus fixes.

Mais à quoi attribuer de pareils mouvements et une
telle dépréciation de nos fonds nationaux?

La situation générale du pays est-elle moins heureuse, moins prospère qu'au commencement de l'année qui vient de finir? Non assurément. Nous avons
fait face à tous nos engagements, triomphé d'obstacles
que nos ennemis croyaient sans doute presque infranchissables. L'activité de notre industrie, de notre commerce, est assurément bien plus grande qu'il y a un
an.

Quelle est donc la cause de cette perturbation financière?

Elle est tout entière dans la politique, qui est venue

frapper à coups répétés sur notre marché financier, qui
l'a lassé, épuisé, écrasé, et qui, à force d'émotions successives s'ajoutant aux difficultés financières, lui a inspiré une défiance, une incertitude, presque aussi vives
qu'au lendemain de la Commune.

Et que l'on ne croie pas que nous exagérions :

Au mois de juin 1871, le 3 % était coté jusqu'à 53.80.
A quel cours est-il aujourd'hui? Il parvient à peine à
dépasser 53,65.

Mais l'action de la politique sur le marché, au milieu
de tant de causes complexes, a-t-elle été si décisive?
On peut chercher à le nier.

Entrons dans les détails. Prenons les principaux faits
politiques qui se sont accomplis en 1872. C'est faire, à
vrai dire, l'histoire financière de cette orageuse année.
Nous verrons bien si les événements ont exercé une influence sensible sur le marché. Et nous le répétons,
qu'on ne se laisse point rebuter par l'aridité que présentent les chiffres.

Le 19 janvier 1872 la discussion sur les matières premières détermine une crise gouvernementale des plus
graves.

La veille, c'est-à-dire le 18 janvier, le 3 % est à 56.60;
le lendemain de la crise, c'est-à-dire le 20 janvier, ce
même 3 % descend à 56.45 donnant un écart de
0 fr. 15.

Le 18 janvier le 5 % est à.................................... 91 50
Le 20, il est à............................................... 91 10
                                        Baisse........... ......   0 40

Et le marché tout entier s'en ressent.

Principales
valeurs.  Descendons aux autres valeurs :

Le 18 janvier 1872 les actions de la Banque de France sont à.  3.660
Le 20 janvier, à...................... .................. · 3.600
                                        Baisse................   60

Le 18 janvier, l'emprunt de la ville de Paris (1871) est à . . . . .  254 00
Le 20, à. . . . . . . . . . . . . . . . . . . . . . . . . . . . . . . . . . . . . . .  253 50

                                    Baisse. . . . . . . . . . . . . . .  0 50

Le 18 janvier, les actions du Crédit foncier sont à . . . . . . . . . .  940
Le 20, à. . . . . . . . . . . . . . . . . . . . . . . . . . . . . .  . . . . . . . .  915

                                    Baisse. . . . . . . . . . . . . . .  25

Le 18 janvier, les obligations 4 % du Crédit foncier sont à . . .  467 50
Le 20, à. . . . . . . . . . . . . . . . . . . . . . . . . . . . . . . . . . . . . . .  460 00

                                    Baisse. . . . . . . . . . . . . . .  7 50

Le 18 janvier, les obligations 3 % du même établissement sont à  425
Le 20, à. . . . . . . . . . . . . . . . . . . . . . . . . . . . . . . . . . . . . . .  420

                                    Baisse. . . . . . . . . . . . . . .  5

Le 18 janvier, les actions du chemin de fer de l'Est sont cotées  498 00
Le 20. . . . . . . . . . . . . . . . . . . . . . . . . . . . . . . . . . . . . . . . .  496 25

                                    Baisse. . . . . . . . . . . . . . .  1 75

Le 18, les actions du Lyon sont à . . . . . . . . . . . . . . . . . . . . . .  870
Le 20, elles retombent à . . . . . . . . . . . . . . . . . . . . . . . . . . . .  855

                                    Baisse. . . . . . . . . . . . . . .  15

Le 18, les actions de l'Orléans sont à . . . . . . . . . . . . . . . . . . .  848 75
Le 20, à . . . . . . . . . . . . . . . . . . . .  . . . . . . . . . . . . . . . . . . .  842 50

                                    Baisse. . . . . . . . . . . . . . .  6 25

L'influence de la politique est-elle évidente? Et qu'on note bien une chose, la Bourse est beaucoup plus affectée par les mauvaises nouvelles qu'elle n'est rassurée par les bonnes. Elle est beaucoup plus facile à effrayer qu'à réconforter. Mais, quelles qu'elles soient, les émotions parlementaires l'agitent toujours.

Prenons en suivant l'ordre chronologique, après un événement inquiétant, un autre plus favorable; nous voulons parler du discours pacifique prononcé le 30 mars par M. Thiers. Les fluctuations sont moindres, mais elles n'en sont pas moins sensibles :

Le 30 mars 1872, le 3 % est à . . . . . . . . . . . . . . . . . . . . . . . . .  55 75
Le 1er avril, il est à. . . . . . . . . . . . . . . . . . . . . . . . . . . . . . . . .  55 85

                                    Hausse. . . . .  . . . . . . . . .  0 10

Le 30 mars, le Morgan est à............................... 518 00
Le 1er avril, à......................................... 517 50

                                   Hausse................   2 50

Le 30 mars, les actions du Crédit foncier sont à ............   920
Le 1er avril, à........................................ .   925

                                   Hausse................   5

Le 30 mars, les actions de la Banque de France sont à.. .. ..  3.725
Le 1er avril, à.......................... ............. .... .  3.750

                                   Hausse................   25

Le 30 mars, les titres de la Banque de Paris sont à.. .. ...  1.216 25
Le 1er avril, ils montaient à..........................  1.222 00

                                   Hausse................   5 75

<table>
<tr><td>Élections de<br>juin.</td><td>Un des mois où la politique a certainement jeté le plus de trouble sur la place est celui de juin, au cours duquel ont eu lieu les élections qui furent un triomphe pour les radicaux (9 juin), tandis que les tentatives constitutionnelles se poursuivaient, entretenant partout l'incertitude. Aussi les résultats de ce triste mois sont-ils des plus démonstratifs.</td></tr>
</table>

Rentes fran-
çaises.

Le 1er juin, le 3 % était à................................ 55 85
Le 1er juillet, il retombe à................................ . 53 90

                                   Baisse................   1 95

Le 1er juin, le 5 % était à................................ 86 95
Le 1er juillet, à....................... ............. 85 00

                                   Baisse................   1 95

Principales
valeurs.

## Tous les autres fonds suivent le mouvement :

Le 1er juin, les actions de la Banque de France étaient à....... 3.725 00
Le 1er juillet, à......................................... 3.525 00

                                   Baisse................  200 00

Le 1er juin, le Comptoir d'escompte était coté ...............  675 00
Le 1er juillet, il retombait à..............................  653 75

                                   Baisse................   21 25

Le 1er juin, le Lyon se cotait. ...........................  845 00
Le 1er juillet, il était à..................................  818 75

                                   Baisse................   26 25

Le 1er juin, le Midi se cotait............ .................... 613 75
Le 1er juillet, il retombait à............ ................ ........... 597 75

                            Baisse................ 16 00

Le 1er juin, le Nord était à................ .................. 992 50
Le 1er juillet, à.....•.............................. 970 00

                            Baisse........ ........ 22 50

Le 1er juin, l'Orléans était coté ............................ 828 75
Le 1er juillet, il était à................. ..... .......... 807 50

                            Baisse..... .......... 21 25

Après l'emprunt nos députés se séparent et, pendant *Crise gouver-*
deux mois, on n'a plus à compter avec les agitations *nementale.*
parlementaires; mais M. Gambetta prononce son discours de Grenoble, et les cours des diverses valeurs, qui s'étaient assez bien tenus dans cet intervalle,
reprennent leur marche rétrograde. Le 3 % qui, le
26 septembre, était à 53.70 retombe le 30 à 52.95; le
5 % qui, le 26 septembre, était à 87 retombe, le 30, à
86 fr. 60.

Les vacances parlementaires s'achèvent; voici l'Assemblée réunie de nouveau. Aussitôt la politique reprend tous ses droits et sévit plus rigoureusement que
jamais. Dans son message, M. Thiers ressuscite la question constitutionnelle; les interpellations sur le discours de Grenoble désagrègent la majorité; une nouvelle crise éclate. L'effet de ces luttes se traduit de la
manière suivante dans le court espace du 31 octobre
au 19 novembre :

Le 31 octobre le 3 % était à............................. 53 10
Le 19 novembre, il est à................................. 52 85

                            Baisse................ 0 25

Le 31 octobre le 5 % était à............................. 87 30
Le 19 novembre, il est à................................. 85 70

                            Baisse................ 1 60

Le 31 octobre l'Orléans se cotait......................... 815
Le 19 novembre, il est à................................. 805

                            Baisse................ 10

Le 31 octobre, l'Est était à..................................    536
Le 19 novembre, il est à............................................    505

                              Baisse.....................    31

Le 31 octobre, le Lyon était à...............................    845
Le 19 novembre, il est à....................................    820

                              Baisse...................    25

Le 31 octobre, la Société générale est au cours de.............    575
Le 19 novembre, elle est à..................................    560

                              Baisse......................    15

Le 31 octobre, le Comptoir d'escompte est coté.............    615 00
Le 19 novembre, il retombe à..............................    601 25

                              Baisse.....................    13 75

La démonstration est complète.

Conclusion. Au lieu de conclure par des phrases, nous concluons par des chiffres et ces chiffres, à vrai dire, racontent, bien mieux que nous ne l'eussions pu faire, l'histoire de l'année qui vient de s'écouler. Ils renferment en eux et mettent en évidence tous les enseignements que nous devons tirer des faits accomplis. Tâchons d'en profiter.

Naguère, à l'ouverture d'une session législative, on s'écriait : c'est une « session d'affaires ». Nous n'avons pour l'année qui vient de s'ouvrir qu'un vœu à former : Que l'année 1873 soit une année d'affaires!

# 1873

---

## LA LIBÉRATION DU TERRITOIRE

---

### I

L'année 1873 est peut-être, de toutes celles que nous avons traversées, la plus difficile à juger, la seule du moins qui ne permette pas de porter sur l'ensemble des faits qu'elle a vus s'accomplir, un jugement net, tranché, absolu. De 1852 à 1872, on a pu dire de telle ou telle année qu'elle avait été bonne, médiocre, ou mauvaise. On a pu dire des années 1867, 1868, 1869, qu'elles avaient été excellentes, des années 1870 et 1871 qu'elles avaient été désastreuses, de 1872 qu'elle a été une année moyenne.

L'année 1873 a-t-elle été bonne? Non, car elle s'est écoulée dans une langueur et une stagnation absolues de tout ce qui enrichit et fait prospérer une nation.

A-t-elle été mauvaise? Non certes, car elle a vu se produire des événements qui ont rendu à la partie saine de la nation son espérance et sa foi dans l'avenir.

A-t-elle été médiocre? Non encore, car on ne saurait qualifier ainsi l'année où il nous a été permis d'acquitter notre énorme rançon et de libérer notre territoire. Elle ressemble en quelque façon à ces personnes étranges et un peu douteuses dont on peut tout penser et tout dire : le plus grand mal comme le plus grand bien.

Ses débuts sont marqués par la mort de Napoléon III, qui s'éteint en exil; par l'agitation parlementaire des

Mort de Napoléon III.

3

Projets consti-
tutionnels de M.
Thiers. Incerti-
tude politique.

projets de lois constitutionnelles de M. Thiers. Pendant près de deux mois, la commission des Trente négocie avec le président de la République une sorte de *modus vivendi* et, pendant ces deux mois, on est en pleine crise. Cette incertitude politique a sur les affaires une influence déplorable.

Au milieu des soucis permanents de cette existence précaire, de cette vie au jour le jour, personne ne se sent capable ni d'activité, ni de vigueur, ni d'audace. Et l'on ne veut rien risquer dans ces temps où tout est risques. Le commerce et l'industrie sont plongés dans une profonde atonie, notre marché est immobile, annihilé en quelque sorte. Et le désir d'être rassuré est si grand que la moindre lueur d'espérance, le moindre pas en avant vers une situation plus stable, est accueilli avec bonheur. Dès que l'on peut prévoir

Entente entre
la commission
des Trente et le
président. La
rente monte.

entre la commission des Trente et M. Thiers une entente prochaine, la rente monte et, dès que l'accord s'est établi, elle atteint des cours que, deux mois auparavant, on n'osait pas espérer.

Au commencement de janvier 1873 la rente 3 % était à 53 fr. 35, l'emprunt 5 % à 87 fr. 40, le libéré à 85 fr. 30 ; nous les retrouvons, le 15 mars, le 3 % à 56 fr. 50, l'emprunt 5 % à 90 fr. 55, le libéré à 88 fr. 30.

Une excellente nouvelle avait contribué à assurer ce résultat.

La libération
définitive du ter-
ritoire annoncée
pour le 5 sep-
tembre 1873.

L'empereur Guillaume avait, dans son discours d'ouverture du reichstag, parlé des négociations poursuivies avec la France en vue d'avancer le terme du payement de l'indemnité de guerre et, par suite, de faire cesser l'occupation. En effet, M. Thiers, presque au lendemain du jour où un accord complet s'était établi entre lui et la majorité nationale, put annoncer que le territoire serait entièrement libéré le 5 septembre 1873.

L'assemblée
nationale vote
plusieurs projets
importants.
Crise inté-
rieure : retraite
de M. Grévy, pré-
sident de l'As-
semblée.

A la suite de ces événements, l'Assemblée se hâta de voter, presque sans discussions, plusieurs projets d'une certaine importance mais qui ne pouvaient passionner les partis. Par contre, elle s'appesantit et s'arrêta outre mesure sur toutes les questions qui, ayant un caractère politique plus ou moins caractérisé, pouvaient faire renaître les dissensions parlementaires qu'on croyait apaisées pour quelque temps. L'Assemblée avait décidé qu'elle prendrait des vacances du 6 avril au 14 mai. Elle pouvait du moins, avant de se séparer, délibérer, pendant quelques jours encore, dans le calme et dans la paix d'une trêve qui paraissait sincèrement conclue. Mais il était écrit qu'il n'en serait pas ainsi; à la première occasion les animosités se réveillèrent plus vives que jamais; une crise se déclara au sein même de l'Assemblée, crise qui se terminera par la retraite de son président, M. Grévy.

Certes, tout cela n'était pas fait pour améliorer les affaires du pays. Aussi allaient-elles toujours en s'amoindrissant. Pourtant le marché conservait encore quelque confiance et l'emprunt avait gagné, puis dépassé, le cours de 91 francs. Il eût alors été à désirer que la politique ne vînt pas de nouveau ébranler une situation déjà si compromise, qui allait cependant recevoir bientôt un coup autrement rude.

Déjà la campagne électorale s'ouvrait dans plusieurs départements; ses résultats devaient avoir sur l'opinion une influence considérable. On devait surtout attacher une signification toute particulière à l'élection de la Seine. Là, en effet, se trouvaient en présence non seulement deux candidats, mais deux principes. D'une part, M. de Rémusat, l'ami personnel du président, représentait la politique du gouvernement, la politique du message, en un mot la République définitive mais conservatrice. D'autre part, M. Barodet, choisi par les radicaux, non à cause de son importance dans le parti, mais surtout parce qu'il représentait les idées de ce parti.

Voter pour M. Barodet, c'était donc voter contre le président et contre tout le parti conservateur. M. Barodet fut élu.

Ce fut un coup terrible et pour le gouvernement, et

*Élections législatives.*
*M. Barodet élu à Paris contre M. de Rémusat. Effet de cette élection.*

pour les affaires, et pour le marché financier; la Bourse en fut accablée.

Le samedi 26 avril, la rente 3 % était à 56 fr. 10, l'emprunt 5 % à 91 fr. 35, le libéré à 89 fr. 92 1/2. Le 30 avril le 3 % était retombé à 54 fr. 25; l'emprunt 5 % à 89 fr. 15; le libéré à 87 fr. 85.

Toutes les autres valeurs suivirent : les actions de la Banque de France descendirent de 4,365 à 4,200, avec une baisse de 165 francs; les actions de la Banque de Paris baissèrent de 35 francs; l'Est, de 17 fr. 50; le Lyon, de 27 fr. 50; le Nord, de 25 francs; l'Orléans, de 15 francs; le Midi, de 10 francs.

**Crise présidentielle. Démission de M. Thiers, remplacé par le maréchal de Mac-Mahon, le 24 mai. Relèvement des cours.**

L'Assemblée se réunit de nouveau et reprit ses délibérations; mais le parti conservateur avait été profondément troublé par les résultats des dernières élections, résultats que le gouvernement avait paru accepter avec une résignation trop complaisante. M. Thiers s'était évidemment aliéné une grande partie de la majorité. Une crise ne devait pas tarder à éclater. Elle se termina, le 24 mai, par l'acceptation de la démission du président; le maréchal de Mac-Mahon fut choisi pour le remplacer.

Le monde financier, qui avait traversé toutes les péripéties de cette révolution parlementaire dans une vive anxiété, salua la victoire des conservateurs par une hausse plus accusée que n'avait été la baisse au lendemain de l'élection Barodet.

De 54 fr. 95, cours du 23 mai, le 3 % s'éleva à 56 fr. 85 le 31 ; de 77 fr. 50 le 4 1/2 % monta à 80 fr. 75 ; de 87 fr. 92 l'emprunt monta à 91 fr. 10; enfin le libéré passa de 86 fr. 85 à 89 fr. 80.

C'est sur cette grande leçon que se ferme la première période politique et financière de l'année 1873.

Le monde des affaires avait soif d'ordre, de calme, de sécurité ; il l'exprimait de la façon la plus formelle et la plus significative.

## II

La composition du ministère formé par le nouveau président de la République, au lendemain du 24 mai, parut heureuse. Mais le monde des affaires applaudit surtout au retour de M. Magne, qui reprenait le portefeuille des finances. Ce seul choix devait ranimer le marché et lui rendre quelque confiance ; car ce n'est pas d'aujourd'hui que la Bourse répète cette maxime, si souvent justifiée par les faits : « M .Magne, c'est la hausse! »

*Premier ministère formé par le maréchal de Mac-Mahon.*

*Cabinet de Broglie. M. Magne, ministre des finances.*

Comment, en effet, le public financier n'accueillerait-il pas avec faveur un ministre qui, chaque fois qu'il est rentré aux affaires, a ramené avec lui l'ordre, la régularité, l'économie et la prudence?

La hausse qui se produisit à la suite des événements des 24 et 25 mai, ne fut point éphémère ; les cours acquis se maintinrent avec une grande fermeté, en dépit des mauvaises nouvelles qui nous parvenaient des marchés étrangers. En effet, une série de crises des plus intenses éclataient sur la plupart des grandes places de l'Europe : Vienne, Francfort, Hambourg, Berlin étaient tour à tour fortement ébranlées. A Vienne, la crise sévit avec une rigueur qui détermina de nombreux et terribles désastres. Les plus solides institutions financières de l'Autriche en ressentirent les atteintes. L'une des plus sûres et des plus estimées, le Crédit foncier d'Autriche, se trouva sérieusement frappée et ses actions, qui, au commencement de l'année, étaient cotées 982 fr. 50, descendirent graduellement mais rapidement à 940 francs d'abord, puis à 800 francs, puis plus bas encore; à la fin de l'année 1873, nous les retrouvons à 525 francs à peine, écart énorme qu'il sera bien difficile de regagner.

*Crise des marchés étrangers. Non-répercussion sur le marché français.*

Le marché français, il faut le reconnaître, ressentit à peine le contre-coup des souffrances que subissaient les autres places européennes; il fit bonne contenance et traversa toute la période qui s'étend de juin à septembre dans un calme absolu ; trop absolu même, car si le triomphe de la politique conservatrice a rassuré un grand nombre d'intérêts, on continue à vivre dans le provisoire, c'est-à-dire dans l'incertitude du lendemain; la confiance se maintient, mais elle ne grandit pas; le marché se montre ferme dans sa position, mais il ne tente pas de faire un pas en avant ; la stagnation est complète ; les affaires sont nulles. Nos institutions de crédit, sauf bien entendu la Banque de France, languissent et voient leurs valeurs délaissées. Les diverses émissions qui, à ce moment, sont lancées en France échouent ou ne réussissent qu'à demi : entre autres, celles du Crédit foncier des Etats-Unis et des 1,600,000 obligations égyptiennes (juillet 1873.)

Projets de fusion monarchique. Visite du comte de Paris au comte de Chambord.

Pendant ce temps, l'œuvre de la libération de notre territoire se poursuit. D'autre part, les projets de fusion monarchique donnent lieu à d'actives démarches ; un gage sérieux de la réconciliation des deux branches de la maison de France est donné par M. le comte de Paris qui se rend auprès du chef de sa famille. M. le comte de Chambord reste le seul candidat des légitimistes et des orléanistes réunis.

L'Assemblée est en vacances, mais, on le voit, il s'en faut bien que la politique fasse trêve. Toutefois, l'évacuation des départements occupés ne provoque pas ces dangereuses manifestations que l'on nous faisait redouter et, sauf la courte agitation patriotique soulevée sur le passage de M. Thiers qui se rend en Suisse, rien ne menace l'ordre à l'intérieur.

Pourtant la stagnation des affaires persiste : nulle activité à la Bourse, peu de commerce, à peine de travail. La majorité du parti conservateur attribue cette atonie générale au peu de sécurité, au peu de garanties qu'offrent l'organisation des pouvoirs publics et la situation d'un gouvernement dont l'existence peut chaque jour être remise en question.

Alors les projets fusionnistes reprennent une nouvelle

faveur ; d'actives négociations sont ouvertes entre la
majorité monarchique et le comte de Chambord. Chaque
jour, le rapprochement, déjà opéré par l'entrevue des
deux princes, devient plus étroit. On annonce que de
sages concessions ont été obtenues, que l'entente est
établie, l'accord complet. Le triomphe des monarchistes est certain; l'Assemblée nationale n'a plus qu'à
se réunir et à aller aux voix ; le résultat ne saurait être
douteux, la majorité est assurée ; on sait même le
nombre exact des votes sur lesquels on peut compter.
La royauté va être rétablie.

Et la Bourse, qui est avant tout conservatrice, qui ne
voit dans un événement politique que ce qui peut favoriser une reprise des affaires, la Bourse monte!

Le 30 septembre, le 3 % était à 56 fr. 95, l'emprunt
5 % à 92 fr. 10, le libéré à 91 fr. 65 ; le 4 octobre, ils sont
le 3 % à 58 fr. 40, le 5 % à 93 fr. 30, le libéré à 92 fr. 80.

Ainsi, tout, même le monde financier, semble déjà
saluer la monarchie restaurée.

Mais bientôt on apprend qu'il n'y a nulle entente, L'entente ne se fait pas. La fusion échoue,
nul accord, qu'il n'a été fait aucune concession ni sur
le drapeau, ni sur les principes ; et on l'apprend par qui?
par le comte de Chambord lui-même dont la parole ne
saurait être mise en doute. La fusion se meurt ; la fusion
est morte.

Alors les conservateurs, un instant mis en désarroi Le septennat du maréchal de Mac-Mahon.
par ce coup de théâtre imprévu, se retournent vers le
maréchal de Mac-Mahon et la majorité se reforme autour de lui. Mais le président réclame des pouvoirs plus
complets, des moyens de gouvernement plus sérieux,
des garanties de temps plus étendues. Les partis négocient difficilement d'abord; des compromis s'établissent;
des alliances se forment ; enfin, le 19 novembre, la question est tranchée par le vote de l'Assemblée nationale qui
proroge de sept ans les pouvoirs du maréchal de Mac-
Mahon.

La Bourse qui avait accueilli naguère les espérances Hausse de la bourse.
monarchiques par une hausse sensible, accueille la

prorogation les pouvoirs du président par une hausse plus considérable encore.

Du 15 au 24 novembre nos fonds publics se sont élevés : le 3 % de 57 fr. 40 à 58 fr. 90, l'emprunt 5 % de 91 fr. 05 à 93 fr. 15, le libéré de 90 fr. 85 à 92 fr. 90.

Un progrès marqué, un grand pas a été fait vers un état plus stable et dont la durée permet d'espérer que les affaires vont enfin se développer. La Bourse, dans sa logique brutale mais irréfutable, le constate (1).

Menace de crise financière. Insuffisance de la circulation fiduciaire. Mesures prises par M. Magne. Crise conjurée.

Mais de nouvelles craintes s'élèvent ; la politique cette fois n'y est pour rien ; on redoute une crise financière ; la circulation des billets de la Banque de France menace d'être insuffisante. M. Magne voit le danger, qui peut devenir grave ; il cherche aussitôt les moyens d'y parer ; grâce à lui, le remède est bientôt trouvé et les appréhensions se dissipent.

Élaboration des lois constitutionnelles. Procès de Trianon. Vote du budget de 1874.

Les dernières semaines de l'année s'écoulent au milieu des préoccupations qu'inspire l'élaboration des lois constitutionnelles et de l'émotion que provoque le triste procès qui se déroule à Trianon. L'Assemblée nationale vote, pour 1874, un budget, deux budgets, au pas de course ; heureusement, M. Magne a mis plus de soin et consacré plus de temps à les équilibrer que nos législateurs à les discuter.

M. Gambetta prend, à l'Assemblée nationale, la défense de la rente.

Enfin, l'année se ferme sur une étrange surprise, pleine d'enseignement, il est vrai, et tout à fait consolante. M. Gambetta, infidèle pour une fois à la politique, vient, à la tribune, prendre la défense de la rente.

La rente française défendue par M. Gambetta! Quelle surprise, quelle révélation pour tous ses amis politiques de l'extrême-gauche qui croient sauver tout, remédier à tout, en imposant le capital, en imposant le revenu, en frappant la propriété, les terres, tout ce qui produit, tout ce qui rapporte. On ne pouvait désirer pour l'année 1873 une fin plus favorable.

(1) Voir notre étude sur *La rente française*, ses origines, ses développements, ses avantages, in-8° 1873.

# 1874

---

## LA RENTE AU PAIR

---

### I

L'année 1874, si vide de faits importants qu'elle paraisse, n'en a pas moins un caractère parfaitement tranché. Quoi qu'on puisse dire, elle ne ressemble point aux années qui l'ont précédée ; elle a sa physionomie propre, son aspect particulier, qui frappe bien et saisit du premier coup lorsqu'on l'embrasse d'une vue d'ensemble.

Comme la plupart de celles qui l'ont précédée, l'année 1874 peut être désignée par un mot unique qui suffit à la résumer tout entière ; elle contient le fait saillant qui nous fournit l'expression exacte de son esprit et de son importance historique.

Il n'y a pas à hésiter : 1874 est *l'année de la rente au pair.*

Le 5 % fran- çais au pair.

Le 5 % français, ce 5 % des nouveaux emprunts, ce 5 % de la rançon, parvenu au pair après tant de désastres, après de si cruelles épreuves, en dépit des incertitudes de l'avenir et des perpétuels mécomptes du présent, tel est bien le fait important qui a dû frapper tous les esprits attentifs, en France comme à l'étranger !

Cet événement montre ce que demande avant tout le pays.

L'histoire de ce 5 %, de cette rente qui a touché le pair et s'en est à peine éloignée, c'est vraiment l'histoire de la France pendant toute cette année. Rien n'est plus intéressant que de suivre les progrès de nos fonds publics ; on assiste ainsi à toutes les phases de la résistance constante et opiniâtre que la partie laborieuse et productrice de la nation a opposée aux envahissements de la politique.

Il est impossible, en effet, de ne pas reconnaître que le monde des affaires, de la finance, des petits capitaux de l'épargne, va se désintéressant de plus en plus de nos luttes politiques. Et cette indifférence est telle qu'il semble que, l'ordre matériel une fois assuré, on n'ait plus rien à désirer avec quelque ardeur.

La France peut-elle travailler en paix, acheter, vendre et échanger en paix, gagner en paix de quoi vivre, de quoi payer les impôts, de quoi réparer les pertes du passé? Peut-on économiser en paix et en paix reconstituer la fortune privée et publique? C'est là, qu'on n'en doute pas, pour le moment du moins, tout ce qu'on demande, tout ce qu'on souhaite, à ce point qu'il ne faudrait pas jurer que la nation se soucie beaucoup et de la forme du gouvernement et des lois constitutionnelles.

Nous en avons eu, dès le début de l'année 1874, des preuves flagrantes, qui se sont, depuis, sans cesse renouvelées.

**Complications politiques.** La rente 5 % était, le 2 janvier, cotée 93 fr. 15. Pendant ce mois les complications politiques se succèdent. Le vote sur la mise à l'ordre du jour de la loi des maires détermine une crise violente qui heureusement se dénoue pacifiquement. La fameuse question de l'Orénoque est soulevée. On redoute des difficultés diplomatiques avec l'Italie ; on craint de rencontrer partout la main de la Prusse. Et cependant notre marché financier ne s'émeut pas, les achats de rente au comptant se poursuivent, le 5 % ne faiblit pas : nous le retrouvons à 93 fr. 55 le 2 février.

**Interpellations parlementaires.** En février s'élèvent les interpellations de l'extrême-gauche au sujet de la circulaire adressée aux préfets par M. le duc de Broglie. Mais les esprits, rassurés par le discours du maréchal de Mac-Mahon au tribunal de commerce, ne se laissent pas ébranler. Les capitaux continuent à affluer, le taux des reports s'abaisse ; la rente

conserve toute sa fermeté ; le 2 mars, le 5 % était coté
93 fr. 60.

Mars, c'est le mois de l'impuissance politique, du Progrès radicaux. piétinement sur place; au sein de l'Assemblée la majorité se cherche et ne se trouve pas. Pendant ce temps
les radicaux font de nouveaux progrès et leurs candidats remportent dans le Vaucluse et dans la Vienne une
victoire complète. La Bourse ne s'en émeut pas;
l'épargne n'en conçoit nulle inquiétude, elle achète
toujours de la rente. Nulle crainte de baisse ; c'est, au
contraire, la hausse bien accusée, bien franche. Le
31 mars, le 5 % est à 95 francs; soit pour le mois une
plus-value de 1 fr. 40.

En avril, la politique fait trêve. L'Assemblée a pris Vacances parlementaires. des vacances. Au dehors tout semble calme. Les derniers versements mensuels sur l'emprunt de 3 milliards
500 millions s'effectuent au jour marqué. L'équilibre
du budget paraît assuré. C'est à des faits de cet ordre
seulement que la Bourse veut s'intéresser. Le 30 avril
le 5 % est à 95 fr. 60.

Au mois de mai éclate une crise parlementaire qui Cabinet de
Cissey. détermine la chute du cabinet de M. de Broglie (vote
du 16 mai). Sans doute la Bourse, si profondément
conservatrice, va se troubler à ce coup? Il n'en est
rien; elle s'en préoccupe à peine.

« Il est évident, écrivions-nous dès lors, que le grand
souci de la partie saine et laborieuse de la nation, c'est
le travail. Il est certain que le pays est las de la politique et de ses stériles émotions ; qu'il a surtout besoin
d'une bonne et paisible administration; qu'il lui importe peu que le ministre des finances, ou celui de
l'agriculture, appartienne à telle ou telle nuance; mais
qu'il lui importe fort que le premier soit un bon financier et que le second sache développer notre puissance
agricole. Ce qui paraît le plus opportun en ce moment
est donc de confier à chacun la tâche à laquelle il est
propre et de reléguer la politique au second plan. »

En dépit des graves complications qui s'étaient produites, la spéculation à la baisse n'avait pu, à la fin de mai, faire descendre la rente 5 % au-dessous de 94 fr. 50.

**Difficultés intérieures.**

Juin nous amène de sérieuses difficultés. Le ciel est gros d'orages qui éclatent aussitôt après l'élection de M. de Bourgoing dans la Nièvre. On se traite de misérables en pleine tribune. Des désordres graves se produisent à la gare Saint-Lazare. Trois journaux sont suspendus. M. Casimir-Perier demande la proclamation de la république, M. Lucien Brun le rétablissement de la monarchie, M. Lambert de Sainte-Croix l'organisation du septennat : c'est le chaos absolu. Qu'a fait la Bourse pendant ce temps? Elle a dû être agitée, bouleversée? Nullement, elle a continué, avec une incroyable impassibilité, sa route tranquille et sûre. Le 30 juin le 5 % est à 95 fr. 60, c'est-à-dire au même cours qu'à la fin d'avril.

La Bourse ne réclame rien, sinon la paix et la sécurité. Dans un ordre du jour à l'armée, le maréchal de Mac-Mahon déclare, en termes énergiques, qu'il remplira « jusqu'au bout » la mission qui lui a été confiée. Que faut-il de plus pour rassurer le monde des affaires? Aussi l'argent abonde-t-il ; aussi le 5 % est-il coté 99 fr. 55 le 31 juillet ; en un mois, il a monté de 4 francs.

**Difficultés extérieures.**

La rente traverse assez heureusement le mois d'août qui voit s'élever de nouvelles difficultés à l'extérieur. Il s'agit cette fois de l'Espagne, des carlistes, de l'Allemagne aussi qui protège le gouvernement de Madrid. On redoute les manifestations que va peut-être provoquer l'anniversaire du 4 septembre. Cependant la Bourse célèbre à sa façon ce fameux anniversaire : le 5 % français atteint le pair à terme ; le lendemain il est coté 100 fr. 20 au comptant, 100 fr. 40 à terme.

**La politique fait trève.**
**Émissions réussies.**
**Hausse des rentes.**

La politique fait trève de nouveau. Le chef de l'Etat voyage et rencontre partout un accueil sympathique. Le calme règne presque partout. Les émissions se succèdent et réussissent. Nos meilleures valeurs, entraînées à la suite de la rente, commencent à monter. Jusqu'à la fin d'octobre notre 5 % évolue autour de ce cours de 100 francs, s'en écartant à peine. Les appréhensions que fait naître l'approche de la rentrée de l'Assemblée n'exercent sur les cours qu'une très faible influence; la politique peut de nouveau sévir; la Bourse l'abandonne en quelque sorte à elle-même et, quelles que soient les émotions du dehors, elle ne laisse pas tomber la rente au-dessous des cours acquis.

Ainsi, la rente au pair, l'indifférence politique, l'unique souci de l'ordre : tel est le bilan de l'année 1874, embrassée d'un coup d'œil et que nous étudierons maintenant en détail au seul point de vue financier.

*Bilan de 1874 : rente au pair; indifférence politique; souci de l'ordre.*

## II

Au seul point de vue financier la plus-value acquise par nos rentes est assurément un résultat considérable. Dans sa marche rapide, la rente devait entraîner à sa suite la plupart de nos meilleures valeurs; aussi constatons-nous, à quelques exceptions près, une amélioration générale et, si ce mouvement n'a pas été plus sensible encore, c'est que le public, fidèle à nos fonds d'Etat n'a pas discontinué d'acheter de la rente malgré son haut prix.

*Importance financière de la hausse de la rente.*

Tandis que le 5 % s'élevait de 6 francs dans le cours de cette année, le 3 % gagnait 3 fr. 10 et le 4 1/2 % 5 fr. 50.

Parmi les valeurs de placement qui sont les premières à profiter de la hausse de nos rentes, il faut d'abord citer les obligations de nos emprunts de villes, celles du Crédit foncier, celles aussi de nos principales compagnies de chemins de fer.

*Valeurs de placement profitant de la hausse de la rente.*

Les diverses obligations de la ville de Paris, qui pouvaient sembler, il y a deux ans, peu susceptibles d'amélioration avant un long temps, ont fait de remarquables progrès. Les obligations 1855-1860 ont, depuis

*Obligations de la ville de Paris.*

le commencement de l'année, monté de 21 fr. 25 ; (1) les obligations 1865 de 27 fr. 25; les obligations 1869 de 21 francs ; les obligations 1871 de 26 fr. 50 ; enfin celles de l'emprunt 1872 ont atteint le pair qu'elles gardent fermement. Ces divers titres ont une clientèle fort nombreuse, fort étendue, ils sont surtout recherchés par l'épargne; il s'est donc produit là un accroissement notable de la fortune mobilière.

Obligations du Crédit foncier.

Les diverses obligations émises par le Crédit foncier n'ont pas été moins heureuses et c'est là un signe excellent. Les obligations foncières de 500 francs 4 % ont monté de 48 fr. 75, les foncières 3 % ont monté de 64 fr. 75, les foncières 1863 ont monté d'environ 50 francs, les communales de 45 fr. 25, les communales départementales de 22 fr. 50. Il est inutile sans doute de faire observer ici combien une telle amélioration est importante non seulement pour les porteurs de titres, mais aussi et surtout pour la prospérité de notre grande institution de crédit foncier qui, la valeur de ses obligations s'élevant, peut reprendre et multiplier ses prêts.

Obligations de chemins de fer.

L'année 1874, principalement dans ses derniers mois, a été très favorable aux obligations de chemins de fer. Le public leur a rendu la faveur qu'elles méritent et l'on peut dire que, si ces titres n'ont pas encore acquis leur vraie valeur, ils ont du moins retrouvé leurs anciens et nombreux clients.

La hausse de l'année est de 15 fr. 25 pour les obligations de l'Est, de 27 francs pour celles du Lyon (fusion), de 25 fr. 50 pour les obligations Nord, de 26 fr. 75 pour les obligations Orléans, de 27 fr. 50 pour les obligations du Midi, de 26 francs pour celles de l'Ouest. Les obligations de la compagnie des Charentes se sont élevées de 254 francs à 268 francs; les bons des Charentes, qui valaient 220 francs au commencement de l'année, valent aujourd'hui 248 fr. 75 et 249 francs;

(1) D'après les cours du 2 janvier et du 21 décembre 1874.

ils atteignent leur taux de remboursement. Enfin les obligations de la Vendée ont monté de 235 francs à 249 francs.

Certains groupes de valeurs qui précédemment paraissaient écrasées par la spéculation ont été particulièrement favorisées. Ainsi nous avons vu les obligations du Nord de l'Espagne (priorité) s'élever de 174 francs à 201 fr. 50, celles à revenu variable de 95 francs à 165 francs, tandis que les actions de cette même entreprise, cotées 73 fr. 75 le 2 janvier, se relevaient graduellement jusqu'au cours actuel de 240 francs. A côté de ces titres, tout près d'eux, les actions du Crédit mobilier espagnol, qui valaient 352 fr. 50 au début de l'année, montaient plus rapidement encore et doublaient presque de valeur. Moins heureux était le Crédit mobilier français dont les actions, cotées 322 francs le 2 janvier, ont péniblement atteint le cours de 350 francs.

Les actions des principaux établissements de crédit ont d'ailleurs profité dans une certaine mesure du mouvement général des valeurs. La plupart ont éprouvé de la hausse; cependant les actions de la Banque de France, du Comptoir d'escompte et de la Société algérienne ont, pour des causes diverses, subi un temps d'arrêt. Il faut bien reconnaître que les valeurs de cette nature ne ressentent d'ordinaire que tardivement les effets d'une amélioration du marché; nous ne disons pas qu'elles sont les moins favorisées, mais qu'elles sont favorisées les dernières; le bénéfice n'est pas moindre, mais il est plus lent à se produire. Leur prix, généralement élevé, les rend peu accessibles aux capitalistes modestes qui se portent tout d'abord sur la rente, sur les emprunts des villes, sur les obligations de chemins de fer. C'est seulement quand ces dernières valeurs ont atteint de hauts cours que les capitaux commencent à refluer vers les actions de chemins de fer, les actions d'entreprises industrielles et les actions des sociétés de crédit. L'épargne va d'abord à l'obligation, dont le revenu est fixe et à laquelle est

*Actions des établissements de crédit.*

attachée une garantie certaine; elle ne va à l'action qu'attirée par l'espoir d'un dividende important. Or les gros dividendes ne se distribuent que dans les années de grandes affaires et, si bonne qu'elle puisse paraître, l'année 1874 n'est pas, pour les institutions de crédit, une année d'affaires.

Actions de chemins de fer. Il s'en faut bien toutefois que toutes les actions aient été délaissées. Celles de nos grandes compagnies ont prospéré. Les actions de l'Est ont monté de 20 francs, celles du Nord de 50 francs, celles de l'Orléans de 32 fr. 50; les actions de l'Ouest ont monté de 37 fr. 50, celles du Midi de 42 francs.

Quant aux chemins de fer étrangers, leurs actions ont eu des fortunes diverses. Nous avons vu que celles du Nord de l'Espagne avaient triplé de prix et au delà; celles du Saragosse-Pampelune-Barcelone se sont élevées de 60 francs à 210 francs; celles des Chemins portugais ont monté de plus de 40 francs. Mais, par contre, les actions des Chemins autrichiens ont baissé de 77 fr. 50, celles des Chemins lombards d'autant; les actions du Nord-ouest d'Autriche de 88 fr. 75.

Valeurs industrielles. L'année 1874 n'a pas été mauvaise pour les valeurs industrielles; nous ne parlons ici que des plus importantes ou, du moins, de celles qui sont le plus répandues sur notre marché. Les actions des Magasins généraux ont monté de 105 francs, celles des Omnibus de Paris de 101 francs; les actions des Petites voitures ont gagné 57 fr. 50, celles des Messageries maritimes 16 fr. 25, les actions du Gaz parisien 107 fr. 50, celles du Canal de Suez environ 23 francs.

Fonds d'État étrangers. Que dire des fonds d'Etat étrangers dont les titres circulent dans notre pays? Peu de chose, en vérité, sinon que les meilleurs, ceux sur lesquels il ne s'est jamais élevé aucun doute, ont gardé la confiance du public, que les autres ont naturellement subi quelques vicissitudes ou rencontré, sur notre place, un accueil assez froid. Ainsi les fonds russes, les fonds américains, la dette autrichienne convertie, les obligations

domaniales d'Autriche, ont ou gardé leurs cours élevés
ou acquis une certaine plus-value. L'Italien a gagné
7 francs environ; le Péruvien en a gagné 8, mais difficilement, et il est à craindre qu'il ne les conserve pas.
Les fonds égyptiens ont montré bien peu de fermeté;
les fonds espagnols sont restés toute l'année à des
cours infimes ; enfin les fonds turcs ont sensiblement
fléchi. En ce qui touche ces derniers, on sait quelles
aventures ils ont traversées: mission de Sadyck-Pacha,
convention conclue puis annulée, pénurie du Trésor
ottoman, défaut de ponctualité dans certains paiements. Peut-être la crise que traverse le crédit de la
Turquie touche-t-elle à sa fin; peut-être aussi l'intervention de la Banque ottomane dans les finances de
l'empire rassurera-t-elle le public et ranimera-t-elle la
confiance : nous ne pouvons ici qu'exprimer une espérance.

En somme et à part quelques points noirs, il ne faut          Conclusion.
pas trop se plaindre de l'année 1874. Elle a été tout
ce qu'elle pouvait être : une année d'attente. Au point
de vue financier, elle a donné des résultats satisfaisants : les capitaux disponibles ont repris courage
et se sont montrés ; la plupart des bonnes valeurs se
sont améliorées ; on n'a fait que peu d'affaires, il est
vrai, mais on s'est préparé à en faire et on est prêt ;
puisse 1875 utiliser toutes les ressources que nous possédons, toutes les forces que nous avons rassemblées.

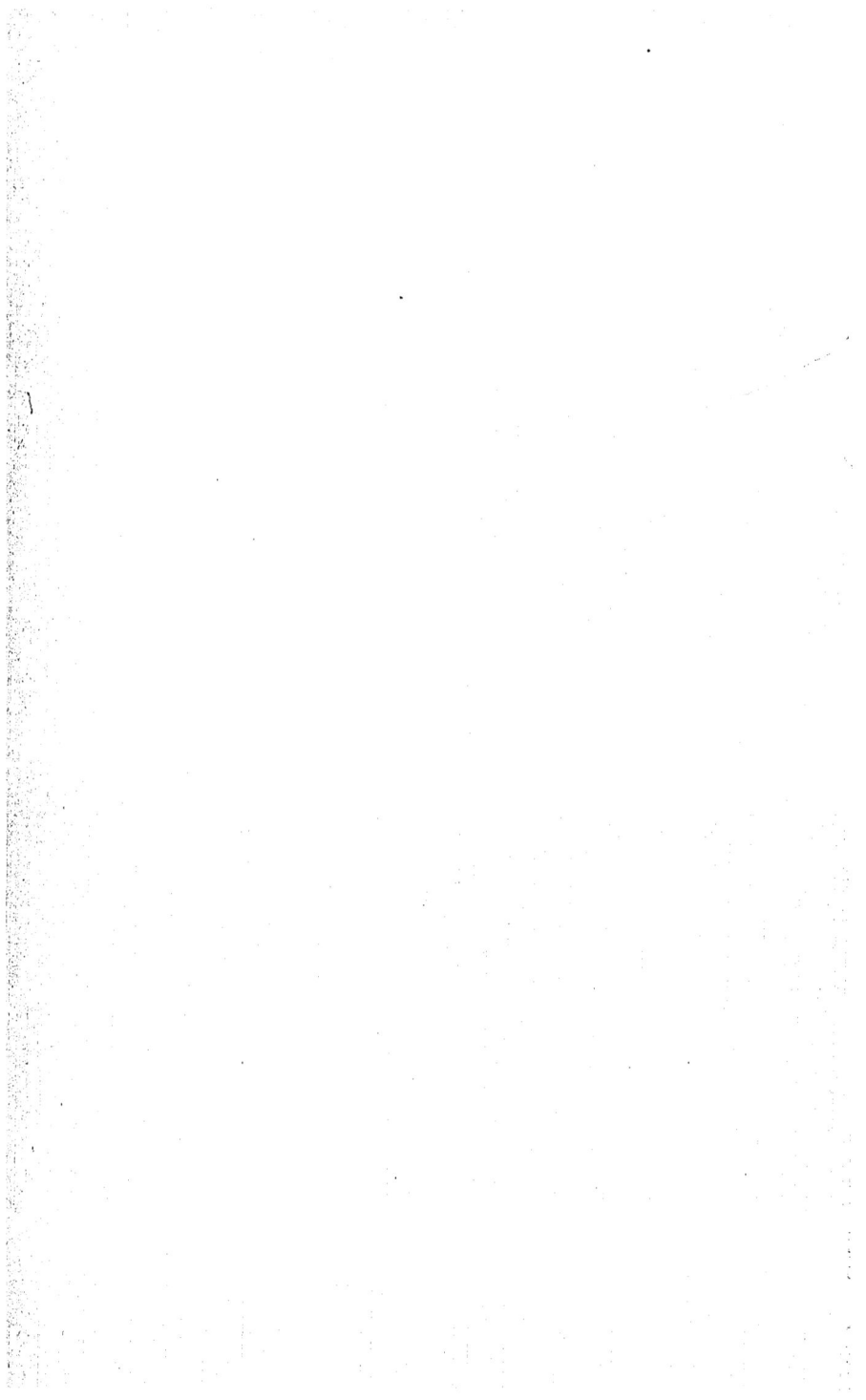

# 1875

## L'ANNÉE DES SURPRISES

Bien qu'elle parût trop vide de faits importants,
l'année 1874 n'avait cependant pas été défavorable aux
grands intérêts de la nation. Elle fut, on ne doit pas
l'oublier, *l'année de la rente 5 % au pair.* Que dire de
l'année 1875? Certes, elle ne ressemble guère à son
aînée; elle est bondée de faits politiques, économiques
et financiers. Il serait difficile de trouver année plus
remplie. A-t-elle été bien ou mal remplie? tout ce qu'elle
nous a apporté doit-il être considéré d'un regard également satisfait? C'est ce que nous jugerons à l'examen.
Toujours est-il que, pendant ces douze mois, ce ne sont
ni les événements imprévus, ni les émotions soudaines
qui ont manqué au pays. Cette année peut être appelée
*l'année des surprises;* chaque mois a la sienne et la
dernière n'est certainement pas la moindre. Il semble
que tous les faits qui se sont succédé, et ceux-là mêmes
qui doivent avoir la plus grande portée et les plus
graves conséquences, ne soient qu'une suite d'improvi-
sations nées subitement, spontanément, et rattachées
entre elles par des liens si ténus qu'ils échappent aux
regards les plus exercés.

Examinons d'abord les faits politiques.

Au mois de janvier, l'Espagne, qui ne fait pas ses
affaires comme tout le monde ou plutôt qui ne les fait
comme personne, l'Espagne qui paraissait se complaire
dans sa languissante anarchie, s'aperçoit tout à coup
qu'elle est restée monarchiste et, sur-le-champ, pro-
clame roi le jeune fils d'Isabelle II.

Restauration
de la monarchie
en Espagne.

**L'Assemblée nationale vote la constitution républicaine.**

Au mois de février, alors que toute transaction entre les partis semblait impossible, alors que toute tentative de conciliation semblait devoir être vaine, on voit avec étonnement une Assemblée nationale divisée et fractionnée à l'infini, voter la constitution républicaine qui nous régit aujourd'hui.

**Cabinet Buffet.**

Au mois de mars, alors qu'une crise ministérielle prolongée semble devoir déterminer la nomination d'un cabinet extra-parlementaire, on apprend qu'il s'est constitué, en quelques heures, un ministère au sein duquel se rencontrent M. Buffet et M. Dufaure, M. de Meaux et M. le duc Decazes.

**Questions de politique étrangère.**

Le mois d'avril noue et dénoue les complications de l'incident prusso-belge, soulevé par la question religieuse.

Le mois de mai réunit à Berlin les empereurs d'Allemagne et de Russie ; l'entrevue considérée d'abord comme ne pouvant avoir d'importance politique, est regardée tout à coup comme ayant un caractère hostile et de nouvelles craintes saisissent les partisans de la paix.

**La liberté de l'enseignement supérieur.**

Au mois de juin, le moins troublé de tous au point de vue politique, on voit l'accord s'établir sur le principe de la liberté de l'enseignement supérieur. Mais une grande douleur était réservée au pays : les inondations dévastent nos riches provinces du Midi et causent des désastres que la charité publique s'efforce de réparer.

**Vote définitif des lois constitutionnelles.**

Le mois de juillet apporte le vote définitif de la loi sur les pouvoirs publics et le rapport Savary sur lequel s'engage une discussion qui est close par une déclaration ministérielle dont le parti bonapartiste ne pouvait que se réjouir.

**Troubles d'Herzégovine.**

Au mois d'août la politique extérieure enregistre les troubles de l'Herzégovine, triste prélude de nouvelles difficultés autrement graves. Au compte de la politique intérieure, il faut inscrire les manifestes de M. Naquet et ses théories économiques et financières.

Le mois de septembre n'est pas le moins rempli. Ce sont encore des discours radicaux. C'est encore l'étrange surprise que causent et la publication de la lettre de l'amiral de la Roncière et la mesure dont il est l'objet. Puis viennent une suite de discours ministériels ou quasi-ministériels qui apprennent à la France qu'elle est riche, très riche, ce qu'elle ne savait peut-être pas assez, mais ce que surtout sauront toujours trop ceux qui envient sa prospérité ou convoitent sa richesse. Propagande radicale.

Au mois d'octobre surgissent les difficultés de la question d'Orient, les résolutions désastreuses de la Porte. Réouverture de la question d'O-rient.

Novembre vient nous prouver à combien peu tiennent les résolutions politiques les plus fermes. Le ministère Buffet, d'abord menacé, finit par triompher et le scrutin d'arrondissement est voté, supplantant le scrutin de liste qui paraissait avoir séduit une majorité considérable. Le scrutin d'ar-rondissement adopté pour les élections législa-tives.

Enfin décembre, qui n'a point donné son trente-et-unième jour, c'est-à-dire, peut-être, sa dernière surprise, nous a tout d'abord apporté la foudroyante nouvelle de l'achat par l'Angleterre des 176,000 actions de Suez du khédive. Nous ne comptons ici que pour mémoire les singuliers étonnements que nous cause, au moment où nous écrivons, l'élection des sénateurs. L'Angleterre achète les ac-tions du canal de Suez possédées par le khédive.

Ce n'est donc pas, on le voit, l'imprévu qui, en politique, nous a fait défaut et l'on ne saurait prétendre, si l'on considère la gravité des faits, que la France a eu tort de s'émouvoir. Mais on a éprouvé, dans un autre ordre d'idées, des émotions aussi faciles à justifier.

Passons maintenant aux faits économiques et financiers.

Le mois de janvier nous a apporté un premier deuil : la mort de M. Emile Pereire dont le nom se rattachait à tant d'entreprises qui ont contribué au développement de notre activité industrielle et financière. Ce mois a vu entrer dans le domaine de la pratique la belle conception qui a pour objet de supprimer la mer entre le continent et l'Angleterre : le projet de tunnel sous le Pas-de- Mort de M. Émile Pereire. Tunnel du Pas-de-Calais.

Calais. Enfin ce mois nous donne un premier avertissement sur l'avenir des finances turques : les valeurs ottomanes commencent à baisser.

Émissions importantes.

Au mois de février s'effectue un autre emprunt de la ville de Paris dont les obligations sont de plus en plus recherchées ; mais c'était là une opération prévue qu'on attendait et que beaucoup de capitalistes désiraient. Ce qui surprit sans doute fut l'apparition et l'expansion presque soudaine d'une personnalité financière fort remarquée. M. Philippart apportait des idées qui semblaient nouvelles, du moins sous quelques rapports, et surtout un esprit énergique d'entreprise qui séduisit d'abord. Tout un groupe de valeurs que son patronage couvrait dans une certaine mesure, profita de ce succès qu'on ne croyait pas éphémère. Un autre fait important, présage d'événements plus graves, se produisait en même temps : les divers titres de la compagnie de Suez étaient admis aux négociations officielles sur le marché de Londres.

Parmi les émissions de février mentionnons un emprunt de la ville de Châlons-sur-Marne, un autre de la Banque centrale de crédit foncier de Russie, un troisième du gouvernement de la République d'Haïti.

Affaires Philippart.

Le mois de mars nous fait d'abord assister à une explosion de hausse sur les valeurs du groupe dont nous venons de parler. M. Philippart remplace M. Hausmann au Crédit mobilier. Le capital de cette société est porté à 160 millions ; une émission d'actions de priorité est commencée ; un procès s'ouvre et ces actions sont condamnées. Une grave question de principe s'élève à ce sujet et l'un de nos avocats les plus éminents fixe dans un travail remarqué les règles sur la matière. Le Crédit lyonnais double son capital, afin, dit-on, de ne pas être absorbé par M. Philippart. Les projets de ce financier portent, paraît-il, ombrage à de puissantes personnalités ; on croit que son activité puise sa principale source à l'étranger ; il est soupçonné, accusé, enfin obligé de s'arrêter dans sa marche trop rapide sans doute. Pen-

dant ce temps, un projet de loi relatif aux remboursement de l'emprunt Morgan est étudié par l'Assemblée
nationale. Le mois de mars doit, croyons-nous, paraître
assez rempli.

Le mois d'avril est, lui aussi, très mouvementé, disons
plus, très agité. L'attention du monde financier est tout
entière attachée aux variations que subissent les actions
du Crédit mobilier français et celles du Crédit mobilier
espagnol qu'une hausse rapide avait poussées à des
cours fort élevés. M. Philippart tente une émission d'actions de la Société auxiliaire du crédit mobilier. De nouveaux incidents judiciaires font échouer ses projets. Les
actions du Crédit mobilier sont frappées d'une dépréciation considérable, ainsi que celles du mobilier espagnol.

Le mois de mai s'ouvre sur la liquidation désastreuse
d'avril. Le marché est profondément ébranlé. Toutes les
valeurs du groupe Philippart sont écrasées ; elles en-
traînent avec elles toutes celles qui paraissent en être
plus ou moins solidaires ; seules, nos rentes et les
valeurs des principales compagnies de chemins de fer
résistent énergiquement et conservent leurs cours. La
loi relative au mode de remboursement de l'emprunt
Morgan est définitivement votée.

Dans le mois de juin cette opération qui n'est à vrai
dire qu'une simple conversion s'effectue avec succès,
tant nos fonds d'Etat ont acquis de faveur auprès d'un
public qu'effraie le trouble du marché des valeurs. On
remarque avec un commencement d'inquiétude la faiblesse des fonds turcs qui ne peuvent se raffermir ;
on réclame à grands cris la publication du budget de
la Turquie. M. Philippart, qui semble s'avouer vaincu,
donne sa démission d'administrateur du Crédit mobilier dont les actionnaires forment un nouveau conseil
d'administration sous la présidence de M. Erlanger.
L'impôt de 3 % sur le revenu des valeurs mobilières
est étendu aux lots et primes de remboursement.

Juillet voit s'élever les premiers bruits de réduction de
la rente turque ; une communication officielle publiée

*Conversion de l'emprunt Morgan.*

*Lots et primes de rembourse-ment assujettis à l'impôt de 3 %.*
*Baisse des fonds ottomans.*

par le *Times* les démont; cette déclaration, bientôt suivie de la publication du budget de l'empire ottoman, ne rassure personne : la baisse continue. Le public, en dépit de toutes les assurances, ne veut plus accorder de confiance à la Turquie et il trouve la vraie cause de la faveur de nos rentes dans ce principe toujours respecté par la France d'assurer le paiement de sa dette annuelle par des ressources ordinaires. Notre 5 % dépasse le cours de 105 francs et le 3 % celui de 65 francs; on prévoit déjà l'éventualité d'une conversion du 5 %.

Au mois d'août ces prévisions paraissent de plus en plus fondées et déjà la presse discute les conditions dans lesquelles cette conversion s'effectuerait le plus favorablement. Le ministre des finances émet des bons du Trésor 5 % à cinq ans; cette émission cause une vive émotion sur le marché, on craint une concurrence dangereuse pour la rente ; le taux des bons est aussitôt abaissé à 4 1/2. Mais, ce qu'on semble redouter encore, c'est l'absorption presque complète des capitaux par nos fonds d'État aux dépens des autres valeurs. Cette crainte est mal fondée ; ainsi que nous l'avons nous-même démontré par un simple calcul, l'argent ne peut manquer aux affaires car le chiffre des capitaux disponibles laissés sans emploi dans nos grandes institutions de crédit seulement s'élève à deux milliards et demi. Les fonds étrangers paraissent se raffermir dans les premiers jours du mois, les fonds turcs eux-mêmes regagnent quelque terrain et la situation semble devoir se rasséréner, lorsque tout à coup se déclare une baisse formidable sur les valeurs ottomanes ; la panique devient aussitôt générale et fait nettement ressortir la solidarité des valeurs d'un même marché entre elles. La presse cependant reste, en majorité, favorable à la Turquie; elle pense qu'une réaction ne tardera pas à se produire.

Le mois de septembre dément ces prédictions; la défiance persiste et les fonds turcs ne peuvent se relever du coup qui les a frappés. Cependant les rentes ita-

Hausse des rentes françaises.

Émission de bons du Trésor à long terme.

liennes et espagnoles progressent; il se produit sur les actions du Crédit mobilier espagnol un vif mouvement de hausse.

Le mois d'octobre, le moins animé de tous, n'apporte aucune amélioration à la situation du marché financier; les affaires sont presque nulles, toute l'attention se porte sur les finances turques; les fonds ottomans continuent à baisser tandis qu'un revirement très accusé se produit dans la presse française qui, de favorable qu'elle était à la Turquie, lui devient presque hostile. Le dénouement approche; il éclate avec violence. On apprend, par un simple télégramme, les étranges mesures financières prises par la Sublime-Porte; les cours des fonds turcs s'écroulent et l'impression générale est telle que la plupart des établissements de crédit croient devoir nier publiquement les relations qu'on leur attribue avec le gouvernement de Constantinople.

*Fonds ottomans. Écroulement des cours.*

Pendant le mois de novembre, rien ne vient atténuer les effets qu'ont produit les événements du mois précédent. Le marché reste dans une profonde atonie; les fonds turcs, dont le sort semble devoir être partagé par les fonds péruviens, ont tout entraîné. Nos rentes 5 % mêmes ont fléchi au-dessous du cours de 103. Cependant, vers la fin du mois, un calme relatif s'établit; le 5 % français remonte à 103 fr. 80; les fonds italiens se relèvent, les fonds égyptiens retrouvent de meilleurs cours. Nos bonnes valeurs de chemins de fer, qui ont toujours montré une grande fermeté, sont fort recherchées. Dans un autre ordre de faits, on remarque sur le marché, non sans étonnement, une singulière évolution des esprits : les idées naguère émises par M. Philippart et si vivement combattues, retrouvent une certaine faveur et des projets de fusion entre diverses lignes nouvelles sont mis en avant : on parle de l'incorporation du réseau de la Vendée au réseau des Charentes; on voit la compagnie du Nord affermer les chemins de Lille à Valenciennes. Mais, tandis que

*Valeurs de chemins de fer.*

les divers réseaux français tendent à se rapprocher, les chemins autrichiens-lombards se séparent.

Mort de M.
Schneider.

Enfin décembre paraît. Il emporte un des hommes les plus éminents du pays, M. Schneider, à qui l'industrie française doit de si grands progrès et de si utiles enseignements. C'est alors qu'éclate cette mine creusée en Orient par l'Angleterre et qu'on apprend qu'elle vient d'acquérir une autorité prépondérante sur l'entreprise du canal de Suez. Nous avons dit quelle était l'importance de cet événement au point de vue politique; mais il serait bien difficile d'apprécier celle qu'il peut avoir au point de vue financier. On peut tout espérer et tout craindre.

1875 est l'an-
née des surpri-
ses.

C'est sur ce doute et sur cette émotion que nous laisse l'année 1875, dont le tableau, tracé ici à grands traits, doit sembler quelque peu incohérent. La part de l'imprévu pendant ces douze mois a été aussi large que possible et l'on ne voit guère la place que la logique des faits, aussi bien que celle des hommes, y occupe. L'année 1875 a ouvert bien des questions, posé bien des problèmes, commencé bien des entreprises, elle n'a rien terminé, elle n'a rien résolu : c'est *l'année des surprises*.

## II

Après avoir présenté rapidement le tableau de cette année si remplie et si tourmentée, il nous reste à la juger dans ses résultats matériels au point de vue purement financier.

Rentes fran-
çaises.

Les événements que nous avons rappelés ont pu avoir sur les rentes françaises une influence regrettable en ce sens qu'ils ont pu en entraver la marche progressive; ils ne l'ont cependant pas complètement arrêtée et, en dépit des émotions éprouvées, nos fonds d'Etat se sont encore sensiblement améliorés. Le tableau suivant donne de ces progrès la proportion exacte.

| RENTES | COURS du 31 DÉCEMBRE 1874 | COURS du 21 DÉCEMBRE 1875 | HAUSSE |
|---|---|---|---|
| | fr. c. | fr. c. | fr. c. |
| 3 %............................... | 62 05 | 65 70 | 3 65 |
| 5 %............................... | 99 72 1/2 | 104 15 | 4 42 1/2 |
| 4 1/2 %............................ | 90 25 | 95 50 | 5 25 |

Les porteurs de rentes françaises ont donc vu, depuis le commencement de l'année, leur capital s'augmenter d'environ 4 1/2 %. La rente française a donné un produit total de plus de 9 %, tant en revenu annuel qu'en plus-value sur ses cours. C'est encore là, on le voit, un excellent placement. Cependant il faut prévoir l'éventualité d'une conversion et, pour l'avenir, rechercher de préférence la rente 3 %.

Il s'en faut de beaucoup que les fonds d'Etat étrangers aient eu la même fortune. Sauf les fonds italiens qui ont monté et les fonds anglais, russes et américains qui ont à peu près gardé leurs cours, la baisse a été générale et, malheureusement, ses conséquences sont supportées par un grand nombre de capitalistes français.

Fonds d'État étrangers.

| EMPRUNTS | COURS au 31 DÉCEMBRE 1874 | COURS du 21 DÉCEMBRE 1875 | HAUSSE | BAISSE |
|---|---|---|---|---|
| | fr. c | fr. c. | fr. c. | fr. c. |
| Emprunt italien 5 %.... | 68 60 | 73 25 | 4 65 | » |
| Emprunt turc 5 %........ | 46 75 | 24 05 | » | 22 70 |
| Emprunts ottomans 1860. | 327 00 | 167 50 | » | 159 50 |
| — — 1863. | 353 00 | 165 00 | » | 188 00 |
| — — 1865. | 351 00 | 160 00 | » | 191 00 |
| — — 1869. | 278 50 | 140 00 | » | 138 50 |
| — — 1873. | 262 00 | 130 00 | » | 132 00 |
| Emprunt égyptien 1873... | 383 00 | 357 50 | » | 26 25 |
| Emprunt péruvien 6 %... | 69 00 | 33 00 | » | 36 00 |
| Rente exter⁰ espagnole .. | 18 3/4 | 20 1/4 | 1 1/2 | » |

Comme on le voit, c'est un véritable désastre pour les porteurs de valeurs turques. Sans doute, à l'avenir, les capitaux se montreront plus prudents et l'on aura soin de rechercher dans les fonds étrangers non plus les gros revenus, mais la sécurité du titre; on devra tenir plus de compte de la prospérité d'un pays que des promesses de son gouvernement.

**Actions des sociétés de crédit.** L'année n'a pas été aussi mauvaise pour nos établissements de crédit qu'on a pu le craindre tout d'abord. Il était permis en effet de penser que les paniques violentes qui se sont produites sur le marché effraieraient les porteurs de titres, disposés à croire les sociétés plus ou moins atteintes ou plus ou moins engagées. Si les progrès réalisés par les actions de quelques-uns de nos meilleurs établissements ne sont pas très considérables, on doit néanmoins se féliciter de leur avoir vu montrer une fermeté presque inébranlable. Ce fait témoigne de la confiance que le public conserve dans ces solides institutions.

| ACTIONS | COURS du 31 DÉCEMBRE 1874 | COURS du 21 DÉCEMBRE 1875 | HAUSSE | BAISSE |
|---|---|---|---|---|
| | fr. c. | fr. c. | * fr. c. | fr. c. |
| Banque de France........ | 3.790 00 | 3.915 00 | 125 00 | » » |
| Crédit foncier............ | 860 00 | 915 00 | 55 00 | » » |
| Comptoir d'escompte..... | 557 50 | 617 50 | 60 00 | » » |
| Crédit industriel........ | 675 00 | 735 00 | 60 00 | » » |
| Société générale......... | 540 00 | 528 75 | » » | 11 25 |
| Crédit mobilier.......... | 350 00 | 192 50 | » » | 157 50 |
| Banque ottomane........ | 690 00 | 460 00 | » » | 230 00 |
| Crédit mobilier espagnol. | 672 50 | 705 00 | 32 50 | » » |

On ne peut manquer de remarquer la hausse importante des actions de la Banque de France, la fermeté de la Société générale qui a à peine faibli en dépit des agitations du marché, la plus-value acquise par les titres du Crédit mobilier espagnol qui a eu pendant l'année de si brusques variations, enfin la baisse des actions de la Banque ottomane.

**Actions des chemins de fer français.** Les actions de nos chemins de fer, bien qu'elles soient moins accessibles à la petite épargne que les obligations, ont été cependant fort recherchées; elles ont parcouru une brillante carrière. Les honneurs de la campagne reviennent certainement à nos grandes compagnies et à quelques-unes des principales compagnies secondaires.

Les résultats acquis pour les six premières lignes sont les suivants :

| ACTIONS | COURS du 31 DÉCEMBRE 1874 | COURS du 21 DÉCEMBRE 1875 | HAUSSE |
|---|---|---|---|
| | fr. c. | fr. c. | fr. c. |
| Est........................ | 513 75 | 572 50 | 58 75 |
| Lyon....................... | 882 50 | 962 50 | 80 00 |
| Midi....................... | 657 50 | 725 00 | 67 50 |
| Nord....................... | 1.097 50 | 1.207 50 | 110 00 |
| Orléans.................... | 880 00 | 990 00 | 110 00 |
| Ouest...................... | 565 00 | 617 50 | 52 50 |

Les progrès des obligations de chemins de fer ont été, pendant l'année, des plus remarquables. Le public persiste, avec raison, à voir dans ces titres des valeurs de tout repos, donnant un revenu fixe satisfaisant, avec une prime de remboursement encore assez large, et une sécurité entière pour l'avenir. Le prix relativement élevé qu'ont atteint les obligations des six grandes compagnies a fait refluer une clientèle nombreuse vers les bonnes compagnies de second ordre dont les obligations paraissent le plus sûrement garanties; certaines lignes même d'intérêt local ont été favorisées. Nous ne donnons ici que les principaux résultats.

*Obligations de chemins de fer.*

(TABLEAU)

| COMPAGNIES | COURS du 31 DÉCEMBRE 1874 | COURS du 21 DÉCEMBRE 1875 | HAUSSE |
|---|---|---|---|
| | fr. c. | fr. c. | fr. c. |
| Est 3 %............................ | 287 25 | 3o9 5o | 22 25 |
| Lyon (fusion)........................ | 3o5 oo | 318 5o | 13 5o |
| Midi 3 %........................... | 299 oo | 316 oo | 17 oo |
| Nord 3 %........................... | 3o4 75 | 324 oo | 19 25 |
| Orléans 3 %......................... | 3o5 75 | 321 5o | 15 75 |
| Ouest 3 %.......................... | 294 5o | 317 75 | 23 25 |
| Charentes 3 %...................... | 266 oo | 289 oo | 28 oo |
| —       (bons)..................... | 246 oo | 259 oo | 13 oo |

Dans cette marche générale en avant, ce sont, on le voit, les compagnies de l'Ouest, des Charentes, de l'Est et du Nord qui tiennent la tête.

Titres des chemins de fer étrangers.

En général, l'année a été plus pénible pour les chemins étrangers. Les chemins autrichiens, lombards et italiens, restent encore en arrière. Le fait capital de la campagne de 1875 c'est l'attitude de tout un groupe de valeurs dont les progrès ont justifié nos prévisions. Les obligations des principales lignes espagnoles sont aujourd'hui, sur notre marché, l'objet de négociations extrêmement actives.

| TITRES | COURS du 31 DÉCEMBRE 1874 | COURS du 21 DÉCEMBRE 1875 | HAUSSE | BAISSE |
|---|---|---|---|---|
| | fr. c. | fr. c. | fr. c. | fr. c. |
| Autrichiens (actions)..... | 6g3 75 | 66o oo | » | 27 75 |
| Lombards (actions)....... | 285 oo | 245 oo | » | 4o oo |
| —      (oblig. anc.)... | 25o 75 | 241 oo | » | 9 75 |
| Cordoue-Séville (oblig.).. | 24o oo | 249 oo | 9 oo | » |
| Nord de l'Espagne (oblig. de priorité)............ | 2o2 5o | 228 oo | 25 5o | » |
| Nord de l'Espagne (oblig. variable avec coupons). | 188 5o | 225 oo | 36 5o | » |
| Pampelune (oblig.)....... | 133 75 | 147 5o | 13 75 | » |
| Saragosse (oblig.)........ | 219 oo | 243 75 | 24 75 | » |

Valeurs diverses.

Il ne nous reste plus qu'à signaler les diverses valeurs qui, en même temps que celles déjà citées, ont attiré le plus l'attention, soit par leurs progrès, soit par leurs brusques variations, soit par les avantages qu'elles offrent aux capitalistes de tout ordre. Le tableau que nous en donnons ici parle de lui-même :

| VALEURS | COURS du 31 DÉCEMBRE 1874 | COURS du 21 DÉCEMBRE 1875 | HAUSSE |
|---|---|---|---|
| | fr. c. | fr. c. | fr. c. |
| Compagnie parisienne du gaz (act.).... | 845 00 | 1.075 00 | 230 00 |
| Compagnie transatlantique (act.)....... | 220 00 | 312 50 | 92 50 |
| Omnibus de Paris (act.) .............. | 690 00 | 820 00 | 110 00 |
| Suez (act.)........................... | 472 50 | 745 00 | 272 50 |
| — (délégat.)....................... | 457 50 | 620 00 | 162 50 |
| — (obligat.)....................... | 488 00 | 516 25 | 28 25 |
| Ville de Paris. { Oblig. 1860........... | 442 50 | 486 25 | 43 75 |
| — 1865............. | 474 00 | 498 00 | 24 00 |
| — 1869............. | 311 50 | 360 00 | 48 50 |
| — 1871............. | 282 50 | 345 00 | 62 50 |
| — — (quarts)... | 72 50 | 88 00 | 15 50 |
| Crédit foncier. { Obl. fonc. 4 % de 5 0 fr. | 492 50 | 500 00 | 7 50 |
| — 1/10° 4 %....... | 97 00 | 100 00 | 3 00 |
| — 500 fr. 3 %...... | 475 00 | 500 00 | 25 00 |
| — commun. 3 %.... | 395 00 | 417 50 | 22 50 |
| — 1872 5 % | 284 00 | 295 00 | 11 00 |

Nous ne reviendrons pas sur les causes qui ont déterminé les brusques mouvements de cours des différents titres de la compagnie de Suez. Nous rappellerons seulement que les actions paraissent devoir être préférées aux délégations; le public comprend déjà la distinction importante qu'il faut faire entre ces deux valeurs.

Placements. Tendances générales.

Faisons remarquer aussi le progrès toujours croissant des obligations de la ville de Paris et des quarts 1871, qui offrent un placement si facile aux petites bourses; la même considération a certainement aussi entraîné le public vers les obligations foncières et leurs dixièmes. Toutes les valeurs réunissant des avantages semblables et des facilités identiques sont appelées aux mêmes succès. Obligations de chemins de fer, obligations d'emprunts de villes, obligations foncières, obligations d'entreprises assimilables aux compagnies de chemins de fer, forment une même catégorie de valeurs que le public recherchera de plus en plus à mesure que s'abaissera le taux de capitalisation de nos rentes.

L'examen des divers tableaux que nous avons donnés montre que ce sont précisément les valeurs de moindre revenu qui ont le plus monté et qu'en somme les porteurs de titres ont amplement regagné en capital la très faible diminution d'intérêt qu'ils ont eu la sagesse de subir.

# 1876

L'ANNÉE DES INQUIÉTUDES

## I

L'année 1876, fort agitée au point de vue politique comme au point de vue financier, n'a certainement apporté avec elle rien d'absolument funeste; elle n'en devra pas moins être considérée comme la plus défavorable des cinq dernières années écoulées. 1872 et 1873 avaient été sinon des années d'affaires, du moins des années d'activité. Après les rudes atteintes de la guerre et l'insurrection de la Commune, on avait tenté de grands efforts qui avaient eu des résultats heureux. 1874 avait mis en évidence ces résultats et montré avec quelle énergie la nation s'était appliquée à son œuvre de relèvement et de reconstitution. En dépit de bien des complications, les intérêts, les capitaux, le commerce, l'industrie et le monde des affaires s'étaient rassurés et il était devenu possible de donner à cette année une désignation empruntée à un grand événement financier qui eut alors une portée considérable : on avait pu l'appeler *l'année de la rente au pair.* 1875, au cours de laquelle on vit le 5 % français dépasser le cours de 105 francs et le 3 % celui de 65 francs, ne fut pourtant pas aussi favorable que les précédentes au développement de notre prospérité. Elle méritait, disions-nous quand elle se terminait, d'être appelée *l'année des surprises* et, en effet, l'imprévu y eut la plus grande part. Ce fut en 1875 que s'ouvrirent assez brutalement la plupart des questions financières et politiques que 1876 a aggravées sans les résoudre. Cette année qui se termine nous a-t-elle apporté, sur un seul des litiges ou des problèmes nés sous sa devancière, une certitude quelconque? A-t-elle dissipé des craintes ou fait concevoir des espérances? Non, son soleil n'a rien éclairé et aucun de ses trois cent soixante-six jours n'a apporté au monde un seul gage de sécurité pour l'avenir. C'est *l'année des inquiétudes*, inquiétudes qu'elle lègue à celle qui va la suivre et que celle-ci aura peut-être l'heur d'apaiser.

*1876 est l'année des inquiétudes.*

Est-ce la politique qui nous aurait donné ce gage tant attendu, cette certitude du lendemain, qui permet aux esprits de reprendre tout leur calme et aux affaires tout leur essor? Revenons un peu sur ces douze mois.

*Élections sénatoriales.*

En janvier, ce sont tout d'abord les élections sénatoriales qui s'opèrent avec le plus grand calme, mais qui divisent tellement les voix qu'on ne sait à première vue s'il sera possible de former dans le Sénat une majorité. A l'extérieur, l'insurrection de Bosnie et d'Herzégowine qui, dès l'année précédente, a soulevé la question d'Orient, continue et donne lieu à une action diplomatique des trois puissances du Nord dont la pensée s'affirme dans une note plus fameuse qu'efficace sur les réformes applicables en Turquie. Cependant nos rentes que l'année avait trouvées, le 5 % à 104 fr. 50 et le 3 % à 66 francs, ne ressentent encore aucune influence fâcheuse des préoccupations politiques, qui, sans doute, n'ont pas acquis une intensité suffisante. Le 3 % dépasse le cours de 66 fr. 50; le 5 % celui de 105 fr. 40.

*Élections législatives*

Février apporte l'agitation inséparable des opérations électorales qui se pratiquent sur toute l'étendue du territoire et l'émotion profonde que causent les résultats trop peu prévus de ces élections. Dès ce moment, on peut se demander, sans trouver une réponse rassurante, quelles seraient les conséquences d'un conflit entre une majorité de droite au Sénat, si elle venait à se constituer, et une majorité de gauche à la Chambre des députés. On trouve, il est vrai, une consolation, purement platonique, en pensant que le parti qui triomphe sera assez sage pour rassurer les intérêts. La question d'Orient suit son cours tortueux et tourmenté; l'Espagne seule donne quelque espérance, les carlistes y sont battus.

Tout cela assurément n'est pas fait pour relever nos fonds publics : le 5 % retombe au-dessous de 103 francs; le 3 % est coté 65 fr. 85.

Le mois de mars est moins rigoureux. Dans un discours prononcé à Lyon, M. Gambetta donne des gages de la sagesse des groupes républicains et des bonnes intentions qui les animent. Les scrutins de ballottage du 5 mars sont en général favorables au parti conservateur. Enfin, à l'ouverture des Chambres, le nouveau ministère Dufaure, Ricard, Léon Say présente une déclaration programme où abondent les phrases rassurantes. Ce ministère qui ne doit pas voir s'achever le neuvième mois de son existence, affirme que « de la pratique loyale des lois constitutionnelles dépendent le repos, la grandeur, l'avenir de notre pays »; que « l'apaisement des esprits aux deux extrémités de l'Europe, cet ardent désir de paix, dont tous les peuples, comme tous les gouvernements, sont animés, favoriseront les négociations commerciales auxquelles le gouvernement se prépare. » Les ministres terminent en exprimant l'espoir que les difficultés éventuelles seront aplanies « par l'accord constant des deux Chambres. »

Le monde des affaires reprend aussitôt confiance : le 5 % remonte à 104 fr. 85 et le 3 % à 66 fr. 50.

Avril s'écoule sans trop d'encombre; on lève l'état de siège dans les quatre départements qui y sont encore assujettis. La commission du budget s'organise sous la présidence de M. Gambetta, qui s'attache à démontrer combien la prudence est nécessaire en matière de finances publiques. Enfin les Chambres prennent leurs vacances.

Discours de M. Gambetta à Lyon.

2e cabinet Dufaure. Son programme.
M. Léon Say, ministre des finances.

Suppression complète de l'état de siège.
M. Gambetta, président de la commission du budget.

En Orient, la Turquie en proie à des difficultés financières presque irrémédiables, se débat contre l'insurrection toujours ravivée.

Le mois a été tranquille; les rentes continuent à monter, le 5 % s'élève à 105 fr. 87, le 3 % touche le cours de 67 francs.

Rejet de l'amnistie.

Le mois de mai procure au parti conservateur de réelles satisfactions. La proposition d'amnistie présentée à la fois par MM. Victor Hugo et Raspail, est repoussée à une forte majorité par la Chambre des députés et reçoit au Sénat un accueil plus significatif encore.

Toujours l'Orient. Entrevues impériales.

Au dehors, la question d'Orient s'envenime; l'attentat de Salonique est considéré comme une manifestation des sentiments hostiles de la population musulmane contre les chrétiens. L'entrevue solennelle des deux empereurs et des trois chanceliers a pour résultat une note diplomatique qui ne paraît pas devoir produire plus d'effet que celle rédigée au mois de janvier, et au sujet de laquelle l'Angleterre réserve tout d'abord son adhésion.

Mais la Bourse ne s'effraie pas encore des complications extérieures, elle se contente de la sécurité au-dedans. Le 3 % qui gagne du terrain grâce à la consistance que prennent les bruits de conversion, s'élève à 67 fr. 85; le 5 %, qui a un peu fléchi, reste à 105 fr. 10.

L'enseignement supérieur. La collation des grades.

Moins favorable à tous égards, le mois de juin voit se développer à la Chambre la discussion du projet de loi ayant pour objet l'abrogation des articles 13 et 14 de la loi sur l'enseignement supérieur, votée en 1875. Il s'agit de réserver à l'Etat la collation des grades. La Chambre des députés adopte ce projet, non sans agiter l'opinion publique, qui s'étonne qu'il soit possible de remettre ainsi en question des lois tout récemment promulguées.

M. Buffet sénateur inamovible.

La majorité de droite du Sénat s'affirme en nommant M. Buffet sénateur inamovible, en remplacement de M. Ricard, décédé.

Le mois s'achève sur la discussion d'un projet fort bien accueilli par le public : le nouvel emprunt de la ville de Paris. Le produit de cet emprunt doit être en partie consacré à l'exécution de travaux dont l'achèvement coïncidera avec l'ouverture de l'exposition de 1878.

Un nouvel emprunt de la ville de Paris.

Des drames sanglants se déroulent à Constantinople. Le sultan est détrôné et ne survit pas à sa chute. Son successeur, Mourad, accorde un armistice aux insurgés de la Bosnie et de l'Herzégowine. Ces faits sont loin de calmer les inquiétudes que cause la question d'Orient. Aussi voit-on le 5 % redescendre à 104 fr. 60 et le 3 % à 67 fr. 35.

Abd-ul-Aziz détrôné, avènement de Mourad.

Le mois de juillet apporte avec lui de graves complications extérieures. La guerre éclate en Orient; la Serbie et le Monténégro embrassent ouvertement la cause des insurgés. Ici de graves questions se posent. Quelle sera, en présence de cette situation nouvelle, l'attitude des puissances? Quelle sera surtout pour la France, la conséquence des éventualités qui peuvent tout à coup se produire ? Ne sera-t-elle pas forcée de prendre une part effective aux événements qui se préparent. L'inquiétude est grande, mais M. le duc Decazes porte à la tribune des déclarations qui ramènent le calme et la confiance. Il donne au Parlement l'assurance que l'attitude de la France sera toute de réserve; il rappelle qu'elle a acheté assez cher, trop cher même, « le droit de se consacrer exclusivement à son œuvre d'apaisement et de reconstitution intérieure, qui doit être son unique, sa continuelle préoccupation. »

Guerre d'Orient. Déclarations pacifiques du duc Decazes.

D'autre part, le projet de loi relatif à la collation des grades est rejeté par le Sénat.

Assurément rien n'est résolu, rien n'est réparé; on ne sait si l'on doit craindre ou espérer ; mais on s'encourage à la confiance. Le succès considérable de l'emprunt de la ville de Paris, en dépit des vices du mode d'émission, entraîne le public, le marché et les

Succès de l'emprunt de la ville de Paris.

cours : le 5 % s'élève au delà de 105 fr. 75; le 3 %
monte jusqu'à 69 fr. 40.

Tranquillité in-<br>térieure.

En août, on monte encore malgré la continuation des
hostilités en Orient. Mais, à défaut de la paix au
dehors, on jouit au dedans d'une complète tranquillité.
Les Chambres se séparent le 12. MM. de Marcère et
Christophle prononcent à Domfront, leur ville natale,
des discours qui contiennent de larges promesses dont
la réalisation complète est à tous les points de vue
désirable, mais paraît encore bien lointaine. « La
France est arrivée », s'écrie M. de Marcère, tandis que
son collègue trace un vaste programme de travaux
publics à exécuter : chemins de fer, rivières, canaux, etc. Si peu de confiance qu'on ait dans l'avenir,
le pays aime à entendre parler d'affaires; aussi, disions-
nous, la Bourse monte : le 5 % est à 106 fr. 30, le 3 %
à 71 fr. 80.

Déposition de<br>Mourad. Avène-<br>ment d'Abd-ul-<br>Hamid.

Au commencement du mois de septembre, la question
d'Orient semblait s'apaiser, quand tout à coup on apprend la déposition de Mourad V, successeur du malheureux Abd-ul-Aziz; il est remplacé par Abd-ul-
Hamid, son frère. Ces révolutions de palais, de
quelques formalités qu'elles soient entourées, produisent le plus déplorable effet. Malgré les victoires
que les Turcs remportent sur les Serbes, en dépit d'une
suspension d'armes de dix jours et des propositions de
paix que fait le gouvernement du Sultan, les pessimistes semblent, cette fois, l'emporter. Les fonds ottomans sont en baisse nouvelle ; le 5 % turc se cote à
grand'peine à 10 fr. 50; les fonds russes, si recherchés
naguère, sont écrasés ; le 5 % russe de 1870, qui valait 102 francs au commencement de l'année, est à
81 francs.

Cependant la politique intérieure fait trêve. Un incident soulevé à Lyon sur une question de préséance,
pendant le voyage du maréchal de Mac-Mahon, ne par-

Grandes ma-<br>nœuvres mili-<br>taires.

vient pas à fixer l'attention. Les grandes manœuvres
de nos corps d'armée s'accomplissent de la manière

la plus satisfaisante; elles démontrent que nos nouvelles institutions militaires sont entrées presque complètement dans les mœurs de la nation. Cela suffit sans doute pour conjurer les influences du dehors. Notre 5 % s'élève jusqu'à 106 fr. 82, et notre 3 %, qui bénéficie toujours de la vraisemblance des bruits de conversion, atteint le cours de 72 fr. 30.

Mais voici octobre. Les journaux publient les projets de la commission du budget; bientôt paraît le rapport de M. Gambetta qui, se proposant de fixer les bases d'un impôt sur le revenu, demande que l'on frappe les valeurs mobilières et avec elles les rentes françaises. Une telle proposition devait produire une impression d'autant plus vive que naguère on avait vu, non sans étonnement il est vrai, M. Gambetta se constituer le défenseur de la rente nationale. Le danger de semblables expériences pour notre crédit apparut nettement, surtout quand la publication des recettes du Trésor pour les neuf premiers mois de l'année eût montré avec quelle régularité vraiment merveilleuse s'effectuait le recouvrement des impôts actuels, dont le produit dépassait les prévisions budgétaires.

*M. Gambetta propose l'établissement d'un impôt sur le revenu qui atteindrait notamment les rentes françaises.*

Peut-être pour atténuer l'effet produit par son rapport, M. Gambetta crut-il devoir témoigner de son amour de l'ordre. Il le fit dans un discours prononcé à Belleville, où il jeta résolument par-dessus bord ses fâcheux amis, partisans de l'amnistie et apologistes de la Commune.

*M. Gambetta. Discours de Belleville.*

C'eût été peut-être assez pour raffermir les esprits inquiets si les complications extérieures ne s'étaient aggravées et n'avaient fait entrer la question d'Orient dans sa période aiguë. La Turquie, invitée à accorder un armistice de six semaines, en offre un de six mois et voilà de nouveau toutes les espérances de paix ajournées. Le résultat de ce mois troublé, le voici : le 3 % est à 69 fr. 15 et le 5 % à 104 fr. 70; soit sur l'un 3 francs de baisse, sur l'autre 2 fr. 10, après avoir coté des cours plus bas encore.

*Inquiétudes causées par les événements extérieurs et intérieurs.*

En novembre, peu ou point de progrès sur nos fonds publics. C'est que les esprits sont vraiment lassés d'incertitude. M. Léon Say a beau repousser énergiquement les tentatives financières de M. Gambetta; M. le duc Decazes a beau affirmer la résolution du gouvernement de conserver la stricte neutralité; on a beau interpréter pacifiquement le discours du tsar à Moscou, rassurer les esprits sur les véritables intentions de la Russie et de l'Angleterre; le public ne croit plus; rien ne lui inspire confiance. Inquiet il était, inquiet il reste. La paix est douteuse, la réunion même d'une conférence diplomatique encore incertaine, le ministère Dufaure, de Marcère est ébranlé. Le projet d'emprunt des travaux publics paraît ajourner à un long terme l'opération de la conversion dont les bénéfices si considérables sont certains. La situation est aussi fâcheuse que possible pour les affaires. Nos rentes ne se relèvent pas : elles restent à 70 fr. 47 le 3 %, à 104 fr. 52 le 5 %.

Cabinet Jules Simon.

Enfin, voici décembre avec une crise ministérielle prolongée dans les circonstances les plus déplorables, à un moment de l'année où le calme est si nécessaire à notre commerce et à notre industrie. Après de pénibles et nombreuses négociations on parvient enfin à former un cabinet; le fonctionnement de la machine gouvernementale est assuré. D'autre part, dans la conférence de nos diplomates réunis à Constantinople, l'esprit d'apaisement et de conciliation paraît l'emporter. Cependant, que voit-on? Le public se rassure-t-il? Il est et reste inquiet. L'année s'achève comme elle a

Inquiet on est; inquiet on reste.

commencé, comme elle s'est écoulée : dans l'inquiétude.

## II

Marché financier.

Nous avons reproduit à grands traits mais aussi exactement que possible, l'ensemble des événements qui ont agité 1876; nous avons surtout cherché à dégager la philosophie de ces douze mois d'une année plus inquiète que funeste, mais qui, en somme, paraît infructueuse à tous les points de vue.

Cette année qui s'achève, nous l'avons considérée dans ses résultats politiques et économiques; il n'est pas inutile de contrôler nos observations en envisageant uniquement ses résultats financiers.

En suivant les complications qui se sont produites, tantôt successivement, tantôt simultanément, à l'intérieur et à l'extérieur, nous avons montré l'influence qu'elles avaient exercée, mois par mois, sur les cours de nos fonds publics. Voici, en chiffres, le bilan de l'année :

*Rentes françaises.*

| RENTES | COURS du 31 DÉCEMBRE 1875 | COURS du 21 DÉCEMBRE 1876 | HAUSSE |
|---|---|---|---|
| | fr. c. | fr. c. | fr. c. |
| 3 % .................................... | 65 70 | 70 95 | 5 25 |
| 5 % .................................... | 104 20 | 105 20 | 1 00 |
| 4 1/2 % ................................ | 98 00 | 105 20 | 5 00 |

Ce tableau montre, à côté du progrès peu sensible du 5 %, la marche rapide du 4 1/2 % et du 3 %. L'éventualité de la conversion a été pour beaucoup dans la hausse de ces deux derniers fonds. Ainsi que nous l'avions prévu, notre 3 %, laissé longtemps à une trop large distance du 5 %, devait gagner beaucoup grâce à cette réflexion naturelle des rentiers qu'il était, bien mieux que le 5 %, à l'abri de toute réduction d'intérêt. Il en sera ainsi tant que la probabilité de la conversion n'aura pas disparu ; or, en dépit des émissions nombreuses de bons du Trésor, cette grande opération paraît encore très probable et n'être qu'une question de temps et d'opportunité.

La hausse du 3 % a donc sa cause dans les mesures de précaution prises par le public en vue de la con-

version; le progrès du 5 % s'explique par la solidité
de notre crédit, et le peu d'étendue de ce progrès par
l'incertitude de la politique au dedans et au dehors, en
même temps que par la menace d'expériences fiscales
plus ou moins dangereuses.

**Fonds d'État étrangers.** Parmi les causes de l'élévation du cours des rentes
françaises nous n'avons point mentionné le discrédit
qui, sauf de trop rares exceptions, s'est attaché aux
fonds d'Etat étrangers. Il est cependant utile de dire
que l'épargne, découragée par les mécomptes que lui
ont procurés les valeurs étrangères en général et la plupart des fonds publics des autres Etats, s'est presque
tout entière portée sur les bonnes valeurs françaises :
rentes, emprunts de villes, actions et obligations de
chemins de fer, actions et obligations de nos premières
institutions de crédit et de nos grandes entreprises industrielles. Le tableau suivant en dira plus que toutes
nos appréciations.

| FONDS D'ÉTAT | COURS du 31 DÉCEMBRE 1875 | COURS du 21 DÉCEMBRE 1876 | HAUSSE | BAISSE |
|---|---|---|---|---|
| | fr. c. | fr. c. | fr. c. | fr. c. |
| Italien................. | 78 5o | 71 5o | » | 2 00 |
| Turc 5 %.............. | 28 20 | 11 00 | » | 12 20 |
| Ottomanes 1860......... | 152 5o | 60 00 | » | 92 5o |
| — 1863......... | 156 25 | 70 00 | » | 86 25 |
| — 1865......... | 158 75 | 62 00 | » | 91 75 |
| — 1869......... | 132 6o | 56 5o | » | 76 00 |
| — 1873......... | 122 00 | 54 00 | » | 68 00 |
| Egyptien 1873.......... | 347 5o | 251 25 | » | 96 25 |
| Péruvien.............. | 34 00 | 18 00 | » | 16 00 |
| Espagnole Extér........ | 20 1/2 | 15 1/4 | » | 6 1/4 |
| — Intér......... | 19 1/2 | 15 00 | » | 4 1/2 |
| Russe 5 % 1870.... .. | 101 7/8 | 86 00 | » | 15 7/8 |
| — 4 1/2 % 1875...... | 89 1/4 | 75 00 | » | 14 1/4 |

Ce relevé, on en conviendra, n'est guère consolant.
La rente italienne seule s'est à peu près maintenue.
Les rentes espagnoles sur le progrès desquelles on
ne comptait guère à la fin de l'année dernière, ne sont
pas tout à fait abandonnées : on espère qu'un peu de

calme permettra enfin à l'Espagne de réorganiser ses finances.

Les fonds égyptiens ont baissé de 30 % environ ; mais les examens sérieux de MM. Cave, Villette, Goschen et Joubert ont donné lieu de croire que l'Egypte pouvait faire face à tous ses engagements ; d'autre part, le khédive paraît animé des intentions les plus loyales; enfin l'intervention du Comptoir d'escompte, dont le concours constitue une garantie morale, est un signe favorable pour l'avenir du crédit de l'Egypte ; il n'est pas invraisemblable qu'il se produise quelque jour un retour vers les valeurs égyptiennes, si les projets actuellement connus sont réalisés.

En ce qui touche les fonds turcs, il en est advenu ce qu'on devait prévoir : promesses de paiement de coupons restées lettres mortes, un crédit ébranlé devenu presque nul, complications politiques au dedans et au dehors. Que peuvent devenir des fonds d'Etat dans de pareilles conditions?

Plus étrange encore, à notre avis, est la situation actuelle du Pérou qui, sans alléguer ni motif ni excuse, a purement et simplement suspendu ses paiements. Ici on ne saurait invoquer les arguments tirés de la politique. On est en présence d'un gouvernement qui se borne à déclarer qu'il ne paie pas. Qu'on nous permette à cet égard d'exprimer le vœu de voir la Société générale, qui s'est faite en France l'intermédiaire du Pérou, suivre l'exemple donné par le Comptoir d'escompte pour les fonds égyptiens et prendre en main les intérêts des créanciers français.

Quant aux fonds russes qui nous paraissaient déjà, il y a un an, exposés à quelques vicissitudes, ils ont subi l'influence des circonstances. Si ces circonstances se modifient dans un sens heureux, ces fonds peuvent se relever; mais la baisse qu'ils ont subie a suffisamment montré les risques qui s'y attachent.

L'année a été en général peu favorable aux institutions de crédit. L'abondance des capitaux, le prix peu

Actions des établissements de crédit.

élevé auquel il a été possible de se les procurer, le
petit nombre d'affaires dans lesquelles ils ont eu occasion de s'employer, telles sont les causes diverses qui,
dans une mesure plus ou moins grande, ont réduit
l'étendue et diminué les fruits des opérations de ces
établissements. Les chiffres comparatifs que nous rap-
prochons ci-dessous résument les résultats de cet exercice.

| ACTIONS | COURS du 31 DÉCEMBRE 1875 | COURS du 21 DÉCEMBRE 1876 | HAUSSE | BAISSE |
|---|---|---|---|---|
| | fr. c. | fr. c. | fr. c. | fr. c. |
| Banque de France........ | 3.810 00 | 3.740 00 | » | 70 00 |
| Crédit foncier............ | 910 00 | 655 00 | » | 255 00 |
| Comptoir d'escompte..... | 620 00 | 686 25 | 66 25 | » |
| Crédit industriel......... | 735 00 | 722 50 | » | 12 50 |
| Société générale......... | 625 00 | 616 25 | » | 8 75 |
| Crédit mobilier.......... | 188 75 | 148 75 | » | 40 00 |
| Banque ottomane........ | 460 00 | 363 75 | » | 96 25 |
| Crédit mobilier espagnol. | 700 00 | 585 00 | » | 115 00 |

La baisse, d'ailleurs peu considérable, des actions de
la Banque de France, s'explique par la réduction des
bénéfices, réduction naturellement amenée par l'abaissement du loyer de l'argent.

Le Crédit foncier a vu ses actions fléchir dans de
larges proportions; cette dépression est la conséquence
des craintes qu'ont fait naître les opérations de cet établissement sur les valeurs égyptiennes ; mais d'importantes résolutions ont été prises dans la dernière assemblée générale, aussi semble-t-il permis d'espérer
que l'année qui vient sera une période réparatrice.

Le Comptoir d'escompte seul a vu ses actions progresser : il le doit à l'activité qu'il a déployée, à la confiance qu'inspire son administration et au souci qu'il a
montré des intérêts des porteurs de titres étrangers.

Les actions du Crédit industriel ont gardé cette fixité
de cours qui est un gage de sécurité pour les actionnaires : les titres qui subissent si peu et de si faibles

variations sont considérés avec raison comme des valeurs de premier ordre.

Les actions de la Société générale n'ont que peu fléchi; elles eussent gardé une plus ferme attitude si, comme nous l'avons dit, on eût vu cet établissement surveiller de plus près les affaires auxquelles il avait attaché son nom : nous n'entendons, bien entendu, faire allusion ici qu'à ce qui concerne le Pérou.

Que dire du Crédit mobilier? Ses actions continuent à décliner : on considère sans doute que cette société manque à la fois d'affaires et de ressources suffisantes pour en entreprendre de fructueuses.

Quant à la Banque ottomane, elle subit les conséquences des embarras financiers et des difficultés politiques avec lesquels la Turquie est aux prises.

**Actions des chemins de fer français.** Les actions de chemins de fer dont les prix élevés éloignent la petite épargne ont supporté victorieusement la concurrence de nos rentes françaises; les progrès que ces titres ont réalisés depuis le commencement de l'année sont des plus remarquables.

Qu'il nous suffise de les constater sans commentaires.

| ACTIONS | COURS du 31 DÉCEMBRE 1875 | COURS du 21 DÉCEMBRE 1876 | HAUSSE |
|---|---|---|---|
| | fr. c. | fr. c. | fr. c. |
| Est.................................. | 575 00 | 612 50 | 37 50 |
| Lyon................................. | 948 75 | 997 50 | 88 75 |
| Midi................................. | 726 25 | 790 00 | 43 75 |
| Nord................................. | 1.207 50 | 1.280 00 | 72 50 |
| Orléans.............................. | 998 75 | 1.050 00 | 51 25 |
| Ouest................................ | 625 00 | 672 50 | 47 50 |

**Obligations des chemins de fer français.** Les obligations de nos grandes lignes ont, toute proportion gardée, donné des résultats semblables. Les petites bourses les ont recherchées avec presque autant d'empressement que nos rentes et les obligations de la ville de Paris. Elles ont procuré aux acheteurs des bénéfices notables; ajoutons que les titres d'un certain nombre de lignes secondaires ont partagé cette bonne fortune, entraînés, eux aussi, dans le mouvement imprimé aux valeurs françaises par l'élévation de nos fonds publics.

| OBLIGATIONS | COURS du 31 DÉCEMBRE 1875 | COURS du 21 DÉCEMBRE 1876 | HAUSSE |
|---|---|---|---|
| | fr. c. | fr. e. | fr. c. |
| Est 3 %............................. | 310 25 | 325 00 | 14 75 |
| Lyon (fusion)....................... | 320 00 | 833 00 | 13 00 |
| Midi 3 %............................ | 317 00 | 331 50 | 14 50 |
| Nord 3 %............................ | 327 00 | 337 50 | 10 50 |
| Orléans 3 %......................... | 323 25 | 334 75 | 11 50 |
| Ouest 3 %........................... | 319 00 | 333 00 | 14 00 |
| Charentes 3 %....................... | 285 00 | 295 00 | 10 00 |
| —— Bons 6 %................. | 259 00 | 260 00 | 1 00 |

Ainsi la hausse est générale : l'Est, le Midi et l'Ouest sont en tête du mouvement. Faisons remarquer l'amélioration importante produite sur les Charentes et l'excellente tenue des bons qui, depuis longtemps au-dessus du pair, ont pu encore progresser.

Titros des chemins de fer étrangers.

Les titres divers de chemins étrangers ont eu des fortunes très diverses.

Les actions des chemins autrichiens ont baissé, sous l'influence de diminutions de recettes causées par des circonstances indépendantes de la compagnie, mais aussi par suite du fâcheux effet que produisent les modifications toujours imprévues des résultats qu'on croit acquis. Les actions des chemins lombards, ainsi que leurs obligations, ont subi une dépréciation sensible quoique dans des proportions différentes; on sait quels ont été les termes de la convention conclue. Quant aux principales lignes espagnoles, leurs obligations ont réalisé une plus-value notable que nous voudrions voir s'accroître d'une manière continue.

| COMPAGNIES | COURS du 31 DÉCEMBRE 1875 | COURS du 21 DÉCEMBRE 1876 | HAUSSE | BAISSE |
|---|---|---|---|---|
| | fr. c. | fr. c. | fr. c. | fr. c. |
| Autrichiens (act.)......... | 668 75 | 522 50 | » | 146 25 |
| Lombards (act.).......... | 253 75 | 155 00 | » | 98 75 |
| — (obl. anc.)..... | 241 75 | 235 00 | » | 6 75 |
| Cordoue-Séville (oblig.)... | 241 50 | 257 50 | 16 00 | » |
| Nord de l'Espagne (obl. de priorité).............. | 229 00 | 1re série 249 00 | 20 00 | » |
| Nord de l'Espagne (obl. à revenu variable avec c.). | 225 00 | 2e série 231 50 | 6 50 | » |
| Pampelune (oblig.)....... | 145 00 | 156 00 | 11 00 | » |
| Saragosse (oblig.)........ | 244 00 | 258 00 | 13 25 | » |

Nous ne relevons ici que les cours comparatifs des valeurs les plus répandues dans le public. Ce que nous remarquons en général, c'est ou une très grande fermeté ou une tendance marquée à la hausse. La baisse est l'exception. Observons toutefois qu'ici les progrès ne sont en rien comparables à ceux réalisés par la rente française et les obligations de nos grandes lignes.

*Valeurs diverses.*

| VALEURS | COURS du 31 DÉCEMBRE 1875 | COURS du 21 DÉCEMBRE 1876 | HAUSSE | BAISSE |
|---|---|---|---|---|
| | fr. c. | fr. c. | fr. c. | fr. c. |
| Cie parisienne du gaz (act.).. | 1,072 50 | 1,330 00 | 257 50 | » |
| Cie transatlantique (act.)..... | 805 00 | 868 75 | 63 75 | » |
| Omnibus de Paris (act.)...... | 805 00 | 980 00 | 175 00 | » |
| Suez (act.)................. | 737 50 | 671 50 | » | 66 00 |
| — (déleg.)............... | 617 50 | 550 00 | » | 67 50 |
| — (oblig.)............... | 520 00 | 520 00 | » | » |
| Ville de Paris. { Oblig. 1860....... | 495 00 | 495 00 | » | » |
| — 1865....... | 500 00 | 505 00 | 5 00 | » |
| — 1869....... | 889 50 | 882 00 | 12 50 | » |
| — 1871....... | 844 50 | 874 50 | 80 00 | » |
| — 1875....... | 493 75 | 486 00 | » | 7 75 |
| Crédit foncier. { Ob. f. 4 % de 500 f.. | 500 00 | 495 00 | » | 5 00 |
| — 1/10 4 %.... | 98 00 | 98 00 | » | » |
| — 500 fr. 3 %.... | 487 50 | 512 50 | 25 00 | » |
| — comm. 3 %.... | 417 00 | 412 00 | » | 5 00 |
| — — 1872 5 %.. | 296 00 | 304 00 | 8 00 | » |
| — — 1875 4 %. | 467 50 | 485 25 | 17 75 | » |

Nous n'avons pas à justifier la hausse des actions de

la Compagnie du gaz ; le développement de l'exploitation suffit à l'expliquer. L'amélioration des actions de la Compagnie transatlantique est due au retour progressif de l'ancienne clientèle de ces titres dont nul événement fâcheux n'a enrayé la marche graduelle. Les actions des Omnibus ont beaucoup monté ; mais la hausse qui les a favorisées nous semble avoir à peu près atteint son extrême limite.

La baisse des actions Suez n'a rien d'inquiétant ; après avoir été poussées, à la fin de l'année dernière, à des cours exagérés lors de l'achat des actions du khédive par l'Angleterre, elles ont repris d'elles-mêmes leur juste niveau. Il en a été de même des délégations auxquelles nous persistons à préférer les actions. Quant aux obligations, elles sont restées fermement au même prix.

Les obligations de la ville de Paris ont toutes gardé une excellente attitude, sauf toutefois celles de 1875 qui ont fléchi tandis que toutes les autres obligations sont en hausse : c'est un fait anormal et qui, pensons-nous, ne tardera pas à disparaître. Les obligations de 1875 ne doivent pas tarder à s'établir dans le cours de 500 francs.

Ainsi que le montre le tableau ci-dessus, les obligations émises par le Crédit foncier n'ont été nullement influencées par les variations qu'ont subies les actions de ce grand établissement. On leur a conservé la même confiance parce qu'elles présentent toujours les mêmes garanties.

Conclusion. Les chiffres comparatifs que nous venons de présenter portent avec eux leur signification ; et ces rapprochements accusent nettement l'importance réelle de l'exercice 1876 au point de vue financier.

Nos fonds publics montent en dépit des inquiétudes que causent les complications extérieures et nos luttes parlementaires. L'éventualité d'une conversion n'arrête pas même le progrès du 5 %. Les actions et obligations de nos grandes compagnies de chemins de fer et de quelques compagnies secondaires montent ; les obli-

gations de la ville de Paris et du Crédit foncier s'élèvent
ou gardent leurs cours. Ces faits témoignent de la tendance de l'épargne ; les capitaux sans emploi se portent vers les valeurs mobilières qui offrent le plus de
garanties.

Les fonds étrangers sont écrasés ; les actions des établissements de crédit sont immobiles lorsqu'elles ne
fléchissent pas ; les valeurs industrielles sont, à peu
d'exceptions près, sans mouvement ou délaissées : autant de signes de l'incertitude du public qui n'ose exposer ses capitaux, qui ne veut affronter aucun risque tant
il est peu rassuré sur l'avenir ; autant de signes de la
stagnation des affaires. C'est un temps d'arrêt d'une
année qui a paru longue. Espérons que 1877 verra se
dissiper les nuages amoncelés par l'année qui va s'achever.

# 1877

---

## L'ANNÉE DES CRISES

---

### I

Ce que fut l'année 1876, on s'en souvient : *l'année des inquiétudes*, une année pleine de doutes et d'appréhensions ; année ambiguë et mystérieuse, posant toutes les questions redoutables et laissant à l'avenir le soin de deviner et de résoudre.

Elle finit tristement sur le vote laborieux d'un budget fécond en conflits, sur des concessions faites à contre-cœur par une Chambre exigeante et égoïste, sur une crise ministérielle qui se termina par la formation d'un cabinet mémorable dont M. Jules Simon fut le chef.

Cette année 1876 léguait à celle qui lui succédait tout le fardeau de difficultés accumulées comme à plaisir, la trame embrouillée des situations mal nouées, des transactions mal engagées, des affaires mal commencées.

Rude tâche pour l'année 1877, rude tâche pour les pouvoirs publics, pour les partis, pour la nation elle-même. Aussi, pendant le cours des douze mois qui viennent de s'écouler, n'a-t-on su de quoi il fallait s'étonner le plus ou de la violence des efforts déployés ou de l'inanité des résultats.

L'année s'est ouverte sur *l'incertain*, elle se ferme sur *l'inconnu*. A son début on pouvait espérer qu'elle nous conduirait à quelque port, sinon de salut du moins de repos; au moment où elle finit la France ni l'Europe ne savent où elles vont.

1877 est l'année des crises.

C'est une longue série de convulsions dont aucune n'a eu un caractère tel qu'on pût la considérer comme la dernière. L'année 1877 devra être justement appelée *l'année des crises*. C'est par une crise qu'elle s'annonce; c'est par une crise qu'elle finit.

Échec de la conférence turque.

La crise du début est tout extérieure. Elle éclate et se développe en plein mois de janvier, en plein Orient, dans la capitale de cet empire turc qu'on croit épuisé, presque mort, et qu'on s'efforce non point de ranimer, mais d'embaumer, mais de conserver. Les plus habiles diplomates du monde se sont réunis à Constantinople pour cette opération prématurée. Mais la Turquie ne s'y soumet pas et la conférence se clôt sur un des plus fâcheux échecs qui aient été infligés à la diplomatie.

M. Léon Say dépose, dès janvier, le projet de budget de 1878.

En France, cependant, on paraît songer à reprendre un train de vie régulier, à s'occuper des affaires; le Parlement lui-même y paraît disposé. Dès le 11 janvier, M. Léon Say dépose le projet de budget pour 1878.

Et les rentes montent. Au commencement de l'année le 5 % est à 106 francs, le 3 % à 71 francs; à la fin de janvier le 5 % est à 107 fr. 40, le 3 % à 72 francs.

M. Gambetta de nouveau président de la commission du budget.

Le désir d'étudier et de discuter sérieusement le budget paraît tout d'abord sincère; on le croit du moins en voyant deux hommes, connus par des aptitudes fort différentes, briguer la présidence de la commission du budget : MM. Gambetta et Germain; le premier, tout politique; le second, tout financier. C'est le premier qui l'emporte : de M. Germain, on attendait des idées pratiques; de M. Gambetta, on attend des réformes, sociales et politiques; on craint déjà que le budget ne devienne une machine de guerre. Février commence sur cette élection; mais ce fait ne devait pas suffire à remplir le mois, il fallait une crise. On la dénonce en pleine

Crise lyonnaise.

tribune et, en la dénonçant, on l'aggrave : c'est la crise lyonnaise qu'on eût pu prévenir et qu'on ne sut qu'irriter.

La crise orientale s'accentue encore.

La question d'Orient reste dans le *statu quo* ; on ne pressent que trop ce qui se prépare : la guerre pour le

printemps, la guerre qu'on retardera forcément jusqu'à
l'époque favorable en faisant mine de négocier. Bien
entendu qu'à Constantinople la politique des réformes
est délaissée; elle sombre avec Midhat-pacha qu'on
exile.

Cette fois, la rente s'attarde ; elle veut bien ne point
monter et consent à rester simplement stationnaire. Le
3 % reste à 72 fr. 75; le 5 % baisse à peine de 105 fr. 80
à 105 francs.

La grande comédie diplomatique qui a commencé dès
que la conférence de Constantinople a été close se
déroule. La paix se conclut entre la Turquie et la Serbie.
Le Monténégro négocie lentement. Le général Ignatieff,
qui a une si large part de responsabilité dans les affaires
d'Orient, entreprend une longue tournée en Europe.
Quelque lueur d'espoir qu'on parvienne à ranimer, la
crise orientale s'accuse et sévit sur le commerce de l'Europe entière.

Aux Etats-Unis une autre crise a éclaté, qui se résout, <sub>Crise politique aux Etats-Unis.</sub>
celle-là ; heureux Nouveau Monde! Le parti républicain
de l'Amérique du Nord l'emporte non sans peine, non
sans contestation, sur le parti démocratique qui perd la
partie faute d'un point.

En France éclate une crise attendue et redoutée mais <sub>Crise des petites compagnies de chemins de fer en France.</sub>
que l'on espérait conjurer, crise dangereuse et de na-
ture à compromettre les intérêts les plus respectables :
la crise des petites compagnies de chemins de fer. La
grave question des lignes secondaires, si urgente, si
importante, soulève beaucoup de théories, mais ne
trouve aucune solution : elle est étudiée par une commission sans initiative, présentée par un ministère
sans idées, discutée par une majorité sans esprit de
décision.

Les Chambres, prorogées jusqu'au 1er mai, suspen- <sub>Prorogation des Chambres.</sub>
dent leurs délibérations dans un moment où l'incer-
titude domine. Le ministère semble ne plus savoir
sur quelle base il doit se poser; s'appuiera-t-il sur le
Sénat? S'appuiera-t-il sur la Chambre des députés?

On ne le sait. C'est un mystère qu'on espère éclaircir en un mois de vacances.

Et les rentes montent énergiquement : au commencement du mois le 5 % dépasse 106 fr. 50, le 3 % est à 73 fr. 80 ; au milieu du mois, l'un est à 107 fr. 80, l'autre à 74 fr. 25; le mois finit sur les cours de 72 fr. 30 et 107 fr. 30.

**Retraite de M. de Bismarck.** Le mois qui suit est un mois de relâche pour la politique intérieure, mais non pas un mois de calme et de sécurité pour les affaires. Les regards un instant détournés de la question d'Orient, qui languit, sont attirés du côté du Rhin. On apprend, non sans émotion, la retraite de M. de Bismarck qui, dit-on, a demandé et sollicité un congé illimité. Et cette retraite est d'autant moins rassurante qu'elle était plus inattendue. On n'attend d'ailleurs rien de bon de ces congés pendant lesquels le chancelier se recueille et médite. On a toujours remarqué qu'ils coïncidaient avec quelque fâcheux événement.

**Guerre russo-turque.** En effet, le protocole accepté à Londres par les puissances est repoussé par la Porte. La guerre entre la Turquie et la Russie est déclarée et les hostilités s'ouvrent.

Cependant la France est toute à la paix ; elle n'a rien dit, rien fait qui pût inquiéter qui que ce fût. Aussi apprend-on avec surprise que M. de Moltke, prétextant certaines dispositions militaires prises sur notre territoire, a, pour obtenir un crédit du Reichstag, parlé de la nécessité de prendre des « mesures compensatrices ».

Ces émotions successives ébranlent nos rentes : au commencement d'avril le 5 % est au delà de 108 fr., le 3 % dépasse 73 francs; le 15 avril le 5 % est à 104 fr. 75, le 3 % à 68 fr. 80 et, à la fin du mois, le 5 % retombe au-dessous de 103 francs, le 3 % au-dessous de 67 francs.

**Rentrée des Chambres.** Nous voici enfin arrivés à ce solennel mois de mai rendu si célèbre par les exagérations des partis et les conséquences qu'elles ont entraînées. Ce mois cependant, il faut s'en souvenir, débuta d'une façon heureuse. Les Chambres venaient de rentrer, tout émues des événements de l'extérieur; deux déclarations successives du ministre des affaires étrangères rassurèrent le pays. Dans un langage énergique et digne, le duc Decazes définit nettement le rôle que la France devait garder en Europe et promit la « neutralité la plus absolue, garantie par l'abstention la plus scrupuleuse ».

Déclarations du duc Decazes sur la politique extérieure.

Mais à peine ces déclarations rassurantes avaient-elles été faites aux applaudissements de la nation, que des paroles échappées à l'ardeur de deux prélats français ranimaient dans le sein de la Chambre des députés des ferments de division mal éteints. Un blâme infligé par la majorité n'était pas de nature à calmer les esprits. La discussion de la loi municipale vint encore les envenimer. On souleva la question inutile, sinon dangereuse, de la publicité des délibérations des conseils municipaux. Le ministère s'abstint de se prononcer à cet égard, bien que le projet de loi fût déjà soumis à la formalité de la seconde lecture. Le Président de la République, craignant alors que les principes conservateurs ne vinssent à être sérieusement menacés, signifie à M. Jules Simon, chef du ministère, qu'il n'entend pas suivre plus longtemps le cabinet dans la voie où il était entré. Un ministère de droite est constitué (18 mai) et les Chambres sont prorogées pour un mois.

Crise politique intérieure.

Le maréchal de Mac-Mahon se sépare du cabinet Jules Simon. Constitution d'un ministère de droite.

3e cabinet de Broglie. Dissolution de la Chambre.

Tel fut cet acte que désigne la date devenue fameuse du « 16 mai » et qui devait avoir une influence si considérable sur les destinées politiques de la nation.

C'est une grande crise politique qui éclate au moment même où la crise commerciale et industrielle que traversent les autres nations de l'Europe commence à sévir énergiquement en France.

Elle marque la fin d'une période de cinq mois, moins agitée, moins troublée, moins inquiète encore que celle qui va suivre.

Il est bon de rappeler ici, bien que depuis on ait affirmé le contraire, que le monde des affaires ne s'effraya point de cette évolution politique. Le 15 mai les rentes étaient cotées : le 5 %, 102 fr. 75, et le 3 % 67 fr. 60; à la fin de mai le 5 % était à 104 environ; le 3 % avait dépassé 69.

Ce mouvement continua en juin.

Les paroles prononcées par le Maréchal dans sa visite aux travaux de l'exposition universelle et dans son excursion à Compiègne exprimaient avec vérité l'immense désir de travail qui animait le pays. Un des nouveaux ministres avait dit aussi un mot excellent : « On meurt de politique, on vit de travail. » Tout cela devait évidemment rassurer les esprits.

Menaces de refus du budget.

Le Parlement se réunit de nouveau. Dans l'intervalle, la majorité de la Chambre des députés avait, par les cent voix de la presse, menacé le pouvoir exécutif et le Sénat du refus du budget. Cette menace eut des résultats funestes : le président de la République, ainsi qu'on s'y attendait d'ailleurs, résolut de demander au Sénat son « avis conforme » en vue d'une dissolution immédiate de la Chambre; il l'obtint et celle-ci fut dissoute.

Dès ce moment une nouvelle crise s'ouvre, la crise électorale; car à quelque époque que doivent être fixées les élections, c'est une nécessité pour les partis de prendre position et de se préparer à la lutte.

Crises de toute nature.

De la fin de juin jusqu'au milieu d'octobre, les mois n'ont point de physionomie qui leur soit propre; c'est la crise ou plutôt ce sont toutes les crises réunies, sans cependant qu'elles aient encore atteint leur degré d'intensité le plus élevé : crise extérieure, crise électorale, crise industrielle, crise commerciale.

La guerre russo-turque. Bataille de Plewna.

En Orient, les Russes, après avoir franchi le Danube sans résistance, remportent une série de succès faciles qui rendent vraisemblable tout ce qui a été dit du prétendu épuisement de la Turquie. Puis soudain les armées du tsar, arrivées jusqu'aux Balkans, se heurtent à des obstacles infranchissables, rencontrent des résistances acharnées, héroïques. Bien plus, « l'homme malade » ne se contente pas de vivre et de se défendre; il bat son ennemi bien portant et le contraint aux plus excessifs efforts.

La lutte prend chaque jour un caractère plus terrible, plus sanglant, dans les batailles presque interminables de Schipka (20-26 août) et de Plewna (31 août-11 septembre).

En France cependant, la campagne électorale se poursuit, traversant ses phases naturelles, lorsqu'un événement considérable vient tout à coup modifier profondément la situation.

M. Thiers, que ses grands services en des jours douloureux avaient rendu plus cher au pays que n'avaient pu le faire et sa gloire d'historien et sa réputation d'homme d'Etat, M. Thiers, devenu récemment le chef officiel de la majorité de la Chambre dissoute, meurt subitement. Mort de M. Thiers.

Ce fut un deuil pour la France; pour les partis, surtout une surprise. L'événement sembla favorable à l'un des partis tandis que l'autre le crut assez dangereux pour tenter de se réserver tout le prestige des funérailles de l'illustre mort.

A la vérité, les partis ne discernèrent guère d'abord ce qu'ils avaient réellement perdu.

Quelque tendance qu'eût montrée M. Thiers pour la République, il est certain que la cause conservatrice perdait un de ses défenseurs ; il est certain aussi que la cause républicaine perdait le seul homme qui pût exercer utilement sur ses partisans une action modératrice.

La mort de M. Thiers eut-elle sur le résultat des élections une influence considérable? C'est ce dont il est permis de douter. Ce résultat, on sait ce qu'il fut et il serait bien difficile de dire aujourd'hui par quels moyens et sous l'empire de quelles circonstances il eût pu être modifié.

Élections du 13 octobre. La majorité passe à gauche. Crise gouvernementale.

Une majorité de gauche revint à la Chambre. La crise électorale est terminée; la crise gouvernementale s'ouvre.

C'est bien en effet une crise gouvernementale; il ne s'agit plus seulement de mettre en cause le ministère du 18 mai. Des paroles graves ont été prononcées au cours de la campagne électorale; la personne même du chef de l'Etat a été discutée; on a posé cette alternative : démission ou soumission.

Tandis que, dans les régions politiques, s'agitent tant et de si violentes passions, tandis que l'industrie et le commerce, dont les souffrances s'accroissent, commencent à élever haut leurs plaintes, la Bourse montre, elle, une singulière placidité et témoigne d'une étonnante confiance dans le présent et dans l'avenir. Il n'est pas inutile de réunir ici les cours cotés de mois en mois par nos rentes depuis la fin de juin jusqu'à la fin d'octobre :

Le 30 juin le 3 % était à 70 fr. 35; le 5 % à 106 fr. 75.

Le 31 juillet le 3 % était immobile à 70 fr. 35; le 5 % plus recherché à 107 fr. 10.

A la fin d'août le 3 % a monté à 70 fr. 80, tandis que le 5 % a fléchi à 106 fr. 85.

Le mois de septembre amène une baisse sensible : le 3 % retombe à 69 fr. 20 et le 5 % à 105 fr. 25.

Le 13 octobre, à la veille des élections, ces derniers cours sont à peu près maintenus : le 3 % est à 69 fr. 15, le 5 % à 105 fr. 45.

Le 16 octobre, quand les résultats du scrutin sont entièrement connus, la Bourse peu émue porte le 3 % à 69 fr. 90, le 5 % à 106 fr. 20. Et ce mouvement continue.

A la fin du mois, le 3 % est à 70 fr. 40, le 5 % à 106 fr. 80.

Le Parlement se réunit de nouveau et les trois pouvoirs publics se retrouvent en présence. Le ministère du 16 mai s'écroule après une défense énergique. On est en pleine crise. Le Maréchal a recours à un ministère extra-parlementaire qui, en tout autre temps, eût fait un bon ministère d'affaires. Mais la Chambre le condamne dès son apparition. On est en plein chaos. Les partis extrêmes ne rêvent que de solutions extrêmes; les esprits modérés n'osent plus espérer de solutions modérées. Ces difficultés laissent la Bourse imperturbable ; toujours poussée par un flot de capitaux débordants, elle conduit le 3 % à 71 fr. 70, le 5 % à 107 fr. 05.

*Ministère extra-parlementaire, Cabinet de Rochebouet.*

La crise industrielle et commerciale sévit avec d'autant plus de violence qu'on se rapproche d'une époque d'ordinaire féconde en affaires. La nécessité de transiger semble devoir s'imposer. Et cependant toutes les tentatives de transaction avortent.

La situation paraît inextricable et sans issue; on semble de part et d'autre s'arrêter à des projets de combat, de résistance acharnée. Soudain, une éclaircie se fait, l'accord s'établit; pourquoi, comment? on ne le sait encore, et le lendemain du jour où l'on croyait à l'apparition d'un ministère de dissolution, on apprend la formation d'un ministère de conciliation, d'un ministère de gauche et de centre-gauche.

*Ministère de conciliation. 3e cabinet Dufaure.*

Tandis qu'au dedans les pouvoirs publics semblent enfin disposés à convenir entre eux d'un *modus vivendi* pour assurer, tout au moins pendant un certain temps, la reprise et le progrès des affaires du pays, voici qu'à son tour la situation extérieure se détend violemment. Toute une armée turque est faite prisonnière à Plewna après des prodiges de valeur. Cette victoire va permettre à la Russie de traiter dans des conditions favorables et à l'Europe d'intervenir utilement pour la conclusion de la paix.

*La Russie victorieuse à Plewna.*

Et maintenant allons-nous assister à un règlement sérieux de la question d'Orient?

Allons-nous enfin voir notre majorité parlementaire moins impatiente se contenter de la part d'influence et de pouvoir qui lui est faite?

Conclusion.
Ce que pouvait
être 1878

Dans les derniers événements qui viennent de s'accomplir, faut-il voir une fin, faut-il voir un commencement? C'est là une question à laquelle l'année 1878 pourra seule répondre.

Et cependant, si on voulait!

Si on voulait, combien cette prochaine année pourrait être utile et fructueuse!

Si on voulait, quels avantages elle pourrait assurer au pays?

Ce serait l'année de la paix, en Europe ; l'année du travail, du commerce, en France. Ce serait l'année de l'Exposition universelle ouverte à tous les peuples rapprochés.

Cette année-là, si on voulait, si on était modéré, si les partis savaient borner leurs ambitions, serait l'année des fécondes solutions économiques : elle verrait la réorganisation de notre régime de chemins de fer et la reconstitution de notre réseau secondaire; elle rendrait à notre marine marchande sa force et sa vitalité; elle nous donnerait des traités de commerce conclus sur des bases larges et libérales.

Cette année-là pourrait être celle du budget sagement et prudemment étudié, lentement et profondément discuté; l'année qui effectuerait des réformes fiscales urgentes, qui préparerait celles qui devront être réalisées dans un avenir plus ou moins prochain. Elle serait, si on voulait, et ce rêve n'a rien d'exagéré, l'année des économies vraies et sérieuses, et aussi l'année des dépenses productives.

Les économies, c'est la conversion qui les peut procurer d'une façon certaine. Les dépenses productives sont celles qu'appellent tous les grands travaux réclamés par nos ports, nos rivières, nos canaux, nos routes, nos chemins de fer; dépenses que le mouvement des affaires, le produit des échanges, les bénéfices du commerce international rembourseront avec usure.

Pour faciliter la conversion, nos rentes s'élèvent, en dépit de nos agitations, à des cours inespérés; au dehors, la paix viendra bientôt sans doute rassurer les esprits.

Pour favoriser la reprise des affaires que provoquerait une accalmie politique, nous avons la masse considérable de nos capitaux disponibles, qui n'attendent que l'heure propice pour s'employer.

Telle est l'année que nous souhaitons, que nous espérons et que les Français auront s'ils veulent, ou, comme on dit aux enfants, s'ils sont bien sages.

L'année 1875 fut *l'année des surprises;* 1876, *l'année des inquiétudes;* l'année 1877 mérite de garder le nom d'*année des crises.* Puisse-t-elle du moins les avoir toutes épuisées!

# 1878

## L'ANNÉE DE L'EXPOSITION

L'année 1877 avait, à tous égards, mérité le nom d'*année des crises;* il nous semblait permis, alors qu'elle s'achevait, d'espérer que celle qui lui succéderait ne renouvellerait pas des épreuves qui avaient été vaillamment supportées, il est vrai, mais qui ne l'avaient pas été sans peine ni sans fatigue.

L'année 1878, il faut le reconnaître, eut des débuts rassurants; elle donna tout d'abord des promesses et des espérances. Le premier mois n'offrit même que des augures favorables.

Au dedans, on semblait enfin disposé à oublier les ressentiments de parti pour ne plus s'occuper que des grands intérêts commerciaux et industriels du pays. On étudiait et on discutait la grave question des chemins de fer. On songeait à dresser de grands programmes économiques et M. Léon Renault en produisait lui-même un qui contenait certes de quoi fournir à la plus ardente activité. De son côté, le nouveau ministre des travaux publics, M. de Freycinet, présentait, dans des rapports qui furent commentés, une série de projets fort vastes, dont l'opportunité et l'urgence pouvaient être contestées, mais qui témoignaient néanmoins d'un véhément désir de faire beaucoup et de « faire grand. » (1).

Au dehors, la chute de Plewna, en relevant le prestige militaire de la Russie, lui permettait de négocier

*Débuts de l'année.*

*Accalmie politique. Discussions d'affaires. Le programme Freycinet.*

*Situation extérieure.*

(1) Voir notre étude sur *Les grands travaux publics,* in-8° 1878.

avec honneur et sans désavantage. Déjà l'Angleterre croyait le moment favorable pour intervenir diplomatiquement et l'issue de la bataille de Schipka, suivie d'un armistice, faisait prévoir un rapide dénouement.

**Mort de Victor-Emmanuel.** La mort de Victor-Emmanuel avait seule attristé ces prémices de la nouvelle année. La fin du roi galant homme était d'ailleurs enviable : il s'éteignait entouré de respect et universellement regretté, léguant à son fils Humbert sa grande popularité.

L'Espagne s'associait à la joie de son jeune souverain qui venait de contracter une alliance selon son cœur, union qui promettait d'être heureuse et qui devait être si cruellement et si promptement brisée.

**Indices favorables.** A ce moment donc, tout semblait préparer à la France et à l'Europe de justes compensations aux vicissitudes de l'année précédente.

Cependant la politique semblait prête à reprendre ses droits et les nombreuses invalidations prononcées par la majorité de la Chambre des députés attestaient la vivacité des rancunes et des animosités de parti.

**Projet de création d'une rente 3 % amortissable.** Sans être rigoureux, le mois de février se montrait déjà moins clément. Il mettait au jour un projet financier dont les conséquences paraissaient dangereuses à divers égards. On se proposait de créer un nouveau fonds d'Etat, une nouvelle rente 3 %, amortissable celle-là, et qui devait être émise en titres analogues aux obligations des chemins de fer. C'était compromettre ou ajourner la conversion que la pacification de l'Europe devait favoriser; c'était menacer aussi d'une dangereuse concurrence nos grandes compagnies pour leurs futures émissions. Cependant les divers organes de la majorité accueillirent ce projet avec enthousiasme; la commission du budget en adopta le principe avec empressement; le futur fonds d'Etat eut, dans certaines régions politiques, un tel succès avant sa naissance, qu'on le présentait comme le type modèle de la rente populaire, la base des systèmes financiers de l'avenir et de l'unification de la dette publique. Tout en caressant ces illusions, la Chambre des députés discutait et votait avec une vertigineuse rapidité le budget de 1878, si malheureusement attardé.

La situation extérieure ne s'aggravait pas encore. L'Autriche proposait un congrès. M. de Bismarck prononçait devant le Parlement prussien un discours qui pouvait paraître sincèrement pacifique. On n'était pas sans crainte sur les complications éventuelles qui pouvaient s'élever à la mort de Pie IX. Cependant l'élection du nouveau pape, Léon XIII, s'effectua sans difficultés et le choix du conclave fut généralement accueilli avec faveur.

Congrès européen demandé par l'Autriche.
Attitude pacifique de M. de Bismarck.

Mort de Pie IX.

Mars vint tout compromettre et remit tout en question. La Chambre des députés procédait à de nouvelles invalidations et s'engageait dans la malheureuse et inutile affaire du rachat des chemins de fer. Il fut bien entendu cependant, au cours de la discussion, que l'adoption de cette mesure n'engageait en rien l'avenir et que tous les principes étaient réservés. Toutefois l'Etat se trouva ainsi avec plusieurs chemins de fer sur les bras sans en savoir que faire. Bientôt après, et par une conséquence aussi logique que regrettable, la création du 3 % amortissable fut votée (1). Il est juste néanmoins de porter à l'actif de notre Parlement deux améliorations fiscales importantes par leurs résultats : la réforme postale et télégraphique, et la suppression de l'impôt de 5 % sur la petite vitesse.

A l'extérieur, la situation s'aggravait singulièrement. La Russie concluait avec la Turquie une paix séparée et formulait ses exigences dans le traité de San-Stefano dont, selon toutes les apparences, l'Europe et surtout l'Angleterre ne pouvaient accepter les principales clauses. L'orage en effet ne tardait pas à éclater. La démission de lord Derby et l'appel des réserves anglaises indiquèrent nettement que le gouvernement bri-

Aggravation de la situation extérieure. Traité de San-Stefano.

(1) Voir notre étude sur *La rente 3 % amortissable*. Son passé, son présent, son avenir, in-8°.

tannique entendait suivre désormais une politique plus
active et plus énergique. L'inquiétude se répandit aussitôt à travers l'Europe; on regardait déjà comme immi-
nent le choc des deux grands empires dont les influences se heurtent en Orient depuis si longtemps. On
se crut à la veille d'une grande guerre dont les conséquences pouvaient être redoutables; ce fut une panique générale. Tous les marchés financiers furent
ébranlés; le nôtre fut peut-être celui qui résista le plus
énergiquement à cette crise.

Ce fut du moins en France que les esprits revin-
rent le plus promptement au calme et au sang-froid.
**Budgets de 1878 et de 1879.** Notre ministre des finances, avec un empressement qui
eût dû être imité par nos législateurs, présenta le
budget de 1879, dès que celui de 1878 eut été voté. Les
Chambres se séparèrent pour les vacances de Pâques
sans que le Sénat eût ratifié le projet de rachat des
chemins de fer ; la discussion en fut ajournée jusqu'à
la reprise de la session. Le 7 avril, eurent lieu des
élections partielles qui, ainsi qu'on l'avait d'ailleurs
prévu, assurèrent à la gauche la possession de quinze
sièges nouveaux. Les conseils généraux, cependant, il
faut leur rendre cette justice, s'occupèrent alors fort
peu de politique ; ils expédièrent sans bruit les affaires
départementales. Que n'en était-il ainsi de celles du
pays, et que n'abandonnait-on la politique pour
**Inauguration de la statue de Bastiat.** veiller aux grands intérêts nationaux. C'est à ce souci
des affaires que M. Léon Say rappelait les esprits,
lorsque, dans un excellent discours prononcé dans
les Landes à l'inauguration de la statue de l'illustre
économiste Bastiat, il reprochait aux partisans des fécondes réformes inaugurées en 1860 de s'être « endormis
sur leurs lauriers ».

**Le conflit an-glo-russe.** Cependant le conflit anglo-russe ne se résolvait pas.
Le marquis de Salisbury, qui avait remplacé lord
Derby au Foreign Office, avait lancé une circulaire
dans laquelle il contestait, non pas une ou plusieurs
des stipulations du traité de San Stefano, mais le traité

tout entier. Le prince Gortschakoff répondait en maintenant les prétentions de son gouvernement et en reprochant au cabinet anglais de se borner à des protestations purement négatives sans formuler aucune proposition déterminée. Ce reproche indiquait déjà un acheminement vers des idées moins absolues. D'autre part, le ministère anglais protestait devant le parlement de son désir d'apaisement et de conciliation. Mais quelles espérances fonder sur de si douteuses conjectures?

C'est à travers ces incertitudes et ces difficultés sans cesse opposées par les circonstances à une sérieuse reprise des affaires que l'on gagne le mois de mai, c'est-à-dire l'ouverture de l'Exposition.

*Ouverture de l'Exposition universelle.*

L'Exposition de 1878, c'est le grand fait, la grande œuvre de l'année, événement considérable qui n'eut pas seulement un intérêt national, mais un intérêt vraiment universel. Sans doute, il était regrettable que cette belle entreprise s'effectuât à une époque troublée et inquiète où la plupart des nations souffraient cruellement des conséquences de la guerre orientale. Mais, d'autre part, il était vraiment courageux, de la part d'une nation naguère si éprouvée par la guerre, de donner en un tel moment et sous une *forme matérielle* si vive, si frappante, un éloquent témoignage de la puissance de la paix. Nul enseignement ne devait mieux toucher tous ces peuples qui semblaient prêts à s'entr'égorger et peut-être, à cet égard, le rôle politique de la France a-t-il été beaucoup plus actif et efficace qu'on ne pouvait l'espérer. C'était prêcher d'exemple; il n'y avait pas de meilleur moyen de persuasion que ce spectacle pacifique et rassurant de l'Exposition universelle.

C'est à ce moment, en effet, que se manifestèrent enfin les dispositions conciliatrices des puissances : déclarations rassurantes de notre ministre des affaires étrangères, entremise obligeante de l'Allemagne, mission du comte Schouwaloff à Londres et à Paris. L'hori-

*Amélioration de la situation extérieure.*

zon se rasserénait. Cependant un premier attentat contre l'empereur Guillaume révélait le travail souterrain et sombre qui depuis longtemps mine sourdement les Etats.

A l'intérieur, on semblait pénétré de la nécessité de faire trève aux polémiques irritantes jusqu'à la clôture de l'Exposition. La Chambre des députés votait une loi libérale sur la retraite des officiers, loi que la Chambre haute améliora encore. Le Sénat, de son côté, votait le rachat des chemins de fer secondaires, mais après avoir obtenu du ministre des travaux publics des déclarations formelles qui réservaient le principe et laissaient, en somme, la question entière et non préjugée. Il ratifiait en outre le projet relatif à la création du 3 % amortissable qui allait bientôt faire parler de lui.

Au même moment s'élevait la délicate question du Crédit foncier posée dès cette époque par le gouverneur, M. Christophle, qui s'était refusé à effectuer la distribution d'un dividende voté par l'assemblée générale sur des bénéfices qu'on ne pouvait considérer comme définitivement acquis.

Le mois de juin répare enfin tout le mal que le mois de mars avait apporté. Les espérances pacifiques prennent une sérieuse consistance. Les marchés financiers se relèvent. Notre Bourse témoigne d'une entière confiance qui se traduit par une hausse très accentuée de nos rentes.

La réunion d'un congrès est enfin décidée; sur la proposition de l'Autriche, le gouvernement impérial allemand invite les puissances intéressées à envoyer des représentants extraordinaires à Berlin pour ces solennelles conférences que doit présider le prince de Bismarck.

Un nouvel attentat, auquel l'empereur Guillaume n'échappe que grièvement blessé, avertit les gouvernements d'avoir à se défendre contre ces entreprises odieuses.

En France, le Parlement s'ajourne jusqu'à la fin d'octobre, laissant le pays tout entier à ses devoirs d'hospitalité qu'il exerce d'ailleurs magnifiquement en offrant à ses hôtes, le 30 juin, une fête splendide.

Pendant les premiers jours de juillet les préoccupations de la politique européenne l'emportent. Le congrès multiplie ses séances qui sont closes, le 13, par la conclusion d'un traité général. Mais, au moment même où se manifeste la satisfaction que cause partout cet heureux résultat, éclate le coup de théâtre de la convention anglo-turque qui livre l'île de Chypre à la Grande-Bretagne. La surprise chez les uns, la déconvenue chez les autres à cette nouvelle inattendue, sont extrêmes. La hausse de nos rentes s'en trouve enrayée. *Convention anglo-turque. L'Angleterre à Chypre.*

Le conflit élevé entre le gouverneur du Crédit foncier et plusieurs actionnaires entre dans la période aiguë.

Le nouveau 3 % amortissable fait sa première apparition à la cote de la Bourse et sur le marché; il est aussitôt poussé à des prix tellement exagérés qu'ils en éloignent pour longtemps le vrai public.

La conclusion de la paix fait disparaître les causes extérieures qui pouvaient mettre obstacle à la conversion de notre rente 5 %. Cette opération depuis longtemps praticable est devenue facile. Elle semble probable et l'appréhension des rentiers qu'on laisse dans une perpétuelle incertitude détermine la baisse du 5 %. *Bruits de conversion du 5 %.*

D'autre part, on redoute une crise ouvrière dont nous menacent les grèves importantes qui se produisent dans le Nord. Ce danger est heureusement écarté au bout de quelques semaines. *Grèves du Nord.*

Le mois d'août n'améliore et ne résout rien. Le gouverneur du Crédit foncier s'appuyant sur le Conseil d'Etat et l'autorité du ministre des finances, triomphe des prétentions des actionnaires dissidents. Mais il demeure évident que les grands intérêts de l'institution ne seront solidement assurés que par une réforme des *Au Crédit foncier.*

statuts qui assure une représentation exacte et réelle aux 11,588 actionnaires du Crédit foncier et non pas seulement aux 200 plus forts porteurs de titres.

Le 3 % amortissable subit de sérieuses vicissitudes. On a recours, pour le placer à l'émission, aux guichets du Trésor et des trésoriers-payeurs généraux.

La politique qui semblait sommeiller se réveille tout à coup et l'on voit surgir, bien prématurément, la question des élections sénatoriales. Dès ce moment les partis s'agitent pour s'assurer le choix des délégués sénatoriaux. Cette irruption subite des préoccupations électorales ne laisse pas de troubler le peu de quiétude que l'on gardait.

Elections législatives allemandes.

De nouvelles complications s'élèvent au dehors. Les élections au Reichstag allemand profitent au parti national-libéral et affaiblissent le parti conservateur, sans cependant éliminer le parti socialiste. L'Autriche qui, conformément aux clauses du traité de Berlin, procède

L'Autriche occupe la Bosnie.

à l'occupation de la Bosnie, y rencontre une résistance énergique et tout à fait imprévue; il lui faut dompter une puissante insurrection mystérieusement entretenue.

Opinions diverses à propos de la conversion.

En septembre, on se préoccupe toujours de la conversion, qui paraît si légitime qu'on s'étonne de ne pas la voir préparer. Certains journaux affirment que le ministre n'y songe nullement. Il doit d'ailleurs dans un prochain voyage se prononcer à cet égard. Vaine attente. Le voyage s'effectue. M. Léon Say parle en effet, se loue de l'émission du 3 % amortissable, affirme son accord constant avec M. de Freycinet, accord dont on avait douté, mais il garde un silence absolu sur la conversion.

Gambetta opposé à la conversion du 5 %.

Moins discret, M. Gambetta, dans un discours peu favorable à la magistrature et au clergé, déclare incidemment, mais en termes formels, qu'il est opposé à la conversion. Naturellement le 5 % remonte. Le 3 % amortissable effectue enfin une dernière évolution. Le solde de la somme de cette rente à émettre en 1878

est offerte en bloc à la Bourse, à des cours plus accessibles cette fois; il est promptement absorbé par la
haute finance et les sociétés de crédit dont on avait
d'abord dédaigné le concours. Quant au public ordinaire, il a été oublié.

Le mois d'octobre est peu généreux. Il apporte peu
de chose et ce peu n'a rien de bien satisfaisant. Les discours de M. de Freycinet dans l'Ouest et le Sud-Ouest,
si modérés qu'ils soient, n'offrent pas une compensation suffisante à l'impression profonde que produisent
les paroles menaçantes prononcées au Reichstag par
M. de Bismarck. Le chancelier accuse la presse libérale *Discours menaçant de M. de
Bismarck.*
allemande de prendre son mot d'ordre auprès des
organes attitrés de la majorité du Parlement français;
sous le voile des précautions oratoires, c'est le gouvernement même et la nation française qu'il avertit dure-
ment.

Le conflit du Crédit foncier de France se perpétue. *Encore le Crédit foncier.*
Les censeurs de cette institution réclament la convocation d'une assemblée générale. Le gouverneur s'y refuse et s'adressant directement à tous les actionnaires
sans distinction, il leur fournit, dans une circulaire
étendue, les explications les plus complètes et les plus
loyales; il les rassure aussi sur le dénouement prochain
de l'affaire égyptienne qui intéresse à un si haut degré
cet établissement.

Notre marché financier subit le contre-coup de *Crise sur le
marché de Lon-
dres.*
l'ébranlement considérable causé au marché de Londres
par le sinistre de la banque écossaise « City of Glas-
gow » dont l'écroulement jette une profonde perturbation dans les affaires.

Dans ce même mois d'octobre la tribune et le clergé *Mort de Mgr
Dupanloup.*
français font une très grande perte en la personne de
l'éminent évêque d'Orléans, Mgr Dupanloup, qui fut
un orateur éloquent, un polémiste ardent et, plus
encore, un vaillant serviteur de la patrie.

Le mois de novembre vient clore la longue fête de *L'Exposition
close.*
l'Exposition. La nation, pendant six mois, ne s'est pas

complètement appartenue; elle se devait à ses hôtes. Elle va pouvoir reprendre possession de soi-même, satisfaite qu'elle est des témoignages de sagesse, de courage, d'amour du travail et de la paix, qu'elle a donnés.

Les Chambres sont de nouveau réunies; mais pourquoi faut-il retrouver, à la fin de l'année, les mêmes préoccupations qui en ont marqué le commencement. On en est encore, après quatorze mois écoulés, aux récriminations politiques, aux animosités de partis, aux invalidations dont la liste n'est pas épuisée. Le **Duel Gambetta-de Fourtou.** duel parlementaire de MM. Gambetta et de Fourtou n'apaise pas cet esprit de discorde stérile; les discussions passionnées s'interrompent à peine pour laisser examiner, discuter et voter en moins de dix jours l'énorme budget de l'exercice prochain.

Les questions d'affaires sont et demeurent sacrifiées, comme toujours.

**L'exécution du traité de Berlin.** En Europe, l'exécution du traité de Berlin rencontre de nombreuses difficultés et subit de fâcheux délais. En Asie, la guerre éclate entre l'Afghanistan et l'Angleterre qui, de ce côté encore, peut se heurter contre la Russie. L'agitation socialiste s'étend de plus en plus. **Attentats contre le roi d'Espagne et le roi d'Italie.** Un attentat à la vie du roi d'Espagne avait déjà donné un nouvel avertissement aux nations; le roi d'Italie à son tour est en butte aux entreprises des assassins.

Le mois de décembre ferme silencieusement l'année. La Chambre se sépare, non sans avoir encore invalidé quelque peu ; elle ne laisse au Sénat qu'un temps à peine suffisant pour jeter un prompt regard sur le budget et le voter à la hâte. La situation extérieure reste embarrassée et indécise.

**Conclusion. Ce qu'a été l'année 1878.** Qu'aura donc été l'année 1878? Une mauvaise année? Non certes : elle n'a été signalée ni par de bien grandes joies, ni par des accidents bien redoutables; elle n'a procuré ni mécomptes irrémédiables, ni satisfactions vives. Fut-elle une année d'affaires? Assurément non. Chaque

fois qu'on s'est cru à la veille d'une reprise sérieuse
des affaires, quelque complication a surgi pour l'enrayer. Effectivement, elle est tout entière contenue dans
un fait, considérable il est vrai, mais unique. C'est
*l'année de l'Exposition*. C'est sous cette dénomination,
sans doute, qu'elle restera dans les souvenirs.

# 1879

## L'ANNÉE DES SYNDICATS

### I

Le fait qui avait particulièrement caractérisé l'année 1878, c'était cette vaste exposition universelle ouverte à toutes les nations et dans laquelle toutes devaient se trouver réunies sur un champ de bataille pacifique et fécond. C'était comme un éloquent appel à tous les peuples, un hommage rendu à la paix et à ses œuvres, une grande exhortation au travail. On pouvait croire qu'une telle manifestation produirait de grands effets et qu'elle imprimerait à l'activité productrice des deux mondes un énergique essor.

Tout d'ailleurs semblait justifier cette espérance; l'année 1879 s'ouvrait sous les meilleurs auspices; la paix était partout rétablie au dehors; à l'intérieur, le désir de l'ordre et le besoin de travail éclataient de tous côtés avec tant d'évidence qu'il était vraiment permis de croire qu'après tant d'années difficiles ou improductives, on aurait enfin une bonne année d'affaires. Ce fut par cet espoir, qui était un vœu ardent, que fut salué le nouvel an.

La politique, il faut bien le reconnaître, se fit dès le premier mois, la part du lion. Le 5 janvier, eurent lieu les élections sénatoriales qui assurèrent à la gauche la majorité dans la Chambre haute. Ce résultat semblait devoir écarter toute éventualité de conflit entre les deux Chambres et assurer, par conséquent, le

Élections sénatoriales.

fonctionnement régulier du mécanisme gouvernemental. Le ministère présidé par M. Dufaure présenta un programme à la fois ferme et modéré dans lequel les questions économiques n'avaient pas été oubliées. Mais les exigences imposées au cabinet relativement aux grands commandements militaires entraînèrent la retraite du maréchal de Mac-Mahon. On dut procéder, sans désemparer, à la transmission des pouvoirs ; M. Jules Grévy fut élu président de la République (30 janvier) et remplacé par M. Gambetta à la présidence de la Chambre des députés.

*Retraite du maréchal de Mac-Mahon. Élection de M. Jules Grévy M. Gambetta président de la Chambre.*

Le mois de février ne fut pas moins agité. « A une situation nouvelle, il faut des hommes nouveaux, » avait dit M. Dufaure ; on constitua un nouveau cabinet. Dans son message du 6 février, M. Jules Grévy définit nettement l'attitude qu'il entendait garder en affirmant son intention « de n'entrer jamais en lutte contre la volonté nationale exprimée par ses organes constitutionnels. »

*Cabinet Waddington.*

*Message de M. Grévy. Ses intentions.*

De son côté, M. Gambetta, dans une allocution qui fut fort remarquée, annonçait l'ouverture d'une ère nouvelle pour la République qui, disait-il, « devait entrer dans sa période organique et créatrice. » Le chef de la majorité, dont la perspicacité n'était pas en défaut, comprenait la nécessité de pourvoir aux intérêts matériels du pays et il exprimait le vœu qu'on abordât « les grandes questions scolaires, militaires, financières, industrielles, économiques. »

*Allocution de M. Gambetta.*

Mais déjà, autour des Chambres et dans les Chambres mêmes, c'étaient les questions irritantes de parti qui l'emportaient : celle de l'amnistie plénière, celle de la translation à Paris du siège des pouvoirs publics; on demandait enfin la mise en accusation des ministres du 16 mai. Une seule de ces questions put être alors réglée; l'amnistie plénière fut repoussée et la Chambre des députés adopta le projet d'amnistie restreinte appuyé par le gouvernement.

*Amnistie partielle.*

' Un grand intérêt financier eut cependant le don de fixer l'attention pendant ce mois : un député interpella le ministre des finances sur la conversion et sur la manière dont elle serait effectuée. M. Léon Say lui répondit simplement qu'il n'avait pas d'opinion à ce sujet et que la Chambre elle-même n'avait pas d'avis à émettre (1). Toutefois il parut certain que la majorité de la commission du budget était favorable à la conversion et que cette opération pouvait être tentée à bref délai. Dans cette prévision, une spéculation active se déploya en Bourse jusqu'au moment où on apprit, avec une étonnante soudaineté, que le ministre avait déclaré à la commission qu'il regardait la conversion comme impossible à raison de la situation économique et financière du pays. Il en résulta une panique restée fameuse et un désarroi dont les cours des rentes se ressentirent pendant quelque temps. Dès ce moment, il était facile de prévoir combien la spéculation pourrait, à une heure donnée, agir sur un marché admirablement préparé pour les affaires, mais où les affaires vraiment sérieuses manquaient.

M. Léon Say et les bruits de conversion.

D'autre part on s'inquiétait de l'indécision du gouvernement et de son abstention, même en matière économique. On avait vu au mois de janvier, non sans une vive crainte, notre traité de commerce avec l'Autriche-Hongrie soudainement dénoncé, non renouvelé, sans avis donné en temps opportun aux intéressés. Cet acte d'imprévoyance était peu fait pour inspirer confiance. L'agitation protectionniste s'accentuait depuis deux mois ; de leur côté, les libres-échangistes s'inquiétaient; cette incertitude aggravait les effets de la crise industrielle. La Chambre s'était décidée pourtant à aborder la question de la marine marchande; mais après une discussion languissante, sans cesse interrompue par les incidents politiques, le malheureux projet fut ren-

Questions économiques.
Agitation protectionniste.

---

(1) Voir nos études sur *La conversion de la rente* 5 %, in-8°, 1876, et *Les contribuables et les conversions de la rente*, in-8°, 1878.

voyé à une commission! A grand peine la Chambre parvenait-elle à voter avant les vacances de Pâques la loi de classement du réseau complémentaire des chemins de fer d'intérêt général. Il est vrai qu'on avait fait beaucoup de politique, renversé M. de Marcère, discuté la question de mise en accusation des ministres du 16 mai et, finalement, voté contre eux un ordre du jour dit de « flétrissure. »

*Ordre du jour contre le ministère du 16 mai.*

A l'extérieur rien de grave ne s'était accompli depuis le commencement de l'année si ce n'est le triste échec subi au Cap par l'armée anglaise ; mais, d'autre part, l'Angleterre avait achevé avec succès sa campagne contre l'Afghanistan; la Russie avait conclu sa paix définitive avec la Turquie; un différend s'était élevé entre elle et la Roumanie à propos de l'occupation d'Arab-Tabia sur la frontière de la Dobrudcha. En Egypte, la réorganisation financière rencontrait toujours de nombreuses difficultés; mais l'accord de l'Angleterre et de la France faisait espérer qu'un contrôle sérieux pourrait être exercé par les agents des deux puissances, MM. de Blignières et Wilson.

*Questions extérieures.*

A la fin de ce premier trimestre nos rentes, remises d'une secousse passagère, retrouvaient leurs hauts cours. Le 3 % était à 79 fr. 32 ; le 5 % à 115 fr. 22 et la rente 3 % amortissable à 81 fr. 70.

Le mois d'avril fut tout d'abord marqué par le succès prévu des candidats républicains aux élections qui eurent lieu, le dimanche 6, dans vingt et une circonscriptions. Le 20 avril, du scrutin de ballottage sortait la fameuse question Blanqui; le révolutionnaire impénitent venait d'être nommé par les électeurs de Bordeaux. Au conseil municipal de Paris, M. Hérold, préfet de la Seine, présentait le projet de loi relatif au remboursement de 282 millions dus au Crédit foncier et à un emprunt nouveau à contracter auprès de cet établissement. Les conseils généraux tenaient leur session avec calme ; trente d'entre eux environ se pronon-

*Élections législatives complémentaires.*

çaient contre le projet de loi sur l'enseignement supérieur présenté par M. Jules Ferry.

En Egypte, une nouvelle crise ministérielle éclatait, amenant des complications nouvelles. Un odieux attentat à la vie du tsar révélait à l'Europe le trouble profond des esprits et les menées ténébreuses du parti socialiste en Russie.

*Attentat contre le tsar.*

L'exécution du traité de Berlin, en ce qui concerne la frontière turco-grecque, rencontre des difficultés que la Grèce et la Turquie ne savent ou ne peuvent aplanir; M. Waddington invite par une circulaire les puissances contractantes à provoquer une réunion des ambassadeurs en vue du règlement de cette question.

Le mois de mai amène des grèves intenses, signes certains des souffrances de notre industrie et des classes laborieuses. Aussi l'agitation économique est-elle de plus en plus vive. Le parti protectionniste déploie une infatigable activité. Une grande réunion des délégués des Chambres de commerce a lieu et ses conclusions sont favorables au relèvement des tarifs. Le nouveau ministre du commerce, l'honorable M. Tirard, se prononce énergiquement contre ces tendances et, tandis que M. Pouyer-Quertier va plaider la cause protectionniste à Laval, le ministre se rend lui-même à Marseille pour y affirmer les bienfaits de la liberté du commerce.

*Grèves intenses.*

*Campagne protectionniste.*

La Chambre vote la loi sur l'état-major et résout la question Blanqui en invalidant l'élection de Bordeaux. Les grèves s'apaisent peu à peu.

Les clauses les plus importantes du traité de Berlin s'exécutent graduellement. Le prince de Battenberg est élu prince de Bulgarie sous le nom d'Alexandre Ier. Les troupes russes évacuent la Roumélie et la Bulgarie.

Le mois de juin se signale par une explosion nouvelle d'irritations politiques. Toutes les questions de parti et de personnes se ravivent au sein de la Chambre des députés et y donnent lieu à des scènes d'une incroyable

*Paris redevient le siège du gouvernement et des pouvoirs publics.*

violence. Le Sénat, après bien des hésitations, se décide enfin pour le retour des Chambres à Paris. A la suite de cette résolution, le Congrès se réunit et vote l'abrogation de l'article 9 qui fixait à Versailles le siège du gouvernement et des pouvoirs publics.

**Mort du prince impérial. Conséquences politiques.** Soudain éclate, comme un coup de foudre, la nouvelle de la fin tragique du prince impérial, mort courageusement pour la cause d'une nation amie, sur une terre lointaine et mystérieuse. Ce triste événement a immédiatement des conséquences considérables ; on sent, on comprend que les conditions des partis en présence se trouvent profondément modifiées. Le parti bonapartiste n'a plus de tête et, s'il retrouve un chef, encore n'est-il pas certain que ce chef soit facilement accepté et unanimement suivi.

La discussion générale du projet de loi sur l'enseignement supérieur a lieu à la Chambre des députés qui passe à la discussion des articles.

**Traité entre la ville de Paris et le Crédit foncier.** Le conseil municipal de Paris approuve (28 juin) le projet de traité avec le Crédit foncier portant remboursement à cette grande société des 282 millions dus par la ville de Paris contre un prêt égal consenti à des conditions plus favorables.

**Abdication du khédive.** La politique extérieure ne fournit alors que peu d'aliments à l'attention publique. L'Egypte seule éveille de sérieuses préoccupations. L'étrange conduite du khédive a lassé toutes les complaisances; on le contraint à abdiquer en faveur de son fils Tewfik qui, pense-t-on, offrira peut-être aux légitimes exigences de l'Europe des garanties plus sûres.

**Loi sur l'enseignement supérieur ; l'article 7.** Le mois de juillet voit ouvrir la discussion du budget qui se traîne languissamment, sans cesse interrompue par des débats assurément moins utiles. La loi sur l'enseignement supérieur, qui soulève tant d'objections et excite tant de passions, est votée tout entière, y compris le fameux article 7; elle est bientôt suivie de la loi sur le conseil supérieur de l'instruction publique. La Chambre vote encore le projet sur la réorganisation du Conseil

d'Etat et celui qui approuve le traité conclu entre le
Crédit foncier et la ville de Paris, déjà adopté par le
Sénat qui, de son côté, ratifie le projet de classement
des chemins de fer d'intérêt général. La discussion du
budget s'achève péniblement à la Chambre des députés
et la session est close.

Le parlement ne doit plus se réunir que vers la fin de Vacances par-<br>lementaires.
novembre. Il semble donc que l'année politique doive
se clore en même temps que les débats législatifs et que
l'on puisse enfin compter sur une trêve qui permette
de faire sérieusement des affaires sérieuses. On n'a rien
tenté, il est vrai, pour provoquer l'essor de ces affaires ;
toutes les questions financières, industrielles, commerciales, ont été différées, ajournées, esquivées ; pas une
parole d'encouragement n'est tombée de haut qui vînt
ranimer les courages et raviver les espérances. Ces
affaires vont-elles naître d'elles-mêmes spontanément?
Le marché, il est vrai, est admirablement préparé. Les
cours de nos rentes et ceux de nos bonnes valeurs sont
fort élevés : le 3 % est à 82 fr. 50 ; le 5 % à 117 fr. 60 ;
le 3 % amortissable vaut près de 85 francs. Si l'année
politique est terminée, l'année financière va-t-elle commencer? L'événement serait tardif et inattendu, insolite
surtout ; c'est cependant ce qui a lieu. Avec le mois
d'août s'ouvre une période toute différente, étrange,
curieuse à observer, pleine de surprises et de péripéties
et qui, certes, mérite d'être étudiée d'une façon particulière.

## II

L'année politique est presque tout entière enfermée Marché finan-<br>cier.
dans les sept premiers mois de 1879. L'année financière
a été de plus courte durée encore : elle s'ouvre en août
dès la prorogation des Chambres, elle se ferme à la fin
d'octobre ; rien avant août, rien après octobre. Mais, il
faut bien l'avouer, jamais mois ne furent plus remplis
de faits, d'événements, d'accidents, d'émotions. Et il

s'agit ici de ces mois qui d'ordinaire sont le plus dénués d'affaires et de mouvement.

Émissions importantes.

Les premiers jours d'août sont marqués par des émissions importantes. Du 2 au 7 on voit se produire à la fois l'émission d'un emprunt portugais, celle de la Société de l'agence Havas, celle du nouveau canal de Panama, d'autres encore. La principale, qui les domine toutes par son importance, son objet et ses effets, est l'émission par le Crédit foncier de France d'un million d'obligations communales.

Préparée avec soin, habilement présentée, pleine d'attraits et d'avantages pour le public, cette émission obtient un succès considérable. Les capitaux affluent aux guichets du Crédit foncier attestant ainsi l'universel désir des capitalistes et des rentiers de consacrer leurs fonds disponibles aux affaires sérieuses. La souscription est couverte dix fois environ. Cette pleine et légitime victoire remportée par notre grande institution foncière fait connaître les ressources réelles du marché et ses dispositions extrèmement favorables.

Une telle situation est bien faite pour tenter les esprits audacieux et entreprenants. C'est à ce moment que reparaît sur notre scène financière une personnalité que des succès brillants et des revers soudains avaient déjà mis en relief.

Nouvelles opérations de M. Philippart. La Banque européenne.

M. Philippart, auquel on s'accorde à reconnaître une vive intelligence des affaires et un esprit d'entreprise très développé, sollicite les concours des capitalistes. Il rappelle les heureux débuts des sociétés qu'il a fondées et il fait espérer que, n'ayant plus les mêmes luttes à soutenir, il ne courra plus les mêmes dangers. Il offre au public à 700 francs, c'est-à-dire avec 200 francs de prime, les actions d'une société qu'il vient de créer. Le public s'arrache les actions de la société nouvelle ; lors de la répartition on ne peut même pas obtenir des titres entiers ; aux souscripteurs d'unités, il n'est accordé que des moitiés d'action. Devant un tel résultat, inespéré peut-être, le hardi financier pense qu'il peut demander plus encore. Une nouvelle souscription est ouverte en vue d'une augmentation non limitée du capital social et de nombreux titres et capitaux viennent se déverser dans les caisses de la société.

Après cette double émission, le marché financier, resté assez inactif jusqu'au 15 août, se ranime soudain. La liquidation s'effectue dans les meilleures conditions, avec des reports exceptionnellement bas.

Au commencement de septembre la hausse s'effectue et devient générale. Elle a cet heureux effet de porter à de meilleurs cours les actions de nos bonnes institutions de crédit, dont les titres ont été jusque-là injustement délaissés. Mais, en même temps, la spéculation, qui a conçu des espérances sans bornes et semble croire que tout est désormais possible, s'avance avec une ardeur excessive, pousse à des cours insensés des groupes entiers de valeurs qu'on eût appréciées favorablement en se bornant à dire qu'elles avaient plus d'avenir que de passé. C'est une véritable fièvre de primes, une fureur de syndicats, de hausses factices, de plus-values fictives.

Un mouvement si rapide, un essor si prompt et si violent, eussent dû être dirigés. Les esprits clairvoyants pressentent quelque dénouement fâcheux si aucune influence ne vient régler ce marché dans sa fougue aveugle et ne parvient pas à modérer cet entraînement! Combien ne devait-on pas regretter que quelque grande affaire publique, conversion ou émission de rente amortissable, n'apporte pas un dérivatif salutaire à cette contagion si dangereuse! Craint-on de ne pas trouver assez de capitaux? Le succès de la nouvelle souscription ouverte le 7 octobre par le Crédit foncier de France qui émet 1,800,000 obligations foncières, prouve bien que toutes les affaires présentant des garanties solides sont assurées d'avance de la faveur du public. Mais le marché reste livré à lui-même.

*Émission des obligations foncières 1879.*

La liquidation de septembre s'effectue dans des conditions défavorables; les reports deviennent extrêmement chers. La vérité se fait jour; on commence à mettre en doute le crédit de ceux-là mêmes dont l'initiative a déterminé cette étrange agitation financière.

Panique à la Bourse.

La panique est extrême. Toutes les valeurs s'en ressentent dans une mesure plus ou moins grande ; mais celles qui, comme nos rentes, comme les titres de nos grandes compagnies de chemins de fer, comme les actions de nos principales sociétés de crédit, offrent une solidité incontestable et incontestée, ne reçoivent que des atteintes passagères et ne subissent que des blessures promptes à se cicatriser. Il en est tout autrement de ces valeurs douteuses qu'on a tant primées, tant syndiquées, tant surfaites et surchauffées. Les outres se dégonflent. Il ne reste plus que la réalité. Le mois d'octobre et sa liquidation sont désastreux pour les spéculateurs ; car nous devons faire observer que si, dans cette malheureuse aventure, les capitaux de placement et d'épargne éprouvent quelques vicissitudes, c'est surtout la spéculation qui est frappée, et frappée si rudement qu'il lui faudra des mois pour se relever d'un tel coup.

Quant à nos fonds d'État, on jugera facilement par les chiffres suivants de l'effet que cette crise exerça sur eux. A la fin de juillet, c'est-à-dire avant que le marché eût été poussé vers les hauts cours, le 3 % était à 82 fr. 50 ; le 5 % à 117 fr. 60, le 3 % amortissable à 84 fr. 65. A la fin d'octobre, c'est-à-dire au moment où la crise perd de son intensité et touche à son terme, le 3 % était à 80 fr. 35, le 5 % à 116 fr. 47, le 3 % amortissable à 82 fr. 27.

Cette baisse, très sensible sans doute, paraîtra pourtant relativement modérée si l'on tient compte des conditions dans lesquelles se trouvait le marché des autres valeurs et du désarroi général qui régnait sur la place. N'étaient-ce pas là encore de beaux cours à une heure d'effondrement ?

La nouvelle école financière.

Les conséquences de la liquidation d'octobre furent graves. Elles montrèrent l'inanité de toutes ces prétendues affaires qu'août et septembre avaient vues naître et

grandir brusquement. Les mirages déjà s'étaient éva-
nouis et, devant les sinistres qui atteignirent les chefs
mêmes du mouvement, on se laissa aller à des craintes
exagérées. Elles étaient excessives, en effet, car, en
somme, cette crise de Bourse n'a guère eu d'action que
sur la Bourse même, elle n'a pas dépassé les limites du
marché ; elle a abattu quelques spéculateurs, mais elle
n'a pu modifier profondément la situation générale. Les
énormes capitaux en disponibilité avant cet événement
n'ont pu disparaître soudainement ; ils existent toujours
et restent toujours prêts à s'employer en opérations
sérieuses, prudentes et sages. A vrai dire, ce ne fut là
qu'une aventure, très regrettable, très déplorable sans
doute, mais qui porte avec elle des enseignements dont
on doit tirer profit. Une nouvelle école financière est
venue essayer en grand sur notre marché financier des
pratiques nouvelles qui avaient déjà, depuis quelque
temps, été expérimentées discrètement. Cette épreuve
a produit les résultats que l'on sait; elle n'eût certainement pu avoir lieu si une bonne revision de notre législation sur les sociétés eût été faite en temps opportun.

La dernière quinzaine de novembre et le mois de
décembre tout entier ont été une période de réparation
pénible et lente. La spéculation se remet difficilement
de ses terribles défaites. Cependant nos rentes et nos
valeurs reprennent leur mouvement ascensionnel. Dès la
fin de novembre, le 3 % est à 81 fr. 95, le 5 % à 115 fr. 20,
le 3 %  amortissable à 83 fr. 60 ; les obligations des
grandes compagnies, des emprunts de villes et du Crédit foncier regagnent peu à peu les hauts cours.

Au 31 décembre le 3 % est à 81 fr. 50, le 5 % à 115 fr. 30,
le 3 % amortissable à 83 fr. 75.

On ne saurait dire que l'année finit mal pour les
rentiers, pour l'épargne, pour les capitaux de placement. L'argent est très abondant ; le crédit de l'Etat est
aussi large et aussi sûr qu'il l'a jamais été ; il n'est si
grande entreprise d'utilité publique pour laquelle le
gouvernement ne puisse trouver, quand il en voudra et

à des conditions excellentes, toutes les ressources qu'il
pourra désirer.

Conclusion. Et maintenant, concluons, sans nous exagérer les émotions politiques et financières que l'année 1879 nous a
apportées. Qu'a été cette année? Quel caractère offre-t-
elle? Sous quel aspect spécial apparaît-elle?

Au point de vue politique, c'est *une année de crises*
et elle ne se dément pas ; elle finit comme elle a commencé, par une crise ministérielle.

Au point de vue financier, est-ce une année d'affaires?
Non ; on ne saurait dire qu'il y ait eu des affaires dignes
de ce nom, soit en Bourse, soit hors de Bourse. C'est
une année de spéculation, c'est l'année des valeurs à
primes, c'est *l'année des syndicats.*

# 1880

## L'ANNEE DES DÉCRETS

### L'ARTICLE 7

L'année 1879 se fermait sur une crise ministérielle. Le cabinet présidé par M. Waddington se retirait et M. de Freycinet restait chargé de la constitution d'un ministère nouveau qui devait nécessairement être un peu plus accentué que celui qui venait de disparaître. Les ministres dont l'arrivée ou le maintien aux affaires fixa le plus l'attention étaient, en dehors du président du conseil, MM. Magnin, Varroy, Tirard et Cazot.

Cabinet de Freycinet.
Ses tendances.

Chacun de ces noms avait une signification très nette, qui fut d'ailleurs confirmée tout d'abord par les paroles que ces ministres adressèrent respectivement à leur personnel.

M. Magnin devait apporter dans l'administration des finances la prudence et l'autorité que donne une longue expérience. M. Tirard, libre-échangiste déclaré, devait continuer à préserver de toute atteinte les principes économiques appliqués depuis 1860. M. Varroy acceptait la succession de M. de Freycinet au ministère des travaux publics et adoptait son programme, à condition, disait-il lui-même, de « conserver l'appui de ses conseils et de son amitié. »

Le maintien de M. Jules Ferry et l'entrée de M. Cazot au ministère avaient une portée plus grave. On savait le premier disposé à la laïcisation complète de l'enseignement et le second favorable à une réforme judiciaire

qui pouvait modifier profondément la situation actuelle
de la magistrature.

La session législative s'ouvrit le 13 janvier. Ce n'est
certainement pas, ce qu'on nous permettra d'appeler,
la « matière délibérable » qui fait défaut. Toutes les
grandes questions économiques restent à résoudre. On
a devant soi pour plusieurs sessions de besogne utile et
fructueuse. On peut donc parfaitement se dispenser de
questions politiques, personnelles, irritantes, oiseuses,
dont personne, en France, sauf les esprits inquiets,
téméraires ou chagrins, n'a souci.

Série d'émo-
tions. Malheureusement, dès le mois de janvier, il est
permis de prévoir qu'après avoir traversé en 1879
une année de crises, on traversera en 1880 une année
d'émotions.

N'a-t-on pas déjà en perspective les dangers de l'article 7, les débats d'une nouvelle proposition d'amnistie, la campagne qui se prépare sur la question de l'inamovibilité? Ces prévisions seront dépassées.

D'importantes modifications dans le personnel admi-
nistratif préludent d'ailleurs aux transformations plus
profondes qu'on doit tenter plus tard.

Le président de la Chambre des députés semble
cependant redouter le danger des discussions de
partis : il préconise la « politique des résultats » et
s'écrie, non sans trahir une certaine impatience : « il
faut aboutir! »

Faisons observer que, d'autre part, la présence de
M. de Freycinet à la tête du conseil comme ministre
des affaires étrangères inspire une grande confiance
au point de vue de la politique extérieure, en même
temps que la certitude de voir poursuivre l'exécution
de son programme de travaux publics fait espérer
un essor plus vif des affaires.

Au point de vue financier, l'année se présente d'ailleurs dans de bonnes conditions. La liquidation de
décembre 1879 s'est effectuée facilement, on a cessé
de craindre une élévation du taux de l'escompte ; le

5 % a dépassé le cours de 115 francs ; le 3 % est à
81 fr. 50 ; les émissions se font avec succès ; les fonds
étrangers eux-mêmes s'améliorent, en dépit des points
noirs que garde toujours l'horizon d'orient.

Le mois de février voit s'engager les grosses questions attendues. Par sa grave et belle discussion sur
l'organisation du conseil de l'instruction publique le
Sénat fait pressentir ses futures décisions sur le projet
de loi relatif à l'enseignement supérieur, projet qu'à
l'avance M. Jules Simon se déclare prêt à discuter
« avec un intérêt passionné. »

*Importantes discussions : l'instruction publique, l'amnistie, les tarifs de douane.*

M. Louis Blanc produit à la Chambre des députés
une nouvelle proposition d'amnistie plénière. M. de
Freycinet en conteste l'opportunité et affirme que
« l'opinion n'est pas suffisamment préparée à cette
solution » qui est écartée par 316 voix contre 114.

En revanche, on entame enfin la discussion des
tarifs de douane, inaugurée par un très remarquable
discours de M. Tirard qui expose en termes très nets
les idées libérales du gouvernement. L'intervention
éloquente de M. Rouher, dans ce débat, lui prête une
sorte de solennité que l'importance de la question et
les efforts tentés par les protectionnistes justifient amplement.

L'avortement d'un odieux attentat contre la vie du
tsar dans le palais impérial même, provoque en France
de nombreuses et vives sympathies.

*Attentat contre le tsar.*

L'empereur d'Allemagne, en ouvrant le Reichstag,
donne à l'Europe des assurances pacifiques qui sont
accueillies avec satisfaction, alors qu'il était permis
de douter des véritables intentions de la Prusse.

*Assurances pacifiques de l'Allemagne.*

Aussi, en dépit des préoccupations causées par la
politique intérieure, voit-on la Bourse de Paris conserver une sérénité complète et les rentes françaises
poursuivre leurs progrès. Cette situation profite aux
valeurs étrangères que désormais, en vertu d'un décret spécial, la Chambre syndicale des agents de

*Les valeurs étrangères et la cote officielle de la Bourse.*

change, est autorisée à admettre à la cote officielle sans l'avis préalable du ministre des finances.

Le commencement du mois de mars est cependant un peu troublé par l'incertitude qui plane tout d'abord sur les motifs réels du départ du prince de Hohenlohe, ambassadeur d'Allemagne à Paris. Le *Times* avait considéré ce rappel, d'ailleurs inattendu, comme un acte comminatoire. Ce bruit, fort commenté, cause une assez vive impression; la Bourse paraît un moment fort inquiète. Mais des explications satisfaisantes viennent calmer ces craintes; on reçoit l'assurance que l'ambassadeur allemand n'a été appelé à Berlin que pour remplacer « provisoirement » M. de Bismarck aux Affaires étrangères et que son départ de Paris n'a aucune signification hostile.

L'enseignement supérieur, l'article 7.

Cependant, le Sénat aborde la discussion du projet de loi sur l'enseignement supérieur et repousse, à une majorité de 19 voix, le trop fameux article 7. La Chambre des députés proteste contre ce vote par un ordre du jour invitant le gouvernement à l'application des « lois existantes. » Cette résolution est grosse d'orages; mais on ne paraît pas alors en soupçonner toute la gravité.

Vers la même époque, le refus d'extradition du socialiste Hartmann, accusé d'attentat contre la vie du tsar, fait craindre une certaine altération des rapports de la France avec la Russie.

Décrets du 29 mars contre les congrégations religieuses.

Le mois se termine par la publication des décrets du 29 mars dont la rigoureuse exécution doit vivement agiter le pays et l'opinion.

Il va sans dire, que, pendant ce temps, la discussion des tarifs de douane se poursuit péniblement; elle est finalement ajournée après les vacances de Pâques.

Revenue promptement de l'alerte subite qui avait marqué les premiers jours de mars, la Bourse a repris son allure confiante, sans s'émouvoir beaucoup des conflits parlementaires; les cours continuent à progresser. On en jugera par les principaux résultats du trimestre écoulé.

Du 1er janvier au 31 mars, la rente 5 % s'élève de 115 fr. 30 à 118 fr. 20 ; le 3 % perpétuel, de 81 fr. 50 à 83 fr. 05 ; le 3 % amortissable, de 83 fr. 75 à 85 fr. 55. Les actions du Crédit foncier montent de 28 francs ; les actions de Suez de près de 200 francs; celle des Omnibus, de 75 francs; celles du Gaz, de 50 francs. Les actions du chemin de fer de Lyon montent de 54 francs; celles du Midi, de 60 francs; celles d'Orléans, de plus de 90 francs; celles de l'Est, de 27 francs; celles de l'Ouest, de 30 francs. Parmi les fonds d'Etat étrangers, l'Italien progresse de 2 fr. 50; la rente autrichienne 4 % en or, de 6 francs ; la rente hongroise, de 3 francs; les fonds turcs eux-mêmes avancent de 10 francs à 10 fr. 65. Les institutions de crédit étrangères gagnent aussi du terrain; les actions de la Banque ottomane montent de 8 francs; celles du Crédit foncier d'Autriche, de 30 francs; celle du Crédit mobilier espagnol, de 115 francs.

Pendant le mois de mars, le cabinet anglais présidé par lord Beaconsfield s'engage dans une singulière aventure. Peu satisfait des majorités qu'il trouve au sein du parlement, il croit sans doute que de nouvelles élections lui donneront une force plus grande pour poursuivre sa politique extérieure. L'événement ne confirme pas ses espérances. Le mois d'avril s'ouvre sur la défaite complète du parti tory, qui doit céder la direction des affaires aux whigs. M. Gladstone remplace lord Beaconsfield; le Foreign-Office passe des mains du marquis de Salisbury à celles de lord Granville.

Défaite du parti tory en Angleterre.

En Allemagne, le prince de Bismarck donne une fois de plus sa démission, exécutant une de ces fausses sorties qui, d'ordinaire, inspirent à l'Europe une défiance d'ailleurs justifiée.

Le gouvernement français désigne pour le représenter à Londres M. Léon Say, choix excellent dans un moment où la question des traités de commerce est

M. Léon Say ambassadeur à Londres.

en pleine discussion et où il semble si nécessaire que notre ambassadeur en Angleterre puisse négocier, avec entière connaissance de cause, les conditions d'un nouveau traité de commerce.

La politique étant ainsi dans une accalmie complète, rien ne s'oppose à la marche ascensionnelle des cours à la Bourse de Paris. La liquidation de mars s'accomplit facilement; les capitaux disponibles sont abondants; les fonds provenant des coupons d'avril reviennent en partie s'employer sur le marché. Tout favorise une hausse dont on ne peut guère fixer les limites. Aussi les rentes continuent-elles à monter, entraînant à leur suite les principaux fonds étrangers.

Crise ministérielle à Rome. Un peu plus mouvementé, le mois de mai se montre pourtant encore assez clément. Une crise ministérielle éclate en Italie. Le ministère Cairoli succombe sur une question étrangère à la politique, dans une discussion budgétaire; mais le roi refuse la démission de ses ministres et en appelle aux électeurs qui donnent gain de cause au cabinet.

La loi sur les patentes. Dans les Chambres françaises peu d'activité, peu d'application. La Chambre des députés vote, avec une indifférence et une inattention absolues, la loi si étendue et si grave des patentes; le Sénat discute mollement l'inutile proposition relative au repos du dimanche. Rien d'important au point de vue parlementaire, si ce n'est la retraite de M. Lepère, remplacé par

Grèves en France. M. Constans. Mais des grèves intenses et nombreuses éclatent dans le Nord de la France : à Lille, à Roubaix, à Tourcoing, à Armentières, à Reims. On parvient, non sans peine, à les apaiser.

Hausse de la Bourse. Mais c'est trop peu pour inquiéter la Bourse qui est manifestement optimiste tant que la politique extérieure n'est pas en jeu. Les émissions nouvelles s'effectuent dans de bonnes conditions; les fonds d'Etat progressent encore; les actions des chemins de fer, du canal de Suez, du Crédit foncier de France obtiennent de nouvelles plus-values ; enfin, les porteurs de valeurs ottomanes reprennent quelque espérance à la nouvelle de la nomination de M. Goschen en qualité d'ambassadeur de la Grande-Bretagne auprès du Sultan; on croit que la question financière tient une place importante dans les instructions de l'habile négociateur.

Ce n'est point sans une vive satisfaction qu'on voit enfin, au commencement de juin, la Chambre des députés achever la discussion des tarifs de douanes qui auront encore à subir l'examen attentif de la seconde Chambre. A ce moment même, la présidence du Sénat est vacante, par suite de la démission de M. Martel gravement malade; plusieurs candidatures sont en présence, toutes prévues à l'avance, sauf pourtant celle de M. Léon Say, alors ambassadeur à Londres; c'est cette candidature, tout d'abord la moins probable, qui cependant l'emporte.

*M. Léon Say remplace M. Martel à la présidence du Sénat.*

Mais il faut remplacer M. Léon Say en Angleterre; l'embarras est grand ; il s'élève alors une sorte de « question diplomatique »; le ministère se décide enfin en faveur de M. Challemel-Lacour dont la nomination provoque dans le sein du parlement anglais les interpellations Ottway et O'Donnell.

*M. Challemel-Lacour ambassadeur à Londres.*

La mort de l'impératrice de Russie, redoutée depuis longtemps, vint fournir à la France l'occasion de donner de nouveaux témoignages de sympathie au grand empire du Nord.

*Mort de l'impératrice de Russie.*

Le véritable événement de ce mois, le plus important de l'année, du moins après la publication des décrets du 29 mars, est le vote de l'amnistie plénière par la Chambre des députés, vote enlevé d'autorité par l'éloquence entraînante de M. Gambetta, qui ne recule pas devant les lourdes responsabilités d'un tel acte. On n'a pas oublié les grandes lignes du discours dans lequel l'habile orateur, délaissant les considérations de sentiment, semble ne vouloir s'appuyer que sur les raisons tirées de la nécessité politique et de l'opportunité de cette mesure. Il condamne d'ailleurs, en termes

*L'amnistie votée à la Chambre. Discours de Gambetta.*

énergiques, la funeste insurrection de la Commune, « cette folie inoubliable. ».

Continuation de la hausse. Ce vote n'a qu'une influence très faible et très passagère sur la Bourse, cependant si conservatrice dans tous les temps. La rente atteint, le 14 juin, le cours de 120; elle se retrouve au-dessus de 119 à la fin du mois.

Les résultats financiers du second trimestre de l'année sont d'ailleurs intéressants à constater. Pendant cette courte période la rente 5 % monte encore d'environ 1 franc ; le 3 % perpétuel, de près de 2 francs ; le 3 % amortissable, de 2 fr. 10. Les actions du Crédit foncier dépassent le cours de 1,250. Les actions de Suez s'élèvent, pendant ces trois mois, de près de 160 francs ; celles du Gaz et des Omnibus fléchissent légèrement; déjà la spéculation commence à se porter sur ces valeurs. Mais les actions du chemin de fer du Nord ont monté de 85 francs, celles du Lyon, de près de 100 francs ; celles du Midi, de 90 francs ; celles de l'Est, de 8 francs ; celles de l'Ouest atteignent le cours rond de 800 francs. Les fonds d'Etat étrangers ne font pas de moins vifs progrès. La rente italienne monte de près de 4 francs; la dette unifiée égyptienne, de 16 fr. environ ; le 5 % russe de 1877, de plus de 5 francs ; la rente hongroise, de 7 fr. 50.

Les progrès réalisés sur les cours des principales valeurs pendant le premier semestre de l'année 1880 sont donc considérables.

Première application des décrets du 29 mars. Le mois de juillet est, à tous égards, moins pacifique que les mois antérieurs. On procède à la première application partielle des décrets du 29 mars; les Jésuites sont expulsés, à l'exception pourtant de ceux qui font partie du personnel enseignant des maisons d'éducation de cette congrégation et qui peuvent achever l'année scolaire. Les membres de cette compagnie ne veulent céder qu'à la force, afin de s'assurer le bénéfice éventuel des revendications légales qu'ils se proposent d'exercer. Ces exécutions produisent une certaine agitation.

Le Sénat, saisi du projet de loi sur l'amnistie plé- L'amnistie au Sénat. nière, le repousse dans sa teneur, mais pour l'adopter peu après avec une modification de pure forme. Grâce plénière, l'amnistie pourra profiter à tous. Le lendemain du vote, les amnistiés que la Nouvelle-Calédonie ne retient point, commencent à se montrer dans Paris.

La Chambre des députés essaie cependant de s'oc- Marine marchande. cuper d'affaires. Elle discute la question de la marine marchande, question à laquelle elle ne donne peut-être pas la meilleure solution. Elle accepte le principe de la prime à la navigation, en dépit des efforts de M. Rouher ; on décide cependant que 20 % de ces primes seront attribués aux équipages. La Chambre Caisse d'épargne postale. vote en outre la création d'une caisse d'épargne postale qui rendra certainement d'utiles services.

Longtemps le gouvernement avait cherché une date Fête nationale annuelle fixée au 14 juillet. favorable pour la célébration d'une fête nationale annuelle. Le choix s'est enfin fixé sur l'anniversaire de la prise de la Bastille en 1789. Une grande fête a donc lieu le 14 juillet; elle fournit l'occasion, plusieurs fois différée, de distribuer à l'armée de nouveaux drapeaux. Cette cérémonie et les réjouissances qui l'ont accompagnée ont eu tout l'éclat désirable et elles n'ont point été troublées.

Au dehors, les plénipotentiaires des puissances eu- Affaires d'O-rient. Clôture de la conférence de Berlin. ropéennes, après avoir longuement discuté la question grecque, prononcent la clôture de la conférence de Berlin ; ils ont arrêté les termes d'une note collective qui doit être communiquée officiellement à la Porte. Déjà le refus probable du gouvernement du Sultan d'adopter les décisions de la conférence fait prévoir des difficultés : on commence à parler, vaguement du moins, d'une « démonstration navale » et de la cession de Dulcigno au Monténégro.

A vrai dire, les événements politiques n'ont pas, pendant ce mois, une bien vive action sur la Bourse; mais le monde financier est profondément impres-

Mort de M. Isaac Pereire.

sionné par la mort de M. Isaac Pereire, dont l'influence personnelle sur le marché était si considérable. Toutes les valeurs du groupe d'affaires auxquelles M. Pereire s'intéressait directement furent d'abord atteintes; d'autres valeurs, en grand nombre, furent un moment arrêtées dans leur marche.

Au commencement d'août, on connaît la réponse du gouvernement turc à la note des puissances; cette réponse est telle qu'on devait s'y attendre. La Turquie repousse le traité arrêté par la conférence de Berlin ; toutefois elle se déclare prête à négocier sur de nouvelles bases. On pressent ce que la résistance de la Porte peut faire naître et, dès ce moment, l'opinion publique en France se prononce nettement pour une politique d'abstention, dont le gouvernement paraît déjà s'être quelque peu écarté en faveur de la Grèce. On espère aussi que l'Angleterre, qui vient de subir un grave échec en Afghanistan, n'insistera pas sur la nécessité d'une intervention collective en Orient. Cependant « l'affaire » de Dulcigno s'aggrave.

Fêtes de Cherbourg. Discours de M. Gambetta.

La politique intérieure ne demeure pas inactive. Les fêtes de Cherbourg, auxquelles assiste le président de la République, accompagné des présidents du Sénat et de la Chambre, fournissent à M. Gambetta l'occasion de prononcer des paroles qui, à divers points de vue, sont considérées comme fort significatives. Il affirme le principe de l'autorité en disant qu'il faut « tenir ferme le gouvernail et barrer droit; » il touche aussi la fibre patriotique du pays et donne à son langage un accent qui, au delà des Vosges, paraît un peu agressif.

Discours-programme de M. de Freycinet à Montauban.

Sur ces entrefaites s'ouvre la session des conseils généraux qui viennent d'être renouvelés partiellement et dans la plupart desquels l'élément républicain se trouve accru. C'est au conseil général du Tarn-et-Garonne, à Montauban, que M. de Freycinet prononce ce discours décisif qui devait avoir de si graves conséquences et dont on ne mesura pas immédiatement toute la portée. M. de Freycinet donne à sa politique aussi bien extérieure qu'intérieure, l'aspect le plus conciliant : au dehors, il veut « la paix sans jactance »; au dedans, « l'apaisement pour tous » ; il fait espérer que les congrégations menacées par les décrets du 29 mars pourront profiter des clauses de la loi sur les associations qui doit être discutée à bref délai.

Les conseils généraux condamnent, en grand nombre, le rachat des chemins de fer et ajoutent le poids de leurs décisions à celui des avis émis par les chambres de commerce.

Les conseils généraux condamnent le rachat des chemins de fer.

A cette époque s'élève la délicate question tunisienne. L'influence française est, un instant, menacée par celle de l'Italie ; elle finit enfin par l'emporter.

Question tunisienne.

Au commencement de septembre s'exécute la seconde partie des décrets relative à la Société de Jésus; les membres enseignants de cette compagnie sont à leur tour dispersés. Il devient de plus en plus visible que les dispositions bienveillantes de M. de Freycinet ne pourront prévaloir et que c'est en vain que les congrégations non encore frappées se flattent d'obtenir un *modus vivendi* jusqu'au vote de la loi sur les associations.

Nouvelle application des décrets du 29 mars.

Une scission violente ne tarde pas en effet à se manifester dans le cabinet ; les dissentiments y prennent tout à coup le caractère le plus aigu ; une crise ministérielle éclate. M. de Freycinet se retire, entraînant avec lui plusieurs de ses collègues, tandis que les membres dissidents du conseil constituent un nouveau ministère sous la présidence de M. Jules Ferry, le véritable promoteur de l'agitation religieuse.

Nouvelle crise ministérielle. Cabinet Jules Ferry.

L'entrée de M. Carnot aux affaires ne fait pas prévoir un changement marqué dans la direction de nos grands travaux publics. Le remplacement de M. de Freycinet au ministère des affaires étrangères par M. Barthélemy Saint-Hilaire ne fait pas non plus supposer que le gouvernement veuille s'écarter de la politique prudente si opiniâtrément indiquée par le vœu

M. Carnot, ministre des travaux publics; M. Barthélemy Saint-Hilaire aux Affaires étrangères.

général du pays. Cependant la bizarre démonstration navale, annoncée depuis deux mois, va avoir lieu et déjà les vaisseaux des puissances sont réunis à Raguse.

La Bourse ne s'émeut pas de tous ces incidents. C'est à peine si elle se montre un instant hésitante. Un temps d'arrêt plus ou moins marqué se produit bien par intervalles, mais la marche en avant est aussitôt reprise.

Attitude du marché. Au 30 septembre nous retrouvons la rente 5 % à 120 fr. 10, le 3 % ancien à 85 fr. 50, le 3 % amortissable à 88 fr. 30. Pendant le trimestre qui vient de s'écouler les actions du Crédit foncier de France ont monté de 100 francs; les actions de Suez, de 180 francs; les actions du Gaz, de 50 francs; celles du chemin de fer du Nord, de 10 francs; celles du Lyon, de 94 francs; celles du Midi, de 23 francs ; celles de l'Orléans, de 55 francs; celles de l'Est, de 35 francs; celles de l'Ouest de 40 francs.

Les complications extérieures ont pesé un peu, il est vrai, sur les fonds d'Etat étrangers ; mais, en somme, ils gardent à peu près les cours élevés précédemment obtenus, tandis que les sociétés de crédit qui, depuis plusieurs mois, ont accompli de si larges progrès se préparent à prendre un nouvel essor.

En Orient. Dans les premiers jours du mois d'octobre, la question orientale semble sur le point de s'aggraver; on s'inquiète tout à coup, on prend peur et une sorte de panique se produit à la Bourse; mais, deux jours après, toutes les impressions sont changées : d'une crainte excessive on est passé sans transition à la plus entière confiance. On se retrouve rassuré, avec une profonde indifférence sur le sort de Dulcigno et un scepticisme profond sur l'efficacité de la démonstration navale.

Expulsion des congrégations religieuses. Les décrets du 29 mars sont appliqués dans toute leur rigueur; les expulsions se succèdent sur toute l'étendue du territoire. Le ministère veut évidemment que cette exécution soit entière et complète avant la rentrée du parlement qui est convoqué pour le 9 novembre. Toutes les congrégations non autorisées sont dispersées. Des mesures de cette gravité ne pouvaient être prises d'une manière si stricte et si étendue sans qu'une agitation assez vive se produisît sur divers points du pays ; elle est à peu près calmée aujourd'hui.

Ces émotions n'éveillent que peu d'échos sur notre marché financier. On remarque toujours l'excellente tenue de nos rentes, les progrès constants des actions de nos grandes compagnies, les cours élevés des valeurs étrangères et les bonnes dispositions des capitalistes prêts à prendre part aux affaires sérieuses qui se présenteraient.

Réunies de nouveau dans les premiers jours de novembre, les deux Chambres eussent dû, avant tout, se hâter d'achever la discussion du budget. Mais on s'attarda, comme à l'ordinaire, aux questions de politique pure. Dès le début de la nouvelle session le ministère, encore de fraîche date, faillit disparaître ; on le crut un moment disloqué; le lendemain un vote de confiance le reconstituait. La Chambre des députés, que troublent de regrettables incidents clos par une application rigoureuse du règlement, discute et vote le projet de loi sur la réforme judiciaire qui porte, on le *La réforme judiciaire.* sait, suspension de l'inamovibilité. C'est là une résolution grave, mais qui ne saurait d'ailleurs être définitive qu'après la ratification conforme du Sénat.

Enfin la politique orientale semble entrer dans *Cession de Dulcigno.* la voie des solutions désirées. On ne doutait pas que la Turquie ne se décidât à céder Dulcigno; mais encore fallait-il qu'elle pût disposer de cette malheureuse place. Or, les Albanais ne paraissaient pas vouloir la lui abandonner. Les Turcs durent se résigner à la leur reprendre et purent enfin la remettre aux Monténégrins.

Si mince que soit ce résultat, il n'en est pas moins accueilli avec plaisir par le monde des affaires qui compte bien que la démonstration navale est pour longtemps suspendue et qu'on ne laissera pas engager la France plus avant dans la question grecque.

Procès de Cissey.

Le mois de décembre est heureusement peu mouvementé. Ses débuts sont marqués par la triste impression que causent les péripéties du procès du général de Cissey et par la formation d'une commission d'enquête sur les actes de l'ancien ministre de la guerre, mesure que beaucoup d'esprits modérés s'accordent à regretter.

Mort de M<sup>me</sup> Thiers.

La mort de M<sup>me</sup> Thiers apporte une vive affliction à tous ceux qui n'ont point perdu le souvenir des grands services rendus par l'homme d'Etat éminent que sa compagne fidèle va rejoindre dans la tombe.

Enfin la discussion hâtive, incomplète et étrangement insuffisante du budget dans les deux Chambres se couronne par un conflit que seule pouvait écarter l'excessive condescendance du Sénat.

Canal de Panama. Émission réussie.

Tout l'intérêt de cette fin d'année est dans le succès de la souscription ouverte pour assurer l'exécution de l'œuvre nouvelle de M. Ferdinand de Lesseps, le percement de l'isthme de Panama. Les capitalistes français n'ont reculé ni devant les difficultés de l'entreprise, ni devant l'éloignement des résultats; ils ont voulu s'associer à une création vraiment nationale et dont le monde entier profitera.

Conclusion.

Lorsque, parvenu au terme de cette année, on a ainsi d'un rapide coup d'œil embrassé les faits principaux qui l'ont plus ou moins heureusement remplie, on se demande involontairement quel est l'événement capital ou le signe manifeste qui la caractérise le mieux.

Au point de vue politique, l'hésitation ne saurait être longue : c'est *l'année des décrets*. Les débats parlementaires qui les ont déterminés, leur promulgation, leur exécution graduelle, espacée, étendue sur une large période, les conséquences politiques et les suites judiciaires qu'ils ont eues, ont bien certainement, en effet, absorbé la plus large part de l'activité politique de l'année, activité d'ailleurs peu féconde à en juger les résultats. Les événements de ces douze mois, soit au dehors, soit à l'intérieur n'offrent en eux-mêmes, rien de rassurant, rien de satisfaisant. Ils semblent tous ne contenir au contraire que des menaces; tous ils pouvaient, ils devaient effrayer.

Chose étrange, leur action sur le marché financier s'est à peine fait sentir. Ils n'ont ni éteint les espérances, ni amoindri la confiance, ni ralenti les capitaux; du moins il n'y a pas paru et il est permis de se demander à quelle puissance de crédit, de prospérité et de richesse notre pays pourrait atteindre s'il travaillait, produisait, échangeait, au sein du calme et de la paix, de la sécurité complète et de la pleine foi en l'avenir.

Les rentes françaises ont atteint des cours extrêmement élevés, des cours que jamais, au moment où l'on émettait des 5 % à 82 et 84 francs, on n'eût osé espérer. En un an, nos trois rentes anciennes ou nouvelles ont monté chacune d'environ 4 francs. Les fonds d'État étrangers, peu favorisés il y a quelques années, ont, pour la plupart, dépassé eux-mêmes toutes les prévisions. Les actions de nos grandes compagnies de chemins de fer, en dépit des dangers dont les projets de rachat les menaçaient, ont réalisé des plus-values considérables. Certaines de nos valeurs industrielles ont été portées, soit par le développement naturel de leur marché, soit par la spéculation, à des prix jusqu'ici inconnus. Nos grandes institutions de crédit, affermissant les résultats déjà acquis, fortes déjà des succès obtenus et des bénéfices antérieurement réalisés, prêtes à prendre part aux grandes affaires qu'on attend, ont vu leurs actions recherchées avec une faveur toujours croissante et poussées par une hausse progressive et large.

L'année 1880 aura donc été à tous égards profitable au point de vue financier : c'est une année de hausse, de consolidation et de préparation.

*Hausse générale des fonds publics et valeurs diverses.*

# 1881

---

## L'ANNÉE DE LA SPÉCULATION

·  ---

### I

Quoiqu'elle eût été marquée par des émotions politiques assez vives, l'année 1880 s'était cependant déroulée et terminée dans des conditions favorables au point de vue financier.

Au moment où s'ouvrait l'année 1881, les rentes françaises avaient atteint des cours très élevés et leurs progrès semblaient encore devoir se poursuivre.

La rente 5 % était cotée bien près de 120 francs, prix que n'eût jamais osé espérer M. Thiers au moment où il l'avait émise à 82 et 84 francs.

Les fonds d'Etat étrangers avaient été eux-mêmes plus recherchés et plus favorisés qu'à aucune autre époque. Des nations dont le crédit n'avait jamais été bien puissant trouvaient à placer facilement leurs titres sur notre marché.

Les actions des chemins de fer français, restées un peu en dehors de ce mouvement, s'élevaient à leur tour ; celles des chemins étrangers étaient prêtes à les suivre.

Les institutions de crédit n'avaient pas encore, du moins pour la plupart, réalisé de larges plus-values ; mais elles montraient la plus grande solidité et une tendance marquée à la hausse.

Les nouvelles extérieures n'étaient cependant pas satisfaisantes et l'on apercevait plus d'un point noir à l'horizon de la politique européenne, mais les dispositions du monde des affaires n'en étaient pas troublées. On savait que d'importantes opérations se préparaient, que nos grands établissements financiers déployaient une vive activité ; on comptait mener à bonne fin et avec profit la campagne d'hiver. C'en était assez non seulement pour soutenir le marché, mais encore pour le pousser en avant.

On se préoccupait surtout du différend gréco-turc et l'opinion publique avait nettement manifesté sa répugnance pour toute entreprise qui pût nous engager plus ou moins sérieusement dans les complications orientales.

Quand la session, qui devait être la dernière de la Chambre sortie des élections de 1877, s'ouvrit, on souhaitait vivement qu'elle fût surtout consacrée à l'étude et à la solution des grandes questions économiques et financières restées en suspens.

Budget de 1882. Crédit inscrit pour le service du 3 % amortissable à émettre. Impression favorable. Le début de cette session fut d'ailleurs plein de promesses. Le projet de budget pour 1882 fut presque immédiatement présenté ; on constata avec satisfaction qu'à son chapitre 5 figurait un crédit ayant pour objet de faire face au service de la rente 3 % amortissable dont le gouvernement se proposait de faire une nouvelle émission.

Cette émission devait, pensait-on, exercer sur le marché la plus heureuse influence. Elle devait offrir un emploi aux capitaux de placement qui, déjà, ne se montraient que trop enclins à se porter vers la spéculation. Les financiers sagaces ne se trompaient pas à cet égard et jugeaient bien, à des symptômes significatifs, des tendances nouvelles du public.

On comptait donc que cette opération serait prochaine et l'on se disposait à la bien accueillir. On se passionnait d'ailleurs fort peu pour la politique intérieure et l'on peut dire que ce fut au milieu d'une indifférence presque complète que se déroulèrent les élections municipales et les premiers débats sur la nouvelle loi de la presse. Mais on commentait avec faveur l'allocution pro-

noncée par M. Gambetta en prenant de nouveau la présidence de la Chambre des députés, allocution dans
laquelle il répudiait « tous desseins secrets » et tout
désir « d'aventures ». Ce langage répondait bien au vœu
universel. On avait besoin d'être rassuré ; on craignait
en effet de sérieuses difficultés pour la liquidation de
janvier et la Bourse trahissait une hésitation visible.

*Allocution de M. Gambetta, réélu président de la Chambre*

L'interpellation de M. Antonin Proust sur la politique
extérieure provoqua de la part du ministre des affaires
étrangères, M. Barthélemy Saint-Hilaire, des explications qui dissipèrent toutes les appréhensions. Aussi les
premiers jours de février furent-ils marqués par un mouvement de hausse qui certainement dépassait la juste
mesure.

*Interpellation sur la politique extérieure.*

Ce qui eût été sage à ce moment, c'était la consolidation des cours, le soin d'assurer les résultats acquis.
Tout monta; ce fut comme une conjuration générale en
faveur de toutes les valeurs, même de celles qui justi-
fiaient le moins un semblable entraînement.

Dès cette époque il nous fut permis de prévoir tous
les excès auxquels allait se livrer une spéculation toujours plus active. Les fluctuations, dans un sens ou dans
l'autre, devaient devenir de plus en plus fréquentes ; la
moindre crainte causant presque toujours une panique,
le moindre espoir déterminant des relèvements violents
et immodérés.

L'accalmie qui se produisit au milieu même du mois
de février eût dû cependant servir d'avertissement. Les
rentes languissaient, les actions de nos grandes compagnies de chemins de fer restaient immobiles ; on attendait cette émission de rente amortissable qui ne venait
pas. D'autre part la chute du ministère Canovas del Cas-
tillo en Espagne inquiétait vivement les porteurs de
fonds espagnols; le ministère Sagasta, qui lui succédait,
allait-il abandonner le programme financier que le cabinet Canovas avait élaboré et dont l'exécution devait avoir
des résultats si favorables au crédit d'Espagne?

*Crise ministé- rielle en Espa- gne.*

Les fonds étrangers en général, tout en conservant

une certaine fermeté, s'étaient arrêtés. Sans doute il eût mieux valu qu'on s'en tînt, pour quelque temps au moins, à cette réserve. Un peu de repos et de modération étaient bien nécessaires.

Conflit de l'En-
fida en Tunisie.

Les complications du dehors n'étaient pas aplanies ; la question gréco-turque était toujours en cours de négociation ; en Tunisie, s'élevait le malheureux conflit de l'Enfida qui devait s'envenimer si promptement. Tout engageait à la circonspection.

Mais quelques nouvelles plus rassurantes, un nouveau discours du président de la Chambre pour réparer l'effet des paroles naguère prononcées à Cherbourg, et l'on sembla n'avoir plus rien à craindre. Pendant les derniers jours de février ce fut, encore une fois, une fièvre de primes, un engouement de valeurs majorées, poussées, surmenées. La liquidation s'accomplit assez facilement ; mais la cherté des reports, qui va se reproduire avec tant de persistance, révèle déjà combien la situation de la place est surchargée et les dangers futurs qu'elle contient.

Au commencement de mars la fermeté des valeurs est générale. Au dehors, l'esprit d'apaisement semble l'emporter ; on croit que la médiation des puissances dénouera enfin la question des frontières grecques ; en Tunisie, l'affaire de l'Enfida paraît devoir se résoudre pacifiquement. Au dedans la question du scrutin de liste n'émeut que le monde parlementaire ; son importance échappe à la masse du public. Enfin, le *Journal officiel* publie le décret autorisant l'émission attendue de rente

Émission du
3 % amortissa-
ble.

3 % amortissable jusqu'à concurrence d'un milliard. Cette mesure, prise avec résolution et dans des circonstances opportunes, est accueillie avec une satisfaction générale. Nous avons dit quels effets à la fois matériels et moraux en attendaient les esprits sérieux et prudents. Cette espérance est malheureusement déçue.

La souscription à l'emprunt d'un milliard est ouverte le 17 mars. Elle a certainement un grand succès puisque l'emprunt est couvert quinze fois, on s'attendait à mieux

cependant ; il semblait que la grande quantité de capitaux disponibles devait assurer des résultats plus impo-
sants ; ceux qu'on a obtenus restent un peu au-dessous
des prévisions. Mais on pense que, si elle n'a pas été
l'objet d'un de ces enthousiasmes qui ont salué d'autres
emprunts nationaux, la nouvelle rente 3 % amortissable n'en sera peut-être que mieux classée. Or, l'aveu
récent de M. Léon Say a dissipé, même sur ce point,
toute illusion. La vérité est qu'à l'heure actuelle ce classement ne s'est pas effectué et qu'une quantité considérable des titres de cet emprunt est entre les mains de la
spéculation.

Emprunt d'un milliard couvert quinze fois.

Ainsi, l'émission n'a ni calmé cette spéculation, ni
attiré les vrais capitaux de placement ; elle n'a point
fourni le dérivatif attendu. C'est là un fait grave et qui
montre bien que ce n'est point un mal passager que
celui que la Bourse laisse apercevoir aux yeux exercés.

Les résultats de l'émission ont jeté quelque défaveur
sur le système des souscriptions publiques pour les emprunts d'État, défaveur qui s'accentuera peut-être encore
dans l'avenir, alors que des expériences nouvelles auront démontré qu'il est possible, par d'autres procédés,
d'emprunter dans de meilleures conditions et avec plus
d'avantages, à la fois pour le public et pour l'emprunteur.

Cette grande opération absorba, on le comprend, toute
l'activité du mois de mars; les établissements financiers
durent naturellement ajourner toutes les autres affaires
en préparation et cette abstention se produisit non seulement en France, mais sur les divers marchés de l'Europe. L'horizon d'ailleurs s'assombrissait : l'assassinat
du tsar venait de jeter une douloureuse impression : les
complications qui s'étaient élevées en Tunisie s'aggra-
vaient ; au-dedans même, la question du scutin de liste
aigrissait les esprits.

Assassinat du tsar.
Complications tunisiennes.

## II

Quoi qu'il en soit, au commencement du mois d'avril la situation du marché est encore intacte; à qui ne veut le juger que par la surface, il présente l'aspect le plus séduisant.

La rente 5 % conserve encore les cours cotés en janvier ; elle est à 120 fr. 90. Le 3 % perpétuel est au-dessus de 84 francs; il a, par conséquent, déjà perdu légèrement depuis trois mois. Le 3 % amortissable de la première création est à 85 fr. 75 ; le 3 % amortissable nouveau qui vient d'être créé est à 85 fr. 10.

La Banque de France a effectué les rapides progrès que justifient les bénéfices qu'elle réalise : de 3,675 fr., cours du 3 janvier, elle s'est élevée, le 1er avril, jusqu'à 5,000 francs.

Les actions du Crédit foncier de France ont poursuivi leur marche en avant, influencées parfois soit en hausse, soit en baisse, mais finalement gagnant toujours en valeur au fur et à mesure des développements sociaux. D'autres grandes institutions de crédit, dont les titres échappent d'ordinaire à la spéculation, progressent en raison de l'accroissement de leurs opérations et de leurs profits.

Sur les valeurs françaises à revenu fixe, peu de mouvements ; il n'y a pas là de larges écarts de prix à attendre, obligations de villes, de chemins de fer et titres similaires ont donc peu varié.

Mais déjà l'attention est vivement éveillée par la hausse de certaines valeurs dont les plus-values ne semblent pas avoir uniquement pour cause les éléments de prospérité que présentent les entreprises dont ces valeurs émanent.

Ce commencement d'avril est en quelque sorte le point culminant de l'année. Sans doute la hausse n'a pas encore dit son dernier mot sur les titres que la spéculation doit tour à tour pousser, délaisser, reprendre. Mais tout annonce une déviation accentuée de l'épargne, des capitaux de placement, des opérations du public.

Quelques créations nouvelles s'effectuent, d'autres attendent l'heure favorable.

Le marché reçoit en effet la première secousse énergique que devaient infailliblement déterminer soit quelque complication financière, soit quelque menace de la politique extérieure.

Tandis que le conflit gréco-turc est en voie d'arrangement, la question tunisienne a pris un caractère de plus en plus aigu. Les incursions sur le territoire algérien d'une tribu, plus ou moins effectivement soumise au bey, décident le gouvernement à une intervention armée dans la Régence. Si restreinte que doive être, d'après les déclarations officielles, cette action militaire et quelque bénigne qu'elle paraisse tout d'abord, la décision du ministère n'en exerce pas moins une influence marquée sur la Bourse. Ce n'est point la cause réelle mais la cause déterminante d'un ébranlement que devaient déterminer les excès de la spéculation.

Intervention française à Tunis.

La Bourse est agitée; les rentes sont plus qu'hésitantes, les fonds étrangers sont en baisse; des valeurs très favorisées jusque-là sont en réaction. La spéculation pourra relever et soutenir le marché, elle ne lui rendra ni sa solidité, ni sa stabilité.

Les cours se redressent en effet dans les premiers jours de mai ; toutefois les reports restent chers. Les actions des chemins de fer progressent. On remarque les achats qui s'effectuent sur les titres de plusieurs établissements de crédit, la Société générale entre autres. A la faveur de cette entreprise, s'exécutent toutes les grandes opérations qui avaient été suspendues lors de l'emprunt français d'un milliard. Plusieurs émissions se réalisent dans des conditions favorables et particulièrement la souscription à laquelle donne lieu la conversion de la rente hongroise 6 % or en rente 4 % or.

Conversion hongroise.

Cette opération considérable s'accomplit sous les auspices de la maison Rothschild et réussit pleinement.

La conclusion d'un traité avec le bey de Tunis après
une expédition pénible mais peu sanglante, a d'ailleurs
produit une éclaircie favorable aux affaires nouvelles,
favorable aussi aux aventures de la spéculation, mais
qui ne profite guère aux rentes françaises.

Après la liquidation de mai, en effet, les rentes fléchissent et cependant la Bourse et son public de spéculateurs anciens et nouveaux restent optimistes. On ne
se soucie guère du scrutin de liste que la Chambre des
députés vient d'adopter, mais que le Sénat n'a pas
encore ratifié; on ne veut pas non plus se préoccuper
des conséquences du traité du Bardo, conséquences qui
peuvent dépendre de l'interprétation plus ou moins
large que l'on donnera à ce traité.

Ces dispositions persistent pendant la plus grande
partie du mois de juin. De nouvelles émissions ont
lieu. Des sociétés importantes se fondent et, en première ligne parmi elles, la Compagnie foncière de
France et d'Algérie, rattachée à la fois au Crédit foncier de France, au Crédit lyonnais et à la Société foncière lyonnaise.

Les difficultés de la situation du marché, si brillant
en apparence, n'échappent pourtant pas aux clairvoyants et aux capitalistes avisés. Il n'est que trop visible que les mêmes nécessités se reproduisent à
chaque liquidation et que, tous les quinze jours, les
spéculateurs ont besoin pour maintenir leur position
du secours de nombreux capitaux. Services fréquents
à rendre au marché, larges profits à tirer de ces services, tels sont les principaux objets que se proposent
les diverses « caisses des reports » qui se créent à
ce moment de l'année. Elles font appel aux capitaux
qui ne sont disponibles que temporairement et pour
une courte durée.

Le mois de juin finit moins bien qu'il n'a commencé.
Une grande partie des troupes qui ont fait la cam-

pagne de Tunisie sont rappelées en France et l'on trouve ce retour trop précipité. Un regrettable incident, soulevé à Marseille par quelques Italiens sur le passage de nos bataillons, détermine dans cette ville des troubles d'une certaine gravité. On n'est pas sans s'émouvoir de ces faits; on se préoccupe surtout des événements d'Algérie qui semblent éveiller plus d'appréhension que n'en avait inspiré naguère l'expédition de Tunisie.

*Événements d'Algérie.*

### III

Ces impressions développent sans doute les germes de malaise qui existent sur le marché. Le début du mois de juillet est mauvais; on constate sur la place un trouble très marqué; la faiblesse des cours est générale. L'interpellation qui a lieu à la Chambre sur la question algérienne n'amène pas de déclarations assez rassurantes pour relever l'opinion. On sait que les chaleurs vont arrêter la répression dans le sud-oranais ainsi qu'en Tunisie où les conséquences du rappel prématuré de nos troupes se fait déjà sentir. On apprend en outre la triste nouvelle de l'attentat commis sur le président Garfield dont l'agonie devait durer si longtemps.

*Attentat contre le président Garfield.*

Cet ensemble de circonstances est peu fait pour favoriser une reprise, surtout à l'approche des vacances, moment où d'ordinaire les habitués de la Bourse ont la précaution de mettre un peu d'ordre dans leurs affaires et de liquider leur situation. Aussi voit-on se produire des réalisations nombreuses. Les reports sont extrêmement chers. Les cours montrent communément beaucoup de mollesse. C'est de l'hésitation, de l'incertitude ; plus encore, de la crainte. L'espérance d'une bonne récolte entretient les tendances à la hausse.

A ce moment, les porteurs de fonds turcs suivent avec intérêt les négociations préparatoires que vient d'ouvrir le délégué français, M. J. Valfrey, qui, avant

*Négociations relatives aux fonds turcs.*

de se rendre à Constantinople, allait s'entendre à Londres avec le *Council of Foreign Bondholders* (Conseil des porteurs de titres étrangers) et, en Allemagne, avec les puissances financières du pays.

En même temps le marché anglais prend la plus grande part à l'émission de l'emprunt italien qui, quelques mois auparavant, c'est-à-dire antérieurement aux complications tunisiennes, eût, sans aucun doute, trouvé un accueil favorable sur le marché français.

Le mois d'août est caractérisé par une langueur dont le marché ne parvient pas à se dégager; seules font exception les quelques valeurs sur lesquelles la spéculation trouve le plus facilement à s'exercer. C'est ainsi qu'on délaisse de plus en plus la rente 5 %, qu'on se détourne des titres à revenu fixe et même des actions de chemins de fer, si favorisées pendant quelque temps; les fonds d'Etat étrangers, sauf l'Italien, subissent aussi un temps d'arrêt; l'effort des spéculateurs se porte particulièrement là où de fortes variations peuvent se produire. On a donc à constater, pendant ce mois, une hausse très vive sur certaines sociétés de crédit et sur quelques valeurs industrielles. En dehors de ce cercle très limité d'opérations, nulle ardeur, nulle activité.

Élections législatives. On attend qu'une nouvelle campagne s'ouvre, que les élections générales s'achèvent, que la composition de la nouvelle Chambre soit connue.

Les élections s'effectuent au milieu du plus grand calme, sauf peut-être à Belleville. La nouvelle Chambre ne paraît guère différer de l'ancienne ; on ne peut rien encore préjuger de ses dispositions en matière économique et financière ; rien n'éclaire le marché qui reste sans guide et sans boussole. Les engagements excessifs à la hausse s'y accumulent; les reports y restent très chers; les liquidations y sont pénibles et toujours redoutées; enfin la situation monétaire inspire des préoccupations très vives qu'excite encore l'augmentation presque simultanée du taux de l'escompte à Londres et à Paris.

C'est dans ces conditions que débute le mois de septembre. Le marché français semble ne plus s'appartenir; c'est au dehors qu'il puise ses inspirations; il suit avec attention les mouvements du marché anglais. Au fond, il flotte entre le désir de faire des affaires et la crainte de mal les engager.

La politique, au dedans comme au dehors, n'offre rien de bien inquiétant, ni de bien favorable, si ce n'est toutefois le discours de la reine d'Angleterre à la clôture de la session du Parlement, discours qui témoigne de dispositions sympathiques à l'égard de la France. L'entrevue de l'empereur d'Allemagne et de l'empereur de Russie à Dantzig, l'émeute militaire du Caire, l'augmentation des effectifs en Tunisie, enfin la mort d'ailleurs prévue du président Garfield, sont autant d'événements dont la Bourse ne s'est nullement occupée.

Mort du président Garfield.

Sans nul doute, il n'existait aucune cause déterminante de baisse; mais où pouvait-on découvrir une cause réelle de hausse? Et cependant toutes les valeurs de spéculation continuèrent à monter, tandis que les autres restaient ou fermes ou chancelantes.

## IV

Une telle situation financière commandait évidemment une grande prudence. Telle elle était au commencement d'octobre, telle elle s'est perpétuée jusqu'à la fin de l'année en s'aggravant sous divers rapports. Ce fut d'ailleurs après la liquidation du 15 octobre qu'il fut permis, même aux moins perspicaces, de reconnaître tout ce qu'une pareille situation avait de factice et d'artificiel. De la hausse sans éléments de hausse, des plus-values énormes réalisées sans cause réelle ou même apparente, de bonnes et solides valeurs restant languissantes ou même se déclassant malgré leur sécurité et leurs garanties, tandis que, près d'elles, d'autres valeurs d'un produit incertain étaient portées à des hauteurs vertigineuses : tel était le tableau qu'offrait le marché quand une panique soudaine se déclara à la fois sur les places de Paris et de Lyon.

Panique à la Bourse de Paris et a la Bourse de Lyon.

A Paris, on n'a pas encore oublié la journée du 20 octobre et la baisse qui l'a signalée; il ne semble cependant pas que cette leçon ait beaucoup profité. Tout, dans cette débâcle, fut atteint : rentes françaises, fonds étrangers, actions de chemins de fer, actions des sociétés de crédit : seules, les actions de l'Union générale et celles de ses sociétés annexes résistèrent avec avantage et progressèrent même, pour des causes diverses, les unes tenant à la situation même de ces sociétés et aux espérances que l'on fonde sur elles, les autres à la faveur dont elles ont été l'objet auprès d'une certaine portion du public de la Bourse.

Ouverture de la 3e législature.

Sur ces entrefaites s'ouvre la nouvelle législature. La Chambre des députés issue des dernières élections générales montre bientôt par ses votes que le président de la Chambre précédente n'a rien perdu de son influence parlementaire et qu'il sera, le cas échéant, soutenu par une majorité imposante s'il est appelé à former et à diriger un nouveau ministère. Cette éventualité ne tarde pas à se réaliser.

La place, allégée à la suite de sa récente secousse, s'était raffermie et rassurée. La liquidation d'octobre avait été moins dure qu'on ne le redoutait. Non seulement les valeurs se relevaient; mais les rentes elles-mêmes, si peu en faveur depuis quelque temps, montraient une tendance marquée à la hausse. Le marché avait appris sans nulle prévention, sans nulle émotion, que M. Gambetta avait été chargé de constituer un cabinet.

Cabinet Gambetta.

La composition du ministère, dès qu'elle fut connue, causa d'abord un certain étonnement; on y rencontrait moins de personnalités en évidence qu'on ne s'y attendait; ce n'était là qu'une impression du premier mo-

ment prompte à s'effacer et d'ailleurs sans importance.
Mais le monde des affaires se préoccupa bientôt des
intentions des nouveaux ministres au point de vue
économique et financier.

On avait tout récemment, à propos des tarifs spé- La question des chemins de fer.
ciaux, ranimé la question des chemins de fer. Que pen-
sait à cet égard le président du conseil ? Que pensait
aussi le nouveau ministre des finances qui, dans ces
dernières années, s'était montré favorable aux projets
de rachats? A défaut de programme publiquement
exposé, à défaut de déclarations officielles, on recherchait naturellement parmi les idées jadis professées
par les nouveaux ministres celles qu'ils appliqueraient
probablement une fois au pouvoir. Indices insuffi-
sants, hypothèses vagues, présomptions douteuses :
tels étaient les uniques éléments d'appréciation dont
on disposait.

Aussi, dès la fin de novembre, le marché manifes-
tait-il une indécision très caractéristique. La note do-
minante était la faiblesse, sauf pour un très petit nombre de valeurs extraordinairement privilégiées.

De l'indécision le marché passa à l'agitation dès les
premiers jours de décembre : il devint fiévreux, tourmenté. Les reports étaient restés chers; les rentes
avaient encore faibli. La spéculation soutenait uniquement ses titres favoris. Les fonds espagnols montaient
grâce à la probabilité d'une réorganisation plus ou
moins prochaine des finances de l'Espagne. Les valeurs turques montaient aussi, grâce aux espérances,
sans doute exagérées, des porteurs de fonds ottomans
à la suite de l'arrangement conclu à Constantinople.

Cette situation ne s'est point améliorée ; nous sommes
arrivés au terme de l'année sans que rien soit venu
rassurer les esprits.

## V

Conclusion.

Quels sont les traits saillants que met en relief cette rapide revue et qui caractérisent l'année 1881? Quelles sont les observations et les conclusions qui se dégagent de cet examen d'ensemble?

La politique extérieure et le marché financier.

Il faut tout d'abord constater que si la Bourse se laisse peu impressionner par les faits même les plus considérables de la politique intérieure, elle se montre au contraire extrêmement sensible aux bruits et aux événements du dehors. La crainte d'une intervention de la France en Grèce et les diverses phases de la question tunisienne l'ont suffisamment démontré. Il importe donc que le gouvernement surveille avec un soin extrême nos relations extérieures, qu'il y apporte la plus grande prudence et qu'il s'efforce de hâter le dénouement des opérations engagées.

Il est nécessaire aussi que le monde des affaires soit enfin éclairé sur les idées, les intentions et les projets du gouvernement au point de vue économique et financier, car ici l'incertitude est complète et les années s'écoulent au milieu d'alternatives d'espoir et de crainte sans cesse renouvelées. La conversion, plusieurs fois annoncée comme imminente, plusieurs fois ajournée, reste encore en projet, sans qu'on puisse savoir si elle compte des partisans résolus au sein du ministère.

La question du rachat des chemins de fer ne cause pas moins de perplexité aux innombrables actionnaires et obligataires de nos grandes compagnies fran-

M. Carnot et le rachat des chemins de fer.

çaises. A la fin de l'année 1880, M. Carnot, alors ministre des travaux publics, déclarait à la tribune que tout projet de rachat devait être abandonné, qu'il fallait se rendre au vœu de l'opinion et que le gouvernement, muni d'une autorité suffisante, devait se borner à améliorer ce qui existait. Depuis cette époque la question des chemins de fer, qu'on croyait fermée, s'est rouverte sous une autre forme à propos de tarifs;

on a laissé croire que le nouveau cabinet était favorable aux idées de rachat. On conçoit combien il importe au monde financier d'être enfin fixé sur des projets dont l'exécution aurait sur le mouvement des capitaux et sur le crédit public une si grande influence.

Rien n'effraie autant les intérêts que l'inconnu. On ne saurait douter que cette peur de l'inconnu ait exercé une très pernicieuse action sur les capitalistes de tout ordre, sur les classes qui épargnent, et n'ait contribué à les détourner des valeurs sûres et des placements de longue durée ; ainsi a été excitée et activée cette fièvre de spéculation qui montre de jour en jour plus d'ardeur et plus d'affolement. *La peur de l'inconnu.*

La Bourse reste ouverte à toutes les valeurs nouvelles, même les plus douteuses. Cette invasion a été particulièrement remarquable pendant l'année 1881 au cours de laquelle on a pu, chaque semaine, constater de nombreuses additions à la cote officielle. *Émissions trop nombreuses de valeurs.*

Les valeurs étrangères ont trouvé sur notre marché un accès plus large et des facilités de négociation plus grandes qu'à aucune autre époque. Des Etats dont le crédit n'avait jamais été très apprécié ont pu emprunter à des conditions extrêmement favorables, obtenir pour leurs titres des cours qui ont certainement dépassé toutes leurs espérances. Plusieurs d'entre eux ont profité de ces circonstances pour reconstituer leurs finances, convertir leurs dettes onéreuses en dettes moins lourdes, traiter avec leurs créanciers, et l'on a vu entrer dans cette voie des puissances qui avaient cessé ou singulièrement réduit leurs paiements.

Un fait capital domine tous les autres et sa signification est particulièrement menaçante : c'est la baisse des rentes françaises coïncidant avec la hausse des valeurs. C'est là un symptôme qui s'est successivement accentué au cours de l'année et qui doit fixer l'attention des pouvoirs publics. Pour la première fois, depuis plus de dix ans, depuis l'époque néfaste de nos malheurs et de nos ruines, la rente française non-seu- *Baisse des rentes, hausse des titres de spéculation.*

lement a cessé de progresser, mais a vu ses cours
décliner. Ils sont actuellement de 5 francs au-dessous de
ceux cotés à la fin de l'année dernière. Ce fait suffit à
révéler les dangers de la situation. Le caractère de
l'année 1881 est donc bien marqué, c'est *l'année de la
spéculation* ; c'est ce trait qui la distinguera lorsqu'on
la comparera aux dix dernières années.

# 1882

## L'ANNÉE DU KRACH

### I

Nous terminions, il y a un an, notre revue habituelle en attachant à l'année 1881 cette désignation spéciale : *l'année de la spéculation.* Elle avait certes mérité d'être ainsi nommée, cette année qui avait vu la spéculation se développer à outrance et se livrer follement à des excès dont la fortune publique s'est si cruellement ressentie. Pendant son cours, une foule de valeurs nouvelles avaient envahi le marché, des sociétés s'étaient créées en grand nombre sans autre objet réel que le jeu et les affaires douteuses ; enfin, les valeurs étrangères elles-mêmes prenaient, dans la circulation, une place de plus en plus importante et se substituaient dans beaucoup de portefeuilles à de bonnes valeurs françaises. A la Bourse, on ne connaissait plus les hausses lentement acquises et les petits bénéfices, on ne rêvait que plus-values soudaines et gains énormes. Le revenu ne comptait plus pour rien, on ne faisait état que des gros mouvements de cours, des profits promptement obtenus ; on n'achetait plus pour garder mais pour revendre, le jour ou le lendemain, l'opération une fois faite. On peut dire que certaines valeurs n'avaient même plus de prix réel, tant les hausses factices et multipliées avaient surmené les cours. Il n'y avait nulle raison en effet, autre que le jeu, pour que telle valeur valût plutôt 1,000 francs que 3,000.

C'est là qu'en était la Bourse au commencement de

l'année 1882. Quant au public, à ce public qui naguère se contentait d'épargner et de placer sûrement ses modestes économies, il était devenu, lui aussi, joueur et spéculateur. Qui eût voulu juger de la prospérité générale par les cours des valeurs nous eût certainement crus le peuple le plus riche de la terre.

Cependant, les esprits attentifs observaient certains signes inquiétants. Les valeurs, même douteuses, ne suivaient plus la rente qui, elle, non seulement cessait de progresser mais déjà commençait à faiblir, symptôme grave et qui seul suffisait à faire pressentir les dangers qui allaient fondre sur le pays. Le monde des affaires, nous entendons celui des affaires sérieuses, ne voyait pas sans inquiétude les progrès de la spéculation et l'erreur de la foule qui, lâchant la proie pour l'ombre, courait jouer.

On était cependant loin de se douter, en général, que le péril fût si proche et que la catastrophe dût être si rapide.

## II

Élections sénatoriales : candidature Labordère

L'année 1882, en effet, débutait bien. On avait, il est vrai, quelque inquiétude sur la politique économique et financière du cabinet; mais on voyait échouer toutes les tentatives d'agitation faites autour des élections sénatoriales et particulièrement de la candidature Labordère. On avait fort discuté certains choix faits par le président du conseil : la nomination de M. Weiss

M. Weiss directeur aux affaires étrangères.

M. de Chaudordy ambassadeur à Saint-Pétersbourg.

comme directeur aux affaires étrangères, celle de M. de Chaudordy à l'ambassade de France en Russie. On espérait que les négociations pour le traité de commerce avec l'Angleterre seraient poursuivies avec succès et qu'elles donneraient de prompts résultats.

Dans les premiers jours de janvier, on était encore, sauf sur les rentes, en pleine hausse : les deux valeurs dont les mouvements réglaient pour ainsi dire le marché, le Suez et l'Union générale, étaient aux plus hauts cours. Les actions de l'Union avaient dépassé 3,000 francs; celles du canal de Suez 3,500 francs. Ces chiffres semblent monstrueux aujourd'hui; ils n'étonnaient pas alors. Et il y a à peine douze mois de cela!

L'Union générale dépasse 3,000 fr.: le Suez, 3,500 fr.

Cette quiétude ne fut pas de longue durée. L'horizon politique s'assombrissait; on redoutait déjà un conflit entre la majorité de la Chambre et le chef du ministère qui proposait à cette assemblée, nouvellement élue, de condamner le mode d'élection d'où elle était sortie. On parlait déjà d'agir en Egypte de concert avec l'Angleterre et, bien qu'il ne fût pas, à ce moment, question d'une intervention active, on craignait les aventures.

Ouverture de la question d'Égypte.

Ces préoccupations ne pouvaient toutefois exercer une influence violente sur le marché, à moins que quelque cause plus énergique ne vînt aussi l'agiter. Cette cause déterminante se produisit, toute financière et bien imprévue pour qui ne connaissait pas alors les conditions des différentes places françaises. Le coup partit de Lyon, où des embarras de bourse presque irrémédiables s'étaient révélés. Une société qui, pour ainsi dire, menait la hausse à cette Bourse, la Banque de Lyon et de la Loire, s'effondrait. Le parquet de Lyon était presque tout entier compromis. La secousse se répercuta promptement à Paris, sans cependant qu'on se rendît, au premier abord, un compte exact de l'étendue du mal. Toutes les valeurs de spéculation étaient cependant fort agitées; les fluctuations du groupe de Suez étaient inquiétantes; mais, après tout, comment s'étonner qu'une certaine baisse se produisît, par exemple sur l'action de Suez qui, seule, avait monté de 2,000 francs en moins d'un an?

Le krach de Lyon.

On ne put longtemps se faire illusion. La Bourse devint de plus en plus fiévreuse, de plus en plus troublée. Tous les efforts faits pour conjurer les effets d'une liquidation désastreuse avaient épuisé le marché et les ordres de vente se multipliaient sans contrepartie; la baisse amenait la baisse, la peur devenait contagieuse. Il eût fallu un secours bien puissant, nous ne dirons pas pour empêcher l'effondrement, mais seulement pour le retarder ou le ralentir. D'où ce secours pouvait-il venir? Au moment même une crise ministérielle éclatait dans les circonstances les plus défavorables. Elle resta ouverte plusieurs jours, aggravant les inquiétudes, augmentant la défiance, rendant plus actives les causes de découragement et de démoralisation.

Le krach à Paris. La catastrophe eut lieu. Qui a assisté aux séances de Bourse qui se tinrent pendant ces tristes jours a vu certes un spectacle qui ne saurait s'oublier.

Opinion de M. Léon Say. « J'ai assisté, déclarait à la tribune même M. Léon Say le 3 février, j'ai assisté, au lendemain de mon entrée aux affaires, à une journée comme il ne s'en est pas produit, dans l'histoire de nos marchés à terme, depuis une centaine d'années. »

Toutes les valeurs avaient été entraînées. Chose curieuse à enregistrer, c'est le Suez qui avait donné le signal de la débâcle, l'Union générale avait suivi, puis tout son groupe, puis le marché tout entier.

Conséquences du krach. D'immenses fortunes privées anéanties; des ruines en haut, en bas, partout ; l'épargne même, profondément atteinte ; le marché, ébranlé jusque dans ses fondements et presque annihilé ; les transactions suspendues ; et, au-dessus de tout cela, une défiance universelle : telle était la situation à la fin de janvier, mois terrible, mois mémorable, qui a marqué l'année d'une ineffaçable empreinte.

L'année 1882 condamnée. L'année 1882 était condamnée ; dès le début, elle était frappée à la tête.

### III

2e cabinet de Freycinet. Le ministère présidé par M. Gambetta était renversé le 26 janvier. Le nouveau cabinet, qui avait pour chef M. de Freycinet, était composé d'une façon assez heureuse. L'entrée de M. Varroy aux Travaux publics, celle surtout de M. Léon Say aux finances et les dé- clarations que ce dernier fit presque aussitôt à la tribune, furent, dans les circonstances où l'on se trouvait, très favorablement accueillies. On applaudit aux trois clauses du programme financier : « pas de conversion, pas d'émission, pas de rachat » : formule brève, simple et claire, qui répondait bien aux préoccupations et aux désirs du moment.

De son côté la haute banque, courant au plus pressé, venait au secours du parquet des agents de change auxquels elle facilitait un emprunt; elle aidait aussi la coulisse qui, gravement menacée, luttait avec énergie et constituait un fonds commun. Cette intervention et ces promptes mesures prévinrent certainement de nombreux sinistres financiers qui eussent peut-être enlevé au marché le peu de vitalité qui lui restait.

Quant à l'Union générale, elle avait suspendu ses paiements; son président et son directeur sont arrêtés, la faillite est prononcée. Il ne reste plus de ce grand naufrage que des débris qu'on doit tenter de sauver.

Le marché s'apaise, mais ne se consolide pas. De temps à autre des spéculateurs opiniâtres cherchent, timidement il est vrai, à relever les cours, mais l'entreprise demeure vaine. La défiance est générale ; elle règne même entre les agents, qui craignent d'avoir pour débiteurs tel ou tel de leurs confrères plus ou moins compromis ; ils se suspectent tous. Les négociations se trouvent ainsi presque impossibles.

Nous nous sommes élevé alors contre ceux qui annonçaient, bien prématurément, la fin de la crise. Comment y eussions-nous cru, alors qu'il était visible que le terrain n'était pas encore déblayé et qu'il restait encore des blessés trop faibles pour survivre longtemps?

La secousse avait ramené, même en politique, les esprits à la prudence et à la circonspection. On voulait bien faire quelque figure en Egypte, mais on n'entendait pas aller au delà d'une pression morale et d'une intervention pacifique. M. de Freycinet déclarait d'ailleurs qu'il n'engagerait pas la France en dehors du concours européen.

On était plus soigneux des relations avec les autres peuples et l'on donnait un gage de sympathie à la Russie en expulsant le conspirateur Lavroff. On ne parvenait pas à conduire à bien les négociations commerciales avec l'Angleterre, mais on se montrait fort libéral à son égard en lui assurant par une loi le traitement de la nation la plus favorisée.

Mouvements ouvriers à Bessèges.

Le mois de mars ne modifie pas sensiblement la situation. Au début on voit, avec une indifférence qu'on perdra plus tard, des mouvements ouvriers se produire à Bessèges. On s'émeut un peu plus lors du discours enflammé, prononcé en France par le général Skobeleff contre l'Allemagne ; la Russie rappelle aussitôt le vaillant capitaine qu'elle devait perdre si promptement. L'in-

Attentat contre la reine Victoria.

cident est vite étouffé. En Angleterre, un attentat à la vie de la reine d'Angleterre a lieu ; mais on apprend avec satisfaction que le coupable n'est qu'un misérable fou.

Exposé financier de M. Léon Say : profonde impression.

Le grand souci n'était pas alors dans les événements de la politique extérieure ou intérieure. L'attention se portait sur les questions budgétaires ; on s'intéressait au sort des projets de M. Léon Say ; on s'inquiétait de l'hostilité qu'ils rencontraient dans certains groupes parlementaires ; on commentait avec un intérêt extrême cet exposé lumineux où, à côté de vérités courageusement dévoilées, se trouvaient de sages et utiles conseils ; enfin, on attachait, plus qu'on ne l'avait jamais fait, une importance particulière à l'élection des membres de la commission du budget et l'on se rassurait en apprenant que, sur les trente-trois membres nommés, le plus grand nombre se ralliait aux idées du ministre.

La Bourse, après des velléités de reprise, était redevenue hésitante et restait indécise.

Les rentes variaient peu. Les fonds étrangers progressaient grâce aux opérations des arbitragistes et aux emprunts que préparaient certains Etats. Les valeurs de chemins de fer avaient retrouvé une très grande fermeté, la conclusion de conventions avec les compagnies devenant de plus en plus probables.

## IV

Le second trimestre se présente sous de meilleurs auspices. Les Chambres se séparent pour les vacances de Pâques, vacances fort désirées il faut le reconnaître. Les projets de M. Léon Say restent, il est vrai, en suspens ; mais on compte bien que la conciliation l'emportera et que la courte visite que les députés vont faire à leurs électeurs facilitera ce résultat.

Aussi le marché semble-t-il se rasséréner. Les dispositions sont évidemment meilleures ; mais c'est trop peu pour ranimer les transactions. Les capitaux ne reviennent pas volontiers sur le marché, même en faveur des bonnes valeurs ; on croirait presque qu'il s'en écartent, puisque ce sont les fonds étrangers qu'on voit monter.

Les ministres, assure-t-on, travaillent : ils préparent une loi municipale, plusieurs projets militaires, un projet sur le crédit agricole, un autre bien tardif sur le régime des sociétés, un projet sur les marchés à terme qui se trouve d'une déplorable actualité, un autre enfin sur les récidivistes. On semble se préparer à organiser en Tunisie nos divers services. M. de Freycinet décide même qu'ils seront, selon leur nature, « rattachés » aux ministères dans les attributions desquels ils rentrent ; le ministre des affaires étrangères se réserve toutefois un contrôle sur les décisions des autres ministres.

A la fin d'avril, nous retrouvons le marché sans activité, les rentes plus fermes, les fonds étrangers un peu moins favorisés sauf pourtant l'Italien, les actions de chemins de fer en assez bonne attitude. Les cours des sociétés de crédit sont fort mouvementés ; c'est la faiblesse qui prédomine.

C'est sans enthousiasme qu'on voit les Chambres revenir avec le mois de mai, et pourtant l'on a hâte que les questions les plus urgentes soient résolues, les ques-

*Ces projets restent en suspens.*

*Projets divers étudiés par les ministres.*

tions d'affaires avant tout. On compte bien qu'il en sera

Projet de convention avec la compagnie d'Orléans.
ainsi. M. Léon Say dépose le projet de convention avec la Compagnie d'Orléans en vue du remboursement anticipé des avances à titre de garantie d'intérêt ; on annonce la présentation des autres projets à l'étude. Les nouvelles de l'extérieur sont bonnes en général. L'Italie, qui a besoin d'effectuer son emprunt, s'apaise tout à coup ; elle redevient presque aimable, pour quelque temps du moins.

Aussi, la Bourse se montre-t-elle plus calme, plus stable, plus rassurée ; on croirait volontiers qu'elle va se raffermir ; la tenue de presque toutes les valeurs est relativement satisfaisante : rentes françaises, fonds étrangers, chemins de fer, valeurs industrielles, semblent avoir de meilleures tendances. Les valeurs de Suez regagnent du terrain.

Mais, pour que le travail de reconstitution du marché se poursuivît, il fallait, espérance folle, que nulle complication ne surgît, que les circonstances restassent longtemps et imperturbablement favorables, qu'il ne s'élevât même pas un souffle de crainte ou de doute.

Incidents en Irlande.
Et voici que des difficultés s'élèvent de toutes parts ; au dehors, au dedans, partout, des incidents fâcheux ou pénibles. Les assassinats de lord Fr. Cavendish et de M. T. Burke à Dublin, dans Phœnix-Park, au moment où les tentatives de conciliation entre la Grande-Bretagne et l'Irlande semblaient près d'aboutir, produisent une triste impression.

[Aggravation de la question égyptienne.
L'affaire égyptienne s'aggrave tout à coup. Des vaisseaux anglais et français sont envoyés vers Alexandrie. En France on voudrait bien défendre en Orient les intérêts nationaux et sauvegarder notre influence séculaire ; mais on ne voudrait pas non plus s'engager outre mesure, se lancer dans une entreprise de longue haleine. On serait bien aise d'être hardi ; on craint d'être audacieux. Ces désirs contraires ne laissent pas de causer un certain embarras qui se fait jour dans le parlement et même dans le ministère.

On est menacé d'une nouvelle crise ministérielle. La
Chambre ayant, sans se rendre un compte exact de la
portée de sa résolution, voté la prise en considération
d'une proposition tendant à la suppression des taxes
sur les boissons, M. Léon Say ressent vivement, trop
vivement peut-être, cette blessure faite certainement
sans préméditation. Il menace de se retirer ; il faut,
pour le décider à conserver son portefeuille, un vote
formel de confiance qui lui est donné, d'ailleurs, à une
très forte majorité. L'incident n'en a pas moins mis en
évidence les divergences d'idées entre le ministre et certaines fractions parlementaires.

*Proposition re-
lative aux droits
sur les boissons,
conflit.*

Enfin, on prend ombrage de tout, même de l'enthousiasme que manifestent, au sujet de l'inauguration du
tunnel du Saint-Gothard, la Suisse, l'Allemagne et
l'Italie. Ces deux dernières semblent en effet considérer
l'ouverture de leur grande ligne internationale comme
une véritable victoire remportée sur la France.

*L'ouverture du
Saint-Gothard.*

Les affaires se ressentent nécessairement de ces émotions. La Bourse devient plus sensible aux faits d'ordre
politique. Aussi, la fin de mai est-elle difficile ; en
somme, il y a encore un léger recul sur la plupart des
valeurs. Les rentes sont faibles. Les fonds étrangers, les
chemins de fer français, le groupe de Suez, quelques
actions de sociétés industrielles, conservent seuls de la
fermeté.

Il est évident que si aucun fait important et heureux
ne vient ranimer le marché et lui rendre le courage, le
mois de juin sera plus mauvais encore que celui de mai,
au point de vue financier.

Et, à la vérité, ce mois commence mal. La flotte anglo-
française a vainement « manifesté » dans les eaux
d'Alexandrie ; l'effet produit par cette démonstration sur
Arabi-Pacha est absolument nul. Il est certain qu'il faudra trouver un moyen plus efficace. M. de Freycinet,
interpellé par M. Delafosse, déclare bien qu'on n'agira
pas isolément ; que, dans tous les cas, on ne fera rien
avant une entente préalable avec les puissances; il plane

*Manifestation
de la flotte an-
glo-française à
Alexandrie.*
*Conférence in-
ternationale.*

cependant quelque chose d'ambigu sur la politique du ministère. On parle de l'intervention de la Porte, de l'envoi par celle-ci d'une mission spéciale en Egypte ; on n'attend de ces actes aucun résultat sérieux et surtout aucun élément de reprise.

L'opinion publique a raison; la situation en Egypte ne fait que s'aggraver. On annonce la réunion d'une conférence qui discutera sur la base du *statu quo ante ;* mais personne ne met son espoir dans les travaux de cette réunion d'ambassadeurs, personne ne croit que l'Angleterre s'en remettra à d'autres du soin de ses plus chers intérêts. On reste donc incrédule.

Discours de M.
Léon Say à Saint-
Quentin.

On retrouve un peu de confiance dans les paroles que M. Léon Say prononce à Saint-Quentin, dans les sages conseils de prudence et d'économie qu'il renouvelle et dans les espérances, malheureusement déçues, qu'il fonde sur une belle récolte. On se réjouit aussi de son double succès devant la commission du budget dont le rapporteur général, M. Ribot, enlève deux votes heureux : l'un sur le mode d'évaluation des recettes, l'autre sur la convention financière avec la Compagnie d'Orléans.

Mais ces satisfactions passagères, fugitives, sur de simples incidents, ne sont guère de nature à relever les esprits, à relever surtout les affaires et les cours. Il faut au marché, pour se ranimer, autre chose que des désirs,

Les consé-
quences du krach
apparaissent plus
nettement.

des vœux et des intentions. D'ailleurs, c'est à ce moment seulement qu'on commence à mesurer avec quelque exactitude l'étendue des conséquences du krach de janvier ; on en comprend maintenant toute la gravité.

Aussi rien ne peut plus contenir la baisse, ni la restreindre. Elle s'accentue, devient générale, se transforme en panique le lundi 19 juin et le jeudi 22 ; ce n'est qu'à grand'peine qu'on revient, dans les derniers jours du mois, à des impressions moins extrêmes et moins pessimistes.

Les résultats du semestre sont peu satisfaisants : au cours de ces six mois, la rente 3 % a baissé de 3 francs

environ, la rente amortissable de 2 francs ; le 5 %
seul s'est maintenu. La Banque de France a fléchi
de 500 francs ; le Crédit foncier, de 270 francs, la
Banque de Paris et des Pays-Bas, de 130 francs ; le
Comptoir d'escompte, de 15 francs ; le Crédit lyonnais,
de 180 francs environ ; la Société générale, de 200 francs.
Des différences autrement graves s'étaient produites sur
des titres que nous ne saurions mentionner dans cette
revue rapide.

Depuis le commencement de l'année, les valeurs de
Suez, toujours agitées par la spéculation, avaient sensiblement fléchi ; sur les actions, la baisse était de près
de 1,200 francs. Les actions des Omnibus avaient baissé
de plus de 200 francs ; celles du Gaz au contraire, à
travers des alternatives de crainte et d'espérance selon
les probabilités d'un accord avec la Ville, se trouvaient
encore en progrès de 50 francs environ.

## V

On comprenait bien alors qu'il fallait, pour imprimer
aux affaires quelque activité, qu'il se produisît un événement considérable, dont la nouvelle rassérénât les
esprits et rendît un peu de hardiesse aux capitalistes.
Aussi les regards restaient-ils fixés vers l'Orient ; on se
prenait à espérer qu'il sortirait tout à coup de la conférence une solution heureuse. Il semblait que désormais
ce fût cette assemblée diplomatique, presque dédaignée
la veille encore, qui dût disposer et décider de tout :
de l'Egypte, d'Arabi-Pacha, du khédive, du canal de
Suez. On disait qu'elle inclinait vers une intervention
directe et armée de la Turquie. Quant à notre ambassadeur à Constantinople, il devait toujours rester fort
circonspect.

Et, comme il ne survenait rien, la baisse continuait,
s'accentuait. Toutes les valeurs étaient atteintes. La
rente 5 % retombait au cours du mois de janvier ; les
deux rentes 3 % fléchissaient aussi. Baisse sur les

11

fonds étrangers, baisse sur les actions et obligations de chemins de fer, baisse sur les sociétés de crédit, agita-tion et incertitude sur les valeurs les plus résistantes, c'est le désarroi complet, général, absolu. Cependant les capitaux ne manquent pas et les disponibilités des sociétés de dépôts s'élèvent à un chiffre énorme ; malheureusement, ces trésors ne s'emploient pas, ils demeurent immobilisés dans les caisses des banques.

Cependant les soldats d'Arabi, peu intimidés par l'apparition de la flotte anglo-française et indifférents aux délibérations de la conférence, prévoient une at-taque, une invasion ; ils fortifient Alexandrie. Nulle

**Bombardement d'Alexandrie par la flotte anglaise.** injonction ne les arrête. L'Angleterre alors se décide; elle trouve, dans ce fait, le cas de force majeure dont elle a besoin pour colorer sa conduite d'un honnête prétexte ; elle bombarde les forts et la ville. On sait ce qui s'en suivit : Alexandrie capitula ; les Anglais l'occupèrent, mais dans quel état, ruinée par le pillage et l'incendie. Que de pertes irréparables.

En même temps, l'Angleterre prenait ses sûretés pour l'accès du canal de Suez, tandis que nos vaisseaux restaient dans l'inaction, se tenant à l'écart de la lutte.

Ces événements ne hâtèrent point, comme on eût pu le croire, les travaux de la conférence; celle-ci se pressa d'autant moins qu'elle se trouvait en présence d'une situation nouvelle et que ses membres avaient, pour la plupart, des instructions à demander. On parlait tou-jours de l'intervention turque, le plus étrange leurre qu'on ait eu à admirer depuis longtemps.

**Inauguration du nouvel hôtel de ville de Paris.** A Paris, on se console par des cérémonies et des fêtes : inauguration du monument élevé à la mémoire de Michelet, le grand historien ; inauguration de l'hô-tel de ville élevé sur les ruines de celui que la Com-mune avait détruit, future mairie centrale peut-être. Le mot du moins a déjà sa portée politique puisque, prononcé mal à propos, il soulève un conflit, vite apaisé il est vrai. Enfin, on célèbre sans grand éclat la fête nationale du 14 juillet; on illumine, on pavoise, on sort les drapeaux, mais l'entrain n'y est pas. On n'a en effet, il faut le reconnaître, ni argent, ni satisfaction morale d'aucune sorte.

On doit cependant tenir les arsenaux, la flotte, les troupes en mesure de faire, au besoin, face aux éventualités qui pourraient surgir et le gouvernement est bien obligé, par esprit de prévoyance, de demander les crédits nécessaires. Or, la confiance est telle, même dans les régions parlementaires, que, dans ces propositions de crédits, on croit voir la preuve manifeste du désir d'intervenir à l'insu des Chambres et sans leur assentiment. Cependant, sur les déclarations du ministre des affaires étrangères, la majorité lui donne encore un vote favorable, mais, deux jours après, le cabinet est mis en échec sur l'interpellation du député de la Cochinchine, M. Blancsubé, relative à la mairie centrale de Paris. Le ministère ébranlé, lassé même au point de ne plus se défendre, tombe sur cette question des crédits égyptiens qu'il a demandés en prévision d'une intervention à laquelle il était contraire. Le mois de juillet s'achève en pleine crise ministérielle.

La Bourse ne s'affecte pas outre mesure de l'incident; elle pense sans doute qu'un cabinet perdu est bien vite remplacé. La liquidation d'ailleurs s'effectue mieux qu'on ne l'espérait; les rentes ont un peu monté; les valeurs ont été assez fermes; les actions des sociétés de crédit ont eu une assez bonne tenue.

Les jours s'écoulent et la crise ministérielle ne s'achève pas; on ne trouve pas facilement des successeurs à M. de Freycinet et à ses collègues. Alors on commence à se préoccuper sérieusement de cet interrègne; on accuse la Chambre; on la dit impuissante, incapable, impossible; on prononce le mot de dissolution; on semble même en accepter l'idée et l'on s'y accoutume déjà lorsqu'on apprend que M. Duclerc a accepté la mission de former un cabinet. Ce ministère est en effet bientôt constitué et... la Chambre est sauvée; mais elle ne sort pas grandie de cette épreuve et

La mairie centrale de Paris et la Chambre.

Nouvelle crise ministérielle.

La crise se prolonge. Impression défavorable pour la Chambre.

Cabinet Duclerc.

l'on sent qu'elle en supporterait difficilement ùne seconde.

Aussi l'ajournement de la session parlementaire est-
il accueilli avec plus de satisfaction encore que l'avènement des nouveaux ministres.

Au sortir de cette aventure on respire ; on reste en
somme, sauf bien des réserves sans doute, sur une
impression favorable. On est un peu attristé, un peu
humilié de demeurer immobile et passif devant cette
Angleterre qui accentue si énergiquement son intervention; mais, en même temps, on se félicite d'avoir été
prudent, d'avoir échappé à une foule de complications;
on se doute bien que l'influence française en Orient
subira une fâcheuse atteinte et que ce seront encore
les créanciers de l'Egypte qui supporteront les charges
de la guerre actuelle; mais on fait réflexion que c'est
beaucoup d'être en paix et que les créanciers de
l'Egypte auront peut-être bientôt pour garant le crédit
même de l'Angleterre.

Sous l'influence de ces pensées, il se manifeste dans
l'état des esprits une certaine amélioration. Sans qu'on
puisse dire qu'il s'est produit vraiment un retour de
confiance, on constate tout au moins un peu plus de
calme et d'apaisement. Les rentes ont monté : le 3 % 
est à 82 fr. 50 environ, le 3 % amortissable à 82 fr. 80,
le 5 % à 115 fr. 30. Les fonds étrangers conservent des
cours certainement très élevés; les fonds égyptiens
montent, favorisés par les prévisions que l'on fonde
sur la réorganisation financière de l'Egypte; les sociétés
de crédit ont regagné quelque terrain. Les valeurs du
groupe de Suez témoignent de la fermeté; elles resteront cependant soumises à toutes les fluctuations des
événements d'Orient et aussi aux résolutions éventuelles de l'Angleterre; dès ce moment nous signalons
le vrai, le réel danger que peuvent courir les actions,
la réduction des tarifs, réduction que la Grande-Bretagne réclamera peut-être un jour au nom des intérêts
anglais.

Au commencement de septembre, il y a donc lieu de croire au raffermissement de ce malheureux marché si troublé, si violemment remué par la catastrophe de janvier. Si les événements, les hommes et les choses s'y prêtent un peu, le mal pourra sans doute être atténué dans ses conséquences.

On se reprend à espérer. Comme on désire des affaires, on est bientôt convaincu qu'elles vont reparaître, se renouer, se multiplier, on compte sur une bonne campagne d'hiver qui pourra compenser bien des déboires et bien des pertes.

A l'intérieur nulle complication, les conseils généraux ont clos leur session sans avoir soulevé de question irritante; ils ont partout fait preuve de modération. On remarque qu'ils n'ont discuté ni le régime des chemins de fer, ni le rachat, ni les tarifs; on tient bonne note de ce fait.

Modération des conseils généraux; aucun d'eux n'aborde la discussion de la question des chemins de fer.

On ne voit plus dans l'expédition anglaise en Egypte qu'une question de temps; on ne saurait douter du résultat et l'on ne croit pas qu'il puisse tarder; on attend un engagement décisif entre les deux armées. Ces prévisions sont d'ailleurs promptement justifiées : le général Wolseley taille en pièces les troupes d'Arabi et marche sur le Caire. La période aiguë de la question égyptienne est donc accomplie.

Occupation de l'Egypte par l'Angleterre.

Encore quelques nouvelles favorables, encore quelque temps de repos, de tranquillité, et sans doute on pourrait songer à une reprise des affaires: on essaierait du moins. Lorsqu'il s'en présente une qui lui plaît, qui lui paraît bonne, le public ne s'en détourne pas. L'émission des obligations de Panama, qui a lieu à ce moment et dont la souscription obtient un plein succès, en fournit une preuve indéniable que corrobore la facilité avec laquelle le Crédit foncier de France place ses obligations nouvelles, créées en vue des prêts communaux ou fonciers qu'il consent.

Emission, avec succès, des obligations de Panama.

Malgré la légère faiblesse des rentes dans les derniers jours de septembre, les résultats de ce mois sont

bons en général. Le 3 % ancien reste à 82 fr. 15,
l'amortissable à 83 fr. 10, le 5 % à 116 francs ; les fonds
étrangers sont très bien tenus; les valeurs égyptiennes
sont en hausse, on sait pourquoi; les valeurs de chemins de fer sont fermes. Les actions des sociétés de
crédit qui donnent lieu à de rares négociations ont progressé pourtant; mais le public ne leur est pas encore
revenu, elles ne retrouveront que graduellement leur
ancienne clientèle.

Les résultats du dernier trimestre écoulé sont assez
satisfaisants. Assurément, le marché ne s'est ni recons-
titué, ni relevé, mais il s'est consolidé d'une manière
sensible et ce serait là un signe excellent si l'on pouvait être sûr que les progrès qui s'effectuent ne seront
pas tout à coup interrompus.

## VI

Les trois derniers mois de l'année 1882 ne répondent
pas aux espérances que les mois d'août et de septembre
avaient permis de concevoir. A peine rentre-t-on dans
la période qui est d'ordinaire celle de l'activité et du
retour aux affaires, que les soucis reparaissent.

**Politique finan-
cière de Léon Say
abandonnée.**

Des informations qu'on a lieu de croire exactes font
pressentir les intentions du ministre des finances. On
annonce que les projets de M. Léon Say seront très
probablement abandonnés, qu'on demandera à la dette
flottante ce que l'on ne peut obtenir de moyens régu-
liers; on parle même de bons spéciaux.

L'opinion publique ne s'abuse pas. Sans avoir des
choses budgétaires une notion bien complète, elle
comprend nettement que c'est par des expédients que
l'on compte résoudre les difficultés, et non pas les résoudre mais les ajourner, c'est-à-dire très probablement les léguer à d'autres ministères. Nous-même con-
sidérant alors la situation telle qu'elle se présentait
dans ces conjectures, nous pensions que le ministre
des finances n'avait le choix qu'entre deux partis : ac-

cepter les projets de M. Léon Say et c'était la meilleure solution, ou recourir franchement à l'emprunt, auquel il faudra de toute nécessité aboutir, si on persiste dans la voie où l'on est entré.

D'autre part, on se préoccupe de la position respective des groupes parlementaires lors du retour des Chambres. Dans ses déclarations, dès son arrivée, le président du conseil avait vivement exhorté les différentes fractions de la gauche à une entente, à un rapprochement ; quelques discours prononcés en province donnent lieu de penser que cette œuvre de transaction a fait peu de progrès, de telle sorte qu'on redoute de voir reparaître les mêmes divisions, le même fractionnement des groupes, en un mot les mêmes difficultés de gouvernement.

Ces inquiétudes, un peu prématurées sans doute, atténuent le bon effet produit par les déclarations du cabinet anglais qui affirme son intention formelle de réduire à bref délai ses troupes d'occupation en Egypte.

Le monde des intérêts est troublé aussi par la constitution d'une nouvelle commission extra-parlementaire des chemins de fer que crée le ministre des travaux publics, et surtout, il faut bien le dire, par les considérations contenues dans le rapport qui expose les motifs de cet acte. On attache aussi une signification menaçante pour les grandes compagnies dans les choix auxquels s'est arrêté M. Hérisson pour la composition de cette commission : on croit s'apercevoir que la majorité a été à dessein assurée aux adversaires du régime actuel des chemins de fer. On s'irrite presque de voir renaître sans cesse une question qu'à diverses reprises déjà on avait crue résolue ou du moins écartée comme importune, vaine et, pour tout dire, dangereuse.

Dans les premiers jours d'octobre la liquidation s'était accomplie avec facilité; la fermeté avait été presque générale; on n'avait signalé sur le marché que de rares défaillances. Mais à mesure que le mois s'avançait, les dispositions devenaient de moins en moins

*Cet abandon rendra l'emprunt nécessaire.*

*Le cabinet anglais affirme son intention de réduire ses troupes d'occupation en Egypte.*

*Encore la question des chemins de fer.*

bonnes. On se reprenait à voir les choses en noir. On
se posait des questions troublantes. On se demandait
par exemple, pourquoi les Anglais mettaient tant de
hâte à reconstituer toute l'administration égyptienne
et l'on en inférait qu'ils ne le faisaient vraisemblable-
ment pas à notre profit. On se demandait encore pourquoi, alors que ce travail de réorganisation allait si
promptement en Egypte, nous n'accomplissions rien
de semblable dans cette Tunisie que nous occupions
déjà depuis de longs mois; on en concluait que les
pouvoirs publics manquaient de sollicitude et d'énergie.
Et les cours retombaient graduellement.

Troubles de<br>Montceau-les-Mi-<br>nes. Puis, surviennent les étranges débats relatifs aux
troubles de Montceau-les-Mines; de nouveaux attentats
se produisent sur divers points comme autant de menaces ou de défis; l'inquiétude se répand, elle paraît
assez vive pour que le cours de la justice en soit lui-
même interrompu et que le jury de Saône-et-Loire soit
déchargé de la mission de juger les accusés. On n'entend plus parler que d'explosions, de lettres commina-
toires, de complots socialistes, de dynamite.

Malaise géné-<br>ral. Le malaise général s'aggrave donc. Le marché se
décourage, lassé d'attendre vainement des affaires.
Tout le monde se tient sur la réserve. Les capitalistes
attendent que la haute banque donne le signal de la
reprise des opérations sérieuses et les banques, elles,
de leur côté, attendent que le public se montre plus
confiant et plus décidé. Personne ne gagne à s'observer
ainsi réciproquement.

Novembre ne débutait pas mieux que ne finissait
octobre; les craintes vagues que les agitations socialistes avaient fait naître prenaient corps à la suite de
nouvelles violences en province et des grèves importantes qui éclataient à Paris même. On commençait à
redouter sérieusement que le gouvernement ne fût pas
pourvu, par les lois en vigueur, de moyens de défense
suffisants ou qu'il n'eût pas le courage de les employer.
Encore une fois, la confiance qu'on croyait près le

renaître s'évanouissait de toutes parts. On suspectait les intentions de l'Angleterre dont les journaux reprochaient à la France de se préoccuper bien mal à propos de l'Egypte, alors que nos ministres avaient en mains un nouveau traité, conclu depuis quelque temps déjà avec le bey. Enfin, on attendait avec une certaine appréhension la rentrée des Chambres. Cette crainte n'était pas, il faut le dire, dénuée de tout fondement.

Dès les premières séances, la discussion sur le budget du ministère des cultes prouva que les tentatives de transaction, dont on avait tant parlé, avaient bien peu réussi et que chaque groupe politique rentrait avec l'intention bien arrêtée de ne renoncer à aucune de ses prétentions, non plus qu'à aucun de ses ressentiments. Tous les esprits modérés approuvèrent le discours très remarqué de M. Andrieux exprimant la nécessité, pour un gouvernement démocratique, de ne point troubler les consciences et de ne pas offenser les sentiments religieux qui survivent dans le cœur de la majorité des citoyens. *Discussion du budget des cultes. Dissentiments.*

Mais, cette fois, les préoccupations politiques s'effacent devant des soucis plus graves. On voit avec regret le ministère ne chercher aux graves défectuosités du budget que des remèdes passagers et de dangereux palliatifs. On s'étonne des erreurs répétées, commises à la fois dans les calculs du ministère des finances et dans ceux du ministère des travaux publics. On en infère qu'une sorte de relâchement général se produit dans toutes les branches de notre administration publique. *Mauvaise politique budgétaire.*

Enfin paraît, d'abord dans une publication spéciale (1) puis par fragments dans la plupart des journaux, l'étude si nette, si franche, si vraie de M. Léon Say sur la situation des finances de la France et la politique financière du ministère. *M. Léon Say publie une étude remarquée sur la situation des finances et la politique financière du ministère.*

La vérité apparaît pleine, entière, au grand jour, et

(1) Le *Journal des économistes.*

l'équivoque, non plus que l'illusion, ne sont désormais possibles.

Les esprits les plus optimistes en sont affectés. Le marché s'en ressent vivement; les cours fléchissent encore et il faut une reprise légère survenue dans les derniers jours de novembre pour les ramener à la moyenne du mois précédent, pourtant si peu favorable. Il se produit, après un excès d'inquiétude, une réaction qui, certes, est opportune. A la fin de novembre, le marché, après des fluctuations et des émotions diverses, se retrouve à peu près tel qu'il était à la fin d'octobre.

Le mois qui s'achève ne pouvait apporter des changements de quelque importance à une situation qui n'avait pas été soudainement créée par des complications imprévues et subites, mais qui tenait à des causes profondes et permanentes, qui était la conséquence d'une longue suite d'abus, de fautes et d'entraînements dans lesquels la spéculation avait eu, sans doute, une part décisive, mais dont le public lui-même portait aussi, dans une certaine mesure, la responsabilité.

Il est encore permis cependant, d'après certains signes presque rassurants, d'espérer une amélioration plus ou moins prochaine des conditions du marché. La politique extérieure semble moins rigoureuse pour la France; notre nation peut, si elle le veut, employer son activité au développement de son empire colonial; les autres Etats ne lui feront sans doute pas obstacle dans cette voie. Les récentes déclarations de lord Derby semblent annoncer des intentions favorables à la France ; elles autorisent à penser que nous trouverons en Egypte une part équitable d'action et d'influence.

Enfin, il faut bien, après avoir jugé sévèrement les erreurs et les imprudences qui ont compromis l'équilibre de nos budgets, il faut bien faire réflexion que l'avenir d'un pays comme le nôtre ne saurait être gravement compromis, soit par quelques prodigalités téméraires, soit par quelques actes blâmables de mauvaise administration.

Déjà on paraît, même dans les régions ministérielles et parlementaires, revenir à une plus juste appréciation des nécessités du moment et à des principes plus stricts de gouvernement et de gestion. On comprend qu'il faut se restreindre, moins ou mieux dépenser, économiser avec soin, tenir plus de compte et avoir un plus grand respect des intérêts privés. On a mieux à tenter que de satisfaire des passions et des animosités au détriment de la fortune publique et de la prospérité nationale.

Nécessité des économies et d'une meilleure gestion des finances.

Ces considérations doivent être singulièrement convaincantes en présence d'un marché financier aussi éprouvé et qui a tant besoin d'aide et d'assistance.

En condensant tous les faits de l'année qui vient de s'écouler, il faut surtout se bien pénétrer de leur signification réelle, des causes diverses qui ont déterminé, puis entretenu et perpétué la situation actuelle.

Toutes les valeurs françaises ont baissé : rentes, chemins de fer, sociétés de crédit, sociétés industrielles, titres de tout genre : « Ils ne mouraient pas tous, mais tous étaient frappés. »

Les rentes ont été dépréciées tant par le trouble des finances et le déficit du budget que par la vérité qui s'est faite sur les dépenses du passé et les dangers de l'avenir.

Les valeurs de chemins de fer, actions et obligations, ont fléchi lourdement sous l'influence des craintes qu'ont tour à tour soulevées les questions de rachat ou de tarifs, inopportunément ranimées. Les actionnaires ont vu sans cesse leurs intérêts menacés.

Les sociétés de crédit, après avoir connu en 1881 toutes les ardeurs de l'engouement, ont subi l'effet de la stagnation des affaires, de l'immobilisation des capitaux, de la défiance même du public. L'année 1882 a été rude pour toutes ; les bonnes sociétés, grandes ou petites, ont souffert pour les douteuses qui ont péri dans cette tourmente financière dont les tribunaux nous fournissent le triste épilogue.

Conclusion.     L'année a été sans affaires; elle a donc été sans émissions, elle n'en a du moins produit que de rares. Elle a été mauvaise et elle a été vide. Il semble qu'elle ait été chargée non de produire mais de déblayer, non d'agir mais de liquider, la liquidation a été longue, elle a com'mencé en janvier et elle s'achève à peine en décembre.

L'année du krach.     Un grand fait la domine incontestablement. fait bien autrement grave et d'une bien autre conséquence que les plus déplorables complications politiques, fait purement financier : la catastrophe initiale, le krach.

L'année 1882 est et restera dans toutes les mémoires *l'année du krach*. Quoi qu'on fasse, c'est cet événement qui la caractérise.

# 1883

## L'ANNÉE DE L'INQUIÉTUDE

### I

A quelque point de vue qu'on l'envisage, l'année qui s'achève laissera de tristes souvenirs. C'est une année d'inquiétudes et de crises. Elle a tout troublé, tout agité; les intérêts publics et privés ont été alarmés. Elle a causé de nombreux mécomptes; elle a semé partout la défiance et laisse les esprits sous les plus sombres impressions. Il semble, en vérité, qu'elle ait enlevé à tous la confiance même dans l'avenir de notre pays.

Elle s'ouvre par deux grands deuils : la mort de Gambetta et du général Chanzy. Pendant quelques jours on ne s'entretient que de ces deux tristes événements. *Mort de Gambetta et du général Chanzy.*

A Paris, à Châlons-sur-Marne, des funérailles sont faites, aux frais de l'Etat, à ces deux hommes qui personnifiaient les luttes de la défense nationale, et auxquels restaient attachées bien des espérances dans l'avenir.

A peine remise de l'émotion de ces premiers jours, la Chambre des députés reçut communication d'un manifeste du ministre des affaires étrangères, M. Duclerc, sur les affaires égyptiennes. Ce document parut bien pâle : on aurait désiré que la France se montrât moins résignée. *Question égyptienne. Déclaration du gouvernement.*

Pendant qu'on discute ce document et que le monde financier se prépare à souscrire à une importante émis- *Manifeste et arrestation du prince Napoléon.*

sion du Crédit foncier, *le Figaro* publie, le 16 janvier,
un manifeste du prince Napoléon.

Tout d'abord, l'authenticité de ce document fut mise
en doute; le soir, tous les journaux s'occupaient de cet
incident, on apprenait l'arrestation du prince Napoléon,
l'approbation donnée par la Chambre à la conduite lu
gouvernement et le vote d'urgence que les députés
avaient émis sur une proposition de M. Floquet tendant à exiler tous les princes ayant appartenu à une
famille régnante.

La bourse du
19 janvier.
Recul général
des cours.

La Bourse, le monde des affaires s'émeuvent. Les
rentes baissent, entraînant à leur suite les actions des
sociétés de crédit, les titres des compagnies de chemins de fer. Le 19 janvier, anniversaire du krach de
1882, toutes les valeurs subissent un recul encore plus
accentué. Aux préoccupations que donnent les questions intérieures s'ajoutent celles de l'extérieur : les
affaires égyptiennes causent de nouveaux soucis. On
parle d'une prochaine crise ministérielle.

Que ne dit-on pas encore! La haute banque, hostile
aux tendances politiques de la Chambre, sème la panique à la Bourse; on l'accuse, par parti pris politique,
de faire baisser toutes les valeurs, les rentes en tête.
Pendant plusieurs jours, l'inquiétude domine; mais,

Succès de l'é-
mission du Crédit
foncier.

dès le 26, les dispositions du marché se modifient. On
apprend le succès éclatant du Crédit foncier :
600,000 obligations étaient mises en souscription; il
fut demandé 827,000 obligations libérées, et 438,000 obligations non libérées. Pour satisfaire à ces demandes,
le Crédit foncier créa une deuxième série de 600,000 obligations que les souscripteurs s'empressèrent de réclamer.

Ce grand succès qui démontrait combien étaient puissantes les disponibilités de l'épargne, exerça une vive
influence sur le marché.

Cabinet Fallliè-
res.

Le 31 janvier, le 5 % clôturait aux plus hauts cours
du mois 115 fr. 10. Des achats considérables avaient
eu lieu; des rachats de vendeurs s'étaient effectués en

forte quantité; la Bourse était en hausse pendant que
la situation politique intérieure s'aggravait. On apprenait la démission de M. Duclerc, ministre des affaires
étrangères, de MM. Billot et Jauréguiberry, ministres
de la guerre et de la marine. Le ministre de l'intérieur,
M. Fallières, était nommé président du conseil et
ministre intérimaire des affaires étrangères. Les
Chambres commençaient la discussion des lois d'expulsion. On avait beaucoup remarqué et commenté le
discours très ferme et très modéré de M. Léon Renault.
On pensait que le mois de janvier ne s'écoulerait pas
sans que la Chambre se fût prononcée. Mais, le président du conseil s'étant subitement trouvé mal à la
tribune pendant qu'il répondait aux précédents ora-
teurs, la discussion fut remise au jeudi 1ᵉʳ février.

Ce jour-là, les lois d'expulsion étaient votées par la
Chambre à la majorité de 355 voix contre 163. La
Bourse apprend cette nouvelle en pleine liquidation.
Comment l'accueille-t-elle, elle qui, quinze jours auparavant, s'était si vivement émue de ces incidents politiques; elle, qu'on accusait de battre en brèche le gouvernement? Par une hausse considérable. Il se produisit
même ce fait inouï : sur les rentes on cota, en
liquidation, un déport de 0 fr. 04 et 0 fr. 24 sur le 5 % !
La vérité, c'est que des achats de rentes importants
avaient eu lieu; c'est que les vendeurs, pris au dé-
pourvu, avaient été obligés d'effectuer des rachats
précipités; la hausse était uniquement la conséquence
d'une situation de place trop engagée à la baisse. Du
reste, la liquidation était à peine terminée, que les inquiétudes reprenaient le dessus; la Bourse donnait de
nouveaux signes de faiblesse. Le Sénat se montrait hostile à la loi votée par la Chambre. Le rapporteur,
M. Allou, concluait à son rejet pur et simple, à la
non-discussion des articles. Un amendement présenté
par M. Léon Say est adopté. On apprend successivement la mise en liberté du prince Napoléon en vertu
d'une ordonnance de non-lieu et la démission du minis-

*(marginal note)* Loi exilant les membres des familles ayant ré-
gné en France.

tère. La commission de la Chambre, à 5 voix contre 5, rejette le projet Léon Say-Waddington adopté par le Sénat ; elle reprend la proposition Floquet.

Comment cette situation se dénouera-t-elle? Personne n'y voit de solution. Journaux de gauche et journaux de droite se livrent à d'ardentes polémiques. Le commerce s'inquiète. Les négociants de la rue du Sentier envoient une pétition au président de la République et demandent son intervention pour hâter la fin de la crise.

Pendant que nous sommes livrés à toutes ces dissensions intérieures, on ne songe guère à la conférence des grandes puissances, réunie à Londres, qui adopte le projet de notre représentant, M. Barrère, sur les affaires danubiennes. Les nouvelles de l'extérieur passent inaperçues. Au point de vue financier on note toutefois l'abaissement du taux de l'escompte à la Banque d'Angleterre.

Nouvelle crise ministérielle : 2ᵉ cabinet Jules Ferry.
Déclaration bien accueillie.

Cependant, la question des princes n'est pas close. Le Sénat renvoie à sa commission le projet voté par la Chambre; la loi Barbet est repoussée par 142 voix contre 137 sur 279 votants. Deux jours après, le *Journal officiel* annonce que la démission du ministère est acceptée et que M. Jules Ferry est chargé de former le cabinet. Les nouveaux ministres se présentent devant les Chambres le 22 février. La déclaration ministérielle est unanimement approuvée par le monde des affaires. Au point de vue politique, le cabinet promet de suivre une ligne de conduite ferme et énergique ; au point de vue financier, il insiste sur la nécessité de réaliser les plus grandes économies et de conclure promptement les conventions avec les compagnies de chemins de fer. Une interpellation adressée au ministère se termine par un ordre du jour de confiance de la Chambre.

Les princes d'Orléans mis en retrait d'emploi.

Les princes d'Orléans reçoivent l'avis officiel de leur mise en retrait d'emploi, dans l'armée. Les journaux commentent l'ordre du jour adressé aux troupes sous son commandement par le duc de Chartres et louent l'attitude digne et correcte des princes.

Le 5 % qui était à 115 fr. 10 le 31 janvier, clôturait le 28 février à 115 fr. 80, coupon détaché de 1 fr. 25. Le 3 % dépassait 81 fr. 05. Le découvert prenait peur et continuait ses rachats.

Ce fut sur ces dispositions que s'ouvrit le mois de mars. La liquidation des rentes et des valeurs se fit en hausse importante. Le 2 mars, à la petite bourse du soir, le 3 % montait de 0 fr. 60 ; à la bourse du jour, le 3 % amortissable s'élevait à 82 fr. 25, soit 0 fr. 75 plus haut que la veille. Des vendeurs, obligés de liquider leurs positions à la baisse, suspendaient leurs paiements.

A la Chambre, le ministre des finances déposait le 3 mars le budget de 1884, ce malheureux budget qui, à l'heure où nous sommes, n'est pas encore voté par le Sénat!

Les projets de revision constitutionnelle sont repoussés, à la suite d'un discours de M. Jules Ferry. La Bourse est en hausse, mais elle apprend « qu'un grand meeting public, en plein air, sur l'esplanade des Invalides », est convoqué par « des ouvriers sans travail » pour le 9 mars, à deux heures de l'après-midi. Cette invitation, sur papier rouge, était affichée sur les murs. Nouveau sujet d'émotion. Les journaux ne s'occupent plus que de cette manifestation. On dit que le gouvernement a pris toutes les mesures nécessaires pour maintenir l'ordre.

La Bourse perd quelque peu de sa fermeté. La hausse est enrayée et, dès le 10, la baisse commençait. A la suite de ce meeting, quelques désordres avaient eu lieu; des arrestations avaient été faites et on redoutait de nouvelles agitations à l'occasion de l'anniversaire du 18 mars. Le marché financier a, du reste, d'autres causes d'émotions. Le projet du budget ordinaire de 1884 produit une impression défavorable. On remarque que, pour l'équilibrer, le ministre retranche 70 millions

*Projets de revision constitutionnelle repoussés.*

*Meeting sur l'esplanade des Invalides.*

*Amortissement réduit de 70 millions.*

Rembourse-
ment des avan-
ces aux compa-
gnies de che-
mins de fer es-
compté pour 34
millions.
sur le remboursement des obligations à court terme
et qu'il escompte la rentrée problématique de 34 millions sur les avances consenties aux compagnies de
chemins de fer. On trouve imprudent de faire entrer
en recettes 34 millions que les conventions à intervenir
peuvent supprimer.

Bruits de con-
version du 5 %
et d'un nouvel
emprunt.
Pour la Bourse, ce budget est l'indication de pres-
sants besoins d'argent : elle croit à l'émission d'un
emprunt. Les bruits de conversion de la rente 5 %
commencent à circuler. Tout d'abord, ils paraissent
invraisemblables. Ce n'est pas quand la situation est
troublée qu'il est possible de faire une telle opération; ce n'est pas quand l'Etat est obligé d'emprunter,
qu'il est opportun de réduire le revenu des rentiers.
Le 17 mars les bruits de la conversion augmentent. On
dit que le projet de loi va être déposé et qu'il conclut à
la réduction du 5 % en 4 1/2. Le 5 % descend à 115 fr. 10
et à 114 fr. 50, au comptant, tandis que le 4 1/2 monte
à 111 fr. 25.

Le 19 mars, les Chambres se séparaient jusqu'au
19 avril. La journée du 18 s'était passée sans incidents.
Dans les bruits de conversion de la rente on ne voyait
que de fausses nouvelles, manœuvre des baissiers qui
voulaient prendre leur revanche de la hausse de ces
dernières semaines. Le jour du départ des députés,
répondant à une question au sujet d'un emprunt fait
à la Banque, le ministre des finances avait annoncé
qu'il avait négocié avec cet établissement 120 millions
d'obligations sexennaires. De la conversion, il n'avait
pas été dit un mot. La Bourse cependant continue à
s'en inquiéter. La rente 5 % baisse, entraînant les
deux 3 %, les actions du Crédit foncier et celles des
compagnies de chemins de fer ; le 23 mars, le 5 %
est à 114 fr. 10, quand le lendemain *le Figaro* publie
une lettre d'un ancien député, relatant une conversa-
tion qu'il aurait eue avec le ministre des finances et
annonçant qu'il était autorisé à déclarer que les projets
de conversion n'ont pas été agités dans les conseils

du gouvernement. D'autres journaux publient aussi des notes officieuses démentant tous les bruits de conversion. La Bourse et les rentiers ne demandent qu'à être rassurés; ils accueillent ces communications avec satisfaction.

Le 5 % reprend à 114 fr. 90 (24 mars); il cote 115 fr. 10 au début de la Bourse du 26. Nous ne devons plus revoir ces cours. Le 31 mars, le 5 % clôture à 114 fr. 55. La spéculation prend les devants : pour elle, la conversion est certaine, imminente; les rentiers, eux, ne veulent pas y croire. Ils attendent patiemment. L'avenir, un avenir prochain, leur ménageait de cruelles déceptions.

Il est intéressant, dès à présent, de noter à cette date, les cours des principales valeurs du marché. Ils ne s'éloignent pas sensiblement, malgré les incidents de ce premier trimestre, de ceux cotés au 31 décembre, ce sont presque les plus hauts cours de l'année ; la conversion et les événements ultérieurs allaient exercer une bien néfaste influence sur tous ces titres!

| NATURE DES VALEURS | | COURS du 30 DÉCEMBRE 1883 | COURS du 31 MARS 1883 |
|---|---|---|---|
| | | fr. c. | fr. c. |
| Rente 3 % | | 79 80 | 80 35 |
| Rente 3 % amortissable | | 80 70 | 81 95 |
| Rente 5 % | | 114 85 | 114 55 |
| Crédit foncier | | 1.340 00 | 1.367 50 |
| Comptoir d'escompte | | 990 00 | 970 00 |
| Banque de Paris | | 1.050 00 | 1.055 00 |
| Société générale | | 582 50 | 557 50 |
| Nord ... | actions | 1.900 00 | 1.885 00 |
| | obligations | 372 00 | 366 00 |
| Lyon ... | actions | 1.572 50 | 1.565 00 |
| | obligations | 373 00 | 362 65 |
| Orléans | actions | 1.282 50 | 1.277 50 |
| | obligations | 374 50 | 367 00 |
| Midi.... | actions | 1.170 00 | 1.137 50 |
| | obligations | 369 25 | 358 50 |
| Est..... | actions | 772 50 | 732 50 |
| | obligations | 360 25 | 361 75 |

Pendant ce même laps de temps, d'autres valeurs

avaient beaucoup monté : le Suez s'était élevé de 2,275 fr. 50 à 2,610 francs ; la délégation de 1,270 à 1,320 francs ; l'italien de 89 fr. 30 à 90 fr. 65 ; le florin 4 % or de 81 fr. 50 à 85 fr. 30 ; la rente égyptienne de 354 francs à 382 francs ; la rente russe 5 % de 90 fr. 50 à 92 fr. 50. Les obligations tunisiennes étaient passées de 454 francs à 477 fr. 50.

## II

**Nouveaux bruits de conversion. Affirmations et démentis.**

Le mois d'avril débute bien. Les rentiers continuent à croire que la conversion du 5 % est une chimère, une illusion. Au moment de la liquidation, le cours de compensation du 5 % est fixé à 114 fr. 25 ; le 3 % est à 80 francs ; le 3 % amortissable clôture à 81 fr. 05. Pour couper court aux bruits de conversion et peut-être aussi pour que des reporters importuns n'interprètent pas mal sa pensée, le ministre des finances part, dans la dernière quinzaine de mars, pour l'Algérie. C'est aussi, dit-on, pour se reposer et nullement, comme on le prétend, pour préparer le projet de loi de conversion.

On annonce, du reste, que le voyage du ministre sera fort court.

**Incident de Galliffet.**

On s'occupe alors de divers incidents relatifs à la nomination de M. le général de Galliffet en qualité de commandant en chef de la cavalerie, nomination qui a provoqué de vives discussions au sein du ministère. La Bourse, néanmoins, fait preuve de fermeté. Le 5 % s'élève jusqu'à 114 fr. 50 comptant et 114 fr. 72 à terme, le 5 avril. Mais dès le 7, la baisse a lieu. Les bruits d'emprunt et de conversion se multiplient.

Qui croire? A qui entendre? Nul ne le sait. M. Tirard est de retour de son voyage en Algérie. Le 5 % tombe à 113 fr. 40 et clôture à 113 fr. 60. Le 11 avril, des fluctuations considérables se produisent : 113 fr. 55 premier cours à terme — 114 fr. 15 au plus haut — 113 fr. 60 dernier cours. On parle de démentis donnés à tous les bruits de conversion et d'emprunt. Le 14 avril, l'Agence Havas déclare que tous les renseignements donnés par les journaux sont erronés. La baisse continue néanmoins : le 5 % tombe à 112 fr. 80 et se relève en clôture à 113 fr. 10. Deux jours après on ne cote plus que 112 fr. 60 au comptant ; le 3 % est à 79 francs ; l'amortissable, à 80 fr. 10.

Le 19 avril, le ministre des finances, dès l'ouverture des Chambres, déposait le projet de loi relatif à la conversion. Jusqu'au dernier moment, les rentiers, les porteurs sérieux, avaient mis en doute, étant donné l'inopportunité de la mesure, l'exécution de cette opération. Tout d'abord, la Bourse accueille très tranquillement cette nouvelle, désormais officielle. Les journaux la discutent avec ardeur. *Les Débats, la France* se prononcent énergiquement contre le projet de M. Tirard ; *la République française, le XIX<sup>e</sup> Siècle* l'approuvent (voir les journaux du 20 avril). Qu'on nous permette, auprès de ces grands organes de publicité, de citer modestement *le Rentier*. Nous avons combattu avec énergie la conversion. Autant nous avions recommandé cette opération à partir du jour où.elle était devenue réalisable, en 1877, en 1878, en 1879, en 1880, autant nous pensions qu'après la crise de 1882, au milieu de nos embarras politiques et financiers, il était dangereux pour le crédit public de faire cette conversion en un tel moment (1). Les faits n'ont donné que trop raison à nos appréciations que nous avions l'honneur et la satisfaction de voir appuyer par les organes les plus autorisés de la science économique (2).

Le 3 avril, le 5 % clôturait à 110 fr. 85; le 3 % à 79 fr. 65 ; l'amortissable à 81 fr. 15. Pendant le mois, le 5 % avait perdu près de 4 francs. Les rentiers vendaient leur 5 % ou l'échangeaient soit contre des rentes 3 %, anciennes ou amortissables, soit contre des obligations de chemins de fer qui faisaient preuve d'une grande fermeté et bénéficiaient de toute la défaveur qui atteignait

*[marginal note:]* Projet déposé.

*[marginal note:]* Conversion effectuée.

---

.(1) *Le Rentier*, mars à juin 1883.

(2) *Journal des économistes*. Chronique de M. de Molinari (mai 1883)

le 5 %. Le mois d'avril fut donc le mois de la conversion. Toute autre préoccupation fut écartée.

Cependant, la question de Suez commençait à agiter les esprits ; les journaux anglais étaient remplis de réclamations et de menaces contre la compagnie ; d'autre part des bruits d'alliance entre l'Allemagne, l'Autriche, l'Italie circulaient. Mais la conversion du 5 %, en raison des intérêts innombrables qu'elle atteignait, resta le fait principal du mois.

Les préoccupations de l'extérieur devaient prendre le dessus dans le mois de mai et, malheureusement, ne plus nous laisser ni trêve ni merci jusqu'à la fin de l'année : interpellation de M. le duc de Broglie au Sénat, sur l'isolement de la France et les alliances qui sont faites contre elle ; vote à la Chambre des députés du projet de loi sur le Tonkin ; bombardement de Tamatave ; meeting des armateurs anglais demandant une réduction des tarifs de la Compagnie de Suez et menaçant de construire à leurs frais un second canal.

A l'intérieur, la baisse s'accentue sur les rentes et sur presque toutes les valeurs ; les caisses d'épargne ont à rembourser de nombreux retraits de fonds.

On se préoccupe surtout de l'état de nos affaires au Tonkin, à Madagascar. La mort du brave commandant Rivière produit une vive émotion.

Presque chaque jour du mois de juin est livré à l'inquiétude, aux fâcheuses impressions. Les rentes, les sociétés de crédit, les chemins français, le Suez, s'affaissent. L'entente de l'État avec les grandes compagnies et le dépôt des conventions sur le bureau de la Chambre par le ministre des travaux publics ne modifie pas les tendances mauvaises du marché. Pour expliquer la baisse des titres du Crédit foncier, on parle des dissentiments entre cet établissement et le ministre des finances ; on se préoccupe des difficultés que des entrepreneurs éprouveraient pour faire escompter leur papier; on dit qu'il existe une grande crise immobilière et on ne se fait pas faute d'exagérer le mal. De Madagas-

---

*Marginal notes:*

Bruits d'alliance entre l'Allemagne, l'Autriche et l'Italie.

Questions diverses de politique étrangère.

Mort du commandant Rivière. Aggravation de la situation.

car, du Tonkin, les nouvelles s'aggravent : on est en présence de sérieuses difficultés. Par surcroît, le choléra
éclate en Eygpte ; il y fait chaque jour de nombreuses
victimes ; on redoute l'invasion du terrible fléau en
Europe. Ces craintes redoublent quand on sait que l'Angleterre évite de prendre les mesures de précaution qui,
dans l'Europe entière, sont adoptées.

Le choléra en Egypte.
Craintes en Europe.

Au point de vue budgétaire, on discute les déclarations du ministre des finances devant la commission du
budget. M. Tirard se déclare hostile aux émissions périodiques d'emprunts ; il dit que, par suite de l'état du marché, on souscrit peu aux bons du Trésor ; qu'il faudra
recourir à un emprunt public dont l'importance ne
dépassera pas 300 millions. En ce qui concerne les conventions avec les compagnies de chemins de fer, l'opinion du ministre est que leur rejet aurait pour le crédit
des conséquences désastreuses et causerait sur le marché des capitaux un véritable effondrement, tandis que
leur adoption ramènera la confiance en rassurant les
capitalistes et les rentiers.

Budget et em-
prunts. Néces-
sité des conven-
tions.

Ces déclarations sont sages ; malheureusement, la
confiance des rentiers est bien ébranlée ; ils supputent
déjà les pertes que la conversion des rentes leur a fait
subir. Le 30 juin, le 5 % est à 108 fr. 15 ; c'est 7 francs
de baisse depuis le jour où il a été question de la conversion.

Dans ce trimestre, le Crédit foncier a baissé de
1,367 fr. 50 à 1,315 francs; les chemins de fer, le Suez, la
Banque, ont également éprouvé une sensible réaction ;
le Lyon a perdu 150 francs ; l'Orléans 28 fr. 75; l'Ouest
18 fr. 75; le Suez 2,610 francs à 2,355 francs. Quant aux
valeurs étrangères, à l'exception des obligations égyptiennes qui reculaient de 382 francs à 350 francs, toutes
les autres étaient en hausse ou se maintenaient à leurs
plus hauts prix : c'était une des conséquences de la conversion de notre rente 5 % : les valeurs étrangères pro-
fitaient de la désertion qui se faisait sur nos propres
fonds. Le 4 % espagnol, sur des achats nombreux venus

d'Espagne et d'Angleterre, s'élevait sur notre marché
à 64 fr. 50.

## III

Des questions d'ordre intérieur agitent le mois de
juillet. On apprend la maladie du comte de Chambord
(1er juillet). A la Chambre, commence la discussion des
conventions de chemins de fer. Au Sénat, la loi sur la
réforme judiciaire est votée par 144 voix contre 125, malgré les vives et éloquentes protestations de M. Jules
Simon et celles des journaux libéraux. D'Angleterre,
les nouvelles sont plus satisfaisantes. M. Gladstone
signe une convention avec M. de Lesseps ; mais ce dernier la retire bientôt en présence des objections qu'elle

M. Léon Say
préconise l'al-
liance anglaise.

soulève dans le monde parlementaire anglais. Un article
de M. Léon Say, dans une revue étrangère, produit une
grande sensation. L'illustre économiste préconise l'alliance franco-anglaise ; il fait allusion aux difficultés
pendantes entre les deux pays au sujet du canal de Suez;
il insiste sur la nécessité qui s'impose, aux peuples
comme aux individus, d'avoir toujours « le respect des
contrats ». Paroles honnêtes, paroles fortes et profondes
qui ne sont, hélas, que trop souvent oubliées, mécon-
nues!

Nous sommes à l'époque des vacances et il semble
qu'après les agitations des huit premiers mois de l'année, août va enfin laisser à tous quelque répit. Il n'en
est rien. Le 1er de ce mois, le 5 % disparaît de la cote
où il est remplacé par le « 4 1/2 % 1883 »; le 2, la session ordinaire de la Chambre et du Sénat est close.

M. Foucher de
Careil ambas-
sadeur à Vienne.

M. Foucher de Careil est nommé à notre ambassade
de Vienne, restée longtemps vacante. Une légère reprise se manifeste sur les rentes; mais bientôt, les

Entrevue des
empereurs d'Al-
lemagne et d'Au-
triche à Ischl.

préoccupations politiques reparaissent. Les empereurs
d'Allemagne et d'Autriche ont une entrevue à Ischl
le 6 août ; en Espagne, un mouvement insurrectionnel,
promptement réprimé, éclate à Barcelone. Une baisse

très vive se produit sur les rentes espagnoles ; elle
s'accentuera maintenant d'autant plus que la spéculation à la hausse était fortement organisée sur ces
fonds. Le ministre de la marine donne sa démission,
il est remplacé par le vice-amiral Peyron. Les élections
aux conseils généraux se font dans le plus grand
calme. D'après les résultats des scrutins de ballottage
sur 1,443 élections, 1,012 candidats républicains ont
été nommés.

Élections aux conseils géné-raux.

Pendant que nos journaux et le public s'occupent
du résultat de ces votes, paraît tout à coup un article
provocant et injuste, d'une violence extrême, de la
*Gazette de l'Allemagne du Nord*. A ces attaques, aussi
imméritées qu'inattendues, la presse française répond
avec calme et dignité. Mais c'est là un nouveau souci
venant s'ajouter à tous ceux qui troublent le pays.

Attitude vio-lente de la *Ga-zette de l'Alle-magne du Nord* à l'égard de la France.

Du Tonkin, arrivent des nouvelles confuses : échec
dans le delta, blocus du port de Hué. La mort de M. le
comte de Chambord cause une vive émotion (24 août)
et, pendant que les journaux discutent le nom de son
héritier politique — Louis-Philippe II ou Philippe VII
— et recommandent chaleureusement à la générosité
parisienne la fête de bienfaisance pour les victimes
d'Ischia, la nouvelle qu'une convention aurait été signée à Hué le 25 août et que notre protectorat était
pleinement reconnu sur le Tonkin est accueillie avec
satisfaction. On croit apercevoir la fin de nos difficultés
en Extrême-Orient; d'autre part, on apprend que la
réunion extraordinaire du parlement allemand qui
avait encore augmenté le trouble des esprits, surtout
en présence de l'article menaçant de la *Gazette de l'Allemagne du Nord*, avait été fort calme. Dans cette réunion, il avait été seulement question de la ratification
du traité de commerce intervenu entre l'Espagne et
l'empire allemand.

Mort du comte de Chambord.

Pendant les premiers jours de septembre, toute l'attention publique se trouve portée du côté de Goritz où
se célèbrent les funérailles du comte de Chambord,

non sans soulever de nombreuses difficultés entre légitimistes et orléanistes. La mort du brave amiral Pierre,
provoque d'unanimes regrets. Nos affaires du Tonkin
préoccupent l'opinion. Envoi de nouvelles troupes, difficultés avec la Chine, dissensions dans le ministère,
tels sont les sujets de discussions quotidiennes dans

*Loi sur la ré-*
*forme judiciaire.*

les journaux et dans le public. La loi sur la réforme
judiciaire est promulguée; le *Journal officiel* du 24
contient la mise à la retraite et le remplacement d'environ 150 présidents de tribunaux. Le même jour, on

*Le roi d'Espa-*
*gne colonel des*
*uhlans.Incidents*
*à Paris.*

apprend que le roi d'Espagne qui, depuis le commencement du mois, visitait l'Europe, vient d'être nommé
par l'empereur Guillaume chef honoraire d'un régi-
ment de uhlans en garnison à Strasbourg. Nous passons sur les déplorables manifestations auxquelles
donna lieu la visite à Paris du roi Alphonse. On n'avait
vraiment nul besoin de ce surcroît de troubles et d'agitation! Le mois de septembre se clôt sur ce regrettable
incident que l'étranger ne se fait pas faute d'exploiter
contre notre pays!

## IV

*Difficultés di-*
*plomatiques*
*amenées par ces*
*incidents.*

Octobre s'ouvre sous les plus tristes impressions. La
baisse est générale. On ne parle que de complications
politiques, de notes diplomatiques de l'Allemagne et
de l'Espagne; cette dernière réclame une plus ample
satisfaction pour l'injure faite à son roi. Le *Journal*
*officiel* publie une note sur l'entrevue de M. le président Grévy avec le roi Alphonse; mais la question ne
paraît pas close. Les journaux ne parlent que des
affaires d'Espagne; appréciations politiques, appréciations financières, tout est poussé au noir. La rente
tombe à 107 fr. 40; le Crédit foncier à 1,220 francs; la
Banque de Paris descend en quelques jours de 1,000 fr.
à 915 francs. On dit que le gouvernement espagnol
exige encore des excuses plus complètes. Le général
Campenon est nommé ministre de la guerre. On se

met à parler de difficultés survenues avec la Suisse! Nous avons enfin quelques jours d'accalmie. La démission du ministère espagnol facilite la reprise des anciennes et bonnes relations entre la France et l'Espagne. Chez nous, le voyage à Rouen de MM. Jules Ferry, Raynal, Félix-Faure, Baïhaut, occupe l'attention.

*Voyages ministériels, discours de M. Jules Ferry à Rouen et au Havre.*

Le discours que prononce à Rouen et au Havre, le président du conseil, est très énergique ; il s'élève contre le radicalisme, ses exigences, et dit que le pays veut une politique ferme mais modérée (14 et 15 octobre). Pendant ce temps, le ministre des finances expose à la commission du budget ses projets financiers. La question de la limitation d'émission des billets de la Banque de France — grave question que nous avions soulevée à un moment où personne n'y songeait (1) — est discutée maintenant par la presse tout entière. Le 18 octobre, la circulation des billets s'élève à 3 milliards 16 millions. C'est le chiffre le plus élevé qui ait été jamais atteint.

*Situation budgétaire. Préoccupations.*

Après quelques jours de fermeté, la baisse reprend son empire. On se préoccupe de la situation budgétaire, des résolutions de la commission du budget qui veut réduire encore de 50 millions l'amortissement. L'interpellation à la Chambre (25 octobre) sur nos affaires au Tonkin ne calme pas les appréhensions du public. La Bourse se relève cependant quelque peu sur le bruit que M. Léon Say allait rentrer au ministère des finances; le monde des affaires prenait ses désirs pour une réalité! L'illusion est de courte durée; le mois d'octobre n'a dissipé aucune de nos inquiétudes. Toutes les valeurs sont en baisse et clôturent aux plus bas cours.

*Affaires de Chine et du Tonkin.*

Le mois de novembre est tout entier livré aux préoccupations que donnent les affaires de la Chine et du Tonkin. On attend, de jour en jour, des nouvelles de notre petite armée, commandée par l'amiral Courbet;

_____

(1) *Le Rentier,* 27 juillet 1883.

les mots Bac-Ninh, Son-Tay, Hanoï, reviennent sans cesse à l'esprit. Les relations avec l'ambassadeur de Chine sont très tendues; par contre, les paroles cordiales échangées entre le président de la République et le maréchal Serrano, le nouvel ambassadeur d'Espagne, semblent indiquer que, dans les relations des deux pays, il ne reste plus trace des incidents de septembre. Ces paroles atténuent l'impression causée par la visite du prince impérial d'Allemagne à Madrid. Ce voyage est-il un acte de courtoisie ? Est-ce le gage d'une nouvelle alliance politique? L'avenir nous le dira.

Durant tout le mois, la baisse n'a pas discontinué sur l'ensemble des valeurs, malgré le vote des conventions de chemins de fer par le Sénat et la promulgation de la loi au *Journal officiel* (21 novembre) ; malgré le nouveau succès remporté par le Crédit foncier dans son émission de 600,000 obligations, malgré les tendances plus économes qui se manifestent à la Chambre pendant que l'on commence à discuter le budget. On persiste à voir tout en noir.

*Loi ratifiant les conventions.*

Les mêmes préoccupations vont agiter le mois de décembre.

*Nouveaux crédits pour le Tonkin.*

Une grande agitation se fait autour de la question de Suez dont les valeurs ont baissé considérablement; la Chambre et le Sénat votent les crédits demandés pour le Tonkin; à ces préoccupations s'ajoutent celles que cause une manifestation projetée contre la Bourse et qui, grâce aux mesures prises, avorte complètement.

En Egypte, les nouvelles sont mauvaises; l'armée égyptienne éprouve un désastre dans le Soudan. On apprend qu'une révolution a éclaté à Hué; on dit que nos troupes sont menacées.

La Bourse perd tout courage. Pendant la journée du 17 décembre, une panique s'empare des esprits. C'est une débâcle. Le 3 % tombe à 74 francs, cours qu'il n'avait pas coté depuis 1878. Les autres valeurs, chemins de fer, sociétés de crédit, Suez, éprouvent un

violent mouvement de recul. Le lendemain, la Bourse
est un peu meilleure.

On annonce que l'amiral Courbet marche sur Son-
Tay. 20 millions de nouveaux crédits sont demandés
à la Chambre qui les vote à une grande majorité après
deux discours fort remarqués de M. Jules Ferry et de
Mgr Freppel. Au Sénat, le rapporteur sur les demandes
de crédit, l'amiral Jaurréguiberry, se prononce dans
des termes énergiques sur la nécessité d'en finir rapidement avec cette expédition : « Il faut, dit-il, rester au
Tonkin, par suite ne reculer devant aucun des efforts
et des sacrifices nécessaires pour y consolider notre
protectorat. » Le maréchal Canrobert approuve les
crédits demandés et, comme l'avait fait Mgr Freppel à
la Chambre, il explique son vote en quelques paroles
pleines de patriotisme.

Pendant ce temps, le prince impérial d'Allemagne
poursuit son voyage qui ne paraît pas être de pur agré-
ment : d'Espagne il se rend à Rome, non seulement auprès du roi Humbert, mais auprès du pape.

Une bonne nouvelle survient enfin : la prise de
Son-Tay par les troupes que commande l'amiral Courbet. L'impression produite est des meilleures, mais,
comme s'il devait toujours se mêler quelque fâcheuse
préoccupation aux rares joies de l'année, on est obligé
de regretter que le Sénat reçoive le budget des mains
de la Chambre trop tard pour exercer son légitime
contrôle. Une protestation énergique de M. Calmon, qui
invoque les droits et les devoirs de la Chambre haute,
est généralement approuvée.

*Prise de Son-Tay par l'amiral Courbet.*

*Le budget tardivement déposé au Sénat.*

## V

Nous venons de relever les faits principaux qui se
sont accomplis pendant cette triste année; il nous
reste à en déduire les conséquences.

L'année 1883 finit comme elle a commencé, dans
l'inquiétude. A l'intérieur, les partis politiques sont

*Conséquences à tirer des faits de l'année 1883.*

toujours aussi divisés et se préoccupent, avant tout, de savoir si un ministère sera renversé ou maintenu.

A l'extérieur, nous sommes engagés un peu partout : au Tonkin, à Madagascar, en Tunisie, au Congo. L'alliance européenne est un fait accompli et, assurément, elle ne vise qu'un pays : le nôtre. L'article de la *Gazette de l'Allemagne du Nord* ne doit pas être oublié : c'est un avertissement violent, immérité; nous devons nous tenir sur nos gardes. La France veut la paix et entend la maintenir; il faut éviter de donner à nos voisins le plus léger prétexte de querelle.

Des violences dans des articles de journaux qu'on ne lit pas en France, mais que l'étranger recueille avec un soin jaloux, des manifestations comme celles qui se sont produites sur le passage du roi d'Espagne, sont déplorables : ce n'est pas ainsi que nous nous concilierons des amis; ce n'est pas ainsi que nous apaiserons la haine de nos anciens ennemis.

**Antisémitisme dans plusieurs pays étrangers.** L'année 1883 a vu s'accentuer encore des persécutions indignes de notre époque et qui rappellent les plus tristes souvenirs. Au milieu de cette civilisation du XIXe siècle, dont l'Europe s'enorgueillit, nous avons vu, en Russie, en Autriche, en Hongrie, en Allemagne, les israélites en butte aux plus cruels traitements, aux plus sinistres menaces. La France, Dieu merci, réprouve de telles agitations; elles sont la honte des peuples qui se disent « civilisés », car elles font reculer l'humanité de plusieurs siècles en arrière.

**Mauvaise année au point de vue commercial.** Au point de vue commercial, l'année aura été mauvaise. Quand la politique n'est pas bonne, quand les valeurs baissent et que le capital est inquiet, quand des grèves ou des manifestations sur la voie publique se produisent, le commerce souffre et se plaint.

A aucune époque, ses doléances n'ont été aussi vives. Nos importations dépassent nos exportations dans des proportions considérables. On a proposé diverses mesures pour chercher la cause de ces maux et en atténuer les effets. Il ne suffit pas, à notre avis, d'organiser des chambres de commerce à l'étranger si on ne commence pas par réorganiser celles que nous avons en France, si on ne les autorise pas, comme nous ne cessons de le demander depuis plus de dix ans, à s'entendre, à se grouper, à correspondre, à se réunir tous les ans en congrès commercial. Ce n'est pas tout encore de réorganiser nos consulats à l'étranger et d'engager nos voyageurs de commerce à rendre visite à nos chargés d'affaires, si nous ne modifions pas d'abord notre régime militaire qui empêche un jeune homme de s'établir à l'étranger et d'y rester assez longtemps pour apprendre les affaires.

Le commerce se plaint de la concurrence que lui font principalement l'Allemagne et l'Italie. Cette concurrence a plusieurs causes : tout d'abord, nous produisons excessivement cher; nos frais et nos impôts sont lourds; les exigences des ouvriers, leurs demandes d'élévation du salaire croissent avec la cherté de la vie ; les frais des patrons, le prix de la main-d'œuvre, sont plus élevés en France que partout ailleurs. La concurrence est donc facile à l'étranger. Malheureusement aussi, quand l'ouvrier est mécontent, quand il se plaint, il croit être très habile, très soucieux de ses intérêts en se mettant en grève : les chômages ont été nombreux cette année à Paris, à Reims, à Roubaix, Lille, Tourcoing, Limoges, Lyon, Marseille, Denain, etc., etc.; l'étranger profite de tout le travail que nous n'exécutons pas; nos ouvriers, séduits par de fausses doctrines, entraînés par de dangereuses théories, regardent le patron comme un ennemi. L'étranger excite ces passions, ces fausses idées ; c'est lui seul qui en profite pendant que les ouvriers et les patrons français en souffrent.

Concurrence étrangère.

Le commerce se plaint encore de manquer de débouchés. Il trouve que, par la voie du Saint-Gothard notamment, une concurrence sérieuse lui est faite en Italie par les produits allemands. On réclame une nouvelle voie à travers les Alpes. La question n'a pas

Manque de débouchés.

fait un pas et, cependant, on a sous les yeux l'exemple de l'Autriche qui ouvre le tunnel de l'Arlberg, établissant ainsi une communication directe entre l'occident et l'orient de l'Europe. Nous attendons toujours la conclusion de nos principaux traités de commerce. Nous n'avons pas encore de traité définitif avec l'Autriche-Hongrie : nous n'avons rien fait avec l'Angleterre. On s'étonne de la froideur, sinon de l'hostilité de cette dernière puissance : est-ce que la vraie politique d'un peuple ne devrait pas être celle qui s'occupe avant tout de ses intérêts commerciaux, industriels et financiers? Quand deux pays ont des affaires, des intérêts communs, n'ont-ils pas de grandes raisons pour se trouver d'accord sur les choses de la politique?

**Finances publiques.** Au point de vue économique et financier, l'année 1883 aura touché à tout et inquiété de graves intérêts. Le budget, déposé le 3 mars, n'est pas encore voté par le Sénat.

La conversion de la rente a été une lourde faute, faute politique et économique, dont les conséquences se feront longtemps sentir. Elle a inquiété les rentiers, altéré leur confiance dans le crédit de l'Etat; elle n'a servi qu'à boucher un des nombreux trous du budget. Pour avoir voulu, dans un moment inopportun, économiser 34 millions au détriment des rentiers, l'Etat a vu les fonds publics baisser dans des proportions inouïes : comme de gros emprunts sont nécessaires, il perdra en empruntant bien plus qu'il n'a cru gagner. C'était une faute d'effectuer la conversion, car une telle opération ne doit se faire qu'en temps de calme politique, intérieur et extérieur, en temps de prospérité financière et commerciale ; comme le disait M. Léon Say, elle ne doit pas servir « d'expédient budgétaire » ; c'est une ressource précieuse qu'il faut réserver pour opérer des dégrèvements d'impôts.

**Caisses d'épargne.** Les réductions de revenu qui ont atteint les rentiers, la baisse des rentes qui en a été la première conséquence, ont troublé les nombreux déposants dans les caisses d'épargne; cette année, d'importants dépôts ont été retirés, alors que tous les ans les versements l'emportaient sur le montant des remboursements.

Pendant l'année 1883, s'est terminée la grave question des chemins de fer; les pouvoirs publics ont enfin reconnu la nécessité d'en finir. Cette solution est arrivée au moment où le marché était en plein désarroi. Pendant près de huit ans, actionnaires et obligataires ont été inquiétés. On a fini par où l'on aurait dû commencer. Les conventions sont adoptées définitivement; mais l'Etat a encore une autre mesure à prendre, c'est de se débarrasser au plus tôt de son réseau; l'expérience a duré trop longtemps et coûte trop cher au pays, aux contribuables (1). *Les conventions de chemins de fer.*

Les besoins du Trésor et les emprunts de l'Etat ont été une des causes principales de l'augmentation de la circulation des billets de la Banque de France. De 3 milliards 200 millions, la limitation d'émission des billets a été portée à 3 milliards 500 millions. On connaît les nombreuses discussions auxquelles a donné lieu cette situation de notre premier établissement de crédit. *Circulation de la Banque de France.*

On a touché à l'organisation financière de la Caisse des retraites pour la vieillesse : sur ce point encore les discussions ont été vives. *Caisse des retraites pour la vieillesse.*

Le mode d'évaluation des prévisions de recettes budgétaires a été encore fortement discuté. On oublie vraiment que ce qui crée le déficit, ce n'est pas la façon d'évaluer telle ou telle rentrée d'impôts, mais plutôt la manière dont on dépense l'argent que l'on reçoit. Qu'on s'arrête à tel ou tel système, le seul moyen d'avoir un bon budget et de bonnes finances sera toujours de dépenser peu, de prévoir des dépenses plus élevées et des recettes moins fortes, d'empêcher que l'équilibre budgétaire soit sans cesse dérangé par des demandes de crédits nouveaux. Chacun de nos députés *Recettes budgétaires. Mode d'évaluation.*

(1) Voir notre étude sur *Les conséquences financières des nouvelles conventions de chemins de fer*, 1883.

13

a toujours quelque demande à faire à l'Etat pour les besoins de son département. L'intention est louable, mais il est nécessaire, avant tout, de se restreindre et d'économiser.

1883 est une année de baisse générale des valeurs.

L'année 1883 aura été, pour la Bourse et les valeurs, une année de baisse générale et de panique. De tous côtés on a porté atteinte à ce « respect des contrats » dont parlait si éloquemment M. Léon Say dans la *Forningtly Review*.

Les actionnaires du Suez en savent quelque chose; ceux des compagnies de chemins de fer, du Gaz, des Omnibus, ont vu leurs privilèges attaqués, leurs droits mis en suspicion. Tout ce qui est sociétés, grandes compagnies, a été visé. Parce qu'il y a eu des sociétés vicieuses, malhonnêtes, partout on a voulu voir spéculations malsaines, entreprises coupables, jeux de bourse. Le parlement lui-même, malgré les observations si justes que les écrivains les plus autorisés ont faites, malgré le discours si vrai, si sensé, d'un de nos plus illustres économistes, M. Frédéric Passy, a mis les « administrateurs en interdit » suivant la pittoresque mais juste expression d'un jurisconsulte éminent, M. A. Vavasseur (1).

Pas d'affaires nouvelles.

Pendant cette année troublée, les affaires financières nouvelles ont été nulles. Trois grandes émissions ont obtenu un légitime succès; celles du Crédit foncier et celle de la Compagnie du Panama. Le public a déserté la Bourse, il en a pris peur ; mais il a continué, avec raison, à placer une partie de ses capitaux disponibles sur les obligations de chemins de fer en les demandant aux guichets mêmes des compagnies. Nous avons eu l'occasion d'indiquer le chiffre énorme de titres placés du 1er janvier au 30 septembre 1882 (2).

Conséquences de la baisse des rentes.

La baisse des rentes devait avoir encore deux conséquences : la première, c'est que le taux de capitalisation des valeurs tend à se modifier.

(1) *Revue des sociétés*, juillet 1883.
(2) *Le Rentier*, 27 novembre 1883.

Quand la rente 3 % rapportait 3 1/2, on paraissait vouloir obtenir 4 % pour les actions de chemins de fer, 5 % pour les sociétés de crédit.

Aujourd'hui, on veut avoir au moins 5 % d'intérêt pour ses placements; on trouve que le coût de. la vie est trop cher, que les besoins augmentent chaque jour et qu'on ne peut se contenter d'un intérêt trop modique.

La seconde conséquence de la baisse des rentes et de la défaveur dont elles ont été l'objet, a été la hausse et la fermeté des valeurs étrangères.

Rentiers et capitalistes, pris de peur, ont déserté nos valeurs nationales : ils n'ont vu que les maux dont nous souffrions, ils n'ont pas fait attention à ceux qui accablent les nations voisines ; on a redouté en France des agitations dans la rue ; on a redouté une guerre européenne. Mais quels sont donc les pays fortunés que ne trouble pas la crainte de ces tristes éventualités? *Fermeté des valeurs étrangères.*

Est-ce l'Angleterre, avec la question d'Irlande ? l'Autriche, avec les troubles de Croatie? l'Allemagne, avec l'agitation socialiste? la Russie, avec ses nihilistes? l'Espagne, avec ses menaces de pronunciamientos?

Quel est le pays qui ne se prépare pas à la guerre et ne continue pas à entretenir une paix armée qui engloutit chaque année des milliards? (1)

Et si nous avions malheureusement une conflagration européenne, quel est donc le grand pays en Europe qui n'en souffrirait pas et peut-être plus que nous-mêmes ?

A côté des causes générales de baisse, il convient aussi de tenir compte des conséquences funestes du krach de 1882. La liquidation des affaires engagées pendant cette période de fièvre, de folie de spéculation, n'est pas terminée. Pendant l'année qui s'achève, des procès sans nombre ont eu lieu ; des sociétés qui n'avaient de crédit que le nom, se sont effondrées ; une quantité de petites entreprises sans consistance se sont écroulées. Toutes *Conséquences du krach de 1882.*

(1) Voir notre étude sur *Ce que coûte la paix en Europe*, in-8°, 1883.

ces chutes, tous ces désastres ont encore augmenté les défiances de l'épargne qui, n'ayant pas su distinguer le bon grain de l'ivraie, ayant perdu des sommes énormes en achetant, en spéculant sur des titres qui ne reposaient sur rien, voyant aussi les premières valeurs du marché subir des dépressions sensibles, a pris la Bourse en aversion. De 1878 à 1882, il ne se passait pas de jour sans qu'une société se créât, puis augmentât bientôt son capital. Ce n'étaient qu'émissions, souscriptions publiques, mises en vente, syndicats, etc., etc. Pour avoir le plus grand nombre d'actions à offrir à un public enfiévré qui désertait alors les placements sérieux et ne recherchait que les valeurs à primes, à syndicats, à majorations, on créait des sociétés à gros capital avec des titres libérés seulement de 125 francs ou 250 francs.

Cette année, les créations de sociétés financières ont été nulles ; les mises en vente et les majorations ont disparu avec les syndicats. C'est à qui veut réduire son capital social ; échanger des actions non libérées contre un moins grand nombre de titres libérés. Le public, du reste, qui sait ce qu'il lui en coûte, ne veut plus entendre parler de titres non libérés, de titres nominatifs. Puissent les leçons de l'expérience de ces dernières années être profitables à tous !

**Crise immobilière.** Si les valeurs mobilières ont beaucoup souffert pendant l'année 1883, les valeurs immobilières n'ont pas échappé à la crise. Les petites propriétés trouvent facilement acquéreurs, mais les immeubles importants peuvent difficilement se vendre. A Paris, les gros loyers tendent à baisser; on a construit démesurément dans les quartiers nouveaux et les locations se font avec peine. Il faut espérer que cette crise qui a déjà atteint de nombreux entrepreneurs, se dénouera sans trop de dommages. Ce qui pourrait, du reste, en atténuer les effets, ce sont précisément les défiances que les rentiers ont pour les valeurs de Bourse. Un grand nombre ira probablement confier ses épargnes à la terre, aux immeubles. On ne recherchera plus les valeurs « à la mode », les titres qui peuvent monter; on préférera avoir un revenu modeste, solide, permettant de faire face aux dépenses nécessaires à la vie, aux besoins de chaque jour. Ce sera le commencement de la sagesse.

Telle est l'histoire de cette année 1883 qui, malgré l'abondance des capitaux, l'argent à bon marché (l'escompte a été de 3 % à la Banque), a causé à toute l'épargne, à tous les capitalistes, des déceptions profondes. Elle a fait tellement de mal qu'il semble difficile que, de ses excès mêmes, il ne sorte pas un peu de bien. *Conclusion.*

Cette *année d'inquiétudes* n'aura pas été stérile, si elle sert de leçon pour l'avenir. Nous avons besoin plus que jamais de l'expérience que nous avons acquise, à nos dépens hélas ! et de nous rappeler les conseils et les avertissements que nous prodiguait autrefois un homme trop tôt disparu et oublié, l'illustre M. Thiers. Nous avons besoin, comme il le recommandait sans cesse, « d'être sages » : sages en politique, sages en finances.

# 1884

---

## L'ANNEE DE LA CRISE

---

### I

L'année 1884 n'est pas de celles dont on peut retra- Aspect confus de 1884. cer l'histoire en suivant chronologiquement et pas à pas la marche des événements, ainsi que nous avions coutume de le faire pour les années précédentes. Elle n'offre nulle logique en sa marche et présente un aspect vraiment confus.

Il semble qu'elle ait accompli une sorte de travail de Contradiction des faits successifs. Pénélope, défaisant un jour ce qu'elle avait fait la veille pour le refaire de nouveau le lendemain et le défaire ensuite. Ce qu'elle promet à un moment, elle le refuse un peu après ; ce qu'elle paraît résoudre se dissout presque aussitôt ; on croirait volontiers qu'elle est conduite et réglée par la fantaisie d'un malin génie qui s'applique à déconcerter les combinaisons les mieux dressées et les prévisions les plus sages. Elle est toute tissue de faits contradictoires et d'espérances immédiatement suivies de mécomptes.

On croit avoir obtenu, conquis la paix : on la tient, on en est sûr. On jouit déjà pleinement de cette sécurité. Soudain elle se dissipe, on ne tenait rien ; cette paix n'était qu'un leurre, fausses étaient les paroles données, faux les engagements, illusoires les actes échangés. Soit, c'est donc la guerre et il faut s'y préparer. Et ce n'est pas la guerre, et l'on se bat et l'on se canonne. On ouvre des conférences qui doivent concilier tous les différends et qui les aggravent tous; on provoque des médiations et des arbitrages qui doivent satisfaire toutes les prétentions en sauvant tous les amours-propres : arbitres et médiateurs s'évanouissent après avoir, sans doute, attisé un peu plus les passions et les ressentiments. De tout ainsi, jusqu'à la fin.

## II

Début favorable à l'intérieur et à l'extérieur.

L'année avait cependant débuté dans les conditions les plus favorables et donnait les plus heureux présages. Le Parlement, il est vrai, n'avait pu voter intégralement que le budget ordinaire de 1884 ; le Sénat avait encore à discuter le budget extraordinaire, mais il ne pouvait survenir de ce côté aucune difficulté. Au Tonkin, après la prise glorieuse de Son-Tay par l'amiral Courbet, on attendait sans inquiétude l'occupation de Bac-Ninh qu'on savait habilement préparée. Le nouveau roi d'Annam venait de ratifier le traité de Hué.

Autour de nous, en Europe, toutes les irritations semblaient s'apaiser : l'Italie se prêtait à la suppression des capitulations en Tunisie et l'empereur Guillaume déclarait dans une allocution au conseil municipal de Berlin sa ferme confiance dans le maintien de la paix.

La crise ouvrière.

Il y avait, à vrai dire, une ombre au tableau : la crise ouvrière, qui était malheureusement inévitable ; mais à ce moment tant de voix s'élevaient pour promettre à ceux qui souffraient les remèdes les plus prompts et les secours les plus efficaces, que l'on croyait sincèrement à un soulagement prochain.

Le budget extraordinaire se votait ; le ministre des finances allait pouvoir emprunter ce qui lui était nécessaire ; cet emprunt allait rendre au marché l'animation qui lui manquait, le stimuler, lui inspirer courage et hardiesse. C'était la reprise des affaires à brève échéance. Et l'on s'y préparait.

Le Sénat, de son côté, prenant une importante résolution sur une question urgente, qui nous avait personnellement fort préoccupé, votait l'augmentation de la circulation des billets de la Banque de France. Cette augmentation était fixée à 300 millions, ainsi que nous l'avions demandé. Tout le monde paraissait disposé à favoriser le mouvement attendu.

Augmentation de la circulation de la Banque.

L'emprunt se fait. A la vérité, ce n'était qu'une opération très limitée, un emprunt de 350 millions, somme peu considérable par ces temps de milliards; il ne comportait certes pas le déploiement d'efforts, de publicité et de facilité qu'avaient exigé les grands emprunts nationaux. L'Etat devait se borner à obtenir à des conditions modérées les ressources dont il avait besoin et à en assurer la réalisation la plus prompte. Dans cette vue, le ministre donna un droit de préférence aux souscriptions immédiatement libérées.

Emprunt de 350 millions.

Il devait arriver nécessairement que les souscriptions non libérées, découragées à l'avance en quelque sorte, seraient rares, l'exclusion des souscriptions par listes contribuant à éloigner la clientèle des banques.

L'emprunt fut cependant souscrit trois fois et demie; les souscriptions libérées s'élevèrent seules à 22 millions de rentes représentant un capital versé de plus de 565 millions.

L'emprunt plusieurs fois souscrit.

La spéculation négligée, éloignée, déçue et bien à tort irritée, prétendit que l'emprunt n'était qu'insuffisamment souscrit, qu'il avait été mal accueilli et qu'il n'était point placé. On a pu vérifier depuis qu'il était non seulement placé mais classé.

Mauvaise humeur de la spéculation qui n'a pu y concourir.

Ce fut le premier nuage, le premier accès d'une mauvaise humeur, d'une sorte de prédisposition aux idées noires qui, par la suite, sembla s'étendre sur l'année entière et lui laissa, pour ainsi dire, son empreinte.

Le pessimisme a cela de bon qu'il inspire la prudence et la circonspection; mais il a cela de déplorable qu'il détruit toute initiative, arrête tout élan, stérilise toute bonne volonté. Cela est surtout vrai en affaires ; on le vit bien alors. L'année avait bien débuté et il n'y avait pas lieu de se plaindre. On commençait pourtant à n'envisager les choses que par leur mauvais côté.

On ne pouvait connaître encore le rendement des contributions pour les douzièmes non exigibles; et déjà on s'attristait des difficultés du recouvrement. On déplorait hautement les embarras budgétaires; mais on ne tenait nul compte des améliorations dès lors réalisées; on oubliait que la situation financière de l'Etat avait été de beaucoup allégée par la conclusion des conventions avec les grandes compagnies.

Cependant certaines opérations importantes s'annonçaient et, comme tout le monde désirait des affaires, on revenait à de meilleures impressions. Mais, tout à coup et avec une inopportunité vraiment étonnante, surgissait quelque malencontreuse complication parlementaire, telle, par exemple, que le rapport de M. Ballue

Rapport Ballue, 300 millions d'impôts à créer. L'impôt sur la rente.

où se développait la perspective de 287,900,000 francs, d'impôts nouveaux à créer, parmi lesquels figurait naturellement l'impôt sur la rente. Les velléités de reprise furent aussitôt calmées. La prise de Bac-Ninh, d'ailleurs escomptée depuis longtemps, ne produisit nul effet. Toutefois, deux faits financiers saillants relevèrent un peu les esprits : l'approbation par les actionnaires du canal de Suez des arrangements faits avec les armateurs anglais et le complet achèvement de la conversion hongroise par les soins de la maison Rothschild. En même temps, les Chambres approuvaient la convention financière avec le bey de Tunis, qui assujettissait les finances de la Régence au contrôle du parlement.

Budget de 1885. M. Rouvier, président de la commission du budget.

Le premier trimestre de l'année était écoulé depuis un mois déjà, le projet de budget pour 1885 avait été déposé; la commission avait été nommée, avec M. Rouvier pour président. On pouvait espérer une bonne discussion budgétaire faite en temps utile. En Europe

Dispositions pacifiques à l'étranger.

les dispositions pacifiques persistaient; les journaux russes, allemands, autrichiens, les manifestaient hautement. En Egypte il est vrai, l'Angleterre voyait la situation de son armée s'aggraver, mais M. Gladstone triomphait cependant de l'opposition que sa politique soulevait dans le parlement. De nouveau, tout semblait se prêter à un mouvement de reprise commerciale, industrielle, financière ; enfin, comme pour imprimer l'élan décisif, éclatait la nouvelle de la conclusion du traité de Tien-Tsin : les hostilités étaient suspendues, le Tonkin allait nous appartenir sans conteste. Ce fut un cri de satisfaction universel.

*Le traité de Tien-Tsin.*

## III

Dans de telles circonstances, le marché financier ne peut être qu'excellent et il l'est en effet. Cependant, les grandes opérations annoncées ne s'exécutent pas ; à peine voit-on se produire quelque émission, celle des obligations de Rio-Tinto est de cette époque.

*Calme des affaires.*

Tout est calme au dedans; les élections municipales se sont accomplies sans désordre. Au dehors, l'esprit de conciliation prévaut. L'Angleterre invite les puissances intéressées à une conférence où doit être examinée la situation financière de l'Egypte; tous les gouvernements accueillent avec faveur cette proposition. Le marché financier s'affermit, se consolide et ne ressent aucune émotion de la crise financière de New-York dont le contre-coup se répercute à Londres, à Francfort, à Berlin. Sur notre Bourse toutes les valeurs ont monté, même les actions des sociétés de crédit délaissées depuis si longtemps; on constate de toutes parts l'abondance des capitaux disponibles. Et malgré tant de symptômes engageants, tant de signes rassurants, la pénurie des affaires continue. Les grands établissements financiers, les banques, qu'on dit si pressées de placer le papier dont elles sont chargées et de réaliser les combinaisons qu'elles tiennent prêtes, ne font rien, ne tentent rien. Une timidité invincible, des hésitations qui paraissent inexplicables, perpétuent l'abstention.

La vérité est que personne n'ose prendre l'initiative d'une grande opération, craignant qu'un échec ne compromette toutes les autres affaires. On voit bien se produire la conversion de la dette tunisienne, un emprunt portugais, une émission du Crédit foncier canadien; ces exemples isolés ne suffisent pas pour décider l'apparition des grandes affaires et la mise en marche simultanée des capitaux.

*Conversion tunisienne.*

Deux nouvelles violentes et brutales viennent d'ailleurs jeter le trouble dans les esprits déjà si timorés et si craintifs : le choléra a éclaté à Toulon ; la Chine a violé le traité de Tien-Tsin et repris traîtreusement les hostilités.

*Le choléra à Toulon.*

*La Chine reprend les hostilités au Tonkin.*

L'ébranlement du marché fut profond et fut ressenti par toutes les valeurs. Cependant l'effet n'en fut pas aussi prolongé qu'on le craignait. On peut dire qu'en dépit des événements, les choses ne tournèrent jamais si mal que les pessimistes le prédisaient.

L'épidémie a sur les transactions à l'intérieur et avec l'étranger de graves conséquences; de rigoureuses quarantaines s'établissent à nos frontières d'Espagne et d'Italie, nouvelle épreuve pour notre industrie et notre commerce. Les recettes des chemins de fer diminuent. Les idées noires grossissent; on redoute la guerre, on redoute la revision constitutionnelle qui se prépare. Et cependant, dès la fin de juillet, le marché se raffermit; les rentes, les fonds étrangers et les grandes valeurs se relèvent. Il faut, on doit le reconnaître, qu'un marché financier soit réellement bien solide et appuyé sur des bases bien fortes pour ne point céder à tant de chocs répétés, ou ne point s'abandonner à un complet découragement.

*Affaires d'Égypte. Conférence de Londres.*

*Opérations victorieuses en Extrême-Orient.*

La conférence de Londres échoue; les créanciers de l'Egypte retombent dans l'incertitude : le Congrès de Versailles ouvre ses séances à grand bruit et les termine dans le silence et l'indifférence. A ce moment toutes les préoccupations sont tournées vers l'Extrême-Orient. Aura-t-on la guerre avec la Chine? Et la Bourse s'émeut dès qu'elle apprend que des mesures de rigueur vont être prises. Mais elle salue par de la hausse le beau fait d'armes de Fou-Tchéou, pour baisser de nouveau si quelque journal insinue que cet acte de vigueur rend la guerre inévitable. Il faut, pour apaiser les appréhensions, affirmer que le bombardement de Fou-Tchéou, plus tard la prise de Kelong et les opérations devant Tamsui, sont, non point des faits de guerre, mais des actes de représailles et que le gouvernement se borne à poursuivre ce qu'on a appelé la « politique des gages ».

## IV

Pendant que se déroulaient tant d'événements si opposés, que devenait la situation économique du pays, qu'avait-on fait pour relever le commerce si éprouvé, pour remédier aux souffrances de l'agriculture, pour soulager la misère de l'ouvrier? On avait exprimé les intentions les meilleures, fait des interpellations plus ou moins inopportunes; on n'avait rien proposé de pratique. Au mois de février, la Chambre avait bien, il est vrai, nommé, malgré l'opposition des ministres et des hommes les plus compétents, une grande commission de 44 membres, chargée d'ouvrir une enquête sur les causes de la crise économique. Il était facile dès lors de deviner tout le bien que cette commission serait impuissante à faire; ce qui était plus difficile à prévoir, c'est le mal qu'elle pouvait causer et le danger nouveau qu'elle ferait courir à notre commerce.

Enquête économique. La commission des 44.

C'est seulement à la fin de l'année qu'on a pu apprendre de la bouche de M. Rouvier, qui s'était opposé à la création de cette commission, combien ses travaux avaient été nuisibles.

Un discours de M. Rouvier, ministre du commerce.

Le discours que le ministre du commerce a prononcé devant la Chambre syndicale des industries diverses, renferme certaines vérités qu'il y avait quelque courage à exprimer devant un auditoire exclusivement composé de négociants représentant tout le haut commerce parisien.

M. Rouvier n'a pas hésité à reprocher aux commerçants l'imprudence avec laquelle ils avaient fait, devant la commission d'enquête économique, des dépositions destinées à la publicité et qui, pour la plupart, témoignaient d'une propension très marquée à exagérer la gravité et l'intensité de la crise.

Ce travers n'est pas seulement celui de nos commerçants ; c'est un peu un défaut français, peut-être même est-il de tous les pays. S'il fallait prendre au pied de la lettre la plupart des déclarations faites devant la commission dite des 44, ce serait à désespérer à tout jamais de notre industrie et de notre commerce. Or, si dure que soit l'épreuve qu'ils traversent, l'un et l'autre sont très vivaces; leur résistance même l'atteste.

Nous aimons à nous faire plus malheureux que nous ne sommes, surtout si nous sommes sûrs d'être écoutés, sûrs de voir nos récriminations imprimées et tirées à un grand nombre d'exemplaires. Il semble que nous recherchions ainsi la consolation d'être plaints par tous ceux qui nous entendent.

Nous ne réfléchissons pas que, parmi ceux-ci, les plus attentifs ne sont pas toujours les plus sympathiques. Ainsi que l'a fort bien dit M. Rouvier, nos adversaires commerciaux, nos rivaux, recueillent avec soin les déclarations désolées de nos déposants et s'en servent auprès de leurs clients et des nôtres pour leur démontrer notre infériorité et notre impuissance. Nous travaillons ainsi nous-mêmes à détruire notre réputation d'habileté, de goût, d'imagination et de facilité productive.

Ce pessimisme est, on le voit, fort dangereux par les conséquences qu'il peut avoir et qu'il a certainement au dehors. Il l'est encore par l'effet qu'il exerce sur nous-mêmes; il semble que nous nous y complaisions et, à force d'ajouter à nos maux réels des maux imaginaires, nous allons finir par être véritablement

aussi malheureux que nous prétendons l'être. On
risque ainsi d'énerver tous les ressorts de la vie industrielle et d'anéantir le principe de toute activité.

Ce pessimisme commercial, dont M. Rouvier a
montré si nettement tous les dangers, n'est ni moins
accentué ni moins menaçant en ce qui touche les
affaires de finance, les fonds publics et le crédit même
de l'Etat. Nous nous sommes maintes fois élevé contre
cette déplorable opiniâtreté du public et de la presse
elle-même à « broyer du noir ».

Pessimisme
financier.

Quiconque n'aurait, pour juger la situation de notre
pays et de nos finances, que les paroles qu'il entendrait
journellement parmi nous, les craintes qu'on y exprime, les prévisions qu'on y forme, les prophéties
lugubres qu'on y répand, croirait évidemment que la
France est ruinée, son crédit détruit, et qu'elle est à
la veille de la banqueroute.

On voudrait persuader au monde entier que le
Trésor public peut être réduit, du jour au lendemain, à
suspendre ses paiements que, vraiment, on ne ferait
pas mieux. Si, par impossible, l'Europe en venait à
croire ce qui se débite ou s'écrit couramment sur les
finances françaises, c'en serait fait du crédit de la
nation.

Il n'est exagération à laquelle on ne s'arrête avec
complaisance.

Evidemment nos budgets ne sont, depuis trois ans,
équilibrés qu'avec difficulté; mais ces déficits dont on
se plaît à grossir l'importance, n'ont pour cause aucun
vice irrémédiable des institutions ou des hommes
chargés de gérer les deniers de l'Etat. Ils proviennent
surtout des mécomptes résultant des moins-values qui
se sont produites sur des recettes dont on avait témé-
rairement escompté l'augmentation continue.

L'impôt produit moins parce que le commerce, les
affaires, le mouvement de la propriété foncière et mobilière sont moins actifs; mais il rentre ponctuellement.
Bien qu'un peu plus de lenteur et de peine se soient

manifestées dans les recouvrements, le montant des frais de poursuites reste encore à un taux infime.

On oublie aussi l'effet produit par des dégrèvements prématurés ou qui, pratiqués sur des taxes mieux choisies, eussent été moins sensibles.

Que ne dit-on pas encore? On étonne les imaginations en alléguant l'énormité des seize milliards d'engagements de l'Etat; 16 milliards, quelle dette, surtout s'il faut l'acquitter promptement! Or, ce qu'on oublie de dire, c'est qu'il s'agit de 16 milliards dont le paiement est réparti sur toutes les années comprises entre 1884 et 1976. Et l'on avouera qu'il y a bien quelque différence entre une dette de 100 francs remboursable au bout d'un an et une dette égale de 100 francs remboursable en 76 ans, par soixante-seizièmes, avec les intérêts.

Il n'en est pas autrement de ces seize milliards gigantesques dont on parle comme d'une dette immédiatement exigible.

Les critiques même injustes, même exagérées qu'on élève contre le budget de l'Etat, n'attestent-elles pas, en somme, que chacun y peut lire clairement, librement, le discuter, l'apprécier, lui découvrir même des vices qu'il n'a pas? Jetons les yeux autour de nous en Europe et voyons de quel budget étranger on en peut dire autant. Serait-ce le budget du royaume de Prusse? Serait-ce celui de l'Autriche, sur lequel se greffe celui de la Hongrie? Est-il, nous ne disons pas en France ni en Europe, mais en Russie même, un publiciste qui soit en mesure de préciser la situation des finances de l'empire russe d'après les budgets officiels? Nous ne parlons pas de l'Angleterre dont le budget, profondément différent du nôtre par sa forme, sa confection et son ordonnance, ne permet aucune comparaison. Nous venons de citer les quatre plus grands Etats de l'Europe ; nous ne parlerons pas des autres, nous ne voulons affliger personne.

Est-on mieux fondé à se plaindre de l'épuisement prétendu de notre marché financier, de son abaissement? Ne dit-on pas qu'il est en pleine décadence, qu'il a perdu toute influence? Et l'on ne manque point de le comparer aux autres marchés étrangers, qui jouissent, assure-t-on, d'une activité et d'une vitalité bien plus grandes. On cite Vienne, Berlin, Francfort!

Or, que vient-on de voir, tout récemment, en Autriche? Ces événements sont d'hier. Un établissement financier a suspendu ses paiements, le directeur infidèle d'une société d'escompte s'est enfui et suicidé ; ce fait a suffi pour jeter la panique et le désarroi sur les marchés autrichiens et allemands : toutes les valeurs ont été atteintes, les fonds d'Etat eux-mêmes ont été entraînés. Telles sont la solidité et la vitalité des marchés que l'on voudrait donner au nôtre pour modèles.

Mais pourquoi ces marchés si vantés ont-ils fléchi? Pourquoi des sinistres qui n'eussent produit chez nous qu'un effet passager ont-ils causé, là-bas, tant d'émotion et de trouble? C'est que ces marchés ont bien un nombreux personnel de spéculateurs pour en alimenter l'activité superficielle, mais qu'ils n'ont point ce fond solide, cette base inébranlable sur laquelle est assis le grand marché français, l'épargne! c'est-à-dire le capital sérieux, effectif, tangible qui assure la réalité des opérations vitales qui constituent la véritable subsistance d'une grande place financière et pour lesquelles la spéculation ne doit être qu'un stimulant utile.

L'épargne, tel est l'élément principal de la puissance de notre marché, puissance qui ne s'est ni éteinte, ni amoindrie, mais qui, en ce temps d'atonie générale, ne trouve point à s'exercer. C'est grâce à l'épargne que ce marché a pu conjurer un effondrement après les sinistres multipliés de l'année 1882; c'est grâce à elle qu'il a pu, non seulement se relever mais ramener à de hauts cours les rentes, les obligations des grandes

14

compagnies, c'est-à-dire les véritables valeurs de placement.

Un marché n'est ni épuisé ni affaibli quand on voit sa clientèle de capitalistes de tout ordre absorber, en moins d'un an, pour plus d'un milliard de valeurs. Et nous ne parlons pas d'une année prospère, mais bien de cette année qui s'achève et au cours de laquelle l'épargne a, dans ses divers placements, souscrit un emprunt d'État de 350 millions qui se négocie maintenant 5 francs plus cher que son prix d'émission, acheté près de 500 millions d'obligations de chemins de fer et fourni au Crédit foncier de France plus de capitaux qu'il n'en demandait.

*Situation commerciale et financière à apprécier plus justement.*

Revenons donc à une plus juste appréciation de la situation de notre pays; à force de ne considérer que les embarras passagers de nos finances, de notre commerce et de notre industrie, prenons garde d'en arriver à désespérer des unes et des autres.

Nous devons d'ailleurs reconnaître que, dans le gouvernement et parmi les commerçants eux-mêmes, des idées plus saines et plus pratiques commencent à se faire jour.

## V

*Orientation économique meilleure avec M. Rouvier au ministère.*

L'entrée de M. Rouvier au ministère (14 octobre) ne marque-t-elle pas, au surplus, l'époque précise où la nécessité d'accentuer la politique économique du cabinet s'est imposée? Partisan déclaré de la liberté du commerce, le nouveau ministre représente un courant d'idées tout différent de celui qui tendait à prévaloir depuis quelque temps. Aussi une réaction sérieuse contre ces prétentions surannées et ces théories d'une autre époque s'est-elle enfin dessinée dans les derniers mois de l'année.

*C'est la solution pratique des questions qu'il faut chercher.*

Ce qu'il faut rechercher avant tout, c'est la solution pratique et prompte des questions que soulève l'état actuel de l'agriculture, du commerce, de l'industrie et de la classe ouvrière qui reçoit, en définitive, le contre-coup de toutes les crises.

## VI

Conclusion.

Croit-on qu'au lieu de finir l'année dans des discussions oiseuses et des futilités parlementaires, on n'eût pas mieux agi dans l'intérêt général en discutant le budget à fond, au moins une fois? Est-ce que jadis ce n'était pas la loi de finances qui fournissait l'occasion d'aborder les problèmes économiques du moment? Y a-t-il eu vraiment depuis trois mois un seul événement politique ou extérieur qui valût autant d'attention qu'en mérite la situation financière et commerciale du pays? On a vu, dans le cours de cette année, les négociants les plus éminents et les chambres syndicales se grouper et s'entendre afin de provoquer l'organisation d'une représentation centrale des corps commerciaux et de réaliser ce projet de congrès commercial dont nous avons souvent entretenu nos lecteurs. On a vu plus récemment avec quel empressement le haut commerce parisien promettait sa participation à la grande manifestation pacifique qui se prépare pour 1889. Il faut entretenir et stimuler ces dispositions ; arracher les classes productrices à ce pessimisme qui les pénètre et les énerve; il faut les rendre à l'activité heureuse et féconde. La France a surmonté de grandes épreuves grâce à son amour du travail ; c'est au travail qu'il faut se vouer, c'est au travail sérieux et fructueux que doit être consacrée l'année 1885.

Il serait cependant injuste de nous séparer de l'année 1884 sans reconnaître que, malgré l'incohérence de sa marche et le peu de logique de ses événements, elle a eu le mérite de ne rien compromettre, de ne rien détruire des éléments de prospérité et de richesse qu'elle avait trouvés encore réunis après deux années incontestablement mauvaises. Elle laisse, en définitive, un marché mieux assis et mieux préparé pour une campagne d'affaires, des cours plus hauts sur presque toutes les valeurs et une masse de capitaux toujours considérable. C'en est assez pour que l'année qui vient de s'ouvrir puisse accomplir de grandes et utiles choses, clore la période des crises et ranimer les sources de la production nationale.

# 1885

---

## L'ANNÉE DE LA LIQUIDATION

---

Nous consacrerons cette revue de fin d'année à comparer les cours des principales valeurs du marché, à la date du 24 décembre, de 1878 à 1885. On pourra ainsi se rendre compte de la plus-value ou de la moins-value de son portefeuille pendant l'année qui s'achève. L'examen de ces chiffres appelle plusieurs observations.

### I

On remarque tout d'abord la hausse continue des valeurs à revenu fixe, telles que les rentes sur l'Etat, les obligations de chemins de fer, les obligations de la ville de Paris et du Crédit foncier.

Valeurs à revenu fixe. Hausse continue.

L'épargne, devenue prudente, s'attache de plus en plus à ces placements. Ni les événements quotidiens de la politique intérieure et extérieure, ni les appréciations pessimistes répandues sur l'état de nos finances, n'ont pu amoindrir la confiance des capitalistes dans nos rentes et dans les titres ayant une garantie d'Etat.

### II

A l'exception du Nord, les actions des cinq autres compagnies sont en hausse sur leurs prix de l'an dernier; elles clôturent à des cours légèrement supérieurs à ceux cotés fin 1883, c'est-à-dire au lendemain du vote des conventions. Toutes ces compagnies ont mainte-

Chemins de fer français. Hausse légère.

nant un dividende minimum assuré et garanti : leurs titres sont assimilés en quelque sorte à des obligations dont le revenu est fixe quant au minimum à recevoir, mais est, au contraire, variable en ce qui concerne le maximum. On ne peut recevoir moins ; on ne peut que recevoir plus.

### III

Les valeurs à revenu variable, actions des sociétés de crédit françaises et étrangères, actions des chemins de fer étrangers, sont en baisse nouvelle sur 1884. Ces sociétés subissent toujours les effets prolongés de la crise commerciale, industrielle et financière qui a éclaté en 1882.

On remarquera surtout la baisse importante éprouvée par ces titres depuis le 24 décembre 1881.

Cette baisse est énorme de fin 1881 à fin 1882, très forte de 1882 à 1883 ; de 1883 à 1884, la baisse, quoique continue, n'a déjà plus d'aussi grandes proportions; de 1884 à 1885, la réaction est de peu d'importance comparée à celle des années précédentes. Il semble que la dépréciation des prix soit enfin enrayée et que la part du feu soit faite. Du reste, depuis quelques mois déjà les capitalistes et les spéculateurs commencent à discuter les cours auxquels ces valeurs sont tombées : on ne vend plus à tout prix ; on examine plus attentivement la situation de chacune des compagnies et on se demande si la baisse n'a pas été trop vive ; on préfère conserver et attendre des jours meilleurs ; les cours dépréciés auxquels certaines actions de sociétés de crédit sont tombées sont examinés de plus près. Dans ce groupe, une seule valeur, le Crédit foncier de France, a maintenu fermement ses cours de fin 1882; pendant que les dividendes des autres sociétés ont diminué, d'année en année, celui du Crédit foncier s'est progressivement élevé à 60 francs.

## IV

Les actions des chemins de fer étrangers sont en baisse sur les cours de 1881, 1882, 1883, 1884. C'est la conséquence de la crise des transports qui a sévi en France et à l'étranger.

Chemins de fer étrangers. Baisse constante.

Par contre, les obligations de ces mêmes chemins ont continuellement progressé. Les obligations des chemins espagnols sont en baisse sur leurs cours de l'an dernier par suite des craintes que suscite, depuis la mort du roi Alphonse, l'avenir politique de l'Espagne ; elles ont perdu, en quelques jours, l'avance acquise depuis 1880, mais elles sont encore à des prix plus élevés qu'en 1879. Les obligations portugaises ont également fléchi sous l'influence de faits que nous avons souvent signalés.

## V

Nous avons avec intention, nous l'avons dit, choisi comme point de départ de nos comparaisons les cours cotés à la fin de l'année 1878. A cette date en effet, qui coïncide avec la clôture de l'exposition universelle, nous sommes dans une situation financière des plus satisfaisantes. Nos budgets présentent des excédents importants; on inaugure la période des grands travaux publics (le plan Freycinet) et il est question de dégrèvements d'impôts; c'est enfin la première année du gouvernement de M. le président Grévy, dont les pouvoirs vont être renouvelés, le 28 décembre, par le congrès de 1885.

Point de départ choisi pour la comparaison des cours. Motifs de ce choix.

Nous n'avons pas à refaire l'histoire de ces sept dernières années dans tous ses détails ; nous nous bornerons à quelques constatations de faits et de chiffres qui ont, croyons-nous, leur intérêt.

De 1878 à fin 1881 et au commencement de 1882, la

hausse est énorme. La spéculation se donne libre carrière. Toutes les valeurs montent dans des proportions considérables. Arrive le krach : une foule de valeurs s'écroulent comme un château de cartes; les ruines s'accumulent. Une dépression violente se produit sur toutes les valeurs à revenu variable. L'épargne, inquiète, troublée, se rejette sur les titres à revenu fixe. Aussi, toutes nos valeurs d'Etat, obligations de chemins de fer garanties par l'Etat, actions de chemins de fer elles-mêmes, un instant atteintes par la baisse et la crise, reprennent, après quelques mois d'hésitation, leur marche ascensionnelle (1).

**Toutes valeurs cotées plus haut qu'en 1878. Amélioration considérable.** Aujourd'hui, malgré les événements de toute nature survenus, toutes ces valeurs sont plus haut cotées qu'elles ne l'étaient en 1878.

Or, elles forment la plus grande partie de la fortune mobilière de la France, la plus forte partie de l'épargne. Les rentes françaises, les actions et obligations de chemins de fer, de la ville de Paris et du Crédit foncier représentent, à elles seules, un capital de plus de 40 milliards.

L'amélioration obtenue est donc considérable.

On en jugera par les chiffres suivants qu'il est utile de rapprocher :

(TABLEAU)

(1) Voir notre étude sur *Les finances françaises de 1870 à 1885*, in-8°.

| NATURE DES VALEURS | COURS du 24 DÉCEMBRE 1878 | COURS du 24 DÉCEMBRE 1885 | DIFFÉ-RENCES a 1885 |
|---|---|---|---|
| | fr. c. | fr. c. | fr. c. |
| RENTES : | | | |
| 3 %................................ | 76 40 | 80 00 | + 3 60 |
| 3 % amortissable................ | 79 95 | 82 50 | + 2 55 |
| 5 % (réduit à 4 1/2 %)........... | 112 90 | 109 05 | — 3 85 |
| OBLIGATIONS : | | | |
| Est    anciennes.................. | 355 75 | 376 50 | + 20 75 |
| Fusion    — | 365 00 | 388 00 | + 23 00 |
| Midi    —    ................. | 364 50 | 388 00 | + 23 50 |
| Nord    —    ................. | 372 50 | 395 75 | + 23 25 |
| Orléans    — | 369 00 | 387 00 | + 18 00 |
| Ouest    — | 364 50 | 887 50 | + 23 00 |
| ACTIONS : | | | |
| Est.............................. | 672 50 | 782 50 | + 110 00 |
| Lyon............................. | 1.080 00 | 1.236 25 | + 156 25 |
| Midi............................. | 855 00 | 1.183 75 | + 328 75 |
| Nord............................. | 1.392 50 | 1.520 00 | + 127 50 |
| Orléans.......................... | 1.163 75 | 1.337 50 | + 173 75 |
| Ouest............................ | 752 50 | 862 50 | + 110 00 |

La rente 5 % seule est en baisse ; c'est la conséquence de la conversion du 5 % en 4 1/2 : sans cette
opération, qui a violemment troublé les capitalistes et
les rentiers et n'a pas peu contribué à augmenter la
crise commerciale dont souffre le pays, cette rente
aurait, comme les deux 3 %, acquis une plus-value
sur les cours cotés en 1878.

## VI

Ces divers chiffres contiennent un enseignement dont
les capitalistes, les rentiers, les hommes d'épargne
doivent profiter. C'est qu'il n'y a pas de meilleurs
placements, au point de vue de la sécurité du revenu,
de la conservation et de l'augmentation du capital,
que les rentes et les valeurs émises par l'Etat ou
garanties par lui. Crises politiques intérieures et extérieures ; crises économiques, commerciales, industrielles, financières, que n'avons-nous pas vu depuis
1878? Aussi graves qu'aient été les événements, les capi-

Placements à
préférer.

talistes restés fidèles à leurs inscriptions de rentes sur
l'Etat, les actionnaires et les obligataires qui ont patiemment conservé leurs titres, ont agi plus sagement
et fait une meilleure opération que ceux qui, prenant
peur de tout, ont vendu leurs valeurs et conservé leurs
capitaux inactifs. Les cours actuels des rentes sont
supérieurs à ceux cotés fin décembre 1878 ; ils se rap-
prochent des prix les plus élevés de 1881 et de 1882,
avant le krach.

Le capitaliste qui aurait acheté des rentes aux plus
hauts cours de 1881 et de 1882 aurait mieux défendu
ses intérêts que celui qui aurait attendu jusqu'aujourd'hui, car la différence en baisse est bien moins
importante que les arrérages payés sur les titres
achetés depuis cinq ans. Sur les plus hauts cours de
1881 et de 1882, la rente 3 % a perdu à peine 5 francs :
or, les intérêts payés depuis 1881 représentent 15 francs.

Quant aux obligations de chemins de fer, elles sont
aujourd'hui presque à leurs plus hauts prix : ces jours
derniers, l'obligation Nord se négociait à 400 francs.

## VII

Situation du<br>marché des ca-<br>pitaux.

Si nous examinons maintenant le marché des capitaux dans son ensemble, nous aurons la preuve que,
malgré les pertes subies par l'épargne et la spéculation
depuis 1882, malgré les mauvaises récoltes que nous
avons eues, malgré les crises traversées par le pays,
jamais les capitaux disponibles n'ont été aussi considérables.

En comparant le montant des sommes déposées dans
les caisses des grands établissements de crédit fin 1878
à celles qui s'y trouvent amassées fin 1885, nous verrons
que les ressources prêtes à s'employer sont aujourd'hui
plus importantes qu'elles n'ont jamais été et qu'elles
n'attendent qu'une occasion pour s'utiliser avantageusement.

Pour peu que la politique extérieure s'y prête et que l'on ne tente pas surtout, dans le domaine économique et financier, des innovations dangereuses comme celles que proposent M. Ballue et plusieurs de ses collègues, nous espérons que nous touchons à la fin de la crise dont notre pays a souffert depuis plusieurs années. Dans nos précédentes revues de fin d'année, nous avons dénommé 1881 l'année de la spéculation ; 1882, l'année du krach ; 1883, celle des inquiétudes ; 1884, l'année de la crise. Si nous avions un nom à donner à 1885 qui finit dans quelques jours, nous dirions que c'est une *année de liquidation*, et que cette liquidation est maintenant à peu près terminée. Nous ne sommes point optimiste : nous nous bornons à considérer les faits, à les étudier et à dire nettement ce que nous pensons être la vérité. De même qu'avant le krach nous n'avons cessé de faire entendre des paroles de prudence et de prévoir la crise qui a éclaté, alors que peu de personnes se doutaient des dangers qu'elle recélait et que l'on croyait, au contraire, que nous étions en pleine prospérité, que la hausse devait éternellement continuer sur toutes les valeurs, de même aujourd'hui nous croyons pouvoir dire que les mauvais jours sont passés.

Les crises, avons-nous dit souvent et répéterons-nous encore, ne durent pas toujours. Les vaches grasses succèdent aux vaches maigres. Plusieurs symptômes nous font croire à un réveil prochain des affaires, et nous ne sommes pas seul de cet avis.

Il y a quelques jours, à la dernière réunion de la Société de statistique de Paris, notre éminent confrère, M. Clément Juglar, citait à ce sujet, avec l'autorité qui s'attache à ses travaux et à ses écrits, des faits très significatifs.

Déjà, en Angleterre, en Allemagne, une vive reprise se produit dans le commerce, dans l'industrie, dans la finance. Au point de vue spécial de notre marché financier, nous nous bornerons à noter l'abondance des ressources, la fermeté et la hausse des rentes et des valeurs à revenu fixe, l'atténuation de la baisse sur les grandes valeurs d'Etat.

**Conclusion. Grand besoin d'affaires.** Dans tout le monde commercial, il existe partout un grand besoin d'affaires : on commence à renouveler les vieux stocks de marchandises épuisés ; on fait des approvisionnements nouveaux ; on semble vouloir secouer un trop long sommeil. Cette situation est déjà connue dans le haut commerce. Des rapports très récents des directeurs des succursales de la Banque de France, adressés au gouverneur de cet établissement, sont à cet égard des plus concluants.

Nous espérons que le réveil si impatiemment attendu ne tardera pas à sonner.

# 1886

## L'ANNÉE DE LA REPRISE DES AFFAIRES

### I

L'année dernière, à pareille date, en terminant notre revue habituelle des faits économiques et financiers qui s'étaient produits dans le cours de 1885, nous constations qu'il existait partout un grand besoin d'affaires et nous manifestions notre ferme espoir dans un très prochain réveil de notre activité générale.

Nous étions cependant, au même moment, en pleine crise politique : le cabinet présidé par M. Brisson, qui avait remplacé depuis le mois de mars le 2ᵉ cabinet Jules Ferry, était menacé; nous étions à la veille du renouvellement des pouvoirs du président de la République; le commerce, la finance faisaient entendre les plaintes les plus vives. Les espérances que nous formulions devaient être accueillies avec incrédulité, de même que, longtemps avant le krach de 1882, on ne voulait pas croire à nos fâcheuses prévisions. Cependant les faits, cette fois encore, nous ont donné raison. L'année 1886, envisagée dans son ensemble, dégagée de toutes les inquiétudes, de toutes les crises sans cesse renaissantes, jamais éteintes, qui, depuis le premier jusqu'au dernier jour, l'ont enserrée ; l'année 1886, disons-nous, est *l'année de la reprise des affaires.* Le réveil que nous prédisions s'est produit, aussi bien sur le marché financier que sur les marchés commerciaux. Les deux 3 % ont haussé de plus de 2 francs ; les actions de chemins de fer, sous l'influence de meilleures

*Marché financier. Reprise des transactions.*

recettes, signe non équivoque de la reprise des affaires, sont toutes en hausse : 20 francs sur l'Est, 25 francs sur le Lyon, 100 francs sur le Nord, etc. Les obligations sont à leurs plus hauts cours : elles touchent presque le prix de 400, que l'obligation Nord a déjà dépassé ; hausse également sur les obligations du Crédit foncier; reprise considérable sur plusieurs titres de sociétés de crédit, telles que la Banque de Paris, le Comptoir d'escompte, le Crédit lyonnais, la Société générale, c'est-à-dire sur les établissements qui doivent participer le plus activement au réveil des affaires. Il faut noter enfin la hausse énorme de presque tous les fonds d'Etat étrangers et la tendance du public à rechercher, en dehors de valeurs de placement à revenu fixe, les titres industriels oubliés, ayant souffert de la crise, et devant, eux aussi, profiter d'une amélioration générale du commerce et de l'industrie.

Reprise des affaires industrielles. — Au point de vue commercial et industriel, la reprise n'est pas moins vive qu'à la Bourse : toutes les matières premières ont haussé considérablement depuis le commencement de l'année ; la laine, les soies ont donné lieu à de sérieuses et notables transactions. Dans toutes les villes manufacturières, Roubaix, Lille, Tourcoing, Reims, Lyon, Sedan, le travail n'a pas manqué, et l'année 1886 comptera parmi les plus laborieuses, les plus occupées. Sans doute, les bénéfices réalisés n'auront pas été aussi importants qu'ils auraient pu l'être, par suite des charges de toute nature qui pèsent sur les industriels et les commerçants, par suite aussi de la concurrence qui leur est faite et qu'ils supportent vaillamment; mais c'est déjà beaucoup de voir le réveil succéder à cette longue défaillance qui menaçait de tout engloutir; c'est déjà beaucoup de voir renaître l'espérance en des jours meilleurs.

Reprise des affaires commerciales. — Notre commerce d'exportation, grâce aux efforts et à l'industrie de nos producteurs et commerçants, grâce à leur esprit d'initiative, s'est relevé et tend encore à se relever davantage. Les états mensuels du commerce extérieur sont de plus en plus favorables. Pendant le mois de novembre les exportations ont atteint le chiffre de 323,125,000 francs, soit une augmentation de 53,665,000 francs sur le mois de novembre de l'année 1885. Nous avons exporté, pendant les onze premiers mois de 1886, pour 1 milliard 562,722,000 francs de produits fabriqués, alors qu'en 1885, à la même époque, le total n'était que de 1,457,886,000 francs. C'est donc un accroissement de plus de 104 millions.

Sans doute, une grande partie de ces résultats a été obtenue grâce à des abaissements de prix quelquefois excessifs; dans certains cas, nos négociants se sont décidés à écouler leurs produits en se contentant d'un léger bénéfice sur les prix de revient. Mais l'ensemble est tout à l'honneur de notre commerce qui, malgré tant de circonstances défavorables, s'est créé de nouveaux débouchés et a étendu ceux qu'il possédait déjà.

Ajoutons enfin que les recettes des chemins de fer *Recettes des chemins de fer.* se sont beaucoup améliorées depuis six mois; aux diminutions persistantes du trafic a succédé une augmentation sérieuse. Le même fait s'est produit sur nos canaux, les transports y deviennent de plus en plus actifs. Le mouvement s'est étendu à la navigation dans nos principaux ports. Nous ne citerons qu'un chiffre : le tableau sommaire de la navigation à Marseille pendant les dix premiers mois de l'année, d'après les documents publiés par le service spécial maritime. Le tonnage des navires entrés ou sortis s'est élevé à 7,503,689 tonneaux au lieu de 6,960,042 tonneaux pour la période correspondante de 1885, soit une augmentation de 543,647 tonneaux en faveur de 1886. Ces bonnes tendances se sont surtout manifestées depuis le mois de juillet.

## II

Considérée dans ses grandes lignes, l'année 1886 est
donc l'année de la reprise des affaires; et cependant,
combien cette reprise aurait été plus vive, combien les
transactions auraient été plus animées, si les événements politiques intérieurs et extérieurs n'étaient venus
inquiéter sans cesse les esprits.

Au point de vue politique, l'année 1886 est une des
plus agitées, une des plus inquiètes que nous ayons
eues depuis longtemps. Elle débute au lendemain de
la réélection de M. Grévy comme président de la République (28 décembre 1885). Le vote des crédits du Tonkin réveille toutes les passions. Le cabinet présidé
par M. Brisson donne sa démission; il est remplacé

par le ministère Freycinet (7 janvier 1886). Ainsi,
l'année 1886 s'ouvre et se termine par une crise ministérielle. M. le président Grévy fait appel, dans son
message, à l'union de tous dans l'intérêt supérieur du
pays. Le premier trimestre de l'année est rempli par

des discussions et interpellations sur l'amnistie, sur
la situation des mineurs de Decazeville, sur les affaires
du Tonkin, sur les propositions Duché et Rivet rela-

tives à l'expulsion des princes. A Decazeville, la situation est tendue et la grève continue. Dans l'intervalle,
paraissent des décrets promulguant le traité de Tien-
Tsin avec la Chine et organisant notre protectorat de

l'Annam et du Tonkin. M. Paul Bert est nommé résident général ; il part plein de foi et d'enthousiasme pour
ce pays, dont il ne doit pas revenir. Les deux Chambres
votent le traité de paix de Madagascar.

A l'extérieur, les crises et les inquiétudes ne manquent pas pendant le premier trimestre. La Bulgarie
et la Serbie évacuent les territoires qu'elles occupaient;
des négociations sont ouvertes pour la conclusion de
la paix, qui est enfin signée. Mais on apprend en même
temps que la Bulgarie vient de conclure une entente

avec la Turquie ; cette dernière puissance, menacée par la Grèce, fait des armements et se prépare à repousser une attaque de ce côté. Les grandes puissances s'émeuvent de cette situation et adressent une déclaration collective à la Grèce pour la mettre en demeure de désarmer.

En Angleterre, le ministère Salisbury est renversé et remplacé par le ministère Gladstone ; la question irlandaise est posée et passionne l'opinion, des troubles éclatent à Londres. Enfin, une crise ministérielle a lieu en Portugal.

*Crise anglaise. La question irlandaise.*

Au milieu de tous ces incidents politiques intérieurs et extérieurs, qui ont signalé les trois premiers mois de 1886, quelques faits économiques et financiers sont utiles à retenir. Le 31 décembre 1885, la convention monétaire intervenue entre la France, l'Italie, la Suisse, la Grèce et, après de nombreuses hésitations, la Belgique, était promulguée. La Chambre des députés nommait, dans les premiers jours de janvier, une commission à la tête de laquelle se trouvait M. Rouvier, pour examiner le projet de loi sur les sociétés, voté par le Sénat. Voilà une loi d'affaires par excellence, qui traîne dans les cartons législatifs depuis bientôt cinq ans, sans pouvoir aboutir! (1) Un décret organise notre protectorat au Tonkin. Une commission est instituée par le ministre des finances pour examiner les questions relatives au régime monétaire, en France et à l'étranger (2). Le ministre de l'agriculture institue, à son tour, une commission chargée de donner son avis sur les affaires d'intérêt général et sur celles qui concernent l'administration centrale. L'exposition de 1889 est décidée ; l'honorable M. Christophle est chargé de former le syndicat de garantie. L'emprunt de la ville de Paris de 250 millions est voté par la Chambre des députés : on se rap-

*Convention monétaire de l'union latine.*

*Projet de loi sur les sociétés.*

*Question monétaire.*

*Projet d'exposition universelle en 1889.*

---

(1) Voir nos études sur *Les sociétés anonymes par actions*. Quelques réformes pratiques, in-8°, 1881, et sur *Les réformes de la loi de 1867 sur les sociétés*, in-8°, 1892.

(2) Voir notre étude sur *La question monétaire*, in-8°, 1875.

15

pelle les graves objections soulevées par cette loi d'emprunt, qui augmente de 20 centimes additionnels les charges de la propriété foncière. On a tellement hâte de faire des travaux, de donner de l'occupation à une quantité de bras inoccupés, que l'on n'insiste pas outre mesure sur les critiques que mérite ce projet de loi.

**Bourse de commerce.** L'adjudication de la Bourse de commerce, à Paris, est prononcée le 20 mars.

**Voyage de M. de Lesseps à Panama.** Signalons encore le voyage de M. de Lesseps en Angleterre et à Panama ; l'interpellation de M. Soubeyran sur la circulation monétaire ; la revision de la loi sur les mines à propos des grèves de Decazeville et de Saint-Quentin. La question des chemins de fer devait inévitablement ne pas être oubliée par ceux de nos législateurs qui considèrent les grandes compagnies, leurs actionnaires et leurs obligataires, comme des « ploutocrates », des gens avides ruinant le pays. Une discussion très vive a lieu à la Chambre à propos des tarifs ; nous en avons rendu compte en démontrant les erreurs et les exagérations commises par les adversaires des compagnies. Enfin, le mois de mars voit la première apparition du budget de 1887, de ce budget qui devait soulever

**Le budget de 1887. Réformes financières projetées par M. Carnot.** tant de discussions, de si nombreuses crises, et qui, à l'heure actuelle, est encore en suspens. M. le ministre des finances faisait au conseil des ministres l'exposé de son budget et des réformes financières qu'il projetait ; ces projets, approuvés à l'unanimité par tout le cabinet, étaient déposés sur le bureau de la Chambre (1). Les lignes générales du budget de M. Carnot se résumaient ainsi : — 1° Economies importantes réalisées dans tous les services des différents ministères ; — 2° Suppression du budget extraordinaire et inscription au budget ordinaire de toutes les dépenses de l'Etat présentant un caractère normal et permanent ; — 3° Diminution de la dette flottante par le remboursement de toutes les sommes dont l'exigibilité immédiate pourrait, dans un

(1) Voir notre étude : *Un plan de finances*, in-3° 1887.

moment critique, gêner le Trésor public et lui retirer la liberté de ses mouvements ; — 4° Mesures prises pour empêcher, à l'avenir, l'accroissement de cette dette flottante, en limitant les versements à effectuer par les caisses d'épargne dans les caisses du Trésor ; — 5° Consolidation, en rentes 3 % perpétuelles, des emprunts contractés à courte échéance sous forme d'obligations sexennaires ; — 6° Augmentation des droits sur l'alcool et modifications libérales apportées au régime fiscal des boissons.

Nous avons eu l'occasion de signaler, à différentes reprises, l'intérêt que présenterait, pour l'étude des projets financiers et fiscaux, la création d'un conseil supérieur des finances (1). Nous n'y reviendrons pas ici.

Il est intéressant de noter, dès à présent, l'attitude du marché financier à la fin du premier trimestre de l'année, après toutes les émotions subies. Peu d'affaires sont émises sur notre place pendant ces trois mois ; elles n'y apparaissent que pour la forme ; elles y reviendront plus tard quand la cote officielle de la Bourse leur aura donné l'accès du marché. Signalons, en janvier, un emprunt argentin de 200,000 obligations de 500 francs 5 %, émises à 403 fr. 50 ; en février, un emprunt serbe de 26 millions en rente 5 % or amortissable, émis sur les places allemandes ; en mars, la compagnie des Asturies, Galice et Léon émet un emprunt de 60,000 obligations de 500 francs 3 % à 306 fr. 25 ; MM. de Rothschild frères effectuent, à Londres, l'émission d'un emprunt brésilien de 650 millions au cours de 95 %. Le Crédit foncier égyptien s'adresse également à l'étranger pour émettre des obligations, interdites en France par la législation de 1836 sur les loteries. Notons ici, à la date du 31 mars, les cours de plusieurs valeurs comparés à ceux cotés le 31 décembre 1885 :

*Marché financier. Les émissions.*

*Cours comparés.*

(1) Voir nos études : *De la nécessité d'un conseil supérieur des finances,* in-8° 1874, et *Un conseil des finances,* in-8°, 1886.

| NATURE DES VALEURS | COURS du 31 DÉCEMBRE 1885 | COURS du 31 MARS 1886 |
|---|---|---|
| | fr. c. | fr. c. |
| 3 %.................................... | 80 20 | 80 22 |
| 3 % amortissable...................... | 82 90 | 83 02 |
| 4 1/2 1883........................... | 109 35 | 108 65 |
| Banque de France...................... | 4.705 00 | 4.220 00 |
| Crédit foncier........................ | 1.342 50 | 1.332 50 |
| Banque de Paris....................... | 612 50 | 620 00 |
| Société générale...................... | 447 50 | 451 25 |
| Crédit lyonnais....................... | 527 50 | 517 50 |
| Nord.................................. | 1.545 00 | 1.517 50 |
| Orléans............................... | 1.341 25 | 1.336 25 |
| Lyon.................................. | 1.245 00 | 1.220 00 |
| Est................................... | 752 50 | 797 50 |
| Midi.................................. | 1.185 00 | 1.138 75 |
| Ouest................................. | 860 00 | 860 00 |
| Italien............................... | 98 05 | 97 80 |
| Extérieur............................. | 54 75 | 57 00 |
| Autrichien, or........................ | 89 45 | 92 50 |
| Hongrois, or.......................... | 82 70 | 82 70 |
| Portugais 3 %......................... | 46 00 | 46 1/8 |

Pendant la même période, le Panama avait haussé de
408 fr. 75 à 462 fr. 75. Par contre, toutes les valeurs de
Suez étaient en baisse : l'action, qui était à 2,202 fr. 50 le
31 décembre 1885, cotait 2,088 fr. 75 le 31 mars; la délégation avait baissé de 1,118 fr. 75 à 1,068 fr. 75; la part
civile était descendue de 1,452 fr. 50 à 1,372 fr. 50. Sur
plusieurs chemins de fer étrangers, un mouvement de
recul assez sensible se produit : l'Autrichien baisse de
561 fr. 25 à 511 fr. 25; le Lombard de 280 à 261 fr. 25; le
Nord de l'Espagne de 390 à 343 fr. 75 ; les Portugais de
437 fr. 50 à 428 fr. 75 ; les Méridionaux de 717 fr. 50 à
681 fr. 25. Quelques valeurs industrielles commencent à
se relever. Les Eaux de Vichy montent de 3,200 francs à
3,550 francs; les Malfidano, de 865 francs à 910 francs; le
Petit Journal, de 1,310 francs à 1,385 francs; le Figaro,
de 1,340 francs à 1,400 francs.

## III

La Bourse, on le voit, présente, dans le premier trimestre, une assez grande indécision. Les rentes ne montent pas ; les fonds étrangers sont toujours en faveur ; les mauvaises recettes des chemins de fer exercent leur influence sur les cours des actions des chemins français et étrangers. Pendant ces trois premiers mois, tous les parlements européens sont en session ; les discours d'ouverture s'occupent de la situation économique et financière et insistent sur la gravité de la crise commerciale que traverse l'Europe. C'est sous ces impressions maussades que s'ouvre le second trimestre.

*Indécision de la Bourse.*

Ces trois mois d'avril, mai et juin sont remplis par des discussions sur la grève de Decazeville, la loi d'emprunt de 500 millions, l'expulsion des princes. Entre temps, la Chambre adopte la prise en considération d'une proposition tenant à abolir le concordat.

*Événements intérieurs. Les grèves. Les princes. Le concordat.*

A l'extérieur, les événements de Grèce préoccupent constamment l'opinion. Malgré l'acquiescement de ce pays aux propositions de la France, un ultimatum des puissances remet tout en question ; une crise ministérielle éclate, M. Tricoupis succède à M. Delyannis. Le nouveau ministère effectue le désarmement de la Grèce; la paix, dès lors, paraît devoir être maintenue ; le blocus, ordonné par les grandes puissances, cesse à la fin de juin. En Belgique, des troubles graves, promptement réprimés, éclatent au mois d'avril. En Italie, de nouvelles élections législatives donnent la majorité au ministère. En Angleterre, les projets de M. Gladstone sur l'organisation de l'Irlande sont discutés ; la Chambre des communes les repousse et la dissolution du parlement est prononcée. En Espagne, la naissance d'un héritier mâle est accueillie avec satisfaction par les partisans de la monarchie.

*Événements extérieurs.*

C'est à partir de la seconde quinzaine du mois d'avril, que les dispositions du marché financier deviennent plus

*L'emprunt de 500 millions.*

favorables à une reprise. Rassurés sur le maintien de la
paix européenne, le public et la haute banque se préparent à souscrire à l'emprunt national voté par la Chambre
et le Sénat, à la suite de longues discussions que tout
le monde a encore présentes à la mémoire. L'émission
a lieu le 10 mai et obtient un plein succès. Emis à 79 fr. 80
l'emprunt est souscrit plus de 21 fois. L'Etat offrait au
public 18,947,365 francs de rentes : les demandes dépassent 400 millions de rentes ; le premier versement exi-
geait environ 95 millions : dans la seule journée du 10
mai, plus de 2 milliards sont versés au Trésor, malgré
toutes les précautions prises pour éloigner une trop
grande affluence de demandes provenant surtout de la
spéculation.

Importantes<br>opérations. Un tel résultat, qui démontre et la confiance du public
et l'abondance des ressources disponibles de l'épargne,
devient, en quelque sorte, le point de départ d'une amélioration générale du marché. Les réalisations qui se
produisent sont facilement absorbées. D'importantes
opérations s'effectuent en France et à l'étranger. La
Banque de Paris émet, le 25 mai, 340,000 billets hypothécaires de l'emprunt cubain ; en Portugal, un emprunt
de la ville de Lisbonne de 13,880,000 francs, mis en
adjudication, est promptement souscrit ; en Russie, un
emprunt de 100 millions de roubles 5 % papier est très
bien accueilli. Des achats suivis ont lieu sur toutes les
valeurs pendant le mois de juin; quelques-unes, telles
que le Panama, subissent des fluctuations de cours nombreuses à la suite des discussions relatives au projet
d'émission d'obligations à lots, projet présenté à la
Chambre par le gouvernement, mais dont M. de Lesseps
finit par demander le retrait en présence des retards
apportés par la commission parlementaire à se prononcer. Depuis le 25 mai les Chambres ont pris leurs
vacances ; on ne redoute plus les débats irritants ou
oiseux ; le mouvement de hausse s'accentue ; on en
jugera par la comparaison des cours cotés le 31 mars
et le 30 juin.

| NATURE des VALEURS | COURS du 31 MARS 1886 | COURS du 30 JUIN 1886 | NATURE des VALEURS | COURS du 31 MARS 1886 | COURS du 30 JUIN 1886 |
|---|---|---|---|---|---|
| | fr. c. | fr. c. | | fr. c. | fr. c. |
| 3 %................ | 80 20 | 83 10 | Italien ............. | 96 80 | 102 125 |
| 3 % amortissable.. | 83 02 | 86 00 | Extérieur.......... | 57 00 | 60 75 |
| 4 1/2 1883........ | 108 65 | 110 40 | Autrichien or...... | 92 50 | 94 40 |
| Banque de France . | 4.220 00 | 4.065 00 | Hongrois or........ | 82 70 | 87 30 |
| Crédit foncier ..... | 1.332 50 | 1.390 00 | 5 % Russe 1877.... | 100 00 | 104 00 |
| Banque de Paris... | 620 00 | 655 00 | 3 % Portugais..... | 46 1/8 | 51 3/8 |
| Société générale... | 451 25 | 456 25 | Suez.{ Actions..... | 2.088 75 | 2.122 50 |
| Crédit lyonnais.... | 517 50 | 522 50 | Suez.{ Délégations. | 1.008 75 | 1.113 75 |
| Nord ............. | 1.517 50 | 1.575 00 | Panama (actions).. | 463 75 | 448 75 |
| Orléans ........... | 1.336 25 | 1.325 00 | Autrichiens........ | 511 25 | 468 75 |
| Lyon .............. | 1.200 00 | 1.207 50 | Lombards.......... | 261 25 | 283 75 |
| Est................ | 797 50 | 800 00 | Nord de l'Espagne . | 343 75 | 331 25 |
| Midi............... | 1.138 75 | 1.165 00 | Saragosse ........ | 305 00 | 312 50 |
| Ouest ............. | 860 00 | 865 00 | Portugal........... | 428 75 | 422 50 |
| | | | Méridionaux ....... | 681 25 | 736 00 |

Ainsi, hausse des rentes et des fonds publics étrangers; commencement de reprise sur les actions des sociétés de crédit, sauf sur celles de la Banque de France en raison de la probabilité d'une diminution de dividende pour l'exercice en cours ; hausse sur plusieurs actions de chemins de fer; activité du marché au comptant : tels sont les faits qui signalent la fin du second trimestre de l'année.

## IV

Pendant les trois mois qui s'écoulent de juillet à octobre, peu d'événements politiques intérieurs, à l'exception du décret d'expulsion du duc d'Aumale à la suite de la lettre qu'il avait adressée à M. le président Grévy, attirent l'attention. Le Sénat vote la loi relative à la publicité des séances du conseil municipal; la Chambre rejette le traité de navigation avec l'Italie; l'archipel des Comores est mis sous le protectorat de la France; plusieurs décrets concernant l'organisation de l'exposition de 1889 sont publiés.

Expulsion du duc d'Aumale.

, Les élections aux conseils généraux et aux conseils d'arrondissement étaient attendues avec impatience :

Election des conseils généraux.

le pays confirmerait-il ou modifierait-il les votes émis
en octobre 1885, au moment des élections législatives?

En réalité, le résultat politique de ces élections fut
nul; le nombre des sièges perdus et gagnés par les
partis en présence fut à peu près égal. La session des
conseils généraux se passa sans incident.

Les nouvelles de l'étranger devaient occuper bien
plus l'opinion publique. En Angleterre, les élections
sont défavorables à M. Gladstone sur la question irlandaise. Le ministre donne sa démission et se trouve
remplacé par lord Salisbury. En Irlande, la situation
est de plus en plus tendue à la suite du rejet du bill
Parnell par le parlement anglais.

Du côté de la Russie, on apprend, au moment où l'on
s'y attendait le moins, que la franchise du port de
Batoum, reconnue par le traité de Berlin, est considérée comme nulle et non avenue : le gouvernement
russe ne cache pas ses intentions bien arrêtées de
faire de ce port, qui devait rester purement commercial,
un grand arsenal militaire.

Pendant quelques jours, les journaux commentent
ce grave incident ; mais bientôt l'attention publique
devait être excitée par une nouvelle plus grave encore.
Un complot éclate en Bulgarie, on annonce la dé-
chéance et l'arrestation du prince Alexandre. Des inquiétudes sérieuses surgissent. On cherche à pressentir
ce que diront, ce que feront l'Angleterre, l'Autriche,
l'Allemagne. Pendant que les journaux discutent à
perte de vue sur les intentions de la diplomatie, le
prince Alexandre, rappelé par les Bulgares, fait une
rentrée triomphale à Sophia. La Russie, qui jusqu'alors
avait agi secrètement, se découvre : elle fait entendre
au prince Alexandre qu'il ne doit plus compter sur
son appui et que sa présence à la tête de la Bulgarie
n'est plus tolérable. Le prince abdique : les grandes
puissances laissent faire. A l'heure actuelle, cette question de Bulgarie n'est pas résolue : elle fait courir de
sérieux dangers au maintien de la paix européenne.

*Marginal note:* Graves événements extérieurs
La question
irlandaise.
La question
bulgare.

En Espagne, crise ministérielle. Le ministre des finances, M. Camacho, donne sa démission. Une insurrection militaire éclate à Madrid; les principaux chefs sont arrêtés, passent en conseil de guerre et sont condamnés à mort. La reine-régente use de clémence envers les insurgés et commue leurs peines : cet acte est unanimement approuvé, il consolide le pouvoir de la monarchie espagnole.

En Allemagne et en Autriche, les deux chanceliers, le comte Kalnoky et le prince de Bismarck, ont plusieurs conférences. On commente l'absence, à ces conférences, du ministre des affaires étrangères de Russie, M. de Giers; mais, peu de temps après, ce diplomate rend visite à M. de Bismarck, il est chaudement accueilli à Berlin. L'entrevue, à Gastein, des empereurs d'Allemagne et d'Autriche et l'absence de l'empereur de Russie sont très remarquées. On veut y trouver la preuve d'un désaccord survenu dans l'alliance des trois empires, quoique cependant les trois souverains ne laissent pas échapper une occasion de témoigner de leurs bons sentiments d'amitié et d'union. *Entrevue des empereurs d'Allemagne et d'Autriche à Gastein.*

Les principaux événements économiques et commerciaux qui se produisent pendant les mois de juillet et d'août méritent d'être notés. A l'occasion de la discussion, à la Chambre des députés, du relèvement des droits sur les céréales, les tendances protectionnistes de nos députés s'accentuent de plus en plus. C'est avec une grande difficulté que le ministre de l'agriculture, qui cependant est bien plutôt partisan des doctrines protectionnistes que libre-échangistes, insiste sur le maintien du statu quo ; il obtient le renvoi de la proposition à la commission pour l'examiner à nouveau. *Tendances protectionnistes de la Chambre.*

Le Sénat vote l'emprunt de 250 millions de la ville de Paris, malgré les clauses si lourdes de cette loi qui accroît les impositions de toute une catégorie de contribuables. Le président de la République signe le décret qui approuve le cahier des charges. De longs *Emprunt de 250 millions par la ville de Paris.*

mois se sont écoulés; plus d'un an s'est passé depuis
que la ville de Paris a manifesté l'intention de faire
appel au crédit; les pouvoirs publics se sont hâtés de
donner leur sanction. Nous nous demandons ce que
l'on peut attendre pour effectuer l'émission et pour
commencer les travaux prévus, que l'on disait être si
urgents, si pressés.

**Le métropolitain. Retards et hésitations.** Mêmes hésitations et retards au sujet du métropolitain. Le conseil municipal vote des modifications
importantes au projet primitif; un nouvel accord intervient avec le ministre des travaux publics, puis avec
la commission de la Chambre, puis avec les grandes
compagnies. On finit par ne plus rien comprendre à
ces discussions interminables qui, du jour au lendemain, remettent tout au même point que la veille. On
piétine sur place; on recule pour avancer et on avance
pour mieux reculer.

On apprend enfin que tout le monde est d'accord :
on dit qu'en octobre, dès la rentrée des Chambres, le
projet sera déposé sur le bureau du parlement et que
la fin de l'année ne se passera pas sans que cette importante opération soit commencée. On comptait sans
l'imprévu.

C'est encore pendant ce trimestre qu'a lieu l'émission des obligations nouvelles du canal de Panama :
les tergiversations et les hésitations de la commission
parlementaire chargée d'examiner le projet de loi autorisant la compagnie à émettre des obligations à lots, **Émission de 500,000 obligations Panama.** avaient été telles, que M. de Lesseps finit par renoncer
à attendre la décision finale. Il s'adressa au public :
l'émission de 500,000 obligations de 1,000 francs eut
lieu le 5 août, au prix de 439 fr. 16. Cette souscription
eut tout le succès désirable : 458,802 obligations
furent souscrites. Les actionnaires furent invités à
verser le solde de 125 francs restant dus sur leurs
actions; ce versement s'effectua avec une grande régularité.

Notons encore, en juillet, l'emprunt de conversion

norvégien; en août, un emprunt de 40 millions de marks de l'État de Hambourg ; en septembre, la vente d'actions nouvelles des chemins de fer de l'Ouest-algérien, effectuée par la Société générale; l'emprunt portugais 5 % de 143,558 obligations émises à 442 fr. 50; un emprunt à 3 1/2 % de la ville de Berlin, de 50 millions de marks ; enfin, la réussite complète, grâce à l'intervention de l'honorable M. Christophle, du syndicat de garantie de l'exposition universelle de 1889. Le *Journal officiel* publie les listes des souscripteurs : 18 millions, en parts de 1,000 francs, étaient à réaliser; plus de 22 millions ont été souscrits.

*Syndicat de garantie de l'exposition de 1889.*

Du 30 juin au 30 septembre, la fermeté de la Bourse ne s'est pas démentie; les transactions se sont développées chaque jour, surtout sur le marché au comptant; la hausse s'est étendue à un plus grand nombre de valeurs, elle s'est accentuée principalement sur les fonds étrangers. Voici le tableau comparatif des cours cotés à ces deux dates :

| NATURE des VALEURS | COURS du 30 JUIN 1886 | COURS du 30 SEPT. 1886 | NATURE des VALEURS | COURS du 30 JUIN 1886 | COURS du 30 SEPT. 1886 |
|---|---|---|---|---|---|
| | fr. c. | fr. c. | | fr. c. | fr. c. |
| 3 %............... | 83 10 | 82 55 | Italien............ | 101 125 | 100 75 |
| 3 % amortissable.. | 86 00 | 85 72 | Extérieur.......... | 60 75 | 63 50 |
| 4 1/2 1883........ | 110 40 | 110 00 | Autrichien, or..... | 94 40 | 95 50 |
| Banque de France.. | 4.065 00 | 4.120 00 | Hongrois, or...... | 87 30 | 85 35 |
| Crédit foncier..... | 1.390 00 | 1.392 00 | 5 % russe 1877.... | 104 00 | 101 75 |
| Banque de Paris... | 655 00 | 690 00 | 3 % portugais..... | 51 3/8 | 51 75 |
| Société générale... | 455 25 | 470 00 | Suez.............. | 2.122 50 | 2.043 75 |
| Crédit lyonnais.... | 522 50 | 540 00 | — Délégations... | 1.119 75 | 1.022 50 |
| Nord.............. | 1.575 00 | 1.540 00 | Panama .......... | 448 75 | 387 50 |
| Orléans .......... | 1.325 00 | 1.343 75 | Autrichiens....... | 468 75 | 468 75 |
| Lyon.............. | 1.207 50 | 1.233 75 | Lombards ........ | 233 75 | 218 00 |
| Est............... | 800 00 | 810 00 | Nord de l'Espagne. | 331 25 | 380 00 |
| Midi.............. | 1.165 00 | 1.150 00 | Saragosse ........ | 312 50 | 348 25 |
| Ouest............. | 865 00 | 877 50 | Portugais......... | 422 50 | 477 50 |
| | | | Méridionaux...... | 735 00 | 782 50 |

## V

Le quatrième trimestre, qui s'ouvre au mois d'octobre et se termine au moment où nous écrivons ces
lignes, n'a pas été moins rempli, moins agité que les
précédents. La rentrée des Chambres eut lieu le 14 octobre. Quelques jours auparavant, M. de Freycinet,
dans un voyage à Toulouse et à Montpellier, traçait
le programme du gouvernement. Il faisait appel à
l'union, à la concorde de toutes les fractions des
groupes républicains ; il s'exprimait, au sujet de
notre politique extérieure, dans des termes très modérés et très pacifiques.

Il déclarait, au sujet de nos possessions coloniales,
que notre ambition devait se borner à maintenir et à
affermir notre domaine, mais que nous ne devions
pas songer à l'agrandir. Améliorer ce que nous avons
devait nous suffire.

L'interpellation de M. Basly sur la grève de Vierzon
montre bientôt les désaccords profonds qui existaient
au sein du parlement. La Chambre vote l'ordre du
jour pur et simple repoussé par le ministre de l'intérieur; celui-ci donne sa démission. Presque en même
temps, des votes successifs de la commission du budget
détruisent complètement les projets financiers du ministre des finances.

M. Carnot donne sa démission. Grâce aux efforts du
président de la République et du président du conseil,
la crise ministérielle peut être conjurée. Ce n'est que
partie remise. La discussion de la loi sur l'enseignement primaire soulève d'ardentes polémiques.

Entre temps M. Herbette est nommé ambassadeur à
Berlin. Puis, au moment où la discussion du budget
recommence, le ministre des travaux publics, M. Baïhaut, se retire du ministère; il est remplacé par M. Mil-

laud. La nouvelle de la mort de M. Paul Bert, notre
résident général au Tonkin, cause une pénible impres-

sion; elle rappelle tout ce que nous coûte cette expédition lointaine, en hommes et en argent. Pendant que le Sénat discute paisiblement la loi sur les aliénés, la Chambre des députés est prise subitement d'un violent amour d'économies. Elle fauche tous les budgets, sape à droite et à gauche, détruit toutes les combinaisons financières et de la commission du budget et du gouvernement. Elle ne se demande pas si certaines réformes et économies, inopportunément ou trop hâtivement faites, ne vont pas désorganiser l'administration du pays. Elle ne propose rien; elle se borne à tout démolir; elle joue avec le budget comme des enfants s'amusent avec un château de cartes. On peut croire un moment, après un discours habile, insinuant, fin, de M. de Freycinet, que la majorité de la Chambre va se retrouver et se grouper autour du gouvernement et du ministère. Erreur profonde. Le lendemain, la Chambre vote la suppression du crédit alloué pour les sous-préfectures, malgré les avis du ministre de l'intérieur et du président du conseil. C'est la goutte d'eau qui fait déborder le vase.

*La Chambre repousse les projets financiers de M. Carnot.*

Le ministère démissionne : huit jours s'écoulent avant la formation d'un nouveau cabinet. On connaît la suite des événements. Après de vives discussions, le Sénat et la Chambre votent des douzièmes provisoires.

*Nouvelle crise ministérielle. Cabinet Goblet.*

Au point de vue extérieur, de graves questions restent en suspens : question égyptienne, question bulgare; partout, sous prétexte d'assurer la paix, on se prépare à la guerre et les armements succèdent aux armements.

*Événements extérieurs.*

Le monde financier cependant ne perd rien de son optimisme : octobre, novembre, décembre ont été les mois les plus actifs de l'année ; toutes ou presque toutes les valeurs ont atteint leurs plus hauts cours. Des opérations financières importantes s'effectuent à l'étranger; la hausse des banques, des fonds internationaux, de quelques valeurs industrielles, est le trait caractéristique de cette dernière période. Ajoutons

Crise sur les
marchés de New-
York et de Lon-
dres.

que les plus hauts cours cotés auraient été même dépassés, sans un avertissement très grave du marché de New-York : une crise de spéculation a éclaté sur cette place, elle a eu son contre-coup à Londres ; elle a indiqué à notre Bourse que la prudence, la modération doivent être toujours observées. D'autre part, la déconfiture d'une des principales charges d'agent de change de Paris est venue arrêter la hausse qui se produisait, faire reculer plusieurs des valeurs qui avaient le plus monté et troubler l'ensemble du marché.

Tel est le résumé des faits principaux de cette année bizarre, mouvementée, parsemée de crises politiques et financières en France et à l'étranger. Elle laisse toutes choses en suspens : elle n'a rien résolu. Nous ne savons pas, chez nous, à quelles résolutions financières se détermineront le gouvernement et les Chambres pour établir le budget; on redoute l'impôt sur *le* ou *les* revenus, ce qui serait le signal d'une véritable déroute sur le marché des fonds publics, sans parler des crises politiques que de telles mesures pourraient provoquer. A l'extérieur, l'horizon est chargé de points noirs, on commence à se préoccuper d'un fait que nous avons signalé plusieurs fois et depuis long-

La paix armée.
Conséquences
budgétaires et
économiques.

temps dans des études spéciales (1); les budgets européens craquent sous le poids de dépenses militaires excessives; l'Europe n'est plus qu'une vaste caserne, un camp retranché.

Partout, les impôts sont lourds, obèrent le contribuable. Partout aussi, et c'est une simple constatation que nous devons faire au point de vue économique, les doctrines libre-échangistes sont repoussées; la protection règne en souveraine; les nations s'enferment chez elles et élèvent autour d'elles des murailles fiscales.

(1) Voir notamment notre étude *Ce que coûte la paix en Europe*, in-8°, 1883.

Et cependant, l'année 1886, pour la Bourse et les capitalistes, aussi bien en France qu'à l'étranger, est une année de hausse; pour le commerce et l'industrie, c'est une année de reprise des affaires, reprise encore légère, sans doute, mais incontestable. Jamais les capitaux n'ont été plus abondants et, jusque dans ces dernières semaines, à meilleur compte. Grâce à cette hausse et à cette abondance de capitaux, tous les Etats européens dont les rentes dépassaient le pair, ont effectué des conversions. La Hollande, le Danemark, la Belgique, la Norvège, l'Etat de Hambourg, la Suisse, plusieurs villes de Prusse et d'Allemagne, le Japon lui-même, ont effectué ou sont à la veille d'effectuer des conversions de leurs dettes. Ils proposent le remboursement au pair ou la remise d'un titre de rente donnant un intérêt moindre. Dans presque tous les pays, les économies réalisées par ces opérations, au lieu d'être appliquées à des réductions d'impôts, sont employées à combler les déficits des budgets, déficits qui, pour une grande partie, sont eux-mêmes causés par les dépenses inouïes auxquelles donnent lieu les charges militaires.

Il faut, pour expliquer cette contradiction qui existe entre les faits et les chiffres, que le public soit resté indifférent à tout ce qui aurait pu l'émotionner et le troubler; il semble qu'il n'ait plus voulu apporter qu'un regard distrait aux choses de la politique et ne compter désormais que sur lui-même pour s'occuper de ses propres affaires. Son optimisme n'a eu d'égale que son indifférence, il ne se réveillera que quand il se croira menacé dans ses intérêts; maintenant, il ne veut songer qu'à ses affaires, sans s'occuper seulement de ce que font ou disent les hommes politiques et, il nous faut bien le constater, il éprouve un véritable soulagement quand les Chambres sont en vacances et que les débats parlementaires sont clos. Puisse l'année qui bientôt s'ouvrira, dissiper les nuages qui obscurcissent celle qui finit et permettre au commerce et à

*1886 est une année de hausse et de reprise.*

*Dettes publiques, conversions.*

*Bénéfices consacrés aux dépenses de guerre*

*Conclusion. Optimisme et indifférence.*

l'industrie de se développer paisiblement, d'affermir et de rendre durables les résultats déjà acquis.

Voici les cours comparés sur les valeurs pendant le quatrième trimestre de 1886 :

| NATURE des VALEURS | COURS du 30 SEPT. 1886 | COURS du 24 DÉC. 1886 | NATURE des VALEURS | COURS du 30 SEPT. 1886 | COURS du 24 DÉC. 1886 |
|---|---|---|---|---|---|
| | fr. c. | fr. c. | | fr. c. | fr. c. |
| 3 %............... | 82 55 | 32 20 | Italien............. | 100 75 | 101 45 |
| 3 % amortissable. | 85 72 | 86 10 | Extérieur.......... | 63 50 | 66 75 |
| 4 1/2 1883........ | 110 00 | 109 85 | Autrichien, or..... | 95 50 | 90 85 |
| Banque de France. | 4.120 00 | 4.310 00 | Hongrois, or....... | 85 35 | 85 10 |
| Crédit foncier..... | 1.392 50 | 1.423 75 | 5 % russe 1877.... | 101 75 | 100 20 |
| Banque de Paris... | 690 00 | 775 00 | 3 % portugais..... | 51 75 | 55 50 |
| Société générale... | 470 00 | 473 75 | Suez ............. | 2.043 75 | 2.065 00 |
| Crédit lyonnais.... | 540 00 | 570 00 | — Délégations... | 1.022 50 | 1.037 50 |
| Nord.............. | 1.540 00 | 1.590 00 | Panama .......... | 387 50 | 420 00 |
| Orléans .......... | 1.343 75 | 1.325 00 | Autrichiens....... | 468 75 | 515 00 |
| Lyon.............. | 1.233 75 | 1.240 00 | Lombards ........ | 218 00 | 217 50 |
| Est............... | 840 00 | 795 00 | Nord de l'Espagne. | 380 00 | 377 50 |
| Midi.............. | 1.150 00 | 1.175 00 | Saragosse ........ | 348 25 | 325 00 |
| Ouest ............ | 877 50 | 862 50 | Portugais......... | 477 50 | 565 00 |
| | | | Méridionaux....... | 782 50 | 790 00 |

# 1887

## L'ANNEE DE SURMENAGE

Nous ne dirons que quelques mots de l'année qui s'achève. Dégagée d'une quantité de menus faits qui ont tour à tour occupé l'opinion pour faire place presque immédiatement à des préoccupations plus vives, l'année 1887 aura été une *année d'agitations, de surmenage*, si nous pouvons appliquer à la politique cette expression à l'usage de nos jeunes lycéens; une *année d'attente*, pendant laquelle on a constamment vécu sous la crainte permanente, un jour apaisée et renaissante le lendemain, d'événements surgissant à l'improviste et plus sérieux que ceux que l'on venait d'éviter.

Dans cette fin maussade du XIX° siècle qui voit s'élever chaque jour de si grosses questions politiques, économiques et sociales, dont la solution ménage peut-être de cruels périls, l'année 1887, de même que 1886, aura été une des plus tourmentées, une des plus inquiètes et des plus agitées que nous ayons eues depuis longtemps.

A l'intérieur, les partis politiques ont montré plus que jamais les divisions profondes, les inimitiés qui existent entre eux et qui se sont chaque jour accentuées. Les crises ministérielles menacent de devenir aussi fréquentes que les changements périodiques des saisons. En 1886, nous avons eu deux ministères; en 1887, nous avons eu également deux crises ministérielles : à M. Goblet a succédé M. Rouvier, remplacé ensuite par M. Tirard. Ce ne sont plus seulement les ministres qui changent : le pouvoir présidentiel est

*Division des partis politiques.*

*Cabinet Rouvier.*

*Cabinet Tirard.*

16

mis en discussion et on a vu avec quelle étonnante
facilité les Chambres ont obligé M. Grévy à donner sa
démission de président de la République et ont appelé
M. Carnot à lui succéder à la présidence. Nous n'avons
pas de budget : l'an dernier, nous avons eu deux douzièmes provisoires; cette année, nous en avons trois.
Il faudrait un volume pour raconter les phases diverses
du budget de 1887, déposé en mars par M. Dauphin,
repoussé en mai par la Chambre, repris par M. Rouvier qui le remanie de fond en comble, et finalement
attendant que le nouveau ministre des finances, M. Tirard, ait le temps d'étudier, d'accepter ou de modifier
les projets de ses prédécesseurs et de soumettre les
siens à la sanction de députés bien plus disposés à
s'occuper de politique que de finances.

A l'extérieur, trois grandes crises ont vivement ému
le pays et suscité les plus grandes alarmes pour le
maintien de la paix. Au commencement de l'année,
une véritable panique, un cyclone comme nous l'avons
dénommé, se déchaîne sur la Bourse de Paris et sur
les principales places européennes à la suite d'un ar-

ticle haineux, agressif, menaçant, de la Post et des violents discours du prince de Bismarck au reichstag.
On se préoccupe de l'appel des réservistes allemands,
du vote de nouveaux crédits demandés par le chancelier. Mais à peine cet incident était-il terminé que sur-

venait l'affaire Schnæbelé, puis celle de Raon-l'Etape.
Lorsque les événements extérieurs se calment, les
discussions intérieures, les agitations, les luttes des
partis reprennent le dessus. Des coalitions de gauche
et de droite se forment pour démolir les ministères et,
après les ministres, c'est le président même de la République qui est discuté, combattu et finalement obligé
de se démettre.

Tel est dans ses principales lignes, au point de
vue politique intérieur et extérieur, le résumé de cette
année. A l'extérieur, 1887 s'achève sans avoir dissipé
les inquiétudes que fait naître l'éventualité d'une con-

flagration européenne; toutes les nations sont armées
jusqu'aux dents; l'alliance de l'Italie, de l'Autriche et
de l'Allemagne est un fait accompli. La Russie prend
des précautions; l'Allemagne et l'Autriche font de
même; nous, nous changeons trois fois, dans le cours
de l'année, de ministre de la guerre et nous sommes
obligés de surveiller nos frontières, à l'est comme à
l'ouest, au nord comme au sud-est. La paix de l'Europe, la vie et la fortune de millions d'hommes restent
à la merci du plus petit incident, livrées à la volonté,
nous ne disons pas au caprice, d'un homme, qu'il s'appelle Bismarck, Guillaume ou Alexandre.

*La triple al-*
*liance.*

Au point de vue commercial, l'année 1887, malgré
le trouble causé par la politique, est cependant une
année d'affaires. La reprise, commencée l'an dernier,
s'est accentuée, ainsi qu'en témoignent la rentrée des
impôts, notre commerce extérieur, les états de douane,
les recettes des chemins de fer qui, pour la première
fois depuis 1882, présentent 25 millions d'augmentation
sur l'année précédente, la hausse des matières premières, de la laine principalement, et, dans ces derniers mois, celle du cuivre, de l'étain, du plomb et la
meilleure tendance des prix du fer.

*La reprise des*
*affaires a conti-*
*nué en 1887.*

Au point de vue économique, l'année 1887 est le
triomphe du protectionnisme. Toutes les nations s'enferment chez elles; elles veulent bien vendre à leurs voisines, mais ne rien leur acheter. Elles se font entre elles
une guerre de tarifs.

*Le protection-*
*nisme triom-*
*phant.*

Au point de vue financier, c'est l'année des conversions de rentes. En Danemark, en Suisse, en Portugal,
en Allemagne, en France, des opérations de cette
nature se sont effectuées et ont réussi.

*Conversions de*
*rentes dans plu-*
*sieurs pays.*

C'est aussi l'année des emprunts. Tous les budgets
des États européens sont obérés, accablés. On em-
prunte pour faire face aux dépenses exagérées et toujours croissantes de la paix armée. Les impôts augmentent partout; les commerçants peuvent à peine
supporter les charges qui les accablent. Pour peu que

*Emprunts d'É-*
*tat nombreux.*
*Charges budgé-*
*taires accrues.*

cet état de choses continue, l'Europe entière marche fatalement à la guerre, à la ruine, à une véritable révolution industrielle et économique (1).

*Marché financier. Réveil de la spéculation.* Au point de vue de la Bourse et du monde des affaires, l'année 1887 a été le réveil de la spéculation sur les valeurs mobilières, spéculation que le krach de 1882 avait presque entièrement éteinte ; les valeurs industrielles, donnant lieu à de grandes fluctuations de cours, ont trouvé une clientèle nombreuse; elle aura montré aussi l'abondance des capitaux de placement, qui ont continué à rechercher les mêmes valeurs de premier ordre, obligations de chemins de fer et du Crédit foncier, qui n'ont jamais atteint les prix qu'elles ont cotés ces mois derniers. Examinée dans son ensemble, la cote de la Bourse constate plutôt une plus-value qu'une moins-value sur les prix obtenus par la plupart de nos grandes valeurs françaises pendant l'année 1887. Les fonds étrangers, tels que les rentes hongroises, autrichiennes, italiennes, russes, ont été sérieusement atteints; c'est la conséquence de l'état politique et financier de l'Europe, des craintes d'un grand conflit européen qui affecterait sensiblement le crédit de ces divers pays.

*Conclusion.* L'année 1887 se termine sans apporter aucune solution aux conflits qui ont vivement préoccupé les esprits et les préoccupent encore. C'est, avons-nous dit, une année d'inquiétudes sans cesse renouvelées et passée dans l'attente d'événements nouveaux succédant sans interruption à des crises intérieures ou extérieures qui, à peine apaisées, renaissaient sous une autre forme. Et cependant jamais la France n'a eu un plus grand besoin de calme et de paix ! Elle attend que nos hommes politiques en finissent avec leurs discussions, leurs querelles, et qu'ils s'occupent des finances, du budget, des lois d'affaires, des intérêts matériels du pays. Elle demande qu'on la laisse travailler en paix

---

(1) Voir notre étude sur *Les dettes publiques européennes*, in-8°, 1887.

et qu'on ne la trouble pas à chaque instant; rien ne
prouve mieux le désir de calme que la satisfaction, le
soulagement que les commerçants, les industriels, les
hommes d'affaires éprouvent quand nos législateurs
prennent leurs vacances. On blâmera cette indifférence
et on la trouvera peu digne d'une grande nation comme
la nôtre : la faute en est aux hommes politiques, qui
ont trop oublié qu'une bonne loi d'affaires, qu'un
traité de commerce, qu'une législation commerciale
améliorée, en un mot que les questions pratiques sont
plus utiles et font plus de bien à un peuple qu'une
série ininterrompue de discussions, d'interpellations
oiseuses, de compétitions, de renversements de ministères aujourd'hui mis en minorité, regrettés et re-
placés le lendemain pour être à nouveau jetés à bas
le surlendemain, lorsqu'ils ont cessé de plaire.

Mais, à vrai dire, le pays se préoccupe moins de ce
que font ou de ce que disent nos députés que de ce
qui se passe à l'étranger, sur nos frontières. Tout ce
cliquetis d'armes, toutes ces notes aigres-douces échangées entre les diplomates ne le rassurent guère; il
n'est pas un industriel, un négociant, un rentier, un
capitaliste qui n'aient constamment l'esprit tenu en
éveil par l'éventualité d'une guerre pouvant éclater
du jour au lendemain, sur les bords du Rhin ou du
Danube, et qui n'hésitent à entreprendre des affaires
à longue échéance. A quel degré de prospérité, de
richesse, notre pays ne parviendrait-il pas, avec son
ardeur au travail, avec son esprit d'ordre et d'économie, s'il pouvait avoir l'assurance de travailler en
paix, s'il était délivré du souci des discussions intérieures, s'il n'avait pas la préoccupation d'une guerre
extérieure!... Malheureusement, avec l'année qui finit,
nos difficultés intérieures et extérieures n'ont rien perdu
de leur gravité. Les chefs des gouvernements ne sont
pas avares de paroles de paix, mais en même temps
c'est à celui qui fera les plus grands armements et
se trouvera le mieux et le plus vite préparé à la guerre.

Souhaitons que l'année qui s'ouvrira dans quelques jours dissipe les nuages amoncelés sur celle qui se termine et que 1888 soit l'année du travail, du calme et de la paix.

# 1888

## L'ANNÉE DES ÉQUIVOQUES

### I

L'année 1888 ne sera pas marquée d'une pierre blanche. A l'extérieur, la situation politique n'a rien perdu de sa gravité : trois empereurs se sont succédé en Allemagne; l'alliance de ce pays avec l'Autriche et l'Italie est devenue plus intime; dans la Méditerranée, des manifestations navales, dont le sens est encore aujourd'hui difficile à démêler, ont eu lieu à Barcelone, à Naples, à Toulon. Nos relations avec l'Italie sont aigres-douces : à chaque instant, notre diplomatie a dû aplanir les difficultés que M. Crispi soulevait, tantôt à propos des traités de commerce, tantôt à propos de Massaouah, tantôt à cause des écoles de Tunis. On n'a pas perdu le souvenir des paroles injustes et agressives prononcées en Hongrie, du haut de la tribune, par M. Tisza. Du côté de l'Allemagne, ce sont des vexations de tous les instants, une petite guerre à coups d'épingle : articles de journaux, expulsions de Français inoffensifs, exigence des passeports pour traverser l'Alsace-Lorraine. L'Angleterre se réserve, bien qu'elle paraisse, sur certains points, soutenir l'Italie. Les relations de notre pays deviennent avec elle d'autant plus froides qu'elles augmentent, au contraire, de cordialité avec la Russie. Les affaires égyptiennes et orientales sont toujours au même point. Tous les souverains ont pendant l'année fait entendre des paroles de paix; leurs gouvernements se préparent à la guerre.

Situation politique extérieure grave.

Dans l'Europe entière, les armements se poursuivent
fiévreusement, avec d'autant plus de facilité que les
parlements votent, les yeux fermés, les crédits militaires qu'on leur demande. Pour conserver la paix et
se préparer à la guerre, l'Europe s'endette et se ruine.
Elle dépense, tous les ans, près de 5 milliards pour
la guerre et la marine; sa dette, sous diverses formes,
s'élève à 122 milliards et réclame annuellement, pour
les intérêts, 5 milliards et demi (1).

## II

**Cabinet Flo-
quet.**

A l'intérieur, les partis s'agitent de plus en plus.
Au ministère Tirard a succédé, en avril, le ministère
Floquet qui a supporté, dès son avènement au pouvoir, les plus vives attaques. On lui donnait quelques
jours à vivre; mais, au milieu de la mêlée des divers
groupes politiques, il s'est maintenu aux affaires, non
sans avoir soulevé plusieurs questions irritantes, telles
que la revision des lois constitutionnelles, le changement de date de l'exercice financier, le projet d'impôt
sur le revenu, qui, soit au Sénat, soit à la Chambre,
ont reçu le plus mauvais accueil. Dans le cours de

**Elections séna-
toriales et muni-
cipales.**

l'année, les élections sénatoriales et municipales se
sont accomplies paisiblement; mais la mise en disponibilité par retrait d'emploi, suivie de la mise à la retraite
d'office, du général Boulanger apporte, dans le pays,

**Le boulangis-
me.**

de nouveaux sujets de trouble et d'agitation : le « boulangisme » est né. Les élections multiples du général
dans l'Aisne, dans le Nord, son duel avec M. Floquet,
sa démission suivie de sa réélection dans trois départements, le Nord, la Somme, la Charente-Inférieure, ne
sont pas faits pour calmer les esprits. Entre temps, des

**Grèves et trou-
bles.**

grèves éclatent à Paris et dans plusieurs villes; la
hausse des céréales et du prix du pain occasionnent

(1) Voir notre étude sur *Les dettes publiques européennes*, in-8°, 1887,
et dans le *Dictionnaire des finances*.

des troubles; à Saint-Denis, on pille des boutiques de boulangers. A la Chambre, des discussions violentes se produisent, on se jette des injures à la tête ; tout ce tapage a pour cause la publication d'un pamphlet dont l'auteur, député lui-même, désavoue aujourd'hui, mais trop tard, la paternité.

Au milieu de tout ce chaos, un homme seul attire vers lui tous les regards et se concilie toutes les sympathies. C'est M. le président Carnot qui, au cours de ses voyages dans le sud-ouest, le midi et l'ouest de la France, recueille des témoignages nombreux de respect et de confiance. Les populations l'acclament et se tournent vers lui dans l'espoir qu'il saura fermement maintenir les pouvoirs qu'il tient de la constitution et qu'il ramènera dans ce pays, qui a soif d'ordre, de tranquillité et de travail, la paix et l'union. Pendant que les républicains se divisent et se déchirent, les monarchistes ne sont pas plus unis; ils sont toujours à la recherche d'une solution, ils demandent le retour d'une monarchie et, en l'attendant, votent avec les boulangistes. Tel est le spectacle que le pays a montré pendant l'année 1888.

*Voyages du président Carnot.*

## III

Ce n'est pas à 1888 qu'il était réservé de nous donner une situation budgétaire solide et un équilibre financier sérieux.

*Situation budgétaire.*

L'année dernière, nous avions eu trois ministres des finances et pas de budget voté en fin d'année. En 1888, il y a progrès. Nous n'avons eu que deux ministres des finances et deux budgets : celui de 1888, après trois douzièmes provisoires, a été promulgué seulement le 31 mars; le budget de 1889 est, à l'heure actuelle, voté par la Chambre, discuté au Sénat, et sera sans doute promulgué en temps utile pour éviter les douzièmes provisoires.

Les projets de M. Peytral ont inquiété le pays. Nous n'avons abouti à aucune réforme de quelque importance. L'année s'achève avec une dette flottante considérable, des engagements nombreux qu'il faudra tôt ou tard consolider (1), un programme de dépenses militaires nouvelles de plus de 700 millions, la perspective d'emprunts et d'impôts. La récolte en céréales a été mauvaise ; celle des vins, meilleure. Le prix du pain a augmenté pendant que celui du bétail sur pied n'a cessé de décroître, sans que le consommateur se ressente de la différence qui existe entre les cours d'il y a un an et ceux d'aujourd'hui. L'escompte a été augmenté sur toutes les places européennes : il a atteint cette année un taux qui n'était plus connu depuis de longues années. Pendant quelque temps, la baisse considérable des actions de la Banque de France et, peu après, la panique causée par la circulation de quelques billets faux, ont ému le pays.

D'autre part, toutes les puissances s'acharnent de plus en plus à prohiber réciproquement leurs produits.

L'année 1888 est le règne et le triomphe de la protection. Les libre-échangistes sont considérés comme des prophètes de malheur et de dangereux patriotes. On a entendu, du haut de la tribune française, des attaques, des paroles violentes, dignes du siècle dernier, contre les accapareurs de céréales; on s'accommoderait très facilement de lois d'exception, on les réclame même. La libre circulation des produits est presque prohibée; on veut les empêcher d'entrer en France, comme, il y a cent ans, on défendait de les laisser sortir.

Les traités de commerce disparaissent les uns après les autres. Impossible de s'entendre avec l'Italie, la guerre de tarifs est en pleine vigueur. Avec la Grèce,

(1) Voir notre étude *De la nécessité d'un emprunt de liquidation et les moyens d'y pourvoir*, in-8°, 1888.

la Chambre n'a pas ratifié le traité que le gouvernement proposait.

En même temps, conséquence naturelle de cet état
d'esprit économique, ce ne sont plus seulement les
produits étrangers que les nations prohibent, mais les
étrangers eux-mêmes : de là, résurrection des passeports en Alsace-Lorraine; déclaration exigée chez nous
pour les étrangers résidant en France. Partout on demande des lois contre les étrangers, des taxes sur eux.
Au point de vue international ou intérieur, jamais réaction économique plus accentuée ne s'est produite.

*Etrangers : passeports, dé-clarations de ré-sidence, taxes.*

## IV

Et cependant l'année 1888, au point de vue commercial, industriel, financier, a accentué la reprise qui
avait commencé à poindre pendant l'année 1887. Le
trafic s'est ranimé sur nos chemins de fer. Les recettes
des cinquante premières semaines de 1888 ont donné
une plus-value de 15 millions par comparaison avec
les mêmes semaines de 1887, qui présentaient déjà un
accroissement d'une vingtaine de millions. Le commerce extérieur est en progrès marqué. Les recettes
budgétaires, pour la première fois depuis bien longtemps, sont en augmentation. On peut déjà presque
entrevoir le retour des plus-values et la fin de la crise
commerciale générale.

*La reprise des affaires s'est ac-centuée en 1888. Recettes des chemins de fer.*

Au point de vue de la Bourse, l'année 1888, malgré
les crises politiques extérieures et intérieures, malgré
la mauvaise récolte et la hausse des céréales, malgré
l'enchérissement du prix de l'argent, malgré la catastrophe du Panama qui, en pleine fin d'année, éclate
sur le marché et désole plus de 500,000 petits capitalistes, 1888 est une année de hausse importante sur la
plupart des valeurs.

*Situation des valeurs.*

Hausse des rentes 3 %; des actions de chemins de
fer français; de plusieurs valeurs industrielles, mines
de cuivre, mines d'or, mines de diamants; hausse des

valeurs de transports maritimes, des obligations de chemins de fer; hausse générale des fonds d'Etat

Importantes opérations financières.

étrangers. Grâce à cette hausse, 1888 a vu s'accomplir des opérations financières énormes, qui ont roulé sur un capital de près de 20 milliards : conversion des consolidés anglais, des fonds suisses, norvégiens, du 5 % russe 1877; d'autres conversions ont été préparées pour les fonds hongrois, helléniques, égyptiens, tunisiens, sans parler de celles qu'ont effectuées avec succès plusieurs sociétés industrielles, comme les Transatlantiques, les Messageries, les Petites voitures, les Omnibus.

Le public de l'épargne, les spéculateurs n'ont tenu aucun compte des événements politiques et économiques qui ont éclaté à chaque instant dans le cours de cette année. La hausse a prévalu malgré la chute de plusieurs gros spéculateurs, malgré le sinistre d'une charge d'agent de change. Chaque jour on a tremblé pour le lendemain, le lendemain effaçait les préoccupations de la veille.

## V

Conclusion.

Telle est, dans ses grandes lignes, l'année qui, dans quelques jours, aura disparu. Elle n'est ni une année pacifique puisque les armements continuent, ni une année de guerre puisque, dans toute l'Europe, la paix n'a pas été troublée; elle n'est pas non plus une année de calme intérieur, car jamais les discussions des partis n'ont été plus vives et cependant, malgré les agitations et les crises, l'ordre a été maintenu et se maintient. On ne peut dire que ce soit une année malheureuse pour le commerce et l'industrie, car des signes certains montrent la reprise des affaires; néanmoins, les commerçants et les industriels se plaignent des charges qui pèsent sur eux, des agitations de la politique; ils ne semblent pas avoir, cette année, des inventaires fructueux. Pour les rentiers, pour les capita-

listes, l'année 1888 est une période de hausse et, conséquemment, d'amélioration dans les prix des valeurs
qu'ils possèdent ; mais, d'autre part, ils se plaignent
des diminutions de revenus que les conversions leur
font subir et la baisse énorme du Panama jette une
ombre sur les plus-values que d'autres valeurs ont
obtenues.

L'année 1888 laisse donc des traces d'incohérence
dans les idées, de confusion dans les esprits, de
craintes pour l'avenir, craintes sans cesse renaissantes,
sans cesse dissimulées ou étouffées.

C'est une *année d'équivoques* qui, ainsi que ses devancières, montre l'avenir politique extérieur gros de
nuages. A l'intérieur, elle se termine avec le gros point
d'interrogation qui s'appelle : les élections générales
de 1889. Si la politique intérieure et extérieure pouvait
nous donner enfin un peu de calme et de répit, si
nous étions moins préoccupés de nos divisions intérieures et un peu plus des affaires du pays, nous
pourrions avoir l'espérance de dire, dans un an, que
1889 a été une année de paix, de travail et de véritable
prospérité et que nous avons fêté dignement l'exposition universelle, qui approche à grands pas, et le centenaire de 1789.

# 1889

---

## L'ANNÉE DU CENTENAIRE

---

### I

L'année 1889 marquera sa trace. 1888 lui laissait de graves questions à résoudre, qui préoccupaient, non sans raison, les esprits. Nous nous promettions de célébrer dignement le centenaire de la Révolution française, de donner le plus grand éclat à l'exposition universelle de 1889 qui rencontrait tant de contradicteurs et d'incrédules. La paix extérieure ne serait-elle pas troublée? Et la paix intérieure, qu'allait-elle devenir dans l'état de confusion, d'agitation et d'excitation des partis politiques, au moment où s'ouvrirait la période électorale? Ces élections elles-mêmes, cette consultation du pays, que devait-il en sortir?

*Préoccupations et dispositions à l'ouverture de l'année 1889.*

### II

Au point de vue extérieur, 1889 s'achève comme les années précédentes au milieu de la paix, paix armée, de plus en plus coûteuse, à la merci du plus petit incident. Tous les pays ont augmenté leurs armements et en effectuent de nouveaux. L'Europe plie sous le poids des dépenses militaires et des charges qu'elle impose aux contribuables. Les assurances sur le maintien de la paix n'ont pas fait défaut. Dès le premier jour de janvier, aux réceptions officielles à Berlin, Vienne, Rome, des paroles pacifiques étaient prononcées et, chez nous,

*Situation extérieure. Toujours la paix armée.*

M. le président de la République, recevant le corps diplomatique, faisait entendre un digne langage en parlant de « la France qui s'apprête, disait-il, à célébrer par son exposition internationale les œuvres du travail et de la paix ». Pendant toute l'année cependant, des incidents semblaient mettre à chaque instant la paix en danger. Conflit entre l'Allemagne et la Suisse au sujet de l'hospitalité donnée à des socialistes allemands ; conflit entre l'Allemagne et les Etats-Unis à propos des îles Samoa ; agitation en Bulgarie, en Serbie, en Grèce ; tension des rapports entre l'Autriche, l'Allemagne et la Russie. La triple alliance s'affirme dans les fréquentes entrevues de l'empereur Guillaume, de l'empereur d'Autriche et du roi d'Italie.

Jamais, en effet, les voyages de souverains n'ont été aussi nombreux.

Voyage du roi Humbert à Berlin ; entrevue de l'empereur d'Autriche et de l'empereur d'Allemagne qui reçoit aussi, après de longs mois d'attente, la visite tant de fois annoncée, tant de fois retardée, du tsar. L'empereur Guillaume voyage par toute l'Europe : en Norvège en Angleterre, en Italie, en Alsace-Lorraine, en Grèce, en Turquie. Il est partout, excepté dans ses Etats. Un roi, — fait rare dans le siècle où nous sommes, — le roi de Serbie, dont les démêlés conjugaux et les difficultés avec ses ministres défraient les chroniques mondaines et politiques, abdique. Au delà de l'Océan, un autre prince, l'empereur Dom Pedro, qui avait, lui aussi, un goût prononcé pour les voyages, se trouve brusquement renversé de son trône au moment même où cinquante ans de règne semblaient avoir assis son pouvoir sur des bases inébranlables. La révolution du Brésil trouble les marchés financiers, mais le monde politique n'en prend aucun ombrage.

Il est certain que la paix dont jouit l'Europe est précaire, instable, à la merci peut-être d'un caprice de souverain ; mais on finit à la longue par s'habituer à cet état de choses et on se dit qu'officiellement du moins, aucune question irritante n'absorbe la diplomatie international et ne tient l'opinion publique en haleine. Les États européens, petits et grands, ont à se préoccuper tout autant de questions financières, économiques et sociales que de politique pure. L'Allemagne s'inquiète des grèves qui se produisent dans plusieurs bassins houillers et des élections prochaines en vue desquelles se prépare un vigoureux effort du parti socialiste. L'Autriche-Hongrie est toute à la satisfaction du rétablissement dans ses doubles budgets d'un équilibre qu'elle avait oublié depuis plus d'un quart de siècle. Dans la péninsule des Balkans, la Serbie et la Bulgarie sont plus préoccupées des emprunts qu'elles désirent contracter que de la question d'Orient. En Turquie et en Grèce, les besoins financiers ne sont pas moins sérieux.

Plus près de nous, l'Italie apprend, à ses dépens, que la triple alliance lui coûte plus qu'elle ne lui rapporte et que sa guerre douanière contre la France lui est aussi néfaste que sa politique extérieure. Elle se décide à abolir les droits différentiels et cherche à améliorer, avec notre pays, des relations qui ont eu, pendant quelque temps, un caractère aigu.

### III

Si la politique extérieure a sommeillé et nous a laissé quelque répit, la politique intérieure est loin d'avoir été aussi calme. L'agitation des partis a été extrême. La Chambre des députés élue en 1885 a, dans les derniers mois de la législature, donné le triste spectacle de discussions parlementaires d'une violence inouïe. L'élection du général Boulanger à Paris augmente l'ardeur de ses partisans, qui, se croyant sûrs du succès, prédisaient, dès le mois de janvier, la chute du président Carnot et annonçaient leur intention de faire, au moment des élections, un véritable plébiscite en posant la candidature du général dans tous les départements. La Chambre déjoue ces projets en adoptant le scrutin par arrondisse-

*Situation intérieure agitée. Le boulangisme.*

ment aux lieu et place du scrutin de liste et en votant la loi contre les candidatures multiples. Le général Boulanger, après un retentissant discours à Tours, se réfugie en Belgique, puis en Angleterre.

Cabinet Tirard.
Le général Boulanger jugé par la Haute-Cour.

Le ministère Tirard, qui avait succédé au cabinet Floquet renversé sur la question de la revision des lois constitutionnelles, intente des poursuites à la ligue des patriotes et défère au Sénat, constitué en haute cour de justice, le chef du « parti national ». Au milieu de toutes

Ouverture de l'exposition universelle.

ces agitations, l'exposition universelle s'ouvre et son succès éclatant montre à tous le rayonnement de la France, sa force morale et intellectuelle, sa puissance : elle provoque partout, suivant une juste expression de

Budget de 1890.
Rapport de M. Burdeau. Vote rapide du budget.

M. Rouvier, « un cri d'admiration ». Le projet de budget de 1890, déposé à la Chambre le 9 février, est voté rapidement avant la fin de la législature, après avoir fourni l'occasion de discussions sérieuses et particulièrement d'un remarquable exposé fait par le rapporteur général, l'honorable M. Burdeau. Il pouvait sembler que, pendant toute la durée de l'exposition, du moins, le parti boulangiste saurait garder le silence et ne chercherait pas à agiter le pays qui ne demande que le calme et la

Élections départementales.
Candidature du général Boulanger.

paix. Il n'en est rien. La candidature du général est posée, à l'occasion du renouvellemnt des conseils généraux, dans près de 140 cantons. Le monde des affaires s'en inquiète et, pendant les quelques semaines qui précèdent ces élections, la Bourse, en pleine hausse pendant les premiers jours de mai, commence à fléchir. Le bon sens des électeurs fait justice de cette campagne menée contre les institutions de la France, contre son chef respecté, l'honorable M. Carnot, dont l'attitude ferme et correcte inspire à tous, en France et à l'étran-

Élections législatives.

ger, le respect et la confiance. Les élections pour le renouvellement de la Chambre s'accomplissent avec calme : les candidats boulangistes et les partisans d'une politique violente éprouvent un nouvel échec. La nouvelle Chambre est composée, en grande partie, d'éléments modérés et, après toutes ses agitations, ses fêtes et ses crises, après l'impression dont l'influence se fera longtemps sentir dans nos relations politiques, commerciales et industrielles avec l'étranger, l'année se termine silencieusement, un peu terne et maussade, comme si ce changement fût dû, lui aussi, à cette mystérieuse influenza qui atteignait l'Europe et le monde entier.

## IV

L'année 1889 aura vu s'accentuer la reprise des affaires que nous avons maintes fois fait prévoir.. Pendant les onze premiers mois de l'année, nos exportations se sont élevées à 3,289,832,000 francs contre 2,925,876,000 francs pendant la période correspondante de l'année 1888, soit une augmentation de 335 millions. Pendant la même période, les importations se sont élevées à 3,763,618,000 francs contre 3,787,652,000 francs soit une diminution de 24 millions. Les mines et la métallurgie sont en pleine activité. De proche en proche, le mouvement a gagné toutes les autres branches de la production. La consommation de la houille et du fer s'est accrue. L'augmentation des recettes de chemins de fer n'est pas moindre de 80 millions sur l'année dernière. L'encaisse or de la Banque a augmenté de plus de 250 millions.

La rentrée des impôts a donné des résultats que nous ne connaissions plus depuis longtemps. Les douzièmes des contributions directes, échus au 1er décembre 1889, s'élevaient à 684 millions; les sommes payées par les contribuables sont de 750 millions. Il y a donc une avance de 66 millions sur l'ensemble des rôles de 1889.

Ce résultat est d'autant plus significatif qu'il a été obtenu avec une diminution dans les frais de poursuites applicables aux douzièmes en retard. Ces frais qui étaient en 1888 de 1 fr. 72 %, se sont abaissés en 1889 à 1 fr. 58.

Notre opulent budget, dont l'embonpoint respectable est contenu avec tant de peine, ne paraît guère se ressentir, on le voit, des privations ou des embarras des contribuables, puisque l'impôt est acquitté avec une telle aisance. Il encaisse des plus-values et se soldera en excédent de recettes, défiant ainsi les ennuis et les crises que la politique n'a pas épargnés à tous ceux qui travaillent, consomment et produisent. Mais, par la plus singulière des contradictions, l'année 1889, qui aura été une des meilleures que la France ait eues depuis longtemps pour son commerce extérieur, cette année dans laquelle les exportations se sont sensiblement accrues pendant que les importations diminuaient, — bien que, s'il se fût produit une augmentation dans les importations, la théorie si chère aux partisans de la balance du commerce n'eût été pour nous, disons-le en passant, qu'une banalité n'ayant plus d'application au temps actuel — cette année disons-nous, aura marqué une fois de plus le progrès des fausses et dangereuses idées économiques auxquelles se complaisent presque tous les gouvernements et qui exercent chez nous, tout particulièrement, une

Faveur des doctrines protectionnistes.

croissante et pernicieuse influence. Nous voulons parler de l'abandon du libre-échange et de la faveur des doctrines protectionnistes. Les liens que les traités de 1860, renouvelés en 1881, avaient créés entre les différents peuples expirent dans deux ans. Une industrie souffre-t-elle ou est-elle moins prospère? Est-elle aussi bien dirigée que précédemment? A-t-elle fait tout ce qu'elle pouvait pour se développer et lutter contre la concurrence? Ce n'est pas ce qu'on examine.

Les traités de commerce attaqués.

Les traités de commerce sont cause de tout le mal, et surtout ce fameux article 11 du traité de Francfort contre lequel on a tant discouru. Ce sont eux qui sont responsables des souffrances des industriels et des commerçants moins bien outillés, moins armés pour la lutte que d'autres. On ne se dit pas qu'un régime éprouvé par trente années de durée dans les relations commerciales internationales a pu faire quelque bien au pays tout entier; on oublie que c'est le développement économique de la nation depuis 1860 qui nous a permis de supporter et d'acquitter les plus lourdes charges; on ne prend même pas la peine de comparer ce qu'était la France avant les traités de commerce à ce qu'elle est devenue depuis : non, ce régime est condamné comme stérile, dangereux, suranné. Ne pas renouveler les traités de commerce, user et abuser des tarifs généraux de douane, puis, extension naturelle du socialisme d'Etat, faire du gouvernement, par ces tarifs, le principal producteur et distributeur de la richesse dans le pays; vouloir que nous n'achetions rien au dehors et que nous vendions tout ce que nous produisons, que les marchandises étrangères soient frappées de droits élevés pour que les marchandises nationales s'écoulent facilement, telles sont les idées dominantes qui nous promettent, si jamais elles étaient appliquées avec la rigueur que recommandent leurs partisans, de tristes jours pour notre commerce et notre industrie, pour le pays tout entier.

Les effets de ce courant protectionniste se font déjà sentir et se répercutent sur tout l'organisme social.

Conséquences du courant protectionniste.

On s'adresse à l'Etat pour protéger le commerce et l'industrie contre la concurrence étrangère; on s'adresse à l'Etat pour protéger l'agriculture contre l'invasion des produits étrangers; on s'adresse à l'Etat pour protéger les petits magasins, en frappant de lourds impôts les « grands magasins » et les puissantes sociétés de crédit qui reçoivent en dépôt des capitaux considérables ; on s'adresse à l'Etat pour empêcher et même pour subventionner les grèves d'ouvriers, pour intervenir dans la question des salaires et les contrats du travail. De tous côtés, l'extension du rôle de l'Etat est réclamée et l'opinion publique ne se révolte pas contre ces empiètements; on trouve naturel de voir l'Etat se substituer à tout et à tous, aux associations comme aux individualités. Possesseur d'un réseau de chemins de fer, l'Etat est maintenant maître des téléphones en attendant qu'il devienne, ce qui n'est qu'une

affaire de jours, fabricant et marchand d'allumettes.
Le socialisme d'Etat est bien le frère du protectionnisme. Tous deux naissent et grandissent ensemble.

Le jour où l'Etat sera intervenu législativement pour
protéger le propriétaire foncier, le commerçant, l'industriel, le fabricant, l'usinier, le métallurgiste, contre
la concurrence du propriétaire foncier, du commerçant, de l'industriel, du fabricant, de l'usinier, du métallurgiste étranger; le jour où l'Etat aura ainsi artifi-
ciellement maintenu la hausse des prix en supprimant
toute concurrence, toute lutte, et créé la cherté, dont
nous souffrirons tous, au lieu du bon marché, la rareté
des produits au lieu de l'abondance, que répondrez-
vous à l'ouvrier, au travailleur, au salarié qui viendra
à son tour demander à l'Etat de lui garantir un minimum de salaire, et plus qu'un minimum de salaire,
une certaine part au delà des dépenses nécessaires à
sa subsistance? Que leur répondrez-vous lorsque,
s'emparant d'une parole échappée autrefois à la jeunesse et au cœur généreux de Turgot, ils viendront vous dire que : « le pauvre a des droits incon-
testables sur l'abondance du riche »?

Tout s'enchaîne dans cet ordre d'idées et, comme le
disait M. de Villèle : « Tout est lié dans le bien comme
dans le mal, dans le vrai comme dans le faux. Entrez
dans la bonne voie, tous les résultats sont bons; égarez-
vous dans la mauvaise, tout vous tournera à mal. »
Vous ne pouvez conserver deux poids et deux mesures, protéger une classe de citoyens, abandonner les
autres; c'est l'anarchie économique que vous aurez
créée et, avec elle, la crise sociale la plus dangereuse
de toutes, car vous aurez confondu tous les intérêts.

## V

1889 au point<br>de vue financier.<br>Pertes et gains.

Au point de vue financier, l'année 1889 présente deux
aspects bien différents. Le côté noir, c'est l'aggravation
des pertes subies sur les valeurs de Panama, sans qu'il

soit possible de savoir encore s'il faut abandonner une entreprise dans laquelle les capitalistes français ont mis plus d'un milliard, ou s'il faut espérer son relèvement; c'est le krach de la spéculation sur les cuivres ; l'effondrement et la ruine du Comptoir d'escompte ; la crise intense qui a sévi sur le marché de Paris et qui aurait eu des conséquences désastreuses sans l'initiative et l'activité du ministre des finances, sans l'intervention de la Banque de France et des grands établissements de crédit. Les pertes subies par les actionnaires du Comptoir d'escompte, par les spéculateurs et par les capitalistes, par les porteurs de valeurs de cuivre et de titres touchant de près ou de loin aux sociétés atteintes, se chiffrent par centaines de millions.

Le côté brillant, c'est la hausse des rentes qui, à aucune époque et sous aucun régime, n'ont atteint de plus hauts cours. Pendant cette année, le 3 % a haussé de 82 fr. 75 à 87 fr. 80, après 88 fr. 50 ex-coupon; le 3 % amortissable, de 85 fr. 90 à 92 fr. 50, après 93 fr. C'est encore la hausse des obligations des chemins de fer, des actions de ces mêmes compagnies, de plusieurs grandes sociétés industrielles et, particulièrement, des actions des sociétés minières.

Voici quelques chiffres significatifs :

Les actions d'Aniche ont haussé de 4,000 francs; les deniers d'Anzin, de 1,400 francs; les Courrières, de 8,000 francs; les Douchy, de 1,200 francs; les Lens, de 5,000 francs; les Bully-Grenay, de 500 francs; les Carvin, de 300 francs, etc.

Ce qu'il faut noter encore, c'est que le taux de l'escompte a été constamment plus élevé à l'étranger que chez nous; la Banque de France a pu toujours maintenir le sien à 3 %. L'intérêt des bons du Trésor de six mois à un an est à 2 %. Au point de vue du placement des capitaux sur les valeurs mobilières, la baisse du taux de l'intérêt a été le trait distinctif de l'année qui vient de finir. Les placements de premier ordre à 4 % sont introuvables. Le taux régulateur est celui indiqué par le revenu des rentes et des obligations de chemins de fer : 3 1/4 à 3 1/2 maximum).

Baisse du taux de l'intérêt. Ses conséquences. Cet abaissement du taux de l'intérêt tient aux énormes épargnes de la population française qui, chaque année, comme une marée montante, viennent se surperposer en couches profondes et éprouvent d'autant plus de difficultés à se placer que les grandes et sérieuses entreprises qui absorbent et font fructifier les capitaux font presque totalement défaut.

Cet abaissement du taux de l'intérêt a facilité le complet succès des conversions des rentes hongroises, russes, brésiliennes, se chiffrant par plus de 6 milliards et qui ont eu lieu principalement sur notre marché. Plusieurs compagnies ont suivi l'exemple que les États leur donnaient; elles ont converti en une dette moins lourde leurs précédents emprunts.

Cet abaissement du taux de l'intérêt a facilité aussi les émissions successives de valeurs créées par des pays neufs, comme la République argentine. L'appât d'un intérêt plus élevé que celui fourni par les valeurs françaises devait séduire bon nombre de capitalistes. La crise monétaire qui a éclaté et sévit encore dans ces pays est venue, à temps, calmer les entraînements des rentiers et rappeler à tous que les États, quels que soient leurs richesses et leur avenir, ne doivent user du crédit qu'avec prudence et modération et, pour affermir et consolider leur situation, ne doivent pas marcher trop vite.

C'est encore à cet abaissement du taux de l'argent, à l'abondance de capitaux sans emploi, à ce désir des capitalistes de trouver des placements plus productifs que ceux donnés par les titres de premier ordre, que sont dus le réveil de la spéculation et « l'introduction » sur le marché libre, pour nous servir de l'expression usitée, de petites valeurs qui ne peuvent se négocier au parquet des agents de change parce qu'elles sont constituées contrairement aux prescriptions de la loi de 1867 sur les sociétés. Au commencement de l'année,

c'est la haute spéculation surtout qui, ayant le plus
agi sur les valeurs de cuivre, a été la plus atteinte.
Dans le cours de l'année, c'est à l'imagination des
petits capitalistes que l'on s'est adressé pour recommander non plus des mines de cuivre, mais des mines
d'or, de diamants, de pierres précieuses. On serait fort
en peine de donner des références, des renseignements
sérieux sur grand nombre de ces petits papiers : mais,
pourvu qu'ils aient un titre anglais, une allure exo-
tique, un « Esquire », un « Right honorable », un
« Solicitor » quelconque dans leur conseil d'administration ou un « limited » dans leur dénomination,
cela semble suffire à ceux qui les recommandent et à
ceux qui les achètent. Il existe, sans doute, des sociétés
aurifères ou diamantifères qui ont réussi et enrichi leurs
fondateurs d'abord et surtout, leurs actionnaires ensuite;
mais elles sont rares et, de ce côté, il y a de gros écueils
que les rentiers prudents ont la sagesse d'éviter.

Signalons encore, pour compléter cette revue éco- *Finances pu-bliques.*
nomique et financière, les discussions auxquelles donnèrent lieu le malencontreux projet d'impôt sur le
revenu proposé par M. Peytral et abandonné depuis;
la discussion et le vote en temps du budget de 1890,
le vote de la loi militaire, l'achèvement de ce magni- *L'évaluation des propriétés bâties.*
fique travail de l'évaluation des propriétés bâties dû à
l'intelligente et active impulsion de l'éminent directeur
général des contributions directes, M. Boutin, et,
comme symptôme significatif, un temps d'arrêt dans
la hausse des fonds étrangers, la baisse des fonds italiens et la hausse des fonds russes, l'échec de la souscription à l'emprunt de la ville de Paris 1886 par suite
des fausses dispositions prises pour en assurer le
succès. Notons enfin la question du double et de l'unique étalon, qui a été, pendant l'année 1889, l'objet de
sérieuses discussions.

On avait engagé le gouvernement à dénoncer la con- *L'Union latine.*
vention monétaire avec les pays de l'Union latine : féli-

citons-le, et le ministre des finances tout particulièrement, d'avoir eu la sagesse d'y résister.

## VI

Bilan financier. Nous avons épuisé tous les principaux faits de l'année 1889, qui présente à l'observateur attentif de si curieux sujets d'études et de réflexions. Nous en avons fait l'inventaire : essayons maintenant, comme tout particulier soucieux de ses intérêts en agit pour sa fortune privée, d'établir son bilan avec les deux chapitres d'usage, le passif et l'actif.

Au passif de 1889, nous mettrons le krach des cuivres; la chute du Comptoir; l'agitation boulangiste; la lutte des partis; la continuation des armements formidables en France et à l'étranger; le désordre ou plutôt l'anarchie des idées économiques ; la réaction dans les relations commerciales avec l'étranger; le retour accentué aux doctrines protectionnistes; le développement du socialisme et des questions sociales, et surtout du socialisme d'Etat.

A l'actif, nous mettrons la hausse des grandes valeurs de placement et, particulièrement, celle de nos rentes françaises et des obligations de chemins de fer; l'abaissement continu du taux de l'intérêt, ayant pour conséquence l'abondance de plus en plus grande des capitaux de placement; la magnifique récolte en céréales et en vins; la reprise des affaires dans toutes les branches de la production, du commerce et de l'industrie. Au point de vue politique, nous mettrons surtout à l'actif de 1889 la sagesse du pays, sagesse dont la majorité des électeurs a fait preuve au moment des élections des conseils généraux et de la Chambre des députés, en restant groupée autour du gouvernement que dirige avec tant de dignité, de dévouement, d'autorité, le président de la République, M. Carnot.

Quelle que soit l'importance de ces événements qui, d'un côté ou de l'autre, peuvent figurer dans ce bilan, le fait caractéristique et indélébile de 1889, celui dont le souvenir subsistera alors que nous aurons depuis longtemps tout oublié et qui lui laissera son nom, c'est le centenaire et l'exposition universelle.

La France s'est relevée à ses propres yeux et aux yeux de l'étranger. Qui pourrait, en effet, soutenir qu'à l'heure où nous sommes, il n'y a pas un revirement profond dans l'opinion que le monde avait de notre situation? Elle a montré son amour de la paix, son ardeur au travail, le bon goût et la supériorité de ses productions. La manifestation pacifique du centenaire et de l'exposition a son prix, et nous avons le droit d'en être justement fiers; mais nous ne devons pas nous endormir sur les succès acquis et nous dispenser désormais de tout effort comme si notre tâche était remplie. Nous devons profiter des leçons de l'expérience, et penser toujours à mieux faire et à travailler davantage. C'est alors surtout que l'année 1889, si brillante et si prospère « quelles que soient ses verrues et ses taches », sera plus féconde encore. Rappelons-nous, à un moment où les partis politiques parlent de tout réviser, de tout réformer, de tout changer, une parole que M. Thiers aimait à répéter sans cesse, soit qu'il parlât de la forme du gouvernement, qu'il s'occupât des impôts ou du crédit. « Il faut être sages! » Être sages à l'intérieur, sages à l'extérieur, sages en finances, sages en administration, n'est-ce pas là la conduite qui peut assurer à la France une continuité d'années à la fois heureuses et bienfaisantes?

# 1890

## MILITARISME. PROTECTIONNISME. SOCIALISME

### I

L'année 1890 ne ressemble à aucune de celles qui l'ont précédée. Vide de faits politiques importants, soit à l'intérieur, soit à l'extérieur, elle offre cependant à l'observateur attentif de sérieux sujets d'études et de méditations. 1890 est, en effet, une année où les questions économiques, ouvrières et sociales ont pris une importance considérable en France, en Europe, dans le monde entier ; elles ont montré, plus qu'à aucune autre époque, la gravité des problèmes à résoudre, elles ont été la préoccupation de tous les hommes d'Etat. Il semble qu'une société nouvelle s'éveille et grandisse, réclame sa place au soleil et menace de bouleverser l'ancien état de choses, s'il n'est pas donné satisfaction aux revendications ardentes, plus ou moins justes, plus ou moins fondées, qu'elle fait entendre.

L'année 1889, on se le rappelle, après le splendide rayonnement de l'exposition universelle (1), après les agitations de la politique intérieure et extérieure, finissait presque maussade, comme si la mystérieuse influenza jetait quelque ombre sur les fêtes du centenaire et sur le succès de la grandiose manifestation du travail de notre pays.

*Craintes pour 1890 après les succès de 1889.*

(1) Voir notre étude *Ce que la France a gagné à l'exposition universelle de 1889*, in-8°, 1889.

Paris avait été le rendez-vous de la province et du
monde entier. On s'y était beaucoup amusé, beaucoup
plu; on y avait largement dépensé. Aussi, beaucoup
d'esprits craignaient-ils, pour l'année 1890, le revers
de cette brillante période. On prédisait une année de
misères, inquiète à l'intérieur, troublée à l'extérieur.
La province devait désormais réduire ses dépenses et
chercher à gagner ce que lui avaient coûté les fêtes
parisiennes. Les recettes des chemins de fer, les chiffres
de notre commerce intérieur et extérieur, les produits
budgétaires, disait-on, souffriraient en 1890 de ce
brusque changement. A ceux qui parlaient avec orgueil
de 1889, on répondait en faisant entrevoir de tristes
jours pour 1890. Ce n'étaient pas les sujets d'inquiétude
qui manquaient. Que serait la nouvelle Chambre issue
des élections de septembre 1889? Que serait la politique
extérieure des puissances qui nous entourent; nos
forces renaissantes ne devaient-elles pas susciter l'envie
de nos ennemis?

## II

Situation in-
térieure calme.

4° Cabinet de
Freycinet.
Il n'en a rien été. 1890, au point de vue intérieur,
aura été une des années les plus calmes que nous
ayons eues depuis longtemps. Une crise de ministres
cependant : M. Constans donne sa démission, puis, un
mois après, remplace dans le cabinet Freycinet M. Tirard, démissionnaire à son tour. L'agitation boulangiste, malgré quelques interpellations de lieutenants
restés fidèles à une cause condamnée par le pays, ne
reste plus qu'un épisode égayé par les révélations, qui
ont fait tant de tapage, de M. Mermeix. Qui pense
maintenant à la manifestation du duc d'Orléans, à la
condamnation du prince, son incarcération à Clair-
vaux et sa mise en liberté à la suite de la grâce accordée
par M. le président Carnot? On avait fait grand bruit
de la journée du 1er mai, journée internationale dans
laquelle les ouvriers de tous les pays adresseraient aux

pouvoirs publics leurs revendications. Cette journée, annoncée longtemps d'avance, s'est passée tranquillement grâce aux mesures d'ordre et de précaution prises par le ministre de l'intérieur, M. Constans. Quant à la nouvelle Chambre, elle a, malgré sa jeunesse et ses indécisions, fait preuve jusqu'ici de réelles qualités. Les discussions au parlement ont été sérieuses et, soit qu'il s'agît de la réforme de l'impôt foncier, du budget ou de lois d'affaires, les nouveaux députés ont montré leur volonté d'étudier et de résoudre ces importants sujets avec calme et méthode et de reléguer au second plan les questions politiques.

A l'extérieur, l'année a été pacifique. Aussi bien à Paris, lors de la réception du corps diplomatique par M. Carnot, qu'à Londres, Berlin, Vienne et Rome, des affirmations énergiques se sont fait entendre en faveur du maintien de la paix. Les déclarations de lord Salisbury, disant qu'à aucune époque la paix n'avait été mieux assurée, n'ont pas été démenties par les événements. On a craint, un moment, que le conflit au sujet de la délimitation des possessions de l'Angleterre et du Portugal, en Afrique, ne se dénouât par la force : une entente est intervenue. La France et l'Angleterre ont réglé avec courtoisie la conversion égyptienne et la reconnaissance des droits de protection de notre pays sur Madagascar. Même accord et même entente, entre l'Angleterre et l'Allemagne, pour le partage de leurs possessions africaines. En Orient, la politique chôme. La Grèce, malgré une crise ministérielle, reste calme. On craignait quelques troubles du côté de la Bulgarie lors du voyage du prince Ferdinand et après l'opposition faite par la Russie à l'emprunt bulgare : la paix et la tranquillité ont été maintenues. En Espagne, la maladie du jeune roi, heureusement conjurée, a montré les périls, les incertitudes que l'avenir pouvait réserver à ce pays. En Portugal, après l'émotion causée par le conflit survenu avec l'Angleterre, la situation financière, qui en ce moment est en voie de relèvement, a

Situation extérieure. Tendances pacifiques générales.

pris le pas sur les préoccupations politiques. Du côté de l'Italie, quelques tendances de rapprochement avec la France se sont manifestées. La visite faite à M. Carnot par l'escadre italienne, lors du voyage du président à Toulon, l'attitude du gouvernement italien lors des obsèques de notre ambassadeur à Rome, M. Mariani, sont des faits qui témoignent d'une certaine détente dans les relations politiques des deux pays.

Il est vrai de dire que l'Italie se trouve plus que jamais enserrée dans l'engrenage de la triple alliance. La visite du nouveau chancelier allemand, M. de Caprivi, à M. Crispi, les relations affectueuses de l'empereur Guillaume et du roi Humbert, les armements poussés à outrance, sont la contre-partie des manifestations pacifiques de l'Italie à notre égard. La rupture des traités de commerce entre ce pays et le nôtre et l'abandon des fonds de la Péninsule par les capitalistes français, la triste situation du commerce, de l'industrie et des finances italiennes, indiquent depuis longtemps à l'Italie ce que lui ont coûté, ce que lui coûtent son entrée dans la triple alliance et son éloignement de la France.

En Autriche-Hongrie, il ne s'est rien produit de saillant au point de vue de nos intérêts nationaux, sauf la démission de M. Tisza, dont les acerbes et injustes paroles, prononcées il y a deux ans, avaient causé chez nous une si légitime émotion. Avec l'Allemagne, nos relations politiques sont restées au même point. Aucun incident, comme ceux des années précédentes, n'a soulevé la plus légère difficulté dans les rapports des deux nations. La démission du prince de Bismarck, sa retraite définitive de la chancellerie allemande, sa disgrâce et son remplacement par M. de Caprivi, ont été suivis avec tout l'intérêt qui s'attache à ce qui se passe chez nos voisins. Pendant de longues années, le prince de Bismarck a été considéré comme le plus zélé partisan de nouvelles guerres et d'expéditions militaires. Plus tard, il passa pour le plus fervent cham-

Retraite définitive du prince de Bismarck.

pion du maintien de la paix. Cette opinion explique
pourquoi toutes les bourses européennes s'émurent de
la retraite du chancelier de fer : la plupart des fonds
d'Etat baissèrent, comme si du maintien de M. de
Bismarck à la tête des affaires extérieures de l'Allemagne dépendait la paix du monde. Le jeune empereur
Guillaume a continué ses voyages en Europe : en
Russie, il a assisté aux manœuvres de l'armée russe ;
en Autriche, il a eu une entrevue avec l'empereur
François-Joseph; en Angleterre, avec la Reine, scellant
ainsi l'accord intervenu avec la Grande-Bretagne au
sujet de la cession de l'île d'Héligoland et de la délimitation de leurs possessions africaines.

Bien que les armements aient continué et qu'un nouvel emprunt, nécessité par ces armements, ait été émis,
non sans difficultés, dans le cours de l'année, ces occu-
pations n'ont nullement absorbé toute l'activité du jeune
souverain allemand. La conférence de Berlin sur *Questions ou-*
les questions ouvrières, due à son initiative, conférence *vrières. La con-*
à laquelle la France, dignement représentée, a pris *férence de Ber-*
part ; l'abolition des lois d'exception sur les socialistes; *lin.*
ses discours sur les améliorations à apporter à
la situation des ouvriers, sur les questions scolaires,
sont des faits qui ont occupé les esprits, en France
et à l'étranger, et les ont détournés de toute préoccupation belliqueuse. On se faisait, en effet, dans
l'Europe entière, une toute autre idée de l'empereur
Guillaume. On le représentait volontiers comme un
prince ardent, enflammé pour la guerre, prêt à sacrifier la paix du monde à son ambition et à celle de son
entourage militaire, et on est tout surpris de le voir
se préoccuper surtout de questions économiques, sociales, ouvrières, scolaires. De quelque côté de l'Europe que l'on jette les regards, les tendances pacifiques
ont donc dominé pendant toute l'année 1890. Entre la
France et la Russie, les relations d'amitié se sont accentuées. C'est un courant mutuel de sympathies qui
s'affirme et se manifeste dans toutes les circonstances.

On a vu quelle touchante démonstration la population parisienne a faite à l'ambassadeur de Russie, lors du mariage de sa fille avec un officier de notre armée.

Le Dahomey, l'Extrême-Orient

Dans nos colonies, l'expédition du Dahomey, maintenant terminée, est le seul fait à noter.

Partout ailleurs, nous développons nos possessions anciennes et cherchons à organiser les nouvelles. Les récents débats, à la Chambre, sur les crédits à ouvrir pour nos possessions en Extrême-Orient, ont montré qu'il ne s'agissait plus aujourd'hui d'abandonner ces conquêtes, mais bien d'en tirer le plus large profit pour notre pays.

### III

Bilan financier.

Au point de vue financier, l'année 1890 aura été bonne : c'est une année de grande hausse. Nos fonds publics ont atteint les plus hauts cours du siècle. Les rentes 3 % ont dépassé 96 francs, prix qu'elles n'avaient jamais coté depuis leur création. L'emprunt de conversion qui sera prochainement effectué, se fera à des conditions qu'aucun gouvernement précédent n'a obtenues; rien ne prouve mieux le développement du crédit de l'Etat et l'estime dans laquelle le tiennent nos capitalistes (1). A aucune époque on n'aura vu semblable disponibilité de capitaux, ainsi qu'en témoignent les fonds déposés dans les caisses des établissements de crédit, chez les banquiers et dans les caisses d'épargne. Les recettes des chemins de fer ont dépassé, ce qu'on ne croyait pas possible, celles réalisées pendant la période de l'exposition. Le commerce extérieur et intérieur s'est accru.

Commerce général.

Pendant les dix premiers mois de l'année, les exportations du commerce général sont passées de 2,973,936,000 francs à 3,045,020,000 francs, et les importations de 3,527,447,000 francs à 3,670,000,000 francs. L'augmentation du commerce général sur la période

(1) Voir notre étude sur *Le 2 1/2 pour cent français*, in-8°, 1890.

correspondante de 1889 n'est pas moindre de 200 millions.

Les impôts indirects perçus, pendant les onze premiers mois de 1890, ont augmenté de 2 milliards 245 millions à 2 milliards 312 millions, soit 67 millions d'accroissement. La taxe sur le revenu des valeurs mobilières a produit près de 2 millions de plus qu'en 1889. Pendant que, sur toutes les places du monde entier, à Londres, à Berlin, à Vienne, à Rome, en Espagne et en Portugal comme en Amérique, des crises financières très graves éclataient, qui ne sont pas encore terminées; alors que partout le taux de l'escompte éprouvait de nombreuses oscillations, s'élevant jusqu'à 6 % en Angleterre, la Bourse de Paris faisait preuve d'une complète sérénité, la Banque de France maintenait invariablement son escompte à 3 %. Le marché américain n'est pas encore remis des secousses et des pertes que lui ont fait subir les spéculations sur les chemins de fer, sur les mines et le métal argent, depuis la mise à exécution du *Silver-Act* — fait économique des plus importants pour toutes les puissances latines —. A Londres, la crise a été telle qu'on a vu une maison séculaire, la banque Baring, obligée de liquider ses opérations et la Banque d'Angleterre dans la nécessité de faire appel à l'or de la Banque de France.

En Allemagne, l'année financière aura été désastreuse. La spéculation était gorgée de valeurs qu'elle a dû réaliser avec des pertes énormes. Berlin, dont on avait vanté à l'excès depuis plusieurs années le rôle actif et prépondérant, est contraint de liquider ses folies et ses exagérations avant de songer à entreprendre de nouvelles opérations.

## IV

La fermeté soutenue dont le marché français a fait preuve pendant l'année 1890 et la hausse de la plupart

*Crises étrangères.*

*Le marché financier.*

des valeurs qui s'y négocient, sont des plus remarquables; les crises des places étrangères n'ont exercé
sur la nôtre qu'une influence passagère et cependant,
divers faits particuliers qui, à un moment, ont occupé
l'opinion, pouvaient la troubler profondément.

Le Crédit fon-
cier.

Est-il nécessaire de rappeler les critiques violentes
dont furent l'objet le Crédit foncier, son gouverneur,
son administration, à la suite de la démission de M. Lé-
vêque? Pendant plus de deux mois, les journaux, les
Chambres, le gouvernement, s'occupèrent de ce grave
incident. L'enquête prescrite par le ministre des
finances et dont on connaît depuis longtemps les conclusions, a été la justification de l'administration de
l'honorable M. Christophle et la constatation officielle
de l'excellente situation de l'établissement qu'il dirige;
mais ces injustes attaques ont eu pour conséquence
d'effrayer une foule de petites gens d'épargne. Pendant
plusieurs jours, ce fut une panique, heureusement dis-
sipée aujourd'hui, sur les actions et obligations du Crédit foncier qui baissèrent, les premières de près de
150 francs, les autres de 20 à 30 francs par titre; les
esprits inquiets, ceux qui ne savaient pas avec quels
soins et quel dévouement de tous les instants le Crédit
foncier était dirigé, n'étaient pas éloignés de croire que
cet établissement allait sombrer comme le Comptoir
d'escompte ou l'Union générale.

En même temps que ces attaques contre le Crédit
foncier se produisaient, les achats de rentes effectués
pour le compte des caisses d'épargne, donnaient lieu à
de vives discussions à la Chambre. Le ministre des
finances, en réponse à l'interpellation de M. Laur, mon-
tra combien étaient puissantes et sûres l'organisation
et l'administration de ces institutions de prévoyance,
combien leurs ressources étaient grandes et de quelles
fortes réserves elles disposaient. Les explications si
claires du ministre contribuèrent à augmenter encore
la confiance du public et du monde des affaires dans
la solidité du mouvement de hausse qui commençait à

se dessiner sur les rentes. Le 3 % à la Bourse du 20 mai, atteignait 90 fr. 15. Nous notons cette date, car c'était la première fois, depuis la création de la rente, que le cours de 90 francs, qui a été depuis largement dépassé, était atteint.

Deux grosses affaires, la liquidation du Comptoir d'escompte et celle du canal de Panama, se sont poursuivies, pendant l'année 1890, avec un sort différent. La liquidation du Comptoir donne des résultats sur lesquels on ne comptait guère : au commencement de cette année, les actions valaient à peine 160 francs, elles se sont élevées depuis à 380 francs et on estime que les résultats définitifs de la liquidation permettront de distribuer plus de 400 francs par titre. Il ne faudrait cependant pas tomber dans des exagérations, car tous les procès ne sont pas finis. Quant au Panama, la commission d'ingénieurs envoyée par le liquidateur pour examiner les travaux et se rendre compte de la situation a constaté, ainsi qu'on le prévoyait d'ailleurs, que si le percement du canal de Panama est praticable, il faudrait encore des capitaux considérables pour le réaliser. En admettant que ces capitaux fussent réunis, après la juste rémunération qui leur serait due il ne resterait pas de sommes suffisantes pour désintéresser le capital primitif englouti dans cette entreprise qui aurait sans doute réussi, malgré toutes les difficultés, si l'argent n'avait pas fait défaut pour continuer le travail commencé. Plus que jamais, l'avenir réservé au Panama reste sombre : le gouvernement de la Colombie peut annuler les conventions et s'emparer de l'actif immobilier de la société si le canal n'est pas ouvert à la circulation à l'époque primitivement fixée dans le contrat de concession.

Le Panama constitue une grosse perte pour la petite épargne, perte supportée, dans son ensemble, plus facilement qu'on ne le supposait, parce que la plus grande partie des porteurs d'actions et d'obligations ne s'étaient intéressés dans cette affaire que pour de

Le nouveau 3 % dépasse 90 fr.

Liquidation du Comptoir d'escompte.

Le Panama.

faibles sommes; beaucoup de capitalistes n'ont mis dans le Panama que ce qu'ils pouvaient risquer ou perdre, les uns par confiance dans l'avenir de l'œuvre, les autres dans l'espoir de voir leurs titres obtenir la même plus-value que ceux de Suez; les imprudents seuls ont engagé toute leur fortune; de là, l'extrême division et répartition des titres dans les portefeuilles; mais il est certain que, pour beaucoup de petits rentiers, la chute du Panama a été une véritable ruine. Moins on possède, plus sensibles sont en effet les pertes que l'on éprouve.

*Crise argentine.* La crise argentine fait perdre beaucoup à la France. Pendant les trois dernières années, on s'était épris, chez nous, de toutes les valeurs d'au delà de l'Océan. Aussi, les emprunts provinciaux de la République argentine et les fonds argentins eux-mêmes avaient trouvé des preneurs d'autant plus empressés que l'on vantait, à l'envi, la richesse agricole de ces divers pays et les éléments de prospérité et d'avenir qu'ils renferment. Les causes de la crise sont maintenant connues; on ne peut dire que tout soit perdu, mais il n'y a encore rien de sauvé, voire même de sauvegardé. Des pertes sensibles ont été subies, de ce chef, par l'épargne française et c'est une ombre qui fait tache sur le tableau de la plus-value des valeurs pendant 1890.

Pour être moins retentissantes que les chutes du Comptoir, du Panama, des emprunts argentins, il en est d'autres qui ne sont pas moins douloureuses à ceux qui en sont les victimes. Pendant le cours de cette année, combien de maisons de participation, de jeux de Bourse, de reports, etc., ont disparu! et quelles pertes elles ont fait subir au public, qui peut bien s'en prendre à lui-même des déboires qu'il éprouve, car, pour courir après les gros bénéfices ou les revenus élevés, il compromet le plus souvent son capital.

*Tendances des capitalistes.* Nous avons souvent fait remarquer combien le public maintenant recherchait les valeurs à revenu variable et négligeait celles à revenu fixe. C'est un des traits de cette année. La hausse des valeurs à revenu variable, des titres industriels, a été relativement plus importante que celle des titres à revenu fixe, comme les rentes et les obligations.

Le public recherche des valeurs qu'il pourra revendre plus haut qu'il ne les a achetées; le revenu qu'elles donnent est pour lui chose secondaire, il désire gagner une différence de cours bien plus que placer tranquillement ses fonds et en retirer un intérêt modeste. C'est un des dangers qui menacent l'épargne française et notre marché financier : cette tendance des capitalistes et des rentiers à spéculer, à jouer sur des différences est fâcheuse et triste à constater. L'an dernier, nous mettions en garde le public contre la création d'une foule de petites sociétés plus ou moins « limited », lançant sur le marché des petits papiers qualifiés d'actions de mines d'or, de cuivre, de diamants, etc. L'année 1890 a été désastreuse pour la plupart de ces affaires qui, ne reposant sur rien de sérieux, devaient pitoyablement disparaître.

Plusieurs conversions de rentes se sont effectuées : la conversion des obligations égyptiennes privilégiées, celle de la Daïra-Sanieh, celles de l'emprunt roumain, des Priorités ottomanes, etc. Elles ont réussi, non sans quelques difficultés. Le rentier se lasse de ces opérations, qui ne sont le plus souvent qu'un prétexte pour effectuer de nouveaux emprunts. Il n'accepte plus aussi facilement qu'autrefois les nouveaux titres qu'on lui propose, réclame le remboursement des valeurs qu'il possède et repousse la conversion. Il est certain que, depuis quelque temps, le principe et la raison d'être des conversions ont été faussés. Une conversion ne devrait se faire qu'autant que l'intérêt payé par l'emprunteur est supérieur au taux courant de l'argent. Rien de plus juste que de rembourser d'anciens prêteurs avec des fonds empruntés à meilleur compte; de plus, une conversion ne devrait avoir pour but et pour résultat que d'appliquer à des diminutions d'impôts ou

*Conversions étrangères.*

à des économies les bénéfices provenant de cette opération. Or, il n'en est rien. On gage de nouveaux emprunts avec les bénéfices que procurent les réductions d'intérêts imposées aux anciens prêteurs.

Les émissions publiques ont été rares cette année. La Russie a emprunté 360 millions en 4 %, en vue de procéder à la conversion des rentes anciennes; le Portugal a fait un emprunt qui n'a pas eu de succès; plusieurs compagnies étrangères, les Andalous, la nouvelle Société du canal de Corinthe, la Compagnie des chemins de fer portugais, les Chemins de fer sud-brésiliens ont fait appel aux capitaux français. Plusieurs sociétés industrielles, telles que le Decauville, la Compagnie des chemins de fer à voie étroite, ont reçu bon accueil du public.

## V

C'est donc surtout sur les valeurs anciennes que l'épargne a porté ses disponibilités, aidant ainsi à la continuation de leur mouvement de hausse. Grâce à l'accumulation de la richesse antérieure, au développement du goût de l'épargne, à la facilité croissante et à l'extension des voies de communication, aux progrès économiques accomplis et dont profitent chaque jour le commerce et l'industrie, la France possède une richesse mobilière considérable, répartie à l'infini entre plus de 5 millions de rentiers et représentée par des fonds d'Etat français et étrangers, par des actions et obligations de sociétés de toute nature, par des titres internationaux. Dans de précédents travaux (1) nous avons estimé — et nos chiffres ont été confirmés depuis par de nombreux documents — la fortune mobilière de la France à plus de 80 milliards, rapportant, bon an mal an, près de 4 milliards. Comme notre pays a la

(1). Voir notre étude sur *Les valeurs mobilières en France*, in-8°, 1878.

sage et bonne habitude de ne pas dépenser la totalité
de son revenu, il a tous les ans, tous les semestres, tous
les trimestres, à chacune des grosses échéances de
coupons, des intérêts à recevoir et de nouvelles économies à placer. Qu'un accident survienne, comme une
mauvaise récolte en vins ou en céréales; que des pertes
cuisantes soient infligées à l'épargne, comme celles
résultant du krach des Métaux et du Comptoir, de la
chute du Panama, de la baisse de certaines valeurs telles
que les titres argentins, c'est une perte fort regrettable
pour ceux qui la subissent et qui peut momentané-
ment diminuer la somme totale d'épargnes à placer
annuellement, mais ne la supprime pas entièrement.
Suivant que notre heureux pays a des récoltes plus ou
moins abondantes et que ses placements pécuniaires
sont plus ou moins sagement effectués, ses économies
annuelles s'accroissent ou diminuent, mais il possède
toujours un excédent final qui, économisé à nou-
neau, sert à de nouveaux achats de valeurs, produit, à son tour, des revenus et reconstitue ainsi, à la
longue, le capital primitivement perdu. C'est ce qui explique encore la hausse des anciennes valeurs que le
capitaliste connaît de longue date et sur lesquelles il
porte ses épargnes.

Pendant l'année qui s'achève, le 3 % perpétuel a
haussé de 87 à 95; le 3 % amortissable de 92 à 96; les
actions de Lyon ont gagné environ 125 francs; celles du
Nord 80 francs; de l'Orléans 100 francs; l'Ouest 80 fr.;
le Midi 100 francs; la Banque de France a gagné près
de 400 francs; la Banque de Paris, 60 francs; le Crédit
lyonnais, plus de 100 francs. La plupart des valeurs
industrielles, les titres des compagnies houillères, ont
obtenu des avances considérables. Les obligations de
chemins de fer ont gagné, en moyenne, 20 à 25 francs;
elles ont commencé à fléchir à partir du jour où la
Chambre a voté la regrettable augmentation de la taxe
sur le revenu des valeurs mobilières. Puisse cette mesure n'avoir pas de dangereuses conséquences pour

l'avenir et le développement des valeurs mobilières en France et pour les placements de l'épargne.

## VI

Pour les rentiers, pour la Bourse, pour le monde financier, de même que pour les finances publiques et le crédit de l'Etat, l'année 1890 aura donc été, tous comptes faits, des meilleures; elle a bénéficié du calme intérieur et extérieur dont notre pays a été heureusement favorisé, de l'apaisement politique qui se fait dans les esprits, de la confiance qu'inspire à tous M. le président Carnot. La discussion du budget a eu beaucoup d'ampleur et ce budget, malgré ses défectuosités, malgré les nouveaux impôts et les surtaxes que, par nécessité, il a fallu accepter, repose sur des bases solides, sérieuses. Il consacre l'unité budgétaire par l'incorporation des dépenses extraordinaires de la guerre dans le budget ordinaire : c'est là un fait important pour la solidité et l'avenir de nos finances.

Mais, à un point de vue général et considérée dans son ensemble, l'année 1890 aura montré le développement continu des armements. La paix est sur toutes les lèvres, mais l'Europe reste sur le qui-vive.

Le militarisme et le protectionnisme ont entre eux des rapports tout intimes. Dans toute l'Europe, on a accru les armements, le matériel de guerre, augmenté les dépenses, émis des emprunts, surélevé les impôts. Toutes ces charges augmentent les frais de production et rendent par conséquent plus laborieuse la lutte contre la concurrence étrangère. Agriculteurs, industriels, producteurs, commerçants, se plaignent de cette concurrence; c'est elle la grande coupable et c'est contre elle qu'ils demandent à être protégés par une élévation des droits de douane. Il est si facile et si tentant, pour un gouvernement, de se procurer ainsi de l'argent. Alors, on modifie les tarifs douaniers; on en crée de nouveaux; on frappe les céréales, le bétail, le sucre,

*Marginal notes:*

1890 est une année favorable.

Finances publiques.

Militarisme et protectionnisme.

la nourriture de l'homme. Chacun ferme son marché. Nous élevons des barrières contre les pays qui nous environnent; à leur tour, ces pays en élèvent contre nous. Et pendant que la vieille Europe plie sous le poids de ses charges militaires, qu'elle se fait la guerre à coups de tarifs en redoutant l'heure de la guerre à coups de canon, l'Amérique, avec son bill Mac-Kinley, porte au commerce international du vieux monde une atteinte redoutable.

Avec le militarisme et le protectionnisme, se déve- L'État provi-<br>dence. loppe le socialisme. Les attributions de l'Etat s'étendent à l'infini et prennent un développement excessif. Nous avions déjà l'Etat assureur, banquier, transporteur de lettres, de colis et de voyageurs, marchand de tabac, télégraphiste et téléphoniste : il nous manquait l'Etat droguiste. Nous y avons échappé pour cette fois, grâce au rejet de l'impôt sur les produits pharmaceutiques; mais l'Allemagne trouve naturel, pour protéger les malades, de s'attribuer le monopole de la « lymphe » du docteur Koch et crée l'Etat pharmacien. Cette nouvelle intervention fait sourire; elle est cependant logique, car tout s'enchaîne dans l'ordre économique.

Du moment où l'Etat veut protéger quelqu'un, il est amené à protéger tout le monde. Lorsque, chez nous, les pouvoirs publics protègent les producteurs, il leur faut protéger aussi les consommateurs et la classe ouvrière. Le producteur d'un produit quelconque se récrie contre la concurrence étrangère, réclame pour lui le monopole du marché national, l'Etat intervient; les ouvriers, à leur tour, disent que leur travail est, après tout, aussi « national » que celui des propriétaires, des agriculteurs, des chefs d'industrie; ils demandent que l'Etat protège leurs salaires, taxe les ouvriers étrangers, leur interdise même l'accès de certains travaux. Ils veulent travailler moins de temps et gagner tout autant, sinon davantage; c'est la devise des « trois huit » : huit heures de travail, huit heures

Protectionnis-
me et socialisme.

de repos, huit heures de sommeil. Le protectionnisme engendre donc le socialisme ouvrier et le socialisme d'Etat, de même qu'une faute en entraîne une autre. La conséquence est que les gouvernements, qui ne devraient être que des assureurs de sécurité, veulent être des assureurs de bien-être : l'impôt devient entre leurs mains un moyen de répartir les richesses entre les citoyens et c'est encore là une erreur profonde qu'ils commettent.

Conclusion.

Au-dessus de tous les faits que nous venons de relever dans le cours de cette période de douze mois, l'année 1890 a donc un trait « fin de siècle », pourrions-nous dire suivant l'expression à la mode, trait caractéristique que nous définirons en trois mots : *militarisme, protectionnisme, socialisme.*

C'est le legs du passé, la préoccupation du présent et le danger de l'avenir.

# 1891

## UNE ANNÉE D'AVERTISSEMENTS

### I

Deux faits d'une importance considérable pour le présent et pour l'avenir dominent l'année 1891. D'une part, le renouvellement de la triple alliance et, en regard, la « situation nouvelle » dans laquelle, suivant l'expression de M. de Freycinet, « nous saurons garder la dignité et la mesure qui, aux mauvais jours, ont préparé notre relèvement ». D'autre part, le triomphe du protectionnisme, le vote chez nous de tarifs douaniers prohibitifs alors qu'une alliance commerciale, non moins redoutable qu'une alliance militaire, est conclue par l'Allemagne avec l'Autriche, la Hongrie et l'Italie, alliance dirigée contre notre pays et à laquelle viennent se joindre directement ou indirectement des Etats neutres comme la Suisse et la Belgique.

Les menus détails de la politique courante, aussi variés et intéressants qu'ils aient été, disparaissent devant la réalité de ce fait : l'Europe divisée en deux camps au point de vue militaire et commercial. A l'isolement politique tenté contre elle par la triple alliance, la France répond par Cronstadt. A l'entente politique entre la France et la Russie, dont la puissance militaire peut contrebalancer les forces des autres nations coalisées, la triple alliance répond par la conclusion de traités commerciaux tendant à nous isoler au point de vue économique.

Que pèsent maintenant, à côté de ces graves événe-

*Deux faits considérables : Renouvellement de la triple alliance. Le protectionnisme triomphant.*

ments, les interpellations dont nos ministres ont été l'objet? Interpellations sur l'élection Mary-Reynaud, sur l'attitude des présidents d'assises, sur la crise financière, sur le drainage de l'or, sur le chauffage des wagons, sur l'interdiction de pièces de théâtre comme la Fille Elisa ou Thermidor, sur l'affaire de la mélinite, sur l'érection d'une statue à Danton ou sur les troubles dont les représentations de Lohengrin ont été l'objet?

Que pèsent encore les interminables discussions auxquelles se livrèrent le parlement, les conseils généraux, la presse, pour résoudre la question des courses et du pari mutuel? Ou bien encore, qui songe au suicide du général Boulanger, à la mort du prince Napoléon, à celle de de Moltke, de Windthorst ou de Parnell? Et, en pleine fin du XIXᵉ siècle, sous le gouvernement d'un prince libéral, éclairé, ami de la France, n'a-t-on pas déjà presque oublié les persécutions et les atroces cruautés dont les juifs de Russie ont été victimes, les souffrances horribles endurées par cette immense population juive qui, pour ne pas abandonner la foi de ses pères, a supporté de véritables tortures et préfère commencer un triste et douloureux exode au-delà de l'Océan? Et comme si le fanatisme religieux devait toujours exister sous n'importe quelle latitude, pendant que les juifs sont persécutés en Russie, les chrétiens sont massacrés en Chine! Qui se rappelle la chute de Crispi, les troubles de Manipour dans les Indes, d'Oporto dans le Portugal, le coup d'Etat du maréchal da Fonseca au Brésil ?

Que pèsent même les incidents, exagérés à dessein par la presse allemande, auxquels donnèrent lieu le voyage de l'impératrice Frédéric à Paris et le refus de nos peintres de prendre part à l'exposition de Berlin?

Ces incidents auraient fait moins d'impression encore s'ils n'avaient presque coïncidé avec la disparition de M. Jules Grévy et ne nous avaient rappelé l'affaire Schnœbelé, celle de Raon-l'Etape et quelques autres qui, grâce à lui, se dénouèrent heureusement après avoir causé les inquiétudes les plus vives. L'ancien président

*Antisémitisme en Russie.*

*Mort de M. Jules Grévy.*

de la République s'est montré à hauteur de la grande
charge qu'il occupait ; il a beaucoup fait pour assurer
au pays le calme et la sécurité, sans rien sacrifier de sa
dignité, ni de son honneur. Aussi M. Grévy restera-t-il
une des grandes figures de la troisième République.

Les faits graves qui dominent l'année 1891 et que nous
avons indiqués, laissent dans l'ombre d'autres événements très sérieux qui, sans doute, ont préoccupé le
pays : la persistance des grèves, l'agitation ouvrière,
l'acuité des revendications sociales. Les manifestations
du 1er mai, les troubles de Lyon, Marseille, Fourmies ;
les grèves des cochers des omnibus, des employés de
chemins de fer, des mineurs du Nord et du Pas-de-Calais,
les terribles accidents, plus nombreux cette année que
d'habitude, dans nos mines et sur les voies ferrées, sont
présents à l'esprit, de même qu'on ne peut oublier tous
les efforts du gouvernement pour conjurer ces troubles
et ces malheurs. Les questions sociales sont chaque jour
de plus en plus ardues ; les pouvoirs publics essaient
d'y porter remède. Divers projets de lois sur les associations, sur la fixation à dix heures de la durée de travail, sur les établissements industriels ou sur la fondation d'une caisse de retraites des travailleurs avec
participation de l'Etat et des patrons, sont en préparation
ou ont été votés cette année. Ce ne sont pas les seuls
soucis qui aient éveillé l'attention des pouvoirs publics.
Des discussions sérieuses ont eu lieu à la Chambre et au
Sénat sur le Tonkin, sur le Sénégal, sur nos possessions
africaines et particulièrement sur l'Algérie à la suite
d'une interpellation de M. Dide au Sénat et d'un rapport
magistral de M. Burdeau à la Chambre des députés.

Est-ce tout? Non. Comme si cette infinité de questions
n'étaient pas suffisantes, les affaires religieuses revin-
rent en discussion ; c'est sur elles que finissent les dernières semaines de l'année parlementaire, en même
temps que l'on apprend, avec une réelle émotion, la mort
de Mgr Freppel, « l'évêque patriote », à la mémoire
duquel M. Floquet a rendu un témoignage éloquent de
justice et de sympathie.

*Marginalia:*

Agitation ou-
vrière. Grèves,
revendications
sociales.

Nos colonies :
Interpellation
Dide, rapport
Burdeau.

Questions reli-
gieuses.

Mort de Mgr
Freppel.

## II

Situation exté-
rieure. L'année 1891 est, au point de vue politique intérieur,
extrêmement remplie ; au point de vue extérieur, elle a
montré une fois encore que la paix, que tous les souverains se plaisent à affirmer dans leurs discours officiels,
peut être à la merci du plus petit incident. On n'a
oublié ni les aggravations des mesures prises en Alsace-
Lorraine à la suite du voyage de l'impératrice Frédéric
à Paris, ni, après le discours pacifique de Schœnbrunn,
le toast violent à Erfurt de l'empereur Guillaume, ni,
comme par un coup de théâtre, la suppression des passeports dans les pays annexés. Avec l'Italie, nos relations sont courtoises, mais difficiles. La chute de
M. Crispi, remplacé par M. di Rudini, a pu faire espérer
que nos rapports deviendraient plus amicaux. C'était
une illusion.

L'inauguration de la statue de Garibaldi, à Nice, a été
l'occasion d'un échange de paroles fort amicales qui ont
eu un grand retentissement en France et en Italie. Le
discours, si éloquent dans sa sincérité, de M. Rouvier
parlant, au nom du gouvernement, de « Rome-Capitale »,
a produit une vive impression dans la péninsule où les
ennemis de notre pays persistaient à faire croire que la
France ne voulait pas reconnaître les faits accomplis.
Pour dissiper ces sentiments pacifiques, il a suffi d'une
incartade de deux voyageurs restés inconnus ; l'opinion
publique italienne surexcitée outre mesure a voulu en
rendre responsable la France entière. En d'autres temps,
le fait aurait été l'objet d'un simple entrefilet de journaux, la presse italienne l'amplifia outre mesure; des
cris de « à bas la France, vive Sedan, vive l'Allemagne »,
se sont fait entendre dans un pays qui nous doit sa
liberté, son indépendance, auquel nous n'avons ménagé
ni notre appui, ni notre crédit, ni notre argent, ni ce
bien le plus cher et le plus précieux de tous, le sang de
nos enfants! L'Europe, du reste, est toujours sur le qui-

vive. Partout les armements et les dépenses de guerre
ont augmenté à vue d'œil : en Angleterre, en Belgique,
en Suisse, en Hollande, en Suède, en Norvège. La Bulgarie et la Serbie restent le foyer de troubles qui peuvent
faire renaître, au moment où on s'y attendra le moins,
la question d'Orient. Un rien, une fausse nouvelle, mettent en émoi les chancelleries, témoin la dépêche annonçant la descente des Anglais à Sigri et l'occupation de
cette île par une division navale de l'Angleterre. Comme
si, enfin, tous les faits survenus pendant cette année
devaient prêter à de mûres réflexions, nous avons assisté
aux luttes du prince de Bismarck contre la cour d'Allemagne ; nous avons vu le chancelier de fer, à qui l'Allemagne doit la plus grosse part de sa fortune, traité en
ennemi public, menacé de poursuites, obligé de quitter
Berlin et, finalement, se présentant aux élections comme
simple candidat à la députation pour être élu... après
un scrutin de ballottage entre lui et un ouvrier socialiste!

### III

Au point de vue financier, 1891 mérite d'être suivi
de près. Le marché a éprouvé de violentes secousses :
la première, à la suite de la chute de la Société de dépôts et de comptes courants et d'un commencement
de baisse sur un grand nombre de valeurs internationales; la seconde, au lendemain de l'émission de l'emprunt russe. Il s'est produit un effondrement complet
sur les chemins portugais, les fonds portugais et bré-
siliens, les valeurs argentines. Les sociétés de crédit
ont payé un large tribut à la baisse. Des questions,
comme celles du change et de l'influence que ses fluctuations exercent sur le cours des valeurs, — questions
graves et complexes que, malheureusement pour eux
et pour les affaires, la plupart de nos financiers modernes connaissent peu, — ont surgi. Seules, les rentes
françaises, les actions et obligations de chemins de fer,

*Bilan financier.*

les obligations du Crédit foncier et de la ville de Paris, en un mot les véritables valeurs de placement de l'épargne française, après avoir cédé à un entraînement passager, sont revenues à des prix égaux ou légèrement supérieurs à ceux de 1890 et plus élevés en tous cas que ceux cotés pendant les années précédentes. L'épargne nationale n'a rien perdu de sa force, de sa vitalité. Elle a souscrit 16 fois 1/2 l'emprunt français de 869 millions qui, émis à 92 fr. 55, se négocie en ce moment 2 fr. 50 plus cher que son taux d'émission. Elle a, comme d'habitude, acquis aux guichets des compagnies de chemins de fer 150 à 200 millions d'obligations, souscrit aux obligations émises par le canal de Suez, couvert plusieurs fois l'emprunt de 400 millions d'obligations communales du Crédit foncier, assuré le succès de la conversion en 4 % de 320 millions de 4 1/2 % russe 1875, couvert sept fois l'emprunt de 500 millions en 3 % émis par le gouvernement russe. La Banque de France a constamment maintenu son escompte à un taux inférieur à celui des autres banques européennes; son encaisse or s'est accrue de plus de 200 millions et dépasse celles des grandes banques européennes. Grâce à cette accumulation de ressources, nous avons pu faire face aux exportations d'or rendues nécessaires par la mauvaise récolte. Dans les caisses des établissements de crédit se trouvent des capitaux énormes auxquels est servi un faible intérêt de 1/2 à 1 %; les sommes versées dans les caisses d'épargne s'accroissent et, tous comptes faits, dépassent le montant des retraits.

La commission du cadastre. — Les préoccupations du ministre des finances, M. Rouvier, au sujet d'une meilleure application de l'impôt foncier ont trouvé leur sanction dans la création de la « commission du cadastre », appelée à étudier les diverses questions que soulève le renouvellement des opérations cadastrales tant au point de vue de l'assiette de l'impôt que de la détermination juridique de la propriété immobilière et de son mode de transmission. La constitution de cette commission par un décret du 30 mai a produit une excellente impression dans les milieux législatifs comme dans les milieux administratifs (1).

Les recettes budgétaires accusent pour les onze mois écoulés une plus-value de 91 millions sur les impôts et revenus indirects, par rapport aux prévisions budgétaires, et une augmentation de 96 millions et demi par rapport aux résultats de la période correspondante de 1890. Si l'on tient compte des crédits supplémentaires votés en 1891 et des annulations de crédit qui se produiront sûrement cette année comme les précédentes, on calcule que l'exercice 1891 se soldera par un excédent de recettes de 60 millions. Augmentation des recettes des chemins de fer en excédent de plus de 27 millions sur celles réalisées l'an dernier, augmentation de la navigation et du mouvement de nos ports, développement de notre commerce intérieur et extérieur, tous les faits économiques se pressent pour démontrer que la France, confiante en elle-même et dans les hommes qui la dirigent avec sagesse et dévouement, lasse des luttes stériles des partis, voulant vivre en paix à l'intérieur et à l'extérieur, a continué de marcher dans une voie prospère et féconde.

*Rendement favorable des impôts.*

A ce point de vue, les cours de nos rentes sont des plus instructifs. Si nous jetons, en effet, un regard d'ensemble sur la marche de nos fonds publics pendant une longue période, depuis dix ans par exemple, nous constatons que, malgré les crises politiques et financières, malgré les défaillances passagères qui se produisent tantôt pour une cause tantôt pour une autre, sur un marché de capitaux aussi grand et aussi large que le nôtre, le crédit de la France, dont le prix des rentes est l'expression, est à son apogée. On peut

*Marché des fonds publics depuis 1881.*

(1) Voir nos *Discours prononcés à la Commission extraparlementaire du cadastre*, in-4°, Imprimerie nationale.

en juger par le relevé suivant qui fournit les cours (fin décembre) de nos fonds publics depuis 1881 (1).

| ANNÉES | NATURE DES RENTES | | |
|---|---|---|---|
| | 3 % | 3 % amortissable | 4 1/2 % 1883 |
| | fr. c. | fr. c. | fr. c. |
| 1881........................... | 84 15 | 85 425 | » |
| 1882........................... | 79 36 | 80 80 | » |
| 1883........................... | 76 80 | 78 00 | 105 80 |
| 1884........................... | 79 10 | 82 10 | 109 10 |
| 1885........................... | 80 20 | 82 90 | 109 35 |
| 1886........................... | 82 30 | 86 05 | 109 90 |
| 1887........................... | 80 92 | 85 00 | 107 02 |
| 1888........................... | 82 76 | 85 90 | 104 35 |
| 1889........................... | 87 40 | 92 20 | 105 80 |
| 1890........................... | 94 90 | 96 50 | 104 20 |
| 1891........................... | 95 22 | 96 60 | 104 95 |

On voit, par ce tableau, que la rente 3 % est aux plus hauts prix qu'elle ait cotés depuis dix ans, avant et depuis le krach de 1882. Elle a même atteint, pendant l'année 1891, 96 fr. 60 et a coté au plus bas 93 fr. 20. Il est à remarquer que, depuis 1883, la hausse a été ininterrompue. Les plus hauts cours d'une année sont presque devenus les plus bas cours de celle qui l'a suivie. Le 3 % amortissable, si décrié et si injustement attaqué à ses débuts parce qu'il était un fonds nouveau et, si nous pouvons nous exprimer ainsi, « incompris » du public, tient la tête de nos fonds d'État et ce n'est que justice. Plus il se rapproche du pair de 100 francs, plus l'écart de ses cours avec ceux du 3 % devient faible. En ce moment, si l'on tient compte du coupon à recevoir en janvier, l'écart est seulement de 0 fr. 50, ce qui est insignifiant et insuffisant, car plus haut montera le 3 % perpétuel, plus probable sera l'éventualité d'une conversion de ce

(1) On peut consulter, pour la période 1870-1880, notre étude sur *Les plus hauts et les plus bas cours des principales valeurs depuis 1870*, in-8°, 1887.

fonds, tandis que le 3 % amortissable est inconvertible. Quant au 4 1/2 %, plus se rapproche à grands pas l'année 1893, époque à laquelle une nouvelle conversion pourra avoir lieu, plus forte est la dépression des cours. Le capitaliste qui, écoutant les conseils que nous n'avons cessé de lui donner, aurait, dès 1883 et 1884, converti lui-même son 4 1/2 % en 3 % constaterait aujourd'hui que son capital s'est accru dans des proportions considérables.

Nous avons si souvent expliqué les causes qui justifient la hausse des rentes 3 %, qu'y revenir encore serait tomber dans des redites. Bornons-nous à faire remarquer que plus grandes ont été les déceptions et les pertes du public sur certaines valeurs, plus les déboires qu'il a subis sur ses placements à l'étranger ou sur quelques titres comme le Panama se sont multipliés, plus il s'est attaché à nos rentes. On finit par comprendre qu'entre elles et le reste du marché, il convient de faire une large distinction et que, quelles que soient nos charges budgétaires et les dissensions des partis, la confiance dans le crédit de l'Etat et la solvabilité de notre pays sont indiscutables et à l'abri de toute atteinte.

Si, pendant cette année 1891, les rentes françaises n'ont pas haussé dans les mêmes proportions que pendant les années précédentes et ne se sont pas éloignées des cours cotés en 1890, il ne faut pas s'en étonner. Depuis quatre ans, sans remonter plus haut, de 1887 à fin 1891, le 3 % a haussé de 15 francs. Consolider et maintenir une telle plus-value est un magnifique résultat. D'autre part, pendant l'année 1891, l'épargne a placé plus de 1,500 millions, soit sur l'emprunt de conversion russe 4 1/2 1875, soit sur l'emprunt russe 3 %, soit sur notre emprunt français de 869 millions qu'elle a fini par absorber tout entier.

Si les seuls placements effectués sur l'emprunt nouveau s'étaient portés sur les rentes anciennes, nul doute que ces dernières, malgré les crises et les évé-

nements de cette année, auraient encore gagné une
nouvelle avance.

## IV

Comparaison
avec les consoli-
dés anglais.
Il peut être assez intéressant de constater que les
mêmes causes qui ont influencé les cours de la rente
4 1/2 % française, menacée de conversion, ont agi
sur ceux de la rente consolidée anglaise qui, de 3 %,
a été convertie en 1888 en 2 3/4 et sera ultérieurement
convertie en 2 1/2 %. Voici, depuis 1883, les cours
pratiqués à Paris (fin décembre) sur les consolidés
anglais :

| | CONSOLIDÉS ANGLAIS | |
|---|---|---|
| ANNÉES | 3 % jusqu'en 1887 inclusivement | 2 3/4 % depuis 1888 |
| | fr. o. | fr. ce. |
| 1883.................................... | 101 87 | » |
| 1884.................................... | 99 50 | » |
| 1885.................................... | 100 25 | » |
| 1886.................................... | 101 50 | » |
| 1887.................................... | 100 54 | » |
| 1888.................................... | » | 99 80 |
| 1889.................................... | » | 97 50 |
| 1890.................................... | » | 96 40 |
| 1891.................................... | » | 95 00 |

De 1884 à 1887, les cours du 3 % anglais sont
presque invariables; la conversion en 2 3/4 les fait
fléchir ; l'éventualité d'une nouvelle réduction en
2 1/2 % leur donne maintenant une grande mobilité
et peut les faire fléchir encore. Faisons remarquer cependant que si la conversion en 2 3/4 n'avait pas eu
lieu, le cours actuel de 96 francs pour du 2 3/4 repré-
senterait encore du 3 % à plus de 104 francs, ce qui
serait une côte fort enviable, car il ne faut pas oublier
que l'Angleterre, depuis un an, a traversé une crise

de banque des plus intenses et a subi des pertes qui
se chiffrent par plusieurs milliards dans ses placements à l'étranger, en même temps que de vieilles
maisons comme les Baring étaient entraînées dans la
tourmente. Ce qui explique la fermeté et les hauts
cours de la rente anglaise, c'est qu'elle est le patri-
moine des riches capitalistes; elle n'est pas disséminée,
comme la nôtre, dans de petits portefeuilles, qui sont
facilement impressionnables, et conséquemment elle
est moins exposée à de brusques fluctuations. Aussi,
dans le monde politique et financier, une dépression de
1/4 dans le cours des consolidés produit-elle plus de
commentaires qu'une différence de 1 ou 2 points dans
le prix de nos rentes.

## V

Nos grandes valeurs de placement, actions et obligations de chemins de fer, du Crédit foncier, de la ville
de Paris, ont conservé une excellente attitude. Elles
se sont, en quelque sorte, guidées sur nos rentes. Si,
sur l'ensemble de ces titres, les cours de fin décembre
1891 ne sont pas de beaucoup supérieurs à ceux de
fin décembre 1890, il est nécessaire de faire remarquer
que, pendant l'année, de plus hauts prix ont été cotés.
D'autre part, en ce qui concerne les actions de chemins
de fer, il faut tenir compte de l'incertitude que fait
peser sur elles l'application, dès le 1$^{er}$ avril prochain,
de la réforme de l'impôt sur la grande vitesse, réforme
présentée cette année aux Chambres par le ministre
des finances et votée par elles. Si l'on compare les
cours actuels des actions de chemins de fer à ceux
cotés avant et depuis le krach de 1882, on constate une
importante amélioration. Les conventions de 1883 qui
ont assuré aux actions un dividende minimum garanti,
ont contribué à accroître la confiance du public dans
ces valeurs de toute sécurité. Cette sécurité pourrait
être compromise par les exigences d'une certaine école

*Valeurs de che-
mins de fer, Cré-
dit foncier, ville
de Paris.
Cours compa-
rés 1881-1891.*

parlementaire qui n'en a pas fini avec les légendes
des gros actionnaires et des gros dividendes, légendes
dont nous avons à maintes reprises démontré l'inanité
et la fausseté.

Quant aux obligations, l'élévation de 3 à 4 % de la quotité de la taxe sur le revenu des valeurs mobilières a
empêché que la hausse continue dont ces titres étaient
l'objet depuis plusieurs années prît un peu plus d'extension. Quoi qu'il en soit, il faut se féliciter du maintien des cours actuels. Rien ne prouve mieux la confiance que ces valeurs inspirent que leur taux de
capitalisation : elles se négocient, en effet, relativement plus cher et donnent un revenu moindre que les
rentes d'Etat.

Les obligations du Crédit foncier et de la ville de
Paris ont eu à supporter aussi l'augmentation de l'impôt sur le revenu des valeurs mobilières, cet impôt a
pesé sur leurs cours comme sur ceux des obligations de
chemins de fer; mais nous constatons aussi, avec une
grande satisfaction, leur fermeté d'autant plus remarquable que leurs prix sont les plus élevés de ces dernières années.

Voici le tableau comparé des cours cotés fin décembre, depuis 1881, sur les actions et les obligations
de chemins de fer, les obligations du Crédit foncier et
celles de la ville de Paris :

(TABLEAU)

| NATURE DES VALEURS | | 1881 | 1882 | 1883 | 1884 | 1885 | 1886 | 1887 | 1888 | 1889 | 1890 | 1891 |
|---|---|---|---|---|---|---|---|---|---|---|---|---|
| | | fr. c. | fr. c. | fr. c. | fr. c. | fr. c. | fr. c. | fr. c. | fr. c. | fr. c. | fr. c. | fr. c. |
| Chemins de fer — Actions | Est..... | 777 50 | 722 50 | 725 00 | 770 00 | 782 50 | 805 00 | 780 00 | 785 00 | 815 00 | 880 00 | 885 00 |
| | Lyon..... | 1.757 50 | 1.575 00 | 1.235 00 | 1.233 75 | 1.245 00 | 1.243 75 | 1.235 00 | 1.282 00 | 1.350 00 | 1.485 00 | 1.470 00 |
| | Midi..... | 1.330 00 | 1.175 00 | 1.130 00 | 1.173 75 | 1.185 00 | 1.170 00 | 1.170 00 | 1.185 00 | 1.210 00 | 1.327 50 | 1.295 00 |
| | Nord..... | 2.270 00 | 1.910 00 | 1.740 00 | 1.662 50 | 1.545 00 | 1.590 00 | 1.515 00 | 1.630 00 | 1.785 00 | 1.850 00 | 1.810 00 |
| | Orléans. | 1.340 00 | 1.270 00 | 1.252 50 | 1.330 00 | 1.380 00 | 1.325 00 | 1.310 00 | 1.336 00 | 1.372 50 | 1.495 00 | 1.503 75 |
| | Ouest. | 842 50 | 772 50 | 800 00 | 840 00 | 860 00 | 870 00 | 875 00 | 915 00 | 958 75 | 1.060 00 | 1.052 50 |
| | Est (anc.). | 377 50 | 363 00 | 352 00 | 372 25 | 377 50 | 387 00 | 387 00 | 390 00 | 412 50 | 430 00 | 437 50 |
| | Fusion. | 386 00 | 372 00 | 362 50 | 385 00 | 389 00 | 397 50 | 403 00 | 403 00 | 421 08 | 443 00 | 452 50 |
| Obligations | Midi..... | 889 00 | 387 00 | 361 00 | 382 00 | 387 00 | 398 00 | 408 00 | 411 00 | 422 00 | 442 00 | 452 50 |
| | Nord..... | 395 00 | 387 50 | 366 00 | 393 50 | 396 00 | 402 50 | 411 00 | 420 00 | 434 00 | 452 00 | 453 00 |
| | Orléans.. | 388 00 | 365 00 | 364 00 | 381 50 | 387 00 | 397 50 | 406 00 | 410 00 | 430 00 | 447 00 | 453 25 |
| | Ouest.... | 385 00 | 369 50 | 354 50 | 381 75 | 382 00 | 397 00 | 402 50 | 409 00 | 422 00 | 442 00 | 450 25 |
| Crédit foncier de France — Obligations foncières | 1853 4 %. | 505 00 | 507 50 | 502 75 | 508 50 | 518 00 | 515 00 | 513 00 | 514 00 | 518 00 | 521 00 | 520 50 |
| | — 3 %. | 545 00 | 532 00 | 555 00 | 565 00 | 570 00 | 578 75 | 585 00 | 595 00 | 592 00 | 610 00 | 630 00 |
| | 1877..... | 351 00 | 343 00 | 341 25 | 336 00 | 364 00 | 379 00 | 382 25 | 385 00 | 382 00 | 335 00 | 394 00 |
| Obligations communales | 1875..... | 508 00 | 509 00 | 506 00 | 509 00 | 517 00 | 520 00 | 520 50 | 520 50 | 519 00 | 526 00 | 520 00 |
| | 1879..... | 435 00 | 438 00 | 435 00 | 450 00 | 451 00 | 476 00 | 477 50 | 475 00 | 463 00 | 466 00 | 473 50 |
| | 1880..... | » | 429 00 | 433 00 | 448 00 | 448 00 | 458 00 | 464 00 | 470 00 | 460 00 | 460 00 | 463 75 |
| Ville de Paris | Emprunt 1869..... | 405 00 | 407 00 | 411 50 | 488 00 | 414 00 | 411 00 | 413 50 | 412 00 | 416 00 | 425 00 | 418 50 |
| | — 1871..... | 398 00 | 398 00 | 398 00 | 400 00 | 402 00 | 402 25 | 404 00 | 403 00 | 406 00 | 412 50 | 414 50 |

## VI

L'année 1891 n'aura pas été favorable aux divers fonds d'Etat étrangers cotés à la Bourse de Paris ; elle jette sur eux une teinte assez noire. A l'exception des valeurs égyptiennes qui jouissent de la confiance du public parce qu'elles ont été à peu près les seules qui, depuis quinze ans, ne lui aient pas fait perdre d'argent et qui sont restées à peu près aux mêmes cours que ceux cotés fin décembre 1890, la baisse des fonds étrangers, commencée en 1890, s'est considérablement accentuée en 1891 : la comparaison des prix entre les deux années montre l'importance de la dépression survenue, bien que les derniers cours de 1891 ne soient pas les plus bas de l'année écoulée.

A la fin de 1890, l'Italien était à 94 francs ; après 87 francs au plus bas, il est revenu dans les environs de 92 francs; le Hongrois et le 4 % Autrichien sont à peu près aux mêmes cours après avoir baissé de 3 et 4 points; l'Extérieur espagnol est tombé de 78 fr. 35 jusqu'à 62 francs pour se relever ensuite aux environs de 68 francs; le 3 % Portugais, qui valait 58 francs fin décembre 1890, est tombé presque à 30 francs le mois dernier et s'est relevé de 3 à 4 francs, perdant encore 24 à 25 unités sur les cours de l'an dernier; les obligations des divers emprunts helléniques ont perdu de 50 à 75 francs par titre; le 4 1/2 Brésilien a baissé de 25 francs, le 4 % a perdu 20 francs. A la fin de 1890, le 5 % Argentin valait 380 francs : il vaut à peine 300 fr.; les Cordoba ont baissé de 150 à 75 francs, perdant ainsi 50 %; les Mendoza, de 190 francs sont descendues à 85 francs; les Catamarca de 185 à 75 francs; les Corrientes de 190 à 80 francs. Les obligations des Chemins de fer argentins qui, fin 1890, se négociaient encore à 330 francs, sont descendues à 130 francs; celles de Santa-Fé ont baissé de 280 à 110 francs. Les obligations de la Banque de crédit foncier et agricole de Santa-Fé

6 % étaient à 290 francs fin décembre dernier; les 5 % valaient 270 francs. Aujourd'hui, elles ne donnent lieu à aucune négociation; les derniers cours cotés ont été de 100 francs sur les 5 % et de 120 francs sur les 6 %.

Si, maintenant, nous passons des fonds d'Etat étran- *Autres valeurs étrangères.* gers aux sociétés et chemins de fer étrangers, actions et obligations, de ce côté encore nous constatons une dépression énorme des cours.

Baisse sur la Banque I.R.P. des pays autrichiens, la Banque nationale du Brésil, la Banque hypothécaire d'Espagne, la Banque nationale du Mexique, la Banque ottomane, le Crédit mobilier espagnol, les Chemins andalous, les Nord-Espagne, Saragosse, Lombards, Méridionaux, et surtout les Portugais dont les actions cotées 575 francs fin décembre 1890 ont baissé de 500 francs pendant que les obligations 3 % qui va- laient 335 francs perdent 200 francs et que les 4 % sont tombées de 435 à 160 francs. Les actions et obligations Cacérès, les obligations Ouest de l'Espagne, ont suivi le sort des Chemins portugais; la dépréciation de ces titres est considérable. Les diverses obligations des chemins espagnols, autrichiens, lombards, ont subi le contre-coup de la baisse des fonds étrangers et de celle qui a frappé les valeurs portugaises, rentes et che- mins : elles ont toutes fléchi d'une année à l'autre, les obligations Lombards d'une vingtaine de francs, les Nord-Espagne de 40 à 80 francs en moyenne, suivant les séries, les Saragosse de 60 à 70 francs, etc.

Les causes de ces baisses profondes, qui troublent une masse de petits capitalistes fort dignes d'intérêt, s'expliquent facilement, surtout en ce qui concerne particulièrement les fonds étrangers. Tout d'abord, la hausse avait été, depuis nombre d'années, ininter- rompue et importante; à la moindre alerte, il était à supposer que tout le monde voudrait vendre à la fois, que la persistance des offres ferait cesser les achats, et que dès lors le marché de ces titres s'en irait à la dérive. C'est ce qui est arrivé. Le public qui, depuis de longues années, s'est engoué des valeurs et fonds étrangers, a perdu de vue l'état embarrassé des divers pays de l'Europe, qui, à force de se préparer à faire la guerre, augmentent les impôts, effectuent emprunts sur emprunts, s'endettent et creusent un gouffre sous les pieds de leurs créanciers. A la faveur de la grande période de hausse des fonds d'Etat européens, hausse qui, au fur et à mesure qu'elle s'accentuait, avait pour conséquence de diminuer d'autant le revenu donné par ces fonds, l'Amérique méridionale faisait une large saignée dans les épargnes et les disponibilités de nos capitalistes. On faisait valoir la prospérité du Brésil, les richesses de la République argentine, la merveilleuse fécondité de l'Uruguay, du Mexique, du Vénézuéla et de plusieurs autres Etats. Il semblait que ce fussent là des pays bénis qui, venant charita-blement offrir aux capitalistes des titres de rentes ou des obligations rapportant 5 1/2 à 6 1/2 %, permet-taient ainsi d'enrayer la tendance à la baisse du taux de l'intérêt pour les placements de l'épargne euro-péenne. Qu'est-il arrivé de ces belles espérances? Le public, tenté par les 5 et 6 % d'intérêt qu'on lui pro-mettait, trouvant toujours que les grandes et bonnes valeurs françaises étaient cotées trop cher et ne rap-portaient pas un intérêt suffisant, alléché par les ré-clames que l'on faisait miroiter devant lui, s'est lancé dans tous ces placements exotiques. C'est par centaines de millions que se chiffrent aujourd'hui les pertes de l'épargne française. Ces millions sont-ils à jamais perdus? Nous n'oserions l'affirmer, mais nous pouvons dire qu'ils sont malheureusement des plus compromis.

Du reste, un des signes tout à fait « fin de siècle » des temps où nous vivons, c'est la facilité avec laquelle un Etat manque à ses engagements, spolie ses créanciers. sans même prendre le souci de leur rendre un compte quelconque; ce qui est non moins surprenant, c'est la tranquillité sereine, nous ne voudrions pas dire l'insouciance, avec laquelle les pouvoirs publics apprennent que tel ou tel gouvernement étranger, qui est venu emprunter des millions à nos capitalistes, déclare purement et simplement qu'il ne peut plus rien payer.

Certes, nous ne demandons pas l'ingérence du gouvernement dans les affaires privées; les intérêts particuliers doivent être suffisamment en éveil et assez forts pour se défendre eux-mêmes; il existe cependant des cas où l'intervention du gouvernement en faveur de ses nationaux, indignement spoliés et exploités, est absolument légitime. Qu'un négociant français soit lésé par un gouvernement étranger, qu'un de nos nationaux résidant hors de France éprouve un préjudice du fait d'un agent ou d'un simple particulier d'un pays étranger, immédiatement la diplomatie française mettra tout en œuvre pour soutenir les intérêts de notre compatriote. Et quand un Etat, ayant emprunté des capitaux à notre pays, fait faillite à ses engagements, nous ne trouvons pas un mot à dire, pas une parole à prononcer pour défendre nos rentiers! Nous l'avons dit à l'Institut international de statistique, à Vienne, il est utile de le répéter : le droit public financier international, qui n'existe pas, devrait être créé et fonctionner par un accord unanime des gouvernements.

Une autre cause de baisse des valeurs et fonds étrangers a été l'élévation du change. Les Etats et les compagnies diverses, qui ont emprunté des capitaux dont les intérêts sont payables à l'étranger en numéraire, doivent se préoccuper d'autant plus des fluctuations du prix de l'or et de l'argent que les questions monétaires et commerciales, qui toutes exercent une grande influence sur le cours des changes, ont pris une extrême acuité. Il y a trois ans à peine, le papier monnaie du Brésil était au prix de l'or, aujourd'hui l'or y est introuvable; à Buenos-Ayres, dans la République Argentine, la prime sur l'or est de 270 % après avoir dépassé 300 % et, plus près de nous, en Portugal, l'or a fait jusqu'à 34 % de prime et, en Espagne, 12 à

Le change.

14 %, on comprend dès lors facilement que la situation des compagnies, même les plus prospères, puisse être, du jour au lendemain, bouleversée par ces fluctuations énormes.

## VII

Pertes subies en 1891 par les capitalistes français.

Les pertes que les capitalistes français ont éprouvées cette année sont donc des plus sensibles; mais, en réalité, ces pertes sont acceptées avec une assez grande facilité, parce que, en somme, la plupart des fonds étrangers sont encore à des cours plus élevés que ceux cotés il y a plusieurs années. Pour un grand nombre de porteurs de titres, la baisse de cette année constitue un « manque à gagner », mais non une perte effective, réelle. On pourra juger de ce fait par le relevé suivant qui donne les cours (fin décembre) des fonds publics étrangers depuis 1881 :

TABLEAU)

| NATURE DES VALEURS | 1881 | 1882 | 1883 | 1884 | 1885 | 1886 | 1887 | 1888 | 1889 | 1890 | 1891 |
|---|---|---|---|---|---|---|---|---|---|---|---|
| | fr. c. | fr. c. | fr. c. | fr. c. | fr. c. | fr. c. | fr. c. | fr. c. | fr. c. | fr. c. | fr. c. |
| 5 % argentin 1886 | » | » | » | » | » | 460 00 | 467 00 | 496 00 | 473 00 | 395 00 | 308 75 |
| 4 % autrichien or | 80 20 | 81 10 | 84 00 | 86 25 | 89 45 | 91 40 | 86 75 | 93 25 | 94 00 | 96 60 | 94 50 |
| Unifiée Égypte | 364 50 | 356 75 | 316 50 | 321 00 | 324 00 | 378 75 | 370 00 | 419 50 | 468 00 | 487 50 | 484 00 |
| Égypte : Daïra-Sanieh | 360 00 | 361 25 | 314 50 | 315 00 | 310 00 | 368 75 | 357 00 | 399 50 | 418 50 | 484 00 | 480 00 |
| 4 % espagnol | 3 % 30 00 | 3 % 27 37 | 55 75 | 60 00 | 54 50 | 65 85 | 67 75 | 74 10 | 74 25 | 77 00 | 66 30 |
| 6 % Cuba | 512 50 | 497 00 | 490 00 | 465 00 | 405 00 | 503 00 | 486 00 | 507 50 | 515 00 | 505 00 | 470 00 |
| 4 % États-Unis | 122 50 | 124 75 | 129 50 | 126 75 | 127 00 | 134 50 | 131 50 | 132 00 | 184 00 | 127 00 | 121 25 |
| 5 % hellénique 1879 | » | » | » | 356 00 | 325 00 | 366 25 | 365 00 | 440 00 | 475 00 | 474 25 | 394 50 |
| 2 1/2 hollandais | 6 % 104 50 | 108 50 | 75 70 | 80 50 | 82 75 | 76 62 | 76 75 | 76 12 | 86 50 | 80 25 | 82 00 |
| 4 % hongrois | 90 50 | 89 40 | 91 75 | 99 75 | 93 05 | 95 25 | 79 50 | 87 00 | 87 80 | 95 00 | 93 00 |
| 5 % italien | 44 00 | 44 20 | 52 00 | 49 75 | 45 87 | 101 70 | 95 70 | 95 55 | 95 10 | 94 80 | 92 70 |
| 3 1/2 norvégien | | | | | | | 98 75 | 99 50 | 101 50 | 99 50 | 93 75 |
| 3 % portugais 1877 | 44 00 | 44 20 | 52 00 | 49 75 | 45 87 | 55 62 | 68 25 | 65 35 | 66 75 | 58 40 | 38 25 |
| 5 % roumain | 87 50 | 89 75 | 90 50 | 87 00 | 88 50 | 92 00 | 92 50 | 95 50 | 98 00 | 101 50 | 98 00 |
| 4 % russe 1867 | 73 1/2 | 76 00 | 78 50 | 85 25 | 87 50 | 86 40 | 84 70 | 83 50 | 94 00 | 96 95 | 93 99 |
| 4 % tunisien | 5 % 435 00 | 5 % 455 00 | 5 % 496 00 | 4 % 491 50 | 496 00 | 519 60 | 508 00 | 526 25 | 488 75 | 505 50 | 546 75 |
| Dette turque 1 % | » | » | » | » | 15 80 | 14 65 | 18 75 | 14 95 | 17 57 | 18 85 | 18 55 |
| Obligations Cordoba | » | » | » | » | » | » | » | 475 00 | 3 1/2 % 412 00 | 155 00 | 66 00 |
| Mendoza | » | » | » | » | » | » | » | 485 00 | 405 25 | 175 00 | 72 50 |

Ce tableau mérite qu'on s'y arrête. En comparant
les cours actuels à ceux cotés il y a dix ans, on remarque que la hausse n'est pas moindre de 14 francs
sur la rente autrichienne, de 120 francs par obligation
de la dette unifiée d'Egypte et Daïra-Sanich, de 2 fr.
sur la rente italienne, de 10 francs sur le 5 % roumain, de 16 francs sur le 4 % russe 1867. Les obligations tunisiennes, converties successivement de 5 %
en 4% et 3 1/2 %, sont cotées 75 francs plus cher en
3 1/2 % que quand elles se négociaient en 5 %. La
rente 5 % turque, réduite à 1 %, est 3 francs plus
haut en 1891 qu'en 1885. Les fonds helléniques sont
encore 50 francs plus haut, en moyenne, qu'en 1884.
Le 4 % des Etats-Unis, remboursable ou convertible
dans un délai relativement court, est à 121 francs à peu
près, comme il y a dix ans, après s'être négocié, il y a
trois ans, 10 francs plus cher. Etudiées dans leurs
cours sur une longue période, les valeurs étrangères
ont donc procuré à nos capitalistes plus de bénéfices
que de pertes; les valeurs argentines seules leur ont
causé de gros déboires. Si on voulait supputer les
gains et les pertes des placements effectués par notre
épargne, il faudrait tenir compte aussi des millions
perdus sur le Panama, le Comptoir, les Métaux, la
Société des dépôts, et une quantité de petites valeurs
nées et disparues avec la même facilité. Si nous
n'étions obligé de restreindre ce travail déjà étendu,
nous ferions le même relevé sur les actions des sociétés
de crédit et les valeurs industrielles françaises et étrangères, nous montrerions que, tous comptes faits, malgré
les pertes et les déceptions subies sur certains titres,
l'ensemble des placements de l'épargne française à
l'étranger donne, aux prix actuels, une plus-value
notable sur les cours d'achat auxquels ces placements
ont été effectués.

Le capitaliste, et c'est une remarque que nous avons
eu l'occasion de faire plusieurs fois, a la sage habitude
de ne pas placer ses économies sur une seule valeur;

il divise ses placements. En général, il consacre 50 à 60 % de sa fortune à l'achat de valeurs françaises telles que les rentes, les obligations de chemins de fer et du Crédit foncier, 20 à 25 % sur les titres à revenu variable, 20 à 25 % sur les valeurs étrangères. Il subdivise encore ces diverses catégories de placements en titres divers, de telle sorte que, si l'une des valeurs de son portefeuille lui fait subir un mécompte, il supporte ce mécompte d'autant plus aisément que ses autres placements lui ont donné ou lui donnent quelque plus-value. Cette règle de conduite sage et prudente mérite plus que jamais, d'être observée et suivie. Il faut se garder, suivant le vieux dicton, de « mettre tous ses œufs dans le même panier ».

## VIII

L'année 1891, dont nous venons d'esquisser à grands traits les principaux faits politiques, économiques et financiers, négligeant ceux qui nous ont semblé d'une médiocre importance, demeure, jusqu'à son dernier jour, une énigme dont on chercherait en vain à trouver le mot.

Conclusion.

Est-ce une année de paix, quand les nations sont armées jusqu'aux dents, prêtes à se ruer les unes sur les autres, ne pensant qu'à accroître leurs armements, leurs ressources et leurs alliances militaires?

Est-ce une année de tranquillité, lorsque dans l'Europe entière les grèves succèdent aux grèves, lorsque les revendications ouvrières et sociales prennent un développement de plus en plus aigu?

Est-ce une année de hausse, de prospérité financière, quand, à part nos premières valeurs de placement rentes en tête, une baisse importante a frappé les sociétés de crédit, les valeurs industrielles, les valeurs et fonds étrangers?

Est-ce une année de prospérité commerciale, quand

nous nous complaisons à fermer nos frontières aux
produits étrangers, quand nous risquons de compromettre notre commerce international, de faire augmenter le coût de la vie, quand l'Europe, à l'instigation
de l'Allemagne, consacre l'isolement de la France par
une ligue commerciale dirigée contre nous?

Cette énigme indéchiffrable, sera-ce l'année 1892 qui
nous la dévoilera? Nous apportera-t-elle la solution de
tous les problèmes soulevés par ces graves préoccupations du présent et ces dangers de l'avenir : le socialisme, le militarisme, le protectionnisme, plus triom-
phants que jamais?

L'année 1891, pour la qualifier d'un mot, est une
*année d'avertissements :* elle nous a montré les périls
de la politique extérieure; elle a indiqué aux capitalistes les dangers de certains placements. Puissent ses
avertissements être profitables et salutaires à tous!
Nous ne sommes pas pessimiste et préférons voir et
juger les événements sous leur meilleur et leur plus
agréable côté; mais nous aimons avant tout à dire la
vérité et à exprimer notre pensée tout entière, sans
illusions et sans craintes exagérées. Nous sommes
arrivés à une époque où pour tous, gouvernants et
gouvernés, hommes politiques et hommes d'affaires,
spéculateurs et capitalistes, établissements financiers
et rentiers, l'heure de la prudence a sonné. ·

# 1892

___

## RENTE AU PAIR. DYNAMITE ET PANAMA

___

### I

Envisagée au point de vue exclusivement financier, 1892 pourrait s'appeler *l'année de la rente au pair*. Le 10 juin, la rente 3 % a, pour la première fois, atteint 100 fr. Ce cours, que les plus enthousiastes n'auraient jamais osé entrevoir, n'a été connu sous aucun régime. A 1892 aurait pu s'attacher aussi le souvenir de l'anniversaire de Valmy, du centenaire de la République, des fêtes patriotiques de Nancy coïncidant avec la visite du grand-duc Constantin à M. le président Carnot, ou bien encore du centenaire de la réunion de la Savoie à la France. Ces faits, aussi importants qu'ils soient, sont déjà oubliés; ils ont été balayés par la tempête politique qui, dans ces dernières semaines, a éclaté dans le parlement et troublé le pays.

### II

Nous avions dénommé 1891 *une année d'avertissements*. Ces avertissements se sont traduits, en 1892, par des faits. Les questions sociales et ouvrières ont pris une acuité inouïe. M. le président Carnot en recevant, le 1ᵉʳ janvier, les délégations officielles, disait avec raison que « l'étude des intérêts économiques et des problèmes sociaux s'imposait de plus en plus à la sollicitude éclairée des gouvernements ». Mais comment étu-

Situation intérieure.
Attentats anarchistes.

dier avec calme et résoudre d'aussi graves sujets, quand
des théories anarchiques et des attentats criminels jettent partout l'effroi et font de malheureuses et trop nombreuses victimes! Les explosions de la rue de Clichy, de
la caserne Lobau, de l'hôtel de la rue de Berry, de la
maison du boulevard Saint-Germain, du restaurant
Véry, du commissariat de police de la rue des Bons-
Enfants, resteront un des souvenirs les plus poignants,
les plus douloureux de cette année. La guerre est déclarée à la société par des criminels qui, sous prétexte de
revendications sociales, de protection à accorder aux
classes ouvrières et aux malheureux qui souffrent,
emploient comme argument décisif, la dynamite!

Nombreuses
grèves. Les grèves ont été nombreuses dans les mines, dans
les manufactures, dans les principaux centres industriels et commerciaux. A Paris, nous citerons pour
mémoire celle des cochers de l'Urbaine et des Petites
Voitures. Elles se sont toutes ou presque toutes terminées par des concessions des patrons aux ouvriers. La
plus grave a été celle de Carmaux; elle a duré plusieurs
mois, montrant une fois de plus combien la guerre était
ardente dans l'atelier. Le patron, voilà l'ennemi ; telle
est la devise du jour et malheureusement, comme on
l'a vu, quelques meneurs suffisent pour imposer leurs
volontés aux travailleurs sérieux.

Nouveau régi-
me commercial. Avec le 1er février 1892 a commencé un nouveau
régime commercial. Les avertissements des Léon Say,
Frédéric Passy, de Molinari, Leroy-Beaulieu, Jules
Simon, Challemel-Lacour, Tirard et de tant d'autres
hommes libéraux qui se sont élevés avec la plus grande
énergie contre les doctrines protectionnistes, n'ont pas
été écoutés.

Pendant les premiers mois, les recettes douanières,
comme nous le prévoyions, se sont accrues ; mais cette
apparence de prospérité n'a pas duré :

« Il ne faut pas, écrivions-nous il y a un an, se faire d'illusion sur les
conséquences économiques que les nouveaux tarifs douaniers exerceront
sur notre pays. Au début, l'adoption de la doctrine protectionniste ne

fera pas sentir ses malfaisants effets. Tous nos commerçants se sont largement approvisionnés d'avance des marchandises étrangères qui leur sont nécessaires. Ils pourront ainsi satisfaire aux besoins de la consommation nationale et trouveront dans une augmentation de cette consommation, en France, une compensation momentanée aux débouchés extérieurs qui, les uns après les autres, leur feront défaut. Nos recettes de douane pourront s'accroître. Puis, les mécomptes surviendront. Lorsque, les stocks de marchandises étant épuisés, il faudra s'approvisionner de nouveau, à l'étranger, de tout ce qui nous manque, nous paierons ce dont nous aurons besoin d'autant plus cher que nous ferons payer à un prix plus élevé aux autres nations ce que nous produirons nous-mêmes : le coût de la vie augmentera, en même temps que nous vendrons moins à l'étranger ; les bénéfices de nos commerçants et industriels seront amoindris, si même ils ne disparaissent pas tout à fait pour faire place à des pertes et à des déficits. Alors, les récriminations s'élèveront de tous côtés, de la part des commerçants, des consommateurs, des ouvriers. On voudra revenir en arrière, c'est-à-dire à l'ancienne politique commerciale inaugurée en 1860 et qui a rendu la France riche et prospère, malgré ses malheurs et ses désastres. On reconnaîtra que les économistes libéraux, si attaqués aujourd'hui, avaient raison ; il sera malheureusement peut-être trop tard pour réparer le mal qui aura été fait. »

Aux plus-values ont succédé des diminutions importantes ; le budget de 1893 en supportera les conséquences. Nous n'avons plus de traités de commerce ; nous vivons au jour le jour ; les protectionnistes triomphent ; leurs partisans pourront faire bientôt le compte de ce que la France a perdu et perdra à l'abandon d'un régime commercial qui, depuis 1860, avait accru sa richesse et ses économies (1).

L'année 1892 a vu commencer l'application des nouveaux tarifs de chemins de fer. Les résultats de cette réforme ne peuvent encore être appréciés. Ils se traduisent pour le Trésor par une diminution de recettes et, pour le public, par un dégrèvement qui a son importance. Le trafic n'a pas augmenté dans des proportions suffisantes pour alléger les charges du Trésor. Cette réforme coïncidant avec notre nouveau régime commercial, qui restreint nos relations et nos échanges avec l'étranger, donnera-t-elle les résultats entrevus? Nous le désirons, dans l'intérêt des contribuables et de nos bud-

*Nouveaux tarifs des chemins de fer.*

(1) Voir notre étude sur *Les traités de commerce*, in-4° 1890.

gets, mais nous ne nous faisons pas d'illusions et nous exprimons ainsi plutôt un acte d'espérance que de foi.

Finances publiques. L'année a débuté avec un douzième provisoire ; elle finit avec un crédit de deux douzièmes pour l'exercice prochain. Le budget de 1892 n'a pas été voté en temps, celui de 1893 n'est pas entamé ; une foule de questions qu'il eût été urgent de résoudre, restent en suspens : projets de loi sur les caisses d'épargne, sur la Banque de France (1), sur les retraites ouvrières, sur les accidents du travail, sur les sociétés, etc. Et nous ne parlons ni de la réforme des boissons, embrouillée et compromise par tant de votes contradictoires au milieu desquels il est presque impossible de se reconnaître ; ni de la loi sur la presse ; ni du projet de loi sur la création de l'armée coloniale, loi vingt fois remaniée, sans cesse réclamée, sans cesse ajournée ; ni de tant d'autres projets discutés, abandonnés, laissés dans l'oubli ! La Chambre a touché à tout, elle n'a rien terminé.

## III

Difficultés coloniales. Les difficultés se sont accrues au Tonkin et à Madagascar ; au Dahomey, il a fallu organiser une colonne expéditionnaire qui, sous la conduite du général Dodds, s'est couverte de gloire.

Questions religieuses. Les questions religieuses ont été très violemment agitées : les partis politiques se sont préoccupés de la déclaration des cardinaux ; plusieurs mandements d'évêques ont été déférés au Conseil d'Etat ; l'antisémitisme a troublé les esprits et a fait de malheureuses victimes.

Comme si rien ne devait être épargné au pays cette année, comme si les maux physiques devaient eux aussi, apporter leur contingent d'inquiétudes et de souffrances, l'année 1892 a vu le retour de l'influenza qui,

(1) Voir nos études *Du renouvellement du privilège de la Banque de France*, in-8° 1883, et *Les chambres syndicales et le renouvellement du privilège de la Banque de France*, in-9° 1888.

à peine disparue, a fait place à une épidémie cholérique des plus intenses qui a sévi dans l'Europe entière, à Hambourg, à Saint-Pétersbourg et, chez nous, au Havre.

La stabilité ministérielle a été rompue.

M. de Freycinet a été remplacé à la présidence du conseil par M. Loubet qui, à son tour, a eu pour successeur M. Ribot, à la suite des incidents auxquels donnèrent lieu l'affaire du Panama, les poursuites dirigées contre plusieurs administrateurs, la mort du baron de Reinach, la nomination de la commission d'enquête parlementaire. Puis, l'émotion grandit et s'accroît : la commission parlementaire ne juge pas ses pouvoirs suffisants pour faire la lumière complète sur les scandales qui lui sont dénoncés ou révélés ; une vive discussion a lieu à la Chambre, le ministère l'emporte à six voix de majorité ; les administrateurs du Panama, impliqués dans des poursuites correctionnelles, sont arrêtés sous l'inculpation du crime de corruption de fonctionnaires publics ; les événements se déroulent avec une rapidité vertigineuse ; des demandes en suspension de l'immunité parlementaire sont déposées par le ministre de la justice, à la demande du procureur général, contre plusieurs sénateurs et députés, contre d'anciens ministres faisant partie, hier encore, d'un cabinet qui transmet contre eux, aujourd'hui, une demande d'autorisation de poursuites contre laquelle ceux-ci protestent avec la plus grande énergie.

Telle est dans ses grandes lignes, au point de vue intérieur, l'année qui finit, année de fièvre politique, d'agitation sociale, de luttes contre l'anarchie et les attentats criminels; année de passions religieuses dont la violence nous ramène à bien des siècles en arrière; année de divisions intestines, année de scandales politiques et financiers. Puis, quels étonnants contrastes! Un gouvernement animé des meilleures intentions, faisant ses efforts pour mener à bien les affaires du pays, se préoccupant de réaliser les réformes financières, économiques, sociales les plus urgentes et les

*Cabinets Loubet et Ribot. Enquête parlementaire sur l'affaire du Panama.*

plus utiles; un parlement dont la moitié de la législature n'a pas été sans mérite, mais qui, par suite d'événements toujours renaissants, ne peut voter en temps utile des projets de loi aussi urgents que nécessaires; la raison, d'un côté, inspirée par les sages conseils de M. le président Carnot sur les intérêts économiques et les problèmes sociaux de notre époque; la violence, de l'autre, comme l'ont prouvé les grèves, les revendications ouvrières, les luttes dans l'atelier; d'une part, la modération et la paix dans les affaires politiques et religieuses, recommandées par une des plus nobles figures de ce siècle, le pape Léon XIII; de l'autre, l'ardeur des luttes de parti sur le terrain religieux et les violences de l'antisémitisme; d'une part, enfin, jusqu'à ces derniers jours, la hausse de la bourse, la rente au pair, les premières valeurs aux plus hauts cours ; de l'autre, les plaintes sur le marasme des affaires, le trouble et l'agitation dans les esprits, bien faits pour engager les capitaux à rester oisifs; et pour finir les scandales et les procès du Panama.

## IV

*Situation extérieure. Crises ministérielles à l'étranger.*

Au point de vue politique extérieur, 1892 est une année de crises et de changements ministériels. En Angleterre. M. Gladstone est revenu au pouvoir. En Allemagne, plusieurs ministres ont été changés; la lutte contre M. de Bismarck est toujours aussi violente; le chancelier de fer fait une guerre ouverte à l'empereur Guillaume et à son gouvernement; il sort parfois de son silence pour faire des révélations qui jettent l'Europe, le monde entier, dans une véritable stupéfaction : témoin, sa déclaration concernant la tristement célèbre dépêche d'Ems, dont il avait mutilé le sens pour rendre la guerre inévitable. En Italie, M. di Rudini a été remplacé par M. Giolitti. En Russie, changement du ministre des finances, continuation des persécutions contre la population juive. Crises ministérielles en Espagne, en Portugal, en Grèce, en Turquie, en Serbie, en Norvège. Des troubles ont eu lieu à Berlin, à Vienne, à Lisbonne, à Madrid, à Barcelone, à Sophia, à Belgrade, à Bruxelles, à Liège. En Angleterre, 400,000 mineurs se sont mis en grève, dans le but de montrer aux patrons la force d'une telle entente et sous le prétexte de faire renchérir les produits par suite d'une moindre extraction de charbon pendant la durée de la grève. Les questions sociales et ouvrières ont été, dans l'Europe entière, une des graves préoccupations de l'année. Partout aussi, les armements ont continué sur une large échelle. Un député allemand a fait le compte de l'augmentation colossale des dépenses et de la dette en Allemagne et en Prusse, depuis 1870. Chez nous, le rapporteur du budget de la guerre a démontré que, depuis 1870, nous avions dépensé 18 milliards en frais militaires. On peut évaluer à plus de 80 milliards les dépenses ainsi faites, depuis 1870, par la France, l'Allemagne, l'Autriche-Hongrie, l'Italie, la Russie et l'Angleterre! Et tout cela pour se préparer à la guerre! En Allemagne, l'année se termine avec la discussion d'une nouvelle loi militaire. Comment les finances des Etats européens ne se ressentiraient-elles pas de cette situation? L'Allemagne est obligée de créer de nouveaux impôts et de nouveaux emprunts (1). Les difficultés financières de l'Italie sont aussi grandes que par le passé. En Autriche-Hongrie, la régularisation de la valuta n'a pu encore s'opérer : sous l'apparence d'une réforme économique, cette opération n'est en réalité, malgré tous les démentis, que la réalisation d'un projet destiné à former le trésor de guerre de la monarchie austro-hongroise. Les finances du Portugal ne présentent aucun symptôme d'amélioration. En Espagne, aux difficultés budgétaires s'ajoutent celles que créent la mauvaise politique commerciale, la hausse du change, l'absence de traité de commerce avec notre

*Grèves et troubles.*

*Dépenses militaires.*

(1) Voir notre étude sur *La dette publique de l'Allemagne*, in-8° 1900.

pays. La Grèce a été obligée de recourir aux bons
offices de l'Angleterre et de la France pour faire vérifier l'état de ses finances par deux agents officieux. En
Hollande, en Danemark, en Suède et en Norvège, en
Suisse, en Belgique, les dépenses budgétaires se sont
accrues. L'impôt sur le capital a fait son apparition en
Hollande; l'impôt sur le revenu s'est accru en Allemagne et en Suisse. Ce n'est, paraît-il, qu'en Turquie
qu'il faut aller chercher, cette année, un budget dont
les recettes présentent des augmentations réelles! En

Egypte, la mort du khédive a tout d'abord impressionné
vivement les marchés financiers; on s'est vite remis de
cette émotion en voyant que le changement de règne
s'était effectué facilement et que la politique du pays
ne subissait pas de modification. Ce tableau de la situation économique et financière de l'Europe est peut-être
un peu sombre! C'est au delà de l'Océan, dans plusieurs des pays étrangers où l'épargne française est
sérieusement engagée, que nous trouvons quelques
lueurs, encore bien vagues. Au Brésil, la situation politique paraît s'affermir et les tendances séparatistes disparaître. La République argentine s'est moins occupée
de politique que de finances ; les provinces argentines semblent vouloir entrer en arrangement avec les
porteurs de titres, les créanciers français ne s'en plain-
dront pas.

## V

Envisagée dans ses résultats financiers, malgré quelques exceptions pour plusieurs groupes de valeurs,
malgré aussi la baissse violente qui vient de sévir sur
le marché, faisant perdre, en quelques bourses, l'amélioration acquise en plusieurs mois, 1892 est une année
de hausse.

Hausse sur les rentes françaises : fin décembre 1891,
le 3 % ancien était à 95 francs; le nouveau à 95 fr. 05;
l'amortissable à 96 fr. 60; le 4 1/2 % à 105 fr. 25. C'est

sur les cours actuels, malgré la dépression de ces derniers jours, une plus-value sérieuse. Le 4 1/2 % est
resté à peu près au même prix; si la politique intérieure fait trève, ses jours sont comptés. Les porteurs
de titres espèrent toujours que, pour réussir une conversion qui portera sur un chiffre nominal de près
de sept milliards, l'Etat devra leur faire quelques concessions.

Hausse des actions de chemins de fer : l'Est valait **Valeurs de chemins de fer.**
885 francs; il a haussé de 45 francs; le Lyon 1,470 fr.,
il est en hausse de 30 francs ; le Midi, de 1,285 francs
s'est élevé à 1,340 francs; le Nord, de 1,790 francs a
haussé au-dessus de 1,900 francs; l'Orléans valait
1,507 fr. 50, il est à 1,580 francs après avoir largement
dépassé 1,600 francs; l'Ouest, de 1,046 fr. 25 s'est rapproché de 1,100 francs et clôture à 1,085 francs.

Hausse des obligations de chemins de fer : fin 1891,
l'Est 3 % valait 437 ; la fusion ancienne 452 ; l'obligation Midi 452; l'obligation Nord 452; l'obligation Orléans 453; l'obligation Ouest 450. Pendant l'année, ces
divers titres ont haussé, en moyenne, de 20 francs chacun. Parallèlement les obligations secondaires ont progressé : les obligations Bône à Guelma, des colonies
françaises, Chemins économiques, Est-Algérien, Mas-
cara, Mecheria, Mostaganem, Régionaux des Bouches-
du-Rhône, Réunion etc., ont haussé de 25, 30 et 35 fr.
chacune.

Hausse des obligations des grandes compagnies in- **Valeurs indus-trielles.**
dustrielles, tramways, eaux, gaz, omnibus, voitures,
messageries, etc. Plusieurs conversions de ces valeurs
en obligations 4 %, telles que les Duval 5 %, les Gaz
et eaux 5 %, les Gaz pour la France et l'Etranger 5 %,
les Forges et chantiers de la Méditerranée 5 % ont eu
lieu et ont réussi; les nouvelles obligations 4 % se
négocient presque au même cours que les anciennes
à 5 %.

Hausse ou maintien des cours sur la plupart des obli- **Crédit foncier. ville de Paris.**
gations de la ville de Paris et des départements. Il en

a été de même sur celles du Crédit foncier qui, malgré
la récente bourrasque, se sont constamment négociées,
pendant l'année, à des prix plus élevés que pendant
les exercices précédents.

Ce groupe de valeurs représente la partie la plus solide, la plus saine et la plus importante de l'épargne
française. Les capitalistes français possèdent en rentes,
actions et obligations de chemins de fer, en obligations
du Crédit foncier et de la ville de Paris un capital de
près de 50 milliards : 26 milliards en rentes 3 % perpétuel, 3 % amortissable, 4 1/2 %; plus de 16 milliards en actions et obligations de chemins de fer; 3 milliards en obligations du Crédit foncier; 2 à 3 milliards
en obligations de villes et départements français. De ce
côté, malgré la baisse très sensible de ces dernières
semaines, l'amélioration des cours a été et reste importante.

Plusieurs titres industriels ont réalisé de grosses
plus-values : les actions de la Compagnie des eaux,
de 1,440 francs ont haussé à 1,525 francs après
1,550 francs; celles du Gaz de Bordeaux, de la Compagnie centrale du gaz, du Gaz de Mulhouse, de l'Union
des gaz ont gagné 50 à 100 francs; les Aciéries de France
ont gagné une centaine de francs; les Cail ont monté
de 380 à 460 francs; les Fives-Lille, de 510 à 625 francs;
les Forges et aciéries du nord et de l'est ont gagné près
de 400 francs, passant de 550 à 930 francs; les Chargeurs réunis ont haussé de 1,010 à 1,220 francs; les
Bouillons Duval, de 1,900 à 2,270 francs; les Moulins de
Corbeil, de 575 à 680 francs; la Bénédictine de Fécamp
a monté de 2,075 à 2,650 francs ; les Malétra, de 230
à 520 francs.

**Valeurs mi-
nières.** Les actions du Creusot, qui valaient 1,735 francs, ont
dépassé 2,000 francs; les mines de Blanzy ont haussé
de 1,690 à 1,825 francs; celles de Bruay, de 12,200 à
13,100 francs; celles de Courrières, de 4,200 à 4,500 fr.;
celles de Lens, de 25,500 à 27,900 francs; celles de
Liévin, de 9,750 à 11,000 francs.

Parmi les fonds étrangers, c'est la hausse que nous constatons sur les fonds argentins, autrichiens, égyptiens, hongrois, italiens, norvégiens, russes, turcs, suisses. Les fonds portugais font exception : de 33 fr. ils ont baissé de 10 points à 23. Les fonds espagnols ont été très agités; l'Extérieure était à 65 francs fin décembre 1891; dans le cours de l'année, elle est tombée au-dessous de 60 francs, pour se relever aux environs de 63.

*Fonds d'État étrangers.*

Dans le groupe des valeurs de crédit et celui des chemins de fer étrangers, se trouvent les moins-values les plus sérieuses. Fin décembre 1891, la Banque de France valait 4,490 francs, elle est à 3,870 francs ; le Crédit foncier a perdu plus de 200 francs, baissant de 1,245 à 1,005 francs; la Banque d'Algérie a baissé de 1,400 à 1,050 francs; toutes les actions et obligations des chemins de fer portugais, espagnols, autrichiens, sont en baisse nouvelle; seules, ou à peu près, les obligations Lombards sont en avance de quelques francs. Parmi les valeurs industrielles, quelques-unes ont baissé dans de fortes proportions : Malfidano valait 2,700 francs et n'est plus qu'à 2,350 francs; la Compagnie havraise est tombée de 670 à 535 francs; la Compagnie transatlantique, de 600 francs est descendue au-dessous de 500 francs; les mines de Carmaux ont perdu près de 300 francs, 1,725 francs fin 1891, 1,425 francs fin 1892; Aniche a perdu 1,000 francs; Anzin, 300 francs; Blanzy, 150 francs; Bruay, 900 fr.; Carvin, 160 francs ; Douchy, 400 francs ; Dourges, 700 francs; Escarpelle, 200 francs; Ferfay, 120 francs; Meurchin, 480 francs; Vicoigne-Nœux, 550 francs; la Grand-Combe, 200 francs, etc.

*Valeurs de crédit.*
*Chemins de fer étrangers.*

Si nous passons aux valeurs d'assurances, la hausse est énorme : 2,000 francs de hausse sur les Assurances générales contre l'incendie; 9,000 francs de hausse sur les Assurances générales sur la vie ; 4,400 francs de hausse sur les Nationale-incendie et 2,500 francs de hausse sur les Nationale-vie; le Phœnix-incendie a

*Valeurs d'assurances.*

haussé de 1,000 francs; le Phénix-vie, de 2,000 francs;
les actions de l'Union, incendie et vie, ont gagné 500 fr.
chacune; l'Urbaine-incendie a haussé de 700 francs; le
Soleil-incendie, de 2,500 francs; la Paternelle-incendie,
de 900 francs; la France-incendie, de 3,850 francs;
l'Aigle-incendie, de 2,600 francs.

Sur le marché en banque, quelques valeurs, bonnes,
mauvaises ou douteuses, ont été conduites à de hauts
cours : les capitalistes, détenteurs de ce genre de titres
non officiellement cotés, feront bien de porter de ce
côté, une sévère attention. Il n'est pas jusqu'aux valeurs du Panama, elles aussi, qui ne cotent aujourd'hui
des prix plus élevés que fin décembre 1891. Les obli-
tations Panama à lots libérées ont haussé de 85 à
100 francs; les bons Panama, de 69 à 85 francs.

## VI

Conclusion.

L'année 1892 ne laissera derrière elle, aucun regret.
Année de craintes sans cesse renouvelées, année de
troubles toujours renaissants, année d'expériences au
point de vue économique, année de dénonciations et
de révélations qui jettent un jour singulier sur les
mœurs de notre époque. Elle est une des plus tristes
que l'on ait traversées depuis la guerre. Elle laisse des
traces d'agitation, de confusion des esprits, de dépression morale.

Puis, malgré les difficultés, hausse de la Bourse,
hausse des rentes et de la plupart des valeurs mobilières, contradiction apparente bien faite pour déconcerter tous les sages de ce monde, comment expliquer
ce singulier contraste d'une grande hausse à la Bourse
donnant les apparences d'une prospérité financière
sans mélange alors que la situation politique est profondément agitée? Par une raison très simple que nous
avons souvent donnée. On prend son parti de toutes
les crises qui se produisent, car on sait, par expérience, qu'elles sont de courte durée et que le bon

sens, la raison, le calme finissent par l'emporter. Les
politiciens brouillons, les agitateurs de clubs sont heureusement, chez nous, une faible minorité. La France
est un pays de travail, d'ordre, d'économies. Elle paraît, à la surface, inquiète, troublée; mais, elle ne perd
ni l'amour du travail, ni les qualités d'épargne qui la
distinguent et qui font sa force. L'accumulation de la
richesse antérieure, le développement de ses ressources, la facilité croissante des voies de communication, les modifications profondes survenues dans les
marchés locaux, nationaux et internationaux et dans
la façon plus rapide et plus étendue de traiter les
affaires, l'existence d'une énorme richesse mobilière,
— 80 milliards de valeurs dont 60 milliards de valeurs
françaises et 20 milliards de titres étrangers, — ont
changé toutes les conditions de la vie commerciale,
économique et sociale. La France perçoit, tous les ans,
4 milliards de revenus sur les titres mobiliers qu'elle
possède; bon an mal an, 2 milliards au moins de ces
revenus cherchent un emploi à la Bourse ou restent
en réserve dans les caisses publiques et privées,
attendant une occasion favorable de se placer définitivement sur des valeurs sérieuses qui, sous l'influence
de tel ou tel événement intérieur ou extérieur, auraient
fléchi outre mesure. Vienne une crise, un accident
quelconque, une grosse perte comme celle causée par
le krack de 1882, par les Métaux, le Comptoir, la
Société des dépôts ou Panama, elle en souffre assurément, elle en gémit, mais elle a hâte de reprendre son
labeur quotidien; elle est, dans son ensemble, assez
riche pour ne pas restreindre beaucoup ses consom-
mations ni ses dépenses; elle continue à payer régulièrement ses impôts; elle diminue légèrement ses
épargnes. Elle a toujours eu l'habitude de ne pas dépenser la totalité de ses revenus et, comme la fourmi,
elle a fait pendant l'été des réserves de grains qui lui
permettent de passer tranquillement l'hiver et d'attendre patiemment les beaux jours.

Ce sont ces ressources et ces réserves qu'il ne faut
pas laisser s'amoindrir et sur lesquelles nous devons
veiller avec soin. Le pays n'arrêtera pas sa marche en
avant, car il ne peut rester comme hypnotisé par les
tristes événements de ces derniers jours. Il n'est que
temps de se remettre au travail, de s'occuper des intérêts économiques de la nation comme le demandait
M. le président Carnot. Défions-nous des trop nombreuses réformes qui germent dans grand nombre de
cerveaux et ne nous lançons pas dans l'inconnu, si
nous voulons que 1893, année d'élections et de luttes
politiques nouvelles, soit plus féconde que 1892, année
*de la rente au pair,* mais aussi *de la dynamite et du
Panama.*

# 1893

## LA LUTTE DES CLASSES

### I

Quelle singulière année d'agitation et de fièvre, de calme et d'enthousiasme, que celle qui s'achève!

A ses débuts, nous sommes en pleine crise du Panama : la vie du pays est suspendue. Les incidents politiques les plus inattendus se produisent avec une rapidité inouïe. On n'en est plus à compter les interpellations, les crises ministérielles, les dépêches et révélations sensationnelles. Démission du ministère Ribot remplacé par un cabinet Dupuy; non-réélection de M. Floquet remplacé au fauteuil présidentiel par M. Casimir-Périer; arrêt de la chambre des mises en accusation mettant hors de cause plusieurs des sénateurs et députés incriminés; arrêt de la cour d'appel condamnant MM. de Lesseps, Fontane, Cottu et Eiffel. Puis, cassation de cet arrêt, incident à la cour d'assises au sujet de la déposition de M^{me} Cottu, démission pendant vingt-quatre heures, du ministre de la justice, verdict du jury après la plaidoirie émouvante de M^e Barboux et le « coup de tonnerre » de M^e Du Buit. A la Chambre, les interpellations se succèdent : une fois, le cabinet obtient un vote de confiance sur l'ordre du jour proposé par M. Leydet; une autre fois, dans un élan d'enthousiasme, la Chambre vote, au milieu d'acclamations unanimes, l'affichage du discours de M. Cavaignac. On ne pense qu'au Panama; c'est une

L'affaire du Panama. Incidents sur incidents. Crises successives.

Cabinet Dupuy succédant à un 2^e cabinet Ribot.

21

véritable obsession. Dans la séance du 13 mars dernier, l'honorable M. Burdeau dépeignait en termes éloquents et vrais cet état général des esprits.

« Il semblerait, disait-il, qu'il n'y a rien en France que cet accident, que ces défaillances individuelles dont la justice va avoir à connaître, et qu'il n'y a pas un grand peuple avide assurément d'honnêteté et de lumière, mais laborieux, qui a besoin que ses mandataires continuent à le faire vivre, à s'occuper de ses intérêts, à les traiter en toute liberté et à faire planer au-dessus des incidents de chaque jour des débats honorables et utiles sur les programmes, les idées, les préoccupations de l'avenir, un pays qui réclame la certitude enfin qu'il existe encore des partis qui gouvernent et un gouvernement qui a un but et qui sait où il conduit la nation. »

Ces sages paroles sont écoutées : le verdict du jury est rendu; l'affaire du Panama est oubliée. La commission d'enquête parlementaire ne tient plus que de rares séances; la Chambre vote enfin, après avoir accordé quatre douzièmes provisoires, le budget de 1893; en quelques semaines elle expédie celui de 1894. La période électorale est ouverte. On craignait de vives agitations; il n'en est rien. Les élections s'accomplissent dans le calme le plus absolu. Sauf les tristes et regrettables incidents d'Aigues-Mortes, aucun événement de quelque importance n'agite l'opinion. On avait attendu avec une certaine curiosité les programmes électoraux des groupes radicaux-socialistes avancés. Ils ne contiennent que des phrases creuses, de vieilles idées et de vaines promesses. Les vacances parlementaires s'achèvent pendant les fêtes inoubliables données en l'honneur de l'escadre russe, à Toulon, à Paris, dans toute la France. Au milieu des réjouissances publiques, on apprend la mort du maréchal de Mac-Mahon : elle cause une véritable affliction dans tout le pays et provoque, dans le monde entier, des témoignages de sympathie aussi honorables pour l'illustre défunt que pour notre armée, dont il était une des gloires les plus pures. L'union de tous les esprits et de tous les cœurs, pendant les réceptions faites à nos hôtes, n'a pas, hélas! duré longtemps. Aussitôt après l'ouverture de la

*[marginalia:]* Elections législatives. Calme général.

*[marginalia:]* Fêtes russes à Toulon.

*[marginalia:]* Mort du maréchal de Mac-Mahon.

session extraordinaire de la Chambre, le ministère Dupuy démissionne; M. Casimir-Périer est chargé de la formation d'un nouveau cabinet. L'attentat anarchiste contre le parlement montre encore une fois que les gens de désordre ne reculent pas devant le crime pour assouvir leurs haines et leurs passions.

*Cabinet Casimir-Périer.*

L'année se termine sous le coup de ces préoccupations : le gouvernement, appuyé par les Chambres et par l'opinion publique tout entière, fait voter plusieurs lois de sécurité publique.

## II

Nous ne trouvons à l'étranger, pendant l'année 1893, que crises politiques et financières, agitation et inquiétude.

*Situation extérieure. Crises étrangères.*

De l'autre côté de la Manche, le conflit persiste entre la Chambre des communes et la Chambre des lords au sujet du home-rule. La grève des mineurs jette la perturbation dans un grand nombre d'industries, en faisant subir aux ouvriers et aux propriétaires de mines des pertes énormes.

*Le home-rule en Irlande.*

Le marché financier anglais n'a pu sortir encore des embarras qu'il traverse depuis 1890. A ces difficultés, sont venues s'ajouter la crise australienne et celle des États-Unis qui ont eu, toutes deux, leur contre-coup sur le Stock-exchange. Les affaires commerciales ont été aussi mauvaises que les affaires financières, comme le prouvent les tableaux du clearing-house à Londres et à Manchester, la diminution de plus de 30 millions dans les perceptions des impôts indirects pendant le premier semestre de l'année, l'affaissement des recettes des chemins de fer qui, pendant les onze mois de 1893, sont inférieures de 50 millions à celles de la période correspondante de 1892. Les émissions de valeurs ont été insignifiantes, presque nulles, 45 millions à peine : des pertes énormes ont été subies par les capitalistes sur grand nombre de titres et particulièrement sur les

*Embarras du marché financier anglais.*

actions des trustes companies ou omnium de fonds et valeurs. Ces sociétés ont obtenu, pendant de longues années, un véritable succès. Elles ont succombé à partir du jour où, suivant une pittoresque expression de M. Raffalovitch « elles ont servi de « déversoir » aux banquiers qui avaient en portefeuille des titres douteux ou invendables... C'est un véritable avantage que ces champignons financiers disparaissent » (1).

En Belgique, une grande agitation se produit à propos du vote en faveur du suffrage universel. Sur 60,000 électeurs, 46,000 se prononcent en faveur du suffrage universel à 21 ans. La Chambre des représentants en présence des troubles, vote par 119 voix contre 14 le suffrage universel à 25 ans, avec le vote plural.

En Hollande, de nouveaux projets fiscaux, mal accueillis, indisposent la nation contre son gouvernement; en Suède et en Norvège, la question de la séparation des deux pays, agitée pendant plusieurs mois, semble maintenant apaisée.

**Difficultés de la situation financière et fiscale en Allemagne.** En Allemagne, la loi militaire, l'augmentation des impôts et la nécessité de nouveaux emprunts, remplissent toute l'année. Malgré les discours du chancelier de l'empire, le projet de loi militaire est rejeté par le reichstag dont la dissolution est immédiatement prononcée par l'empereur Guillaume. De nouvelles élections ont lieu; une faible majorité gouvernementale décide du vote des projets militaires, mais la situation financière et fiscale reste grosse de préoccupations et de périls.

**Crises ininterrompues en Italie.** En Italie, c'est une suite ininterrompue de crises et de désastres : liquidation de la Banque romaine, scandales financiers, crise monétaire, commerciale, financière; baisse énorme des rentes et valeurs italiennes, chute du ministère Giolitti et, pour clore l'année, retour aux affaires de M. Crispi. Le voyage de l'empereur Guillaume et de l'impératrice d'Allemagne à

(1) *Journal des Débats* du 10 décembre 1893.

Rome, pour assister aux noces d'argent du roi Humbert, tout le bruit fait autour de la visite d'une division de la flotte anglaise, sont de bien maigres compensations aux calamités qui frappent l'Italie : cette nation paye les fautes de sa politique extérieure; la triple alliance la ruine; l'Allemagne la flatte et se sert d'elle, mais ne lui prêtera pas un centime pour aider au relèvement de son commerce et de son industrie ou de son crédit. On l'a bien vu lors des appels désespérés que les journaux allemands faisaient entendre pour qu'il lui fût donné un secours financier dont elle avait le plus pressant besoin.

Pour l'Espagne, l'année 1893 n'est pas heureuse : elle s'est passée au milieu d'embarras politiques, commerciaux, budgétaires et financiers : agitation anarchiste, attentat de Barcelone; situation commerciale difficile ; diminution des recettes des chemins de fer ; hausse du change et de l'agio sur l'or. A toutes ces difficultés s'ajoute, par surcroît, une expédition militaire au Maroc.

Le Portugal s'est complu au milieu de ses difficultés économiques et politiques. L'année s'achève avec la dissolution des Cortès. La situation financière est déplorable; les capitalistes qui ont eu confiance en ce pays, croyant à son honneur et à sa loyauté, crient à la spoliation. L'affaire des chemins de fer portugais, qui depuis longtemps aurait dû être terminée, est un scandale.

Est-ce en Grèce que nous trouverons un peu de calme et de prospérité? Qu'on en juge : les changements ministériels n'ont pas fait défaut; les difficultés financières se sont accrues; l'agio sur l'or a fait des progrès fantastiques. La Grèce termine l'année en déclarant qu'elle ne peut satisfaire à ses engagements librement contractés; elle ruine ses créanciers et manifeste l'intention de porter la main sur les gages spéciaux qu'elle avait donnés à ses prêteurs.

La Serbie a imité les autres Etats européens. Nous

avons eu cette année : la dissolution de la Skoupchina, le coup d'état du roi Alexandre, l'arrestation des régents, un nouveau ministère, une crise monétaire très grave. La situation financière reste menaçante.

En Autriche-Hongrie, l'année 1893 n'aura pas vu, contrairement aux espérances des ministres autrichiens, la fin de la régularisation de la valuta. Cette opération a été enrayée par la hausse du change et la prime de l'or. D'autre part, nos rentiers français, en se débarrassant peu à peu des valeurs autrichiennes qu'ils possèdent, ont beaucoup contrarié la réussite de cette affaire qui, répétons-le, n'a pas d'autre but, sous des apparences financières, que la constitution, par l'Autriche-Hongrie, d'un trésor de guerre. Quels qu'aient été les démentis donnés à cette opinion que nous exprimons depuis longtemps, nous ne pouvons que la maintenir énergiquement et répéter à nos lecteurs que, tant que l'Autriche-Hongrie restera l'alliée de la triple-alliance, nous devons agir envers elle comme nous le faisons envers l'Italie : éviter de l'aider, en quoi que ce soit, par notre crédit et nos capitaux.

En Turquie, ont eu lieu, comme d'habitude, quelques révolutions de palais, mais le public français y porte peu d'attention; il s'occupe plus volontiers des cours des valeurs ottomanes sur les divers marchés qui leur sont ouverts et, de ce côté, il peut être satisfait, car la plus-value qu'elles ont encore acquise cette année et qui est due pour beaucoup aux achats de la spéculation et à ceux de l'épargne, fait un singulier contraste avec la baisse presque générale des fonds étrangers.

La Russie a poursuivi le cours de ses améliorations économiques et financières ; ses rentes ont atteint le pair et jouissent d'une grande faveur. La sympathie de nos deux pays s'est encore affirmée cette année par la conclusion d'un traité de commerce et par la réception faite à l'escadre russe à Toulon et à Paris.

En Egypte, le khédive a voulu, sans doute, prendre exemple cette année sur les gouvernements européens, il a manifesté quelques velléités d'indépendance; mais, après avoir renvoyé un ministère qui lui déplaisait, il a dû plier sous la volonté de l'Angleterre et reprendre les ministres qu'il avait disgraciés. Les fonds égyptiens que le public européen considère comme des valeurs placées sous le protectorat de l'Angleterre, continuent à jouir d'une faveur véritablement exceptionnelle. Sauf le 3 1/2 privilégié qui se négocie à peu près au pair, toutes les autres rentes égyptiennes sont au-dessus du pair et rapportent moins de 3 3/4 %.

Est-ce enfin au delà de l'Océan que nous trouverons des pays que l'année 1893 aura favorisés? Désordres financiers et politiques dans la République argentine; guerre civile au Brésil; crise des banques en Australie. Aux États-Unis, l'exposition de Chicago semblait devoir être le gros événement de l'année. Cette exposition n'a été ni un succès ni un insuccès, mais un immense effort; elle restera, comme le disait tout récemment M. Levasseur (1), « un des grands faits de l'histoire économique des États-Unis ». Mais combien d'événements importants ont préoccupé l'opinion publique, aussi bien en Amérique que dans le monde entier : faillites innombrables; discussions sur la politique économique que suivra le nouveau président, M. Cleveland; longue agitation causée par l'abrogation de la loi Shermann; enfin, pour finir, déficit énorme dans le budget et proposition d'un emprunt prochain d'un milliard. Telle est, en quelques mots, la situation.

*L'exposition de Chicago.*

## III

*Le protectionnisme perd de son assurance.*

Le protectionnisme, qui triomphait pendant ces dernières années et promettait l'âge d'or à notre pays, commence à perdre de son assurance. Aux rêves entrevus et promis par ses défenseurs, la réalité, prédite

(1) Communication faite à la Société de statistique de Paris (15 novembre 1893); *Journal de la Société de statistique de Paris*, décembre 1893.

par les économistes libéraux, apparaît menaçante avec son cortège de déceptions et de ruines. Il faut relire le discours que M. Léon Say prononçait à la Chambre, les 9 et 11 mai 1891, lorsqu'il la suppliait de ne pas entrer dans la voie où elle a été conduite et protestait contre l'application du nouveau régime douanier. Ce qu'il prévoyait se réalise : « Je vois, disait-il, beaucoup de choses derrière ces murailles... Je ne vous en donne pas pour trois ans; la réaction commence, vous verrez qu'elle ira loin. Ici, vous êtes au Capitole; mais il y a une roche tarpéienne de l'autre côté! »

Opinion de M. Léon Say.

Quels singuliers effets ont produits l'application du système protectionniste et son développement! Notre commerce d'exportation est en forte diminution, commerçants et industriels se plaignent; les recettes douanières fléchissent à vue d'œil; nos rentiers porteurs de valeurs appartenant à des pays étrangers, avec lesquels nous avons presque prohibé nos relations commerciales, perdent des capitaux énormes. Les agriculteurs et tous ceux que l'on a voulu protéger, sont-ils, du moins, satisfaits? Ont-ils trouvé, dans l'application des doctrines protectionnistes, non la richesse, mais le bien-être, soit même une légère atténuation des maux dont ils se plaignaient si vivement? Pas davantage. Eux aussi se désolent et leur plus grand défenseur, l'honorable M. Méline, déclare que « la situation est loin d'être heureuse ».

Aveu de M. Méline.

Si le protectionnisme a éprouvé, cette année, de durs échecs, un avenir prochain lui en ménage de plus durs encore. N'ayant fait de bien à personne, ni à ses partisans, ni à ses adversaires, il aura bientôt tout le monde contre lui; l'opinion publique ne tardera pas à se soulever contre les doctrines qu'il a répandues et qui ont eu, comme premières conséquences, l'extension et l'aggravation d'un mal non moins grave, le socialisme.

Où mène le protectionnisme.

On pouvait, il y a peu d'années encore, se demander où était le socialisme; ne pourrait-on pas aujourd'hui

Marche en avant du socialisme.

répondre : « Où n'est-il pas! » Partout il déborde : en Allemagne, en Angleterre, en Russie, en Autriche, en Suisse, en Italie, en Espagne, en Amérique. Il a ses députés et ses électeurs, ses dogmes, son catéchisme, sa presse, sa littérature, ses héros et ses martyrs. Il cherche ses adeptes dans les ouvriers des villes et se flatte d'attirer à lui les travailleurs des champs. Il n'y a pas de raison, suivant lui, pour que le paysan ne veuille pas posséder le champ qu'il laboure, comme l'ouvrier l'usine.

Lorsque le socialisme aura fait cette conquête, si la raison inquiète et révoltée des honnêtes gens ne fait pas bientôt justice d'un tel « idéal », on pourra dire, comme les prophètes, « les temps sont venus ». Le socialisme mal compris est un péril et, malheureusement, il est, à chaque instant, de plus en plus encouragé par ceux-là même qui devraient le combattre le plus énergiquement. Ne voyons-nous pas, depuis plusieurs années, gouvernements, parlements, presse, travailler à griser les populations ouvrières et à les rendre mécontentes de leur sort? A en croire les réformateurs sociaux, il existe un personnage tout puissant, l'Etat, qui, les ayant jusqu'ici dédaignées ou oubliées, devrait se charger de leurs destinées. On leur dit qu'il n'y a rien de plus juste que de demander une journée de travail de plus en plus réduite, des salaires de plus en plus élevés, qu'ils doivent travailler moins et gagner davantage et que ce gros personnage omnipotent, l'Etat, est assez riche pour les garantir contre les accidents, contre les maladies, et assurer des rentes à ceux qui n'ont rien. Où mène le socialisme ? Il n'y a pas d'illusions à se faire : à la dissolution de la société, à la lutte entre citoyens d'un même pays, à l'anarchisme. Les fausses théories arment le bras de criminels comme ceux qui, cette année, ont commis les attentats odieux de Barcelone et du Palais-Bourbon.

Où mène so-
cialisme.

## IV

Au point de vue financier, l'année 1893 sera peu regrettée : les affaires ont été inactives ; elle a été marquée, à l'étranger, par des tempêtes financières, par des appréhensions qui se sont malheureusement réalisées, par un grand malaise industriel, commercial et politique de presque tous les pays et, chez nous par une anémie financière presque sans exemple dans le passé de la Bourse de Paris. Les principales sociétés de crédit se sont bornées, avec raison, à consolider leurs affaires courantes ; elles ont continué à « faire la chasse à l'escompte » pour employer le plus avantageusement possible leurs grosses disponibilités ; à modifier leur portefeuille de valeurs, se portant un jour sur le 3 % et le lendemain sur le 4 1/2 %, suivant que les projets de la prochaine conversion du 4 1/2 % paraissaient s'appuyer sur telle ou telle base ; elles n'ont pris l'initiative d'aucune opération nouvelle. Les émissions publiques ont été encore plus rares qu'en Angleterre. A part l'émission de 100,000 obligations de Salonique, la conversion de l'emprunt russe or 6 % 1883 et quelques placements de petites valeurs sans importance, les sociétés de crédit sont restées dans l'attente, observant les événements pour se mettre à l'abri des orages et se préparer à marcher de l'avant, le jour où le calme serait rétabli à l'horizon financier.

Augmentation
de la circulation
financière de la
Banque de France.

L'augmentation de la circulation des billets de la Banque de France que nous avions demandée au début de cette année, à un moment où on n'y songeait guère, a été le premier événement financier de 1893. La campagne contre les caisses d'épargne, contre le Crédit foncier, l'agitation du Panama, ont absorbé l'attention pendant les premiers mois de l'année : puis, sont survenus

la crise australienne, la crise monétaire aux Etats-Unis, l'effondrement de la spéculation au Stock-Exchange, les discussions et le vote de l'impôt sur les opérations de

bourse. Nos capitalistes ont été atteints dans leurs placements à l'étranger, en Grèce, en Italie, en Espagne, au
Portugal, au Brésil. Ils ont à se défendre contre des débiteurs de mauvaise foi ; la désinvolture avec laquelle les
Etats méprisent aujourd'hui leurs engagements est véritablement trop « fin de siècle » ; nous pourrions en citer
qui cherchent à tirer profit des dépouilles mêmes de
leurs créanciers. Nous sommes opposés à l'intervention
de l'Etat dans les affaires particulières; mais, quand un
gouvernement étranger affecte des gages spéciaux aux
emprunts qu'il contracte envers des capitalistes d'un
autre pays et que plus tard, par caprice ou par mauvaise foi, non seulement il ne tient pas ses engagements
mais s'empare, pour en tirer profit, de ces mêmes garanties, c'est un brigandage contre lequel devraient protester toutes les nations civilisées. Si, dans un pays étranger, on volait quelques ballots de marchandises à un de
nos nationaux, immédiatement notre diplomatie se met-
trait en mouvement et obtiendrait justice de gré ou de
force. Que des gouvernements étrangers prennent dans
la poche de nos rentiers des centaines de millions et des
milliards, représentés par des titres de rentes, des
actions ou des obligations, nous gardons le silence.
Nous pourrons voir dans quelques jours les représentants de ces Etats en déconfiture présenter leurs hom-
mages au chef respecté de notre gouvernement, M. le
président Carnot ! Leurs pays se trouvent en suspension
de payements et nous faisons à leurs ambassadeurs ou
ministres le même accueil qu'aux Etats honnêtes, res-
pectueux de leurs engagements ! Il serait grand temps
qu'un droit public financier international, dont nous
demandons depuis plusieurs années l'établissement, fut
enfin institué !

Quelques rares valeurs étrangères n'ont causé,
cette année, aucune déception à nos rentiers; mais leur
plus-value n'arrive pas à équilibrer les pertes subies
sur les autres.

Nos grandes valeurs françaises, c'est la seule note à

peu près satisfaisante, ont bénéficié de la défaveur des
fonds étrangers ; nos rentes ont gagné une nouvelle
avance ; il en est de même des actions et des obligations
des grandes compagnies de chemins de fer, des obligations du Crédit foncier. La « partie saine », la plus considérable de notre épargne, a été heureusement sauve-
gardée; nous devons veiller sur elle et faire en sorte que
cette épargne qui est attaquée de tous côtés à la fois ne
soit pas inquiétée par les déclamations de quelques agitateurs. La lutte du capital et du travail, les attaques
contre la « classe capitaliste » ont été des plus violentes.
Ce serait un malheur pour notre pays et le plus grand
malheur aussi qui pourrait atteindre les travailleurs
eux-mêmes qu'on égare avec de fausses théories, si ce
capital effrayé faisait grève à son tour. « Faire du capital, disait Michel Chevalier, c'est faire du travail ! » et
malheureusement, on s'ingénie à troubler et à déprécier
l'un, sans pour cela développer et enrichir l'autre.

Les questions de change et de monnaie, les opérations
et les relations financières internationales, ont eu une
importance exceptionnelle. Plus que jamais, le
« change » a été à l'ordre du jour. Il a occupé une place
prépondérante dans les préoccupations des porteurs de
titres. Qu'il s'agisse du rouble et des fonds russes libel-
lés en rouble-papier, des rentes autrichiennes papier,
argent et or, des fonds et titres de chemins de fer espagnols, des rentes hellénique et italienne, du Portugais,
du Brésilien ou des valeurs argentines, qu'il s'agisse
du métal argent ou de l'or, le taux du change a été con-
sulté chaque jour, avec anxiété, et par les rentiers, et
par les spéculateurs, et par les négociants.

Les rentiers, dont le sort est si envié, sont, tout
d'abord, exposés aux aléas des entreprises dans lesquelles ils se sont intéressés ; ils doivent en surveiller
attentivement la gestion ; il leur faut, ensuite, se défendre contre les crises économiques, financières, commerciales, contre les crises du « change » ; ils ont à lutter
contre ceux qui voudraient bien les « exproprier » en

*Marginal notes:*
Lutte du capi-
tal et du travail.

Les questions
de change.

Soucis des ren-
tiers.

mettant la main sur ce qu'ils possèdent ; il leur faut surveiller la solvabilité et la bonne foi de leurs débiteurs,
qu'ils s'appellent gouvernements ou sociétés. Supposer
que les rentiers n'ont plus qu'à se « laisser vivre », sans
préoccupations ni soucis, est une grosse erreur ! Quiconque possède quelques économies, a plus d'inquiétudes, de nos jours, pour les conserver intactes, qu'il
n'en a eu pour les acquérir !

### V

L'année 1893, dégagée d'une quantité de menus faits, Conclusion.
nous apparaît sous deux traits principaux, que nous
pouvons résumer comme dans un bilan : elle possède à
son actif les brillantes journées d'octobre pendant lesquelles la France entière acclamait les marins d'un
grand peuple ami; elle garde à son passif un fléau dangereux, l'extension du socialisme et de l'anarchisme.
Elle est l'année de la *lutte des classes*, lutte qui, d'après
M. Jaurès, un des docteurs du socialisme, est avec
« l'expropriation politique et économique de la classe
dirigeante et l'internationalisme, l'un des trois points
capitaux et essentiels du programme socialiste. »
    La « lutte des classes » est le grand fait qui se
dégage de cette année 1893, à la fois si agitée et si calme,
si confiante et si tourmentée. Combattre de telles doctrines qui, ainsi que le disait à Beauvais M. Carnot
le 26 septembre dernier, « tendent à diviser la nation,
à ressusciter les haines de classes éteintes par la Révolution, à effacer jusqu'au mot de patrie », est aujourd'hui
un véritable devoir civique. Ces doctrines, comme l'a
écrit M. E. Cheysson dans un travail des plus remarquables, « menacent les intérêts et les droits, compromettent les conquêtes de l'histoire ; elles veulent faire
avec une soudaineté brutale ce que la force des choses
fait doucement et dans une mesure compatible avec la
liberté individuelle ; sous prétexte de nous entraîner en
avant, vers un Eldorado inconnu, elles nous forcent à
rétrograder à plusieurs siècles en arrière vers le collec-
tivisme du steppe ou de la forêt primitive ».

# 1894

---

## L'ANNÉE NOIRE

---

### I

Nous cherchons, en vain, dans l'année qui s'achève, soit au point de vue politique intérieur ou extérieur, soit au point de vue financier, commercial et industriel, soit au point de vue économique et social, quelque fait caractéristique permettant d'envisager l'avenir avec une entière confiance. C'est une année âpre, difficile, stérile; elle a été marquée par des deuils inoubliables — ceux du président Carnot victime d'un abominable attentat, du tsar Alexandre, d'un des fils les plus dévoués de la démocratie, M. Burdeau. Le socialisme et le radicalisme, contenus pendant quelques mois par le cabinet Casimir-Périer, puis par le ministère Dupuy, reprennent courage : la récente élection du président de la Chambre est considérée par leurs partisans comme une victoire sur le gouvernement, sur le nouveau président de la République, M. Casimir-Périer, qui a accepté, avec tant de patriotique dévouement, la lourde charge de succéder à M. Carnot.

Les anarchistes ont continué leurs criminels exploits : ils ont cette année, à leur actif, l'explosion du café Terminus, l'attentat contre la Madeleine, l'explosion du restaurant Foyot, le crime de Caserio. Le parlement vote une loi dite « contre les anarchistes ». Les pouvoirs publics veulent réprimer le

Mort du président Carnot, du tsar Alexandre III, de M. Burdeau.

2ᵉ cabinet Dupuy.

M. Casimir-Périer, président de la République. 3ᵉ cabinet Dupuy.

crime et l'anarchie dans la rue; que ne peuvent-ils prévenir l'anarchie qui règne dans les idées? « Où mène le socialisme, écrivions-nous dans notre revue de l'année 1893 ? Il n'y a pas d'illusions à se faire : à la dissolution de la société, à la lutte entre citoyens d'un même pays, à l'anarchisme. Les fausses théories arment le bras de criminels comme ceux qui ont commis les attentats odieux de Barcelone et du Palais-Bourbon. »

Nos craintes ne se sont malheureusement que trop réalisées ; les fausses théories ont armé le bras de l'assassin qui a mortellement frappé M. le président Carnot.

Finances publiques.<br>Deux projets de budget. Aucun budget voté. Nous n'avons pas de budget, ou plutôt nous en avons eu deux, celui de M. Burdeau et celui de M. Poincaré. Le Parlement a passé tout son temps en discussions et en interpellations oiseuses, nous laissant soumis au régime des douzièmes provisoires. Les recettes budgétaires décroissent ; les dépenses urgentes, nécessaires, augmentent; des impôts nouveaux sont indispensables; la dette flottante est démesurément grosse. Quand le budget de 1895 sera voté — à Pâques, peut-être, l'année prochaine, — il faudra La Chambre s'est agitée dans le vide. s'occuper de celui de 1896. La Chambre s'est agitée dans le vide. Elle est pleine de bonnes intentions; mais, au lieu de s'occuper de réalités, elle court après des chimères et se laisse entraîner par un discoureur habile avec la même facilité qu'elle apporte ensuite à regretter ses votes. Elle veut des réformes de toute sorte, sociales, politiques, économiques, financières, administratives. A entendre les réformateurs, nous sommes à l'état chaotique; il faut tout bouleverser et faire table rase de notre vieille machine administrative, financière, fiscale. Décentralisation, liberté d'association, réduction du service militaire, réforme générale de l'impôt, fédération des travailleurs, retraites pour les ouvriers des champs et des villes, mainmise sur la Banque de France, les chemins de fer, les mines, les assurances, tout entre les mains de l'Etat et administré par lui, etc., il ne se passe pas un seul jour sans qu'une de ces prétendues réformes ne soit demandée. Tous ces zélés réformateurs devraient bien commencer par se réformer eux-mêmes, c'est-à-dire par modifier leur mode de travail. Pourquoi laissent-ils le budget en suspens? Pourquoi, au risque de faire courir au crédit public de graves dangers, laissent-ils sans solution le renouvellement du privilège de la Banque de France qui expire dans deux ans? Que font-ils, sinon pour développer notre commerce et notre industrie, du moins pour arrêter son violent recul? Nous pourrions développer les points d'interrogation.

*Nécessité pour le parlement de réformer son mode de travail.*

## II

Ce n'est pas, non plus, à l'extérieur, que l'année 1894 aura été brillante. Tous les pays ont eu une ou plusieurs crises politiques. En Angleterre, M. Gladstone a donné sa démission ; il a été remplacé par lord Roseberry. Le budget présenté par sir William Harcourt a été vivement commenté. Au point de vue financier, le marché anglais semble s'être remis de ses violentes secousses des années précédentes; mais il donne le spectacle d'une spéculation inouïe sur les mines d'or de l'Afrique du sud, spéculation qui s'est étendue sur tous les marchés du continent. En Belgique, les élections nouvelles, la mise en pratique du suffrage universel, ont causé de grands troubles. En Hollande, en Espagne, en Grèce, en Serbie, en Portugal, en Egypte, les changements de cabinets ont été nombreux. En Allemagne, l'empereur Guillaume qui, le premier jour de l'an, rendait visite au chancelier de l'empire, M. de Caprivi, pour bien marquer la bienveillance particulière qu'il lui témoignait, se réconcilie avec le prince de Bismarck, puis, par une décision inattendue, accepte, il y a quelques semaines, la démission du chancelier de Caprivi et le remplace par le prince de Hohenlohe. En Autriche-Hongrie, de graves difficultés

*Situation extérieure.*

22

politiques intérieures subsistent, mais elles ont été moins remarquées que les agitations de la bourse de Vienne. Pendant toute l'année, un courant extraordinaire d'affaires a eu lieu sur ce marché où la spéculation a pris un développement énorme ; on redoute à chaque instant un nouveau krach, comme celui de 1873. La Russie s'est occupée surtout de sa situation financière; elle a continué la série de ses emprunts et conversions. La mort du tsar a produit, en France surtout, une vive impression. L'Italie a commencé et terminé l'année au milieu de scandales financiers. La situation financière n'est pas meilleure que la situation politique : le gouvernement italien a porté l'impôt sur sa rente de 13 fr. 20 à 20 %.

La guerre civile s'est terminée au Brésil par la défaite complète des insurgés. Ce pays ne doit plus aspirer qu'à se remettre au travail et réparer ses pertes; le nouveau président, qui a succédé à M. Peixoto, a été bien accueilli. Le Japon a déclaré la guerre à la Chine et poursuit le cours de ses succès.

Les relations de notre pays avec les puissances étrangères sont ce qu'elles étaient antérieurement ; les difficultés avec la Belgique, relatives au Congo, ont été heureusement aplanies. L'occupation de Tombouctou a été, cette année, le gros événement de notre politique coloniale. Le désastre de la colonne Bonnier a douloureusement affligé le pays. Des renforts ont été envoyés à la petite garnison qui occupe la ville mystérieuse du centre africain; cette prise de possession par la France, était une des nécessités de notre politique dans l'Afrique du Nord. A Siam, nous avons obtenu gain de cause. Il en sera de même à Madagascar. Les Chambres ont approuvé l'expédition projetée par le gouvernement pour faire respecter nos droits.

Politique coloniale.

## III

Le fait économique et on peut dire social de ces temps derniers, et principalement de cette année, a été la hausse de tous les fonds d'Etat sans exception et dans le monde entier. Les crédits de premier ordre tendent à une capitalisation à 2 1/2 %; ceux de second ordre se capitalisent entre 3 1/2 et 4 %; ceux de troisième ordre donnent tout au plus 4 1/2 %. Des pays qui ont fait banqueroute voient leurs fonds se capitaliser à 5 % et même à moins de 5 %, c'est-à-dire qu'ils rapportent 3, 4 et 5 % moins que lorsqu'ils tenaient leurs engagements. Un gouvernement étranger qui s'aviserait aujourd'hui de promettre 6 % d'intérêt, serait qualifié de coureur d'aventures. Nous avons étudié tout particulièrement cette hausse des fonds d'Etat et nous en avons montré les causes et les dangers (1). Cette ascension indéfinie des fonds publics est la planche de salut pour les pays dont les finances sont embarrassées, malgré leur apparence de prospérité. Autrefois, il n'y avait que les Etats, riches, prospères, aux budgets bien équilibrés, qui fissent des conversions de rentes. L'Angleterre, les Etats-Unis, la Belgique, la Hollande, n'ont pas hésité à recourir à ce moyen légal pour *réduire leurs dettes et, par contre coup, pour alléger les charges de leurs contribuables.* Chez nous, pendant de longues années, on n'y a eu recours qu'avec timidité. Entre la conversion de 1825 et celle de 1852, il s'est écoulé vingt-sept années; entre celle de 1852 et la conversion facultative de 1862, il s'est écoulé dix ans; il a fallu attendre ensuite jusqu'en 1883 pour effectuer une nouvelle conversion de rentes perpétuelles, l'emprunt Morgan mis à part. Mais depuis, comme on s'est appliqué à rattraper le temps perdu!

*Hausse générale.*

*Les conversions.*

(1) Voir notre étude sur *La hausse des fonds d'Etat*, ses causes, les dangers de son exagération. In-8°, 1894.

Les deux conversions de 1883 et de 1894 ont enlevé aux rentiers 101 millions de rentes, représentant un capital nominal de 3,150 millions; le 4 1/2 % ancien fonds et le 4 % ont été convertis en 1887; les obligations du Trésor, les bons de liquidation, des annuités à longue ou à courte échéance, les fonds déposés dans les caisses d'épargne, à la Caisse des dépôts et consignations, ont subi des réductions d'intérêt très sensibles.

Conséquences des conversions pour les rentiers. L'exemple donné par l'Etat a été suivi par les départements, par les villes, les établissements de crédit, les compagnies industrielles, commerciales et financières; on ne parle plus que de conversions; c'est la terreur des rentiers, car il faut bien le dire, c'est leur misère. Autour d'eux et pour eux, les impôts ont augmenté; la cherté de la vie s'est accrue, les charges de toute nature se sont développées. Ils croyaient, après avoir travaillé de longues années, s'être assuré, pour leurs vieux jours, une aisance tranquille : c'est une erreur; à chaque instant, leurs revenus ont été et menacent d'être encore rognés; il faut qu'ils se restreignent, vivent à meilleur compte, se privent parfois du nécessaire. Sans doute, l'Etat, cette grande entité, ne fait pas de sentiment; il envisage la masse des contribuables, la nation tout entière, et effectue une conversion chaque fois que le marché des capitaux et le bas prix de l'argent lui permettent de réduire ses charges d'emprunt. Il use de son droit, mais ne serait-il pas juste d'accorder à ces centaines de mille de petites gens, de petits épargneurs, comme compensation à la réduction d'intérêts qu'il leur fait subir, une diminution dans les impôts qu'ils lui payent? C'est par centaines de mille que se chiffrent les porteurs de moins de 100 francs de rentes sur l'Etat (1) et cette véritable démocratie est singulièrement qualifiée : on traite d'usurier, de ploutocrate, de richard, ce petit rentier

(1) Voir le discours prononcé à la Chambre des députés le 16 janvier 1894 par M. Burdeau, ministre des finances, et notre étude sur *L'épargne française et la féodalité financière*, in-8° 1885.

qui possède un titre de rente, une action ou une obligation de chemin de fer ou du Crédit foncier. Jamais
les attaques contre la « classe capitaliste » n'ont été
plus violentes, plus haineuses que cette année.

Tous les Etats trouvent maintenant le moyen de convertir leurs dettes. Ils greffent, le plus souvent, un
emprunt sur la conversion ; c'est-à-dire qu'ils empruntent avant ou après la conversion. Ils jouent avec le capitaliste et le porteur de rentes comme le chat avec la sou-
ris. Un jour, ils lui offrent le remboursement de son
capital ou une réduction d'intérêts ; le lendemain, ils lui
empruntent à nouveau de l'argent. Le rentier voit ses
revenus fondre dans ses mains et, cependant, il accepte
ce qu'on lui propose. Demander le remboursement de
son titre? Que ferait-il de son argent? Où le placerait-il?
Par lassitude, par ennui, il laisse faire. Son revenu est
réduit ; il finit par s'en consoler parce que, la conversion faite, les rentes converties se négocient aux
mêmes cours ou même plus haut que les anciens fonds
à convertir. Il ne s'étonne même plus que, malgré
cette série de conversions, les dettes publiques européennes et celles du monde entier augmentent d'année
en année. Les impôts grossissent ; il y est habitué. Il se
dit bien que, en toute justice, les résultats des conversions devraient être appliqués à des réductions d'impôts ; mais que peut-il faire pour obliger les gouvernements à suivre cette ligne de conduite? Absolument rien. Les résultats des conversions que, par un
singulier euphémisme, on appelle dans le langage parlementaire des « économies » et des « bénéfices », sont le
plus lourd des impôts qui jamais puissent être prélevés
sur les rentiers. Les nôtres, depuis vingt ans, ont subi
une amputation de 33 %. Et il se trouve des législateurs,
des personnages considérables, des hommes jouissant
d'une grande autorité dans la presse économique et
financière, qui se déclarent partisans d'un impôt sur la
rente !

## IV

Nous avons eu, cette année, la conversion du 4 1/2 %, celle des billets de la Banque russe et des 2ᵉ et 3ᵉ emprunts d'Orient ; celle des obligations de la Banque centrale du crédit foncier de Russie. La Norvège, la Suède, la Turquie, la province de Québec, tout le monde entend convertir. L'Autriche, la Hongrie, la Suisse, la Hollande, la Belgique, préparent des conversions nouvelles.            •

Toutes ces opérations, dont la légalité est absolue, sont d'une prodigieuse commodité pour les États qui veulent diminuer le service de leur dette publique ; elles s'accomplissent avec une non moins merveilleuse facilité et, aussi dures qu'elles soient, elles ne peuvent être critiquées comme la mesure employée par l'Italie qui trouve plus facile de porter l'impôt sur ses rentes de 13.20 % à 20 %!

Tous les fonds d'État sont en hausse. Les consolidés anglais 2 3/4 % se sont élevés jusqu'à 103 1/2; le 2 1/2 % a fait 102 1/2; le 3 % égyptien garanti, 106 %; le 3 % indien a dépassé 103 % ; le 4 % autrichien or s'est élevé jusqu'à 102 3/4 ; les fonds égyptiens 4 et 3 1/2 sont au-dessus du pair ; le 4 % hongrois or a fait 102 1/2 % ; le 4 % russe 1889 — pour ne prendre que ce type — a haussé à 103 1/2 pendant que le 3 1/2 1891 dépassait 90 et que la Russie voyait son emprunt 3 1/2 % couvert près de cent fois ; le 4 % turc (emprunt de la défense) a fait 105 %; les 5 % (douanes) sont au-dessus du pair; les obligations 4 % y marchent à grands pas ; les titres des séries A, B, C, se capitalisent à 3 et 4 %. Quant à nos rentes , leur épanouissement a été merveilleux. Rien n'a pu empêcher leur marche en avant ; ni l'assassinat de M. Carnot, ni la mort du tsar, ni les difficultés budgétaires, ni la situation commerciale et économique. Autrefois, la spéculation jouait la baisse sur les rentes ; maintenant, elle est presque constamment à la hausse. Elle se dit que les titres sont rares, classés et répartis à l'infini dans les petits portefeuilles, que le comptant en achète toujours, que le public, après avoir perdu tant d'argent à droite et à gauche, conserve ses rentes quels que soient les cours cotés. Avant la conversion, le 4 1/2 % a valu 103 fr.50 ; le 3 1/2 % converti s'est élevé jusqu'à 108 1/2 ; le 3 % a dépassé le cours de 104 francs.

Cette hausse des fonds publics trompe les esprits superficiels : elle entretient de dangereuses illusions sur la situation générale des affaires du pays. A en juger, en effet, par ces cours élevés, — les plus hauts qui aient été jamais atteints, — nos finances et celles de l'Europe devraient être florissantes, prospères. La vérité est que, dans tous les pays du monde, les charges publiques n'ont jamais été plus lourdes; elles s'accroissent chaque année. La hausse des fonds publics entretient de fausses idées surtout dans l'esprit des législateurs. Ils se figurent qu'ils administrent bien nos affaires, car, se disent-ils, si le public n'avait pas confiance, la Bourse baisserait, les rentes ne seraient pas à de tels prix ; ils se croient tout permis ; ils regardent d'autant moins à dépenser qu'ils voient que l'argent se donne presque pour rien, que le public court après les placements à peine rémunérateurs ; ils pensent que les emprunts seront faciles à effectuer pour combler les déficits budgétaires et qu'il n'y a, en vérité, qu'à frapper le sol du pied pour en faire sortir des capitaux. Ils ne se doutent pas que ces capitaux, si empressés, s'abstiennent, se cachent ou se sauvent avec la même rapidité et au moment où on a le plus grand besoin d'eux!

*Les charges publiques n'ont jamais été aussi lourdes.*

Cette hausse n'est donc pas un signe certain de la prospérité publique ; elle témoigne, au contraire, que les entreprises nouvelles demandant des capitaux font défaut ou ont moins d'importance et moins d'extension. L'avilissement du taux de l'intérêt est le plus grand phénomène économique et social qui se soit jamais produit : c'est, en quelque sorte, la richesse qui s'évapore dans les mains de ceux qui l'ont acquise et épar-

*La hausse des fonds publics n'est pas un signe certain de prospérité publique.*

gnée ; c'est l'indice du ralentissement des progrès industriels et commerciaux et de la difficulté croissante, pour
chaque individu, de se constituer une réserve suffisante
pour assurer ses vieux jours. Et, au point de vue social
comme le faisait remarquer M. le sénateur Millaud dans
un éloquent discours au Sénat, le 7 juin dernier : « On
s'aperçoit que la querelle depuis si longtemps existante
entre le capital et le travail doit nécessairement diminuer tous les jours d'intensité par ce seul fait même que
le capital ne trouve plus un revenu quelconque sans le
travail... »

## V

Les chemins de fer français.

La question des chemins de fer français et étrangers
a tenu une large place dans les préoccupations de l'année
qui s'achève. Nos grandes compagnies ont été, comme
les années précédentes, l'objet de vives attaques. Pour
beaucoup de députés, les actionnaires s'enrichissent au
détriment d'autrui et touchent des dividendes fabuleux,
des 11 et 12 %. Ces chiffres sont couramment cités à la
tribune ; ils ont été maintes fois démentis par des arguments irréfutables (1) ; n'importe, il est plus facile de
maintenir une erreur que d'accepter une vérité. Tout
d'abord, les tarifs des chemins de fer du Midi et de l'Orléans ont été mis en discussion à la suite d'une interpellation adressée au ministre des travaux publics ; puis,
la durée de la garantie accordée à ces deux compagnies
a été soulevée ; elle a jeté le trouble dans l'esprit des porteurs de titres; elle n'est pas encore résolue au moment
où nous écrivons ces lignes.

La durée de la garantie. Inquiétude des rentiers. Baisse des titres.

Au commencement de l'année, le Midi se négociait à
1,370 francs ; l'Orléans à 1,625 francs. Plus de 300 francs
de baisse ont frappé ces valeurs ; une reprise s'est
ensuite produite sur les bas prix et, maintenant, on reste

(1) Voir nos études sur *Les chemins de fer devant le Parlement*, in-8°
1890, et *Les chemins de fer et l'impôt*, la légende des gros dividendes,
in-8° 1891.

dans l'attente de la décision du conseil d'État. L'Est, le
Lyon, le Nord, l'Ouest, sont en baisse sur les cours de
l'an dernier ; le public, inquiet, se demande si, après
l'Orléans et le Midi, d'autres compagnies ne seront pas
mises sur la sellette parlementaire. Sa confiance est
atteinte. Il considérait ces titres comme placements de
« père de famille ». Le doute est entré dans son esprit.
Il voit que le législateur ne se fait pas faute de
demander la modification de contrats librement accep-
tés et consentis de part et d'autre, de les dénoncer à la
tribune, quand ces contrats lui apparaissent être désa-
vantageux. Après les grandes compagnies, on s'en prend
aux lignes secondaires. L'an dernier, l'Est-Algérien a
été mis en cause ; cette année, c'est le tour du Sud de la
France. Les actionnaires croyaient pouvoir compter sur
un revenu de 25 francs garanti ; ils apprennent, avec
stupéfaction, que ce revenu sera ce que les circonstances
permettront qu'il soit, que leur compagnie a été mal
administrée, qu'il est avantageux pour l'État et pour eux
de remanier les contrats et que les actionnaires n'ont pas
d'autre alternative que d'accepter ce qu'on leur offre
ou... la faillite. Hier encore, le Bône-Guelma fournissait à un député le motif d'une interpellation au ministre
des travaux publics. Au risque de porter atteinte à de
graves intérêts, de discréditer une compagnie, on monte
à la tribune et, à tort ou à raison, on l'attaque avec violence; c'est à se demander s'il est possible de traiter avec
l'État quand les contrats les plus sérieux peuvent être,
de cette manière, divulgués, discutés, remaniés avec une
étonnante facilité!

On ne s'aperçoit pas que c'est ainsi qu'on détruit la
confiance, qu'on annihile l'esprit d'entreprise, qu'on
empêche de grandes sociétés de se fonder. Il est très
facile de traiter les rentiers d' « usuriers », les actionnaires des chemins de fer de « ploutocrates », de gens
qui touchent 11 %, de mettre en question des contrats
librement passés, de s'en prendre à ceux qui possèdent, de regarder comme de malhonnêtes gens ceux

On détruit la
confiance et on
annihile l'esprit
d'entreprise.

qui ont quelques titres de rentes, d'actions ou d'obligations ; de considérer comme des malfaiteurs, les grands industriels, les banquiers, les établissements financiers, de traiter de « spéculateurs » et d'appeler sur eux la vindicte publique, tous ceux qui s'occupent du maniement des capitaux : mais n'est-ce pas là la cause du réel malaise financier qui existe, de cet arrêt des placements industriels, de cette stérilité de l'esprit d'invention et d'entreprise, de cette timidité du public, tous ces symptômes de la hideuse maladie, le doute, le manque de confiance et d'initiative, qu'on nous a mise dans le sang depuis quelques années? A Paris et en France, de grands travaux publics restent à effectuer, des entreprises industrielles et commerciales attendent des capitaux pour se développer ; il semble qu'on veuille, comme à plaisir, effrayer le capital et stériliser les efforts de ceux qui pourraient lui faire appel.

## VI

Les chemins de fer étrangers.

Nous avons de nombreux capitaux engagés dans les chemins de fer étrangers, au Portugal et en Espagne. Il s'est produit, cette année, en ce qui concerne les Chemins portugais, un fait qu'il faut retenir. Grâce à l'énergie du ministre des affaires étrangères, qui était alors M. Casimir-Périer, le Portugal a fini par céder. M. Bihourd, notre ambassadeur, a été rappelé et n'est retourné à son poste que lorsque promesse a été faite de donner satisfaction aux obligataires des Chemins portugais. C'est aujourd'hui une question close. Il faut espérer que le gouvernement espagnol donnera satisfaction, lui aussi, aux réclamations qui lui sont adressées par les compagnies de chemins de fer dans lesquelles nos rentiers ont placé tant d'argent. La situation de ces compagnies est très précaire. Elles ont à souffrir de la politique commerciale de l'Espagne, de sa situation financière, de la dépréciation du papier

qu'elles reçoivent en payement, alors qu'elles doivent
payer en or leurs créanciers étrangers. Elles ont
certainement droit, de la part du gouvernement
espagnol, à quelques compensations. Les leur accor-
dera-t-on? L'année 1895 apportera sans nul doute, de
ce côté, une solution, bonne ou mauvaise, mais il est
impossible de rester dans le statu quo. Les compagnies
risquent d'être obligées de payer leurs créanciers en
papier, au lieu de les payer en or; elles ne pourraient
continuer à supporter les millions de perte qu'elles
subissent par le change, si le gouvernement espagnol,
comme nous le craignons, faisait la sourde oreille à
leurs demandes.

## VII

Les questions de « change » et de « circulation fiduciaire », les questions monétaires, n'ont pas cessé d'occuper l'attention; elles l'occuperont encore pendant longtemps. Nous avons souvent expliqué les causes
complexes qui provoquaient les fluctuations du change :
création de papier monnaie; établissement du cours
forcé des billets de banque; circulation métallique dé-
préciée; engagements internationaux exagérés, provenant d'une trop grande abondance d'émissions de
titres mobiliers, de spéculations sur valeurs mobilières
ou marchandises; situation intérieure ou extérieure
troublée; abondance plus ou moins grande des capitaux disponibles; équilibre faussé entre les encaisses
des banques et la circulation des billets qu'elles émet-
tent; confiance ou défiance dans la loyauté des divers
pays. Dans le dernier trimestre de cette année, les
changes sur l'Autriche, l'Espagne, l'Italie, le Portugal,
la République argentine se sont améliorés. Cette amélioration ne provient pas d'une reprise d'affaires dans
ces pays, mais de ce fait que la spéculation a acheté un
grand nombre de ces valeurs qui avaient beaucoup
baissé. Pour payer ces achats, il a fallu se procurer du

*Change et cir-
culation fiduciai-
re.*

papier sur ces divers pays, absolument comme s'il
avait fallu solder en numéraire des achats de marchandises. A l'appui de cette opinion, voici les cours
de quelques fonds d'Etat, comparés aux cours du
change, à plusieurs dates de cette année :

|                       | Janvier | Juillet | Décembre |
|-----------------------|---------|---------|----------|
| Autriche or 4 %....... | 97 25   | 98 60   | 102 00   |
| Extérieure............. | 63 75   | 65 70   | 72 50    |
| Italien................ | 79 00   | 79 25   | 87 00    |
| Portugais............. | 19 65   | 23 20   | 25 00    |

Au commencement de ces mêmes mois, voici quels
étaient les cours du change sur ces divers pays :

|                       | Janvier | Juillet | Décembre |
|-----------------------|---------|---------|----------|
| Vienne................ | 199     | 199     | 200 00   |
| Madrid................ | 397     | 403     | 440 00   |
| Rome.... ............ | 12      | 10      | 6 1/2    |
| Lisbonne.............. | 412     | 410     | 445 00   |

L'encaisse or des grandes banques d'émission s'est
accrue; nulle part cet accroissement n'a été plus sensible que chez nous.

L'encaisse or de la Banque de France à la fin de 1892,
de 1893 et de cette année, s'élevait aux chiffres suivants en millions de francs :

|                      | 31 décembre | | |
|----------------------|------|------|-------|
|                      | 1892 | 1893 | 1894  |
| Banque de France...... | 1.709 | 1.711 | 2.050 |

La baisse du métal-argent a continué; on cote à Paris
le kilogramme d'argent valant 218 fr. 89 à 540 ‰ de
perte.

La situation fiduciaire et monétaire de notre pays
est bonne; mais en présence du chiffre colossal de l'encaisse métallique et de la circulation de billets de la
Banque de France, nous ne saurions trop répéter qu'il
est de la dernière imprudence de laisser sans solution
le renouvellement du privilège de notre grand établissement de crédit.

## VIII

Dans cet aperçu général de l'année 1894, nous avons négligé, bien des faits politiques, commerciaux et financiers. A côté de la hausse des rentes françaises, de tous les fonds étrangers, des valeurs à revenu fixe, hausse dont les rentiers ne se réjouissent guère, car elle a facilité les conversions, c'est-à-dire la réduction de leurs revenus, nous aurions pu parler de grandes valeurs qui ont été sérieusement frappées : 500 francs de baisse sur la Banque de France; 125 francs sur le Crédit foncier; chute de 430 francs sur les Immeubles; baisse de toutes les actions de chemins de fer et particulièrement de celles du Midi et de l'Orléans; 375 fr. de baisse sur le Gaz; 150 francs sur la Compagnie transatlantique; 200 francs sur le Malfidano; 250 francs sur le Nickel; 200 francs sur les Forges et aciéries du nord et de l'est; 160 francs sur les Métaux; 175 francs sur le Cail; 650 francs sur les Aciéries de France, etc.! La plupart des titres industriels et de ceux à revenu variable ont fléchi dans de grandes proportions. Nous n'avons parlé ni de l'abrogation du bill Mac-Kinley, sur les effets duquel on avait trop compté, ni de l'agitation bi-métalliste, ni de la convention monétaire avec l'Italie, ni des symptômes de réaction qui se manifestent contre la politique protectionniste; nous n'avons pas parlé des débats sur la politique religieuse, sur « l'esprit nouveau », sur la revision de la constitution, sur le procès Turpin, sur les grèves de Trignac, sur le cas du député-soldat Mirman, sur les affaires de chantage, sur l'affaire Dreyfus ; et, pour finir l'année, sur l'exclusion temporaire du parlement de M. Jaurès; sur le duel de ce député avec le ministre des travaux publics, M. Barthou; sur la discussion de la convention avec la Compagnie du sud de la France. Nous n'avons pas parlé non plus de la tentative faite par le liquidateur de poursuivre l'achèvement du canal de

*Faits importants à noter.*

Panama, ni des discussions qui ont eu lieu sur l'impôt progressif, ni des travaux de la commission extraparlementaire du cadastre et de celle de l'impôt sur les revenus. Nous avons voulu nous borner à quelques traits économiques et financiers, pour les mieux mettre en lumière.

**Conclusion.**    L'année 1894, examinée à un point de vue général et d'ensemble, laissera de tristes souvenirs.

A l'intérieur, l'assassinat de M. Carnot; la lutte des partis; les progrès du socialisme et du radicalisme; la moins-value de nos recettes budgétaires ; la diminution de nos échanges et de nos bénéfices commerciaux ainsi que des revenus des rentiers atteints par les conversions successives qui s'effectuent en France et à l'étranger; les plaintes des agriculteurs qui se trouvent insuffisamment protégés, alors que les commerçants, les industriels, les consommateurs se récrient contre les lois de protection; la perspective de nouveaux impôts et de nouveaux emprunts.

A l'extérieur, la mort du tsar Alexandre, l'Europe en armes, soupçonneuse, inquiète, parlant de paix, ne songeant qu'à la guerre et, pour s'y préparer, s'endettant de plus en plus, au risque de se ruiner.

1894 est et restera *une année noire.*

# 1895

## L'ANNÉE DE DÉCEPTIONS ET DE SPÉCULATION

### I

Crise présidentielle : M. Casimir-Périer remplacé par M. Félix Faure; *(M. Félix-Faure président de la République.)*

Crises ministérielles : le cabinet Dupuy remplacé par le cabinet Ribot, faisant place à son tour au cabinet Bourgeois; *(3e cabinet Ribot. Cabinet Bourgeois.)*

Crises coloniales : M. de Lanessan remplacé au Tonkin par M. Rousseau; M. Grodet, gouverneur du Soudan rappelé en France; l'expédition de Madagascar, heureusement terminée après avoir vivement surexcité l'opinion publique; *(Crises coloniales,)*

Politique extérieure troublée : question du Mékong avec l'Angleterre; dénonciation des traités de commerce de la Tunisie avec les puissances étrangères; inquiétudes causées par le règlement de la guerre sino-japonaise; troubles à Constantinople, en Arménie; réveil de la question d'Orient; et, pour finir l'année, conflit entre les Etats-Unis et l'Angleterre; *(Evénements extérieurs.)*

Agitation commerciale pour la reprise, heureusement conclue, des relations avec la Suisse;

Agitation monétaire : création d'une ligue bimétalliste;

Agitation financière : propositions ou projets d'impôts sans cesse renaissants, sur le revenu, sur la rente ; continuation des discussions sur les conventions de chemins de fer et leur durée, à la suite de l'arrêt *(Agitation commerciale, monétaire, financière et fiscale.)*

rendu par le conseil d'Etat qui donne pleinement raison aux compagnies d'Orléans et du Midi; propositions de rachat par l'Etat des compagnies de l'Ouest et du Midi; attente du renouvellement du privilège de la Banque de France.

Agitation fiscale : projet de loi sur les successions adopté par la Chambre; augmentation des droits de timbre sur les valeurs étrangères votée. La « classe capitaliste », comme on l'appelle, est toujours considérée par bon nombre de législateurs comme une ennemie « taillable et corvéable à merci ».

Propositions tendant à exclure du parlement les administrateurs de sociétés financières; démission de M. Christophle, gouverneur du Crédit foncier.

Réveil des tristes affaires des chemins de fer du Sud et du Panama; discussions animées sur « l'affaire » des phosphates algériens.

Spéculations sur les mines d'or. Spéculations insensées sur les valeurs de mines d'or et divers fonds étrangers ; pertes énormes subies par les capitalistes, rentiers, spéculateurs; et, finalement, débâcle des « mines d'or », rentes étrangères et valeurs diverses sur lesquelles la spéculation s'était portée avec frénésie; défiance générale entre les intermédiaires, coulissiers et banquiers; nullité d'affaires au parquet des agents de change; désorganisation du marché libre; chacun se regarde et doute de son voisin; liquidation de toutes les positions à la hausse; telle est, en quelques lignes, l'histoire de 1895.

## II

Situation des partis politiques. A l'intérieur, 1895 laisse les partis politiques très unis, en apparence, à en juger par les votes récents de la Chambre, mais, en réalité, aussi divisés que par le passé. L'extrême gauche, les socialistes, les radicaux les plus avancés sont devenus ministériels et... opportunistes. M. Léon Bourgeois a fait un véritable miracle! Le budget a été voté avec une rapidité et un ensemble

extraordinaires; le nouveau ministre des finances,
M. Doumer, arrivé au pouvoir dans un moment des
plus difficiles, a su immédiatement, par son activité,
son intelligence et la netteté de ses décisions, se concilier de nombreuses sympathies à la Chambre et dans
le monde financier. A l'extérieur, la situation mérite la *Situation exté-*
plus grande vigilance; la paix européenne est menacée *rieure troublée.*
à la fois par les troubles d'Orient et par le conflit entre
les Etats-Unis et l'Angleterre.

Au point de vue commercial, quelques signes de
reprise des affaires se sont manifestés. Cette reprise,
ainsi qu'en témoignent les recettes des chemins de fer
et les achats plus nombreux de matières premières
nécessaires à l'industrie, a été de courte durée et arrêtée par la crise du marché financier.

Au point de vue budgétaire, nous avons à rappeler *Finances pu-*
que des impôts nouveaux ont été nécessaires pour assu- *bliques.*
rer l'équilibre. Malgré les efforts faits par le gouvernement et la commission du budget pour les enrayer, les
dépenses publiques augmentent en même temps que
les revenus privés diminuent.

Les chiffres que nous avons récemment publiés,
extraits de documents officiels, en sont la preuve. Depuis trois ans, de 1891 à 1894, la diminution des revenus
procurés par les valeurs mobilières s'élève, sans compter
les 68 millions de la conversion de la rente française et
les réductions produites par les conversions de fonds
étrangers, à 123 millions, correspondant à un capital
de 3 milliards. Les dépenses budgétaires ont augmenté
de 200 millions. C'est, au bas mot, 400 millions qui font
maintenant défaut aux rentiers, qui voient leurs ressources annuelles s'émietter et se rétrécir chaque année
dans leurs mains.

Au point de vue économique, le renouvellement du
privilège de la Banque, la liberté commerciale, restent
en suspens.

Le protectionnisme, il est vrai, a subi une première

atteinte par la reprise des relations avec la Suisse, mais ses nombreux partisans ne sont pas prêts à reconnaître leurs erreurs.

**Conséquences néfastes du protectionnisme.** Les droits de douane devaient, d'après eux, remédier à toutes les souffrances. Ecoutez les plaintes des agriculteurs ; jamais peut-être elles n'ont été aussi vives, car jamais les céréales n'ont été vendues plus bas. Le prix du quintal de blé a baissé de 26 francs, en décembre 1891, à 21 francs en 1892, 20 francs en 1893, 17 fr. 50 en 1894, 18 francs en 1895. Comme ces prix sont encore supérieurs à ceux des marchés étrangers, « la protection accordée à la culture des céréales et à celle du blé en particulier, représente, pour les consommateurs, un sacrifice de 300 millions de francs environ (1). » Le consommateur paye son pain, sa viande, tout ce qui lui est nécessaire pour vivre, aussi cher que par le passé. Si les droits protecteurs ont procuré des ressources au budget, ce sont les consommateurs, y compris les agriculteurs, fermiers et paysans, que les lois de douane ont cru protéger, qui les payent.

Le régime protectionniste devait enrichir les industriels et les commerçants d'autant plus que les agriculteurs seraient plus et mieux protégés : tous souffrent et se plaignent. Interrogez les chambres de commerce, les chambres syndicales, parcourez les grands centres industriels : partout on vous répondra que l'expansion commerciale et industrielle au dehors est entravée par les tarifs protecteurs.

**La question monétaire.** Est-ce la réforme monétaire, la libre frappe de la monnaie d'argent, qui maintenant, ainsi que le prétendent les protectionnistes, devra sauver nos paysans? Nous voudrions bien le croire, mais nous en doutons beaucoup. « La monnaie, comme le disait autrefois Michel Chevalier, ne remplit jamais mieux son office

---

(1) Voir les *Études d'économie rurale* de M. Zolla, professeur à l'Ecole de Grignon, in-8°, Masson, éditeur.

que lorsqu'elle ne fait pas parler d'elle ». Nous trouvons qu'on en parle beaucoup trop.

La libre frappe de l'argent, comme l'a démontré magistralement M. Léon Say (1) avec une abondance et une force d'arguments qui n'ont pu être réfutées, est encore une illusion qui s'ajoutera à tant d'autres.

Rentiers, contribuables, commerçants, industriels, agriculteurs, verront sans regrets disparaître l'année 1895 : diminution des revenus, accroissement des impôts, réduction des bénéfices, souffrances générales aussi âpres, tel a été son lot.

## III

Le mal d'autrui n'est pas une consolation, mais les pays étrangers n'ont pas été mieux partagés que le nôtre. Partout, ont surgi des difficultés intérieures ou extérieures qui ne sont pas encore aplanies; partout, sauf en Angleterre, nous trouvons une situation financière embarrassée.

Les pays étrangers ne sont pas mieux partagés que la France.

L'Allemagne se débat contre le socialisme et ne perd pas de vue les événements extérieurs; l'Autriche-Hongrie lutte contre le dualisme des deux empires, que soulèvent à chaque instant des incidents, en apparence insignifiants ; l'Italie ajoute à ses difficultés financières les inquiétudes et les échecs de sa politique coloniale; l'Espagne épuise ses ressources pour maîtriser l'insurrection de Cuba; la Grèce, la Serbie n'ont pu encore se mettre d'accord avec leurs créanciers; la Turquie, avec les troubles à Constantinople et en Arménie, suscite de vives appréhensions pour le maintien de la paix européenne. Pour finir l'année, un conflit aigu surgit entre l'Angleterre et les Etats-Unis. Les valeurs américaines, chemins de fer, actions et obligations, s'effondrent brusquement. Les marchés de New-York, de Londres, de Vienne, de Berlin, sont en

Le socialisme en Allemagne. Le dualisme en Autriche-Hongrie etc.

(1) Voir l'étude sur *Le Bimétallisme*, publiée par M. Léon Say dans le *Journal des Débats* (28 et 29 mars 1895).

panique; la diplomatie cherche à prévenir une guerre qui ruinerait financièrement les États-Unis et causerait au commerce anglais des pertes énormes. La Russie, seule, tout en observant avec attention ce qui se passe en Extrême-Orient, au Japon comme en Chine, ou à Constantinople comme à New-York, Londres, Berlin, poursuit, avec calme, son organisation et son développement financier et politique. Pendant que l'Europe s'agite, son alliance avec la France, hautement affirmée cette année à la tribune de la Chambre, apparaît comme un gage du maintien de la paix : paix précaire, sans doute, mais indispensable aux puissances européennes, dont les dépenses militaires, les impôts, les budgets s'enflent à vue d'œil et dépassent ce que l'imagination humaine aurait jamais pu concevoir.

Pour se préparer à la guerre, l'Europe dépense annuellement près de 6 milliards. Depuis 1870, les dettes publiques européennes se sont élevées de 75 à 121 milliards en 1888 (1) et à 130 milliards environ aujourd'hui. Les intérêts annuels et l'amortissement nécessaires pour acquitter un tel fardeau dépassent 6 milliards. Les dépenses budgétaires annuelles de toute l'Europe s'élèvent à 19 milliards 583 millions (2) ; sur ces 19 milliards, 12 milliards, soit les deux tiers, sont absorbés par les dépenses militaires et par les intérêts des dettes. Partout, la surcharge des impôts est écrasante; elle sera bientôt intolérable. A l'heure où nous sommes, la France, la Russie, l'Italie, l'Autriche, la Turquie, les Etats des Balkans, peuvent mettre 10,500,000 hommes sur le pied de guerre, 8 1/2 millions comme réserves de seconde ligne, 9 millions comme réserves finales, soit un total général de plus de 28 millions d'hommes, sans comprendre l'Angleterre. Le vieux continent court à sa ruine.

(1) Voir notre étude sur *Les Dettes publiques européennes*, in-8°, 1887.
(2) Voir le rapport présenté au Sénat sur le budget de 1896 par M. Morel, rapporteur général de la commission des finances (Doc. parl. du Sénat, S. E. 1895, n° 44.)

*Situation favorable en Russie.*

*Dépenses militaires de l'Europe.*

Le calme et la tranquillité en politique et en finances, sont une absolue nécessité pour résoudre les embarras accumulés depuis longtemps, car les dettes publiques, les emprunts, les impôts, les charges imposées aux citoyens ont une limite. A force de bourrer une machine on la fait éclater et l'Europe, comme un joueur qui épuise ses dernières ressources, risque de se lancer dans des guerres insensées pour essayer de modifier la triste situation dans laquelle elle se trouve. Elle a usé et abusé des impôts et du crédit. Au siècle dernier, Hume disait au parlement anglais : « Il faut qu'une nation tue le crédit public ou que le crédit public tue une nation. » A en juger par l'état des budgets européens, les paroles de Hume menacent de se réaliser.

En présence des difficultés contre lesquelles l'Europe se débat et qui, disons-le au risque de passer pour un pessimiste et un alarmiste, compromettent la paix du monde, il ne faut pas se lasser de réclamer l'union entre tous les citoyens, l'apaisement des esprits, une politique économique et financière prudente, modérée. Commerçants, industriels, ouvriers, tous ceux qui travaillent, luttent et peinent chaque jour, toute cette masse compacte de rentiers qui ont péniblement amassé et conservé quelques économies pour leurs vieux jours, désirent ardemment le calme en politique intérieure et extérieure, la prudence même excessive en politique financière.

La sagesse, cette sagesse que M. Thiers recommandait sans cesse aux partis politiques comme le souverain bien, devrait être la loi de tous. Ce calme et cette sagesse sont indispensables pour permettre au pays de supporter ses lourdes charges, pour qu'une période de prospérité, de réparation et de progrès, succède enfin à l'année de *déceptions et de spéculation* qui s'achève.

# 1896

## L'ANNÉE DES DISCUSSIONS FISCALES

### I

L'année 1896 n'a épargné à aucun pays les soucis et les inquiétudes.

En Europe, la question d'Orient avec son cortège de préoccupations politiques et financières; en Afrique, le Transvaal et l'agression du Dr Jameson contre les Boers, la crise des mines d'or; l'abandon et la capitulation de Makalé; le désastre d'Adoua, toute la campagne malheureuse des Italiens en Erythrée; puis, la question égyptienne avec l'expédition anglaise contre les derviches, l'occupation de Dongola, les procès avec la caisse de la dette; en Amérique, le message belliqueux de M. Cleveland à propos d'une question de frontières entre l'Angleterre et le Vénézuéla, message qui sème la panique aux bourses de Londres et de New-York; la continuation de l'insurrection de Cuba contre laquelle l'Espagne lutte avec tant de courage; l'agitation des partisans de l'argent et de l'or au sujet de la future élection présidentielle, agitation terminée par la victoire de Mac-Kinley sur Bryan; en Extrême-Orient, les négociations entre la Chine et la Russie, conséquences de la guerre sino-japonaise; le voyage de Li-Hung-Chang en Europe; les affaires de Siam; la prise de possession de Madagascar comme terre française, après de longues discussions pour savoir s'il valait mieux conserver ou abandonner le protectorat sur cette grande île; tels sont les faits principaux de la politique extérieure qui ont occupé presque chaque jour l'opinion publique européenne et ont été suivis, chez nous, avec une attention soutenue.

Ni la question d'Orient, ni la question égyptienne, ni les affaires de l'Erythrée, du Transvaal, de Cuba, ne pouvaient nous laisser indifférents. La France a engagé des capitaux considérables en Turquie et en Egypte ; elle détient plus de trois milliards de titres italiens ou espagnols et plus d'un milliard de ses épargnes est malheureusement allé s'enfouir dans les papiers du Transvaal et autres titres aléatoires. Les intérêts de notre commerce, plus peut-être que ceux de nos capitalistes, devaient être éveillés par la lutte entre les deux candidats présidentiels, Bryan et Mac Kinley. Un avenir prochain dira si le protectionnisme du futur président des Etats-Unis est moins nuisible à notre pays que ne l'auraient été les doctrines monétaires de son concurrent. Les préoccupations que causent nos possessions lointaines, surtout Madagascar, sans parler des dépenses qu'elles suscitent, n'ont pas cessé. L'année politique extérieure, envisagée au point de vue français, ne s'est donc pas écoulée sans nuages. Mais un fait capital a fait oublier cette succession d'événements et les domine tous : c'est la visite du tsar et de la tsarine en France; c'est l'échange de paroles amicales prononcées au nom de la Russie et de la France; c'est l'affirmation solennelle de l'entente cordiale qui règne entre les deux pays. La réception faite à l'empereur et à l'impératrice de Russie a été une longue ovation.

*France et Russie.*
*Visite des souverains russes.*
*L'entente cordiale.*

## II

*Situation intérieure.*

Au point de vue politique intérieur, l'année 1896 présente un caractère particulier : la lutte est ouverte entre les défenseurs d'un ministère progressif, partisan de la revision du Sénat et de l'impôt sur le revenu, et ceux qui préfèrent un ministère modéré, cherchant à réaliser des progrès mûrement étudiés et réfléchis, ne voulant ni guerre contre le Sénat, ni réforme fiscale violente bouleversant tous les intérêts.

Qui ne se rappelle, au début de cette année et pendant le premier trimestre, les procès de « chantage » de presse, à la suite de l'instruction ouverte après la mort du jeune Lebaudy ; ceux du Sud de la France ; le réveil de la question de Panama, les discussions sur l'impôt sur le revenu, la lutte entre la Chambre et le Sénat, les votes favorables au ministère Bourgeois au Palais-Bourbon et hostiles au Palais du Luxembourg, la manifestation faite au champ de courses d'Auteuil, puis la démission du cabinet Bourgeois et son remplacement par le ministère Méline ? Nous nous livrons à nos petites querelles intérieures et, pendant que la Chambre réélit M. Brisson comme président et que le Sénat appelle M. Loubet à sa tête, l'empereur d'Allemagne célèbre à Berlin le 25e anniversaire de la fondation de l'empire. Après avoir lu son message, il prête, devant l'étendard de la garde, le serment « de soutenir l'honneur du peuple et de l'empire, tant à l'intérieur qu'à l'extérieur », au cri de : « Un empire, un peuple, un Dieu! »

*Cabinet Méline.*
*M. Loubet, président du Sénat. M. Brisson, président de la Chambre.*
*L'empereur d'Allemagne fête le 25e anniversaire de la fondation de l'empire.*

La discussion du projet d'impôt sur *le* revenu, proposé par le cabinet Bourgeois, avait donné lieu à de brillantes discussions auxquelles avaient pris part MM. Poincaré, Méline, Jaurès, Léon Say dont la mort prématurée est un deuil inoubliable, une perte irréparable pour la science économique et les doctrines libérales. Pendant le second trimestre, la discussion du projet d'impôt sur *les* revenus, présenté par M. Méline, ne fut ni moins brillante, ni moins ardente. La grosse question était l'impôt sur la rente dont la taxation devait être comprise dans une des cédules du projet (1). Les discours prononcés par les adversaires

*Mort de Léon Say.*

*L'impôt sur les revenus et l'impôt sur le revenu.*
*L'impôt sur la rente.*

(1) Voir nos *Discours prononcés à la commission extraparlementaire de l'impôt sur les revenus*, in-8° 1894-1895 (Imprimerie nationale).

et par les partisans de l'impôt, ont fait le plus grand honneur à la tribune française : MM. Raiberti, Naquet, Ribot, Rouvier, portèrent à ce projet d'impôt des coups terribles. Au mois d'août, M. Méline, dans son discours d'Épinal, laissait entendre que ce projet serait abandonné; cet acte de courage l'honore grandement.

Pendant toute l'année, indépendamment des préoccupations quotidiennes de la politique extérieure, le monde des affaires a été ballotté entre les projets d'impôt sur *le* revenu ou d'impôt sur *les* revenus. Il s'est demandé, à chaque instant, si quelque taxation nouvelle n'allait pas apparaître et frapper les porteurs de titres. Quand les projets d'impôt sur la rente eurent été abandonnés, la Bourse reprit sa marche en avant ; mais une nouvelle crise des mines d'or et une dépréciation profonde des valeurs orientales, à la suite des affaires d'Arménie et de Crète, éclatèrent tout à coup. Les mois d'octobre et de novembre ont laissé sur le marché de tristes souvenirs; puis, quand les esprits se furent calmés — car on finit par s'habituer à tout, — la lutte entre les agents de change et les coulissiers se réveilla. Pour finir l'année, il est question maintenant de la réorganisation du marché, de la suppression de la coulisse, de l'augmentation de l'impôt sur les opérations de bourse. Autres sujets de discussions que nous réserve... 1897 (1).

### III

Situation économique favorable.

Il semble que l'année 1896, si agitée au point de vue politique extérieur, intérieur et financier, ait dû être mauvaise pour le commerce et l'industrie, désastreuse pour les porteurs de valeurs mobilières. Par un singulier contraste, quand on l'envisage dans son en-

---

(1) On pourra se reporter utilement à cet égard, à notre étude : *De l'organisation des marchés financiers en France et à l'étranger*, in-8° 1884.

semble, elle a les apparences d'une année favorable à tous les intérêts.

L'agriculture a vu les prix de ses produits se relever; le blé a atteint des cours qu'il ne connaissait plus depuis de longues années. Il valait, l'an dernier, 18 fr. 65 le quintal, il vaut 21 fr. 65; les farines ont monté de 40 fr. 85 les 157 kilos à 48 francs; le colza a haussé de 53 fr. 65 à 58 fr. 75.

L'industrie métallurgique s'est réveillée; les prix du plomb, du fer, du cuivre, du zinc ont beaucoup haussé. Le cuivre est passé de 118 fr. 50 à 132 fr. 50 ; les fers marchands sont montés de 13 fr. 50 à 17 francs les 100 kilos; le plomb a maintenu sa reprise de la fin de l'année dernière et cote 30 fr. 50 ; le zinc a haussé de 40 francs à 47 fr. 50.

Les affaires de nos compagnies de transports terrestres et maritimes, malgré de réelles souffrances, se sont développées. Depuis le commencement de 1896, les recettes des compagnies de chemins de fer d'intérêt général sont en accroissement de près de 24 millions; les bénéfices des Messageries maritimes, de la Compagnie transatlantique, Chargeurs réunis, Compagnie havraise ont été satisfaisants. Pendant les onze premiers mois de cette année, il est entré dans nos ports 23,008 navires jaugeant 12,880,769 tonnes; l'année dernière, il y avait eu 20,634 navires et 11,167,787 tonnes. Même accroissement à la sortie comme nombre de navires chargés et comme tonnage, 18,871 navires avec 9,555,545 tonnes contre 18,715 navires avec 8,120,338 tonnes. Le tonnage des embarquements sur canaux et rivières pendant les neuf premiers mois de 1896 a été de 21,338,701 tonnes. Il était, en 1895, de 19,059,186, soit une augmentation de 12 %. L'augmentation de la production minérale en France, pendant le premier semestre de 1896, est de 658,368 tonnes, soit environ 4 fr. 60 % de plus qu'en 1895. *(Bulletin de l'Office du travail).*

On répète chaque jour que notre commerce périclite.

que les transactions diminuent, que nous avons à lutter contre une concurrence écrasante; les résultats de l'année courante ne confirment pas cette opinion généralement répandue, car ils sont plus satisfaisants que les précédents.

On peut dire avec plus de certitude et de vérité que si nos affaires sont en progression, cette progression est excessivement faible quand on la compare à celle des pays qui nous entourent et c'est là un gros danger.

Quoi qu'il en soit, pendant les onze premiers mois de 1896, les exportations (commerce spécial) se sont élevées à 3,122 1/2 millions contre 3,043 millions en 1895 ; l'ensemble de notre commerce spécial (exportations et importations réunies) se chiffre par 6,620 millions en 1896 contre 6,368 millions en 1895, soit, pour les onze mois écoulés, un accroissement de 252 millions; les recettes des douanes (droits d'exportation, de statistique, de navigation) se chiffrent à 419,611,000 fr. pour les onze premiers mois de l'année 1896 contre 392,237,000 francs pendant la même période de 1895. *(Documents statistiques de la direction générale des douanes.)*

IV

Marché financier.

Quant à la Bourse, abstraction faite des fonds espagnols et des mines d'or dont la débâcle a été un vrai désastre pour la spéculation et pour une foule de petits rentiers qui croyaient s'enrichir en courant après des titres aléatoires au lieu de conserver tranquillement leurs bonnes et vieilles valeurs françaises, l'année 1896 a été une année de hausse.

Hausse de la plupart des valeurs.

Hausse des rentes françaises, des fonds anglais, argentins, autrichiens, hongrois, italiens et russes, hausse considérable des actions de chemins de fer français, Lyon, Orléans, Midi, Nord ; hausse des obligations de chemins de fer et des valeurs à revenu fixe ; hausse énorme sur certaines valeurs métallurgiques et de

charbonnages, etc., telles sont les constations qui
ressortent de la comparaison des cours.

Le 3 % a haussé d'environ 1 %; les fonds anglais de
107 se sont élevés jusqu'à 114 francs pour revenir aux
environs de 112; les fonds italiens, après de nombreuses fluctuations, ont haussé de 85 à 93 fr. 50; les
actions de Lyon, d'Orléans ont monté de 190 et 100 fr.,
celles du Nord de 50 francs, etc.; le 5 % argentin 1886
a haussé de 355 à 425 francs; les fonds 4 % autrichien-or
et hongrois de 3 francs et de 2 fr. 50; la De Beers a
haussé de 170 francs; les mines de cuivre de Rio-Tinto
de 250 francs ; le Tharsis de 40 francs ; les actions du
Creuzot de 230 francs; celles de Firminy de 215 francs;
celles de Saint-Etienne de 250 francs; de Chatillon-Commentry de 150 francs ; les mines de plomb argentifère
d'Aguilas ont haussé de 50 francs; celles de Boléo de
150 francs; de Penarroya de 560 francs; les Aciéries de
France sont en hausse de près de 300 francs ; celles de
Longwy de 275 francs; celles des Aciéries du nord-est
de 350 francs; les Aciéries de la marine ont haussé de
175 francs; les actions de Fives-Lille ont monté de
120 francs; les mines d'Aniche ont haussé de 1,280 fr.;
celles d'Anzin, de 500 francs ; de Courrières, de 300 fr. ;
de Vicoigne, de 1,200 francs; etc.

Les titres de placement par excellence, obligations
de la ville de Paris, du Crédit foncier, de chemins de
fer, ont encore gagné une nouvelle avance. La ville
de Paris a émis, à un cours inespéré, des obligations
2 1/2 % ; les obligations du Crédit foncier ont haussé
d'environ 10 francs chacune et sont maintenant presque
toutes au-dessus de leur taux de remboursement.

Les compagnies de chemins de fer d'Orléans, du
Nord, de Lyon, ont obtenu un grand succès avec le
placement de leurs obligations 2 1/2 %, pendant que les
obligations 3 % anciennes parvenaient aux cours les
plus élevés qu'elles aient jamais atteints (1).

(1) Voir nos études sur *Les obligations 2 1/2 % des compagnies de chemins de fer*, in-8°, 1895 et 1899.

Les obligations 4 % des grandes sociétés industrielles françaises sont largement au-dessus du pair ;
les obligations 5 % sont 25 et 30 francs plus cher que
leur taux de remboursement et sont, du reste, presque
introuvables. Tel est dans ses grandes lignes, le bilan
financier de l'année.

## V

Causes écono-
miques et finan-
cières des varia-
tions de cours
constatées sur
les valeurs.

Comment expliquer ce contraste, cette apparence
de contradiction entre le malaise général dont on se
plaint et la hausse de la plupart des valeurs de Bourse?
Par plusieurs raisons spéciales et générales. Toutes les
variations de cours de l'année, presque toutes du
moins, sont le résultat de causes économiques et financières.

Nos rentes ont baissé, puis se sont relevées, suivant
que les projets d'impôts paraissaient devoir être appliqués ou écartés.

Les consolidés anglais ont baissé quand le taux de
l'argent s'est renchéri à la suite des grands mouvements d'or à destination de New-York; ils se sont raf-
fermis en même temps que la crise monétaire se cal-
mait aux Etats-Unis.

La hausse des fonds russes est la conséquence de la
bonne situation financière du pays, de la faveur dont
ils jouissent chez nous, du succès de l'emprunt 3 %
émis cette année par MM. de Rothschild frères.

Les fonds austro-hongrois ont bénéficié de la bonne
tenue des grands fonds d'Etat et aussi de la disparition
de l'agio sur l'or en Autriche.

Quant aux fonds espagnols, ils ont eu à supporter
les effets de la guerre à Cuba, de l'hostilité des Etats-
Unis, puis de la conduite fâcheuse du parti libéral lors
de la discussion de la loi sur les chemins de fer aux
Cortès; les conditions dans lesquelles cette loi a été
votée, malgré les sages avertissements de M. Canovas,
ont porté un grand coup au crédit extérieur de l'Es-

pagne. La responsabilité en incombe à M. Montero-
Rios. Ajoutons que ces divers événements ont influencé
les cours du change, dont les fluctuations ont été nombreuses : de 18 1/2, en décembre 1895, il s'est élevé à
25 1/2 ce mois-ci.

L'amélioration survenue dans les cours du change a
été une des principales causes de l'amélioration des
rentes argentines. En décembre 1895, le 5 % 1886 valait
71 % ; le change était à 230 à Buenos-Ayres ; en décembre 1896, le 5 % 1886 vaut 85 % ; le change a fléchi à 178.
On pourrait expliquer de même les fluctuations des
rentes brésiliennes ; le 4 % brésilien valait l'an dernier
68 1/2 avec le change à 9.5/16 ; il est maintenant à 67 avec
le change à 9.1/8.

La hausse des actions de chemins de fer s'explique
par l'amélioration des recettes des compagnies ; on
entrevoit le moment, encore éloigné sans doute, où les
compagnies, ayant remboursé les avances dues à
l'Etat, pourront recouvrer la liberté de leurs dividendes.
La hausse des valeurs de cuivre et de plomb se justifie
par le relèvement du prix des métaux; celle des valeurs
métallurgiques est la conséquence de la reprise des
affaires dans ces industries, etc.

## VI

Pendant l'année qui finit, les questions de banque et
de change ont occupé une large place. De grands mouvements d'or ont eu lieu entre New-York et le continent ; du 31 décembre 1895 à fin novembre 1896, les
Banques d'Allemagne, d'Angleterre, d'Autriche-Hongrie,
de Belgique, de France, de Russie, ont vu le total de
leurs escomptes et avances subir d'importantes fluctuations. Les encaisses-or ont diminué de 200 millions à la
Banque d'Angleterre ; de 30 millions à la Banque de
France ; l'encaisse de la Banque d'Allemagne fin novembre 1896 est à peu près la même que fin décembre 1895 ;
mais, dans le cours de l'année, de plus hauts chiffres

*Questions de banque et de change.*

avaient été atteints et on estime que, finalement, la diminution du stock d'or n'est pas moindre de 150 millions.

La Banque d'Autriche-Hongrie a augmenté son encaisse-or de 130 millions et la Banque impériale de Russie, en y comprenant le Trésor du gouvernement, de 240 millions. M. A. Raffalovich et, après lui, plusieurs journaux spéciaux anglais, évaluent à environ 500 millions l'or qui a été rapatrié aux Etats-Unis et celui qui est devenu, suivant une expression mise à la mode cette année par M. de Laveleye, « prisonnier d'Etat » en Autriche-Hongrie et en Russie. La circulation fiduciaire s'est accrue de 44 millions en Autriche-Hongrie ; de 31 millions en Belgique ; de 117 millions en France ; de 57 millions en Russie.

Le renouvellement du privilège de la Banque de France et des banques coloniales.

La question du renouvellement du privilège de la Banque de France a été enfin officiellement ouverte. Nous espérons qu'elle sera définitivement close dans le cours du premier trimestre de 1897. Il faudra ensuite s'occuper de la Banque d'Algérie, dont le privilège expire également l'année prochaine. Le privilège des banques coloniales vient d'être encore prorogé pour un an, par décret. Il faut croire que, dans nos colonies, on s'habitue aux « billets de banque provisoires » que nous redoutons pour notre pays, si le privilège de la Banque n'est pas prorogé en temps voulu.

Réforme et réorganisation des banques étrangères.

En Autriche-Hongrie, le privilège de la Banque austro-hongroise sera discuté bientôt au parlement. En Russie, il est question d'une réforme de la Banque impériale. En Italie, la réorganisation complète du système des banques va se faire avec l'appui de la Banque d'Italie. En Suisse, le conseil fédéral a donné une majorité en faveur de la création d'une Banque d'Etat. Après le monopole de l'alcool, la nationalisation des chemins de fer, puis celle de la Banque; c'est dans l'ordre. Puisse la Suisse ne pas avoir à souffrir de l'exagération de son nouveau système économique et financier!

Agio et change.

L'agio sur l'or a disparu en Autriche-Hongrie et en

Russie ; le change a fléchi en Italie ; il a haussé en Espagne, en Portugal, en Grèce.

Ajoutons enfin que le bi-métallisme a subi un nouvel échec par l'élection de Mac-Kinley à la présidence des Etats-Unis. Pour que le bi-métallisme eût des chances de succès, un accord international serait nécessaire; cela ne prouverait pas, d'ailleurs, que le système fût bon et si nos agriculteurs comptent sur cet accord pour faire de meilleures affaires, nous craignons fort qu'ils n'attendent longtemps.

*Le bi-métallisme.*

## VII

Mais, au-dessus de ces causes particulières, une raison bien simple explique la hausse à peu près générale des valeurs : c'est que, malgré tout, malgré la politique et ses agitations, la France continue à travailler et à économiser.

*La France travaille et épargne*

Le rentier a besoin, pour vivre, de tous ses revenus aussi maigres qu'ils soient; il ne vend pas ses bonnes valeurs parce qu'il ne saurait quel emploi donner à ses capitaux rendus ainsi disponibles. Il observe, attend et garde ses titres. De son côté, le capitaliste qui a des fonds libres, cherche à les placer ; il les laisse en dépôt dans les sociétés de crédit qui les utilisent en achats de valeurs que le rentier n'ose lui-même acquérir, ou bien il se porte sur les anciens placements, ou achète les valeurs qui peuvent se relever à la suite de circonstances spéciales, comme celles que nous avons énumérées.

En l'absence de ventes de quelque importance, les achats quotidiens de l'épargne suffisent à maintenir les cours ou à les relever.

Il est heureux, sans doute, que, dans leur ensemble, les valeurs de Bourse aient haussé ; ce serait plus heureux si à cette amélioration du capital correspondait un accroissement du revenu. Il n'en est pas ainsi. La hausse, au contraire, a diminué et diminue sans cesse

24

le taux de capitalisation ; les capitalistes et rentiers qui achètent aujourd'hui, reçoivent pour leurs capitaux un revenu moins avantageux que ceux qui achetaient avant eux.

Diminution des revenus. Accroissement des impôts.
La diminution du revenu des rentiers, de tous ceux qui ont des épargnes, la difficulté, de plus en plus grande, de trouver des placements sûrs et rémunérateurs, est la caractéristique de l'époque actuelle : comme on ne vit pas avec son capital mais avec son revenu, la vie devient chaque jour de plus en plus lourde, de plus en plus difficile, pour ceux qui, ne pouvant plus travailler, ont des devoirs et des charges de famille à remplir. Les conversions diminuent le rendement de leurs anciens placements ; les capitaux nouveaux qu'ils ont à employer leur rapportent de moins en moins ; les mêmes valeurs qui donnaient jadis 5, 4 1/2, 4 %, se capitalisent aujourd'hui à 3 et 2 3/4 %. En même temps que les revenus particuliers s'abaissent, les impôts s'accroissent ; nos budgets gonflent chaque année, quels que soient les efforts méritoires que plusieurs ministres, et en particulier M. Cochery, ont tentés pour enrayer le flot montant des dépenses publiques.

Les rentiers sans cesse inquiétés.
Et cependant, ces rentiers que l'on envie, sont chaque jour inquiétés, menacés. Ils ont à se défendre contre les partis avancés et, trop souvent aussi, contre les modérés qui, suivant la manie du jour, veulent toujours « faire quelque chose ». On oppose sans cesse les souffrances des agriculteurs et les misères non moins vives des salariés, aux prétendues richesses des capitalistes et des porteurs de valeurs mobilières, à « la richesse acquise », suivant l'expression imagée que l'on a mise en usage. On veut plus de « justice sociale » — autre formule encore, — plus de bien-être pour les déshérités de la fortune. Rien de plus louable : mais pourquoi s'en prendre aux rentiers? Pourquoi ne pas reconnaître que les milliards qui appartiennent à l'épargne sont morcelés à l'infini? Ces milliards de valeurs forment, dans leur ensemble, un bloc imposant ; mais, comme nous l'avons

sans cesse répété et démontré avec chiffres officiels et preuves à l'appui de notre affirmation, ce n'est que de la « poussière de titres » et de la « poussière de revenus » (1). Pourquoi ne pas reconnaître encore que cet épargneur, qui a travaillé toute sa vie et supporté toutes les charges de l'impôt, a bien le droit d'être tranquille sur le sort des économies qu'il a faites? Ses rentes à lui sont aussi respectables que le salaire épargné pendant toute une vie de travail.

La diffusion de épargne.

## VIII

Une autre erreur, conséquence du socialisme d'Etat qui peu à peu envahit et étreint notre organisme, c'est de vouloir tout règlementer et toucher à tout. Lois, décrets, arrêtés ministériels, règlements divers, se succèdent avec une rapidité vertigineuse. Les banquiers, agents de change, coulissiers, spéculateurs, capitalistes, rentiers, porteurs de titres, tous ceux qui s'occupent d'affaires de bourse en savent quelque chose. Cet état d'esprit n'est pas, du reste, spécial à la France. Dans presque tous les pays, on s'est pris d'un véritable accès de vertu pour combattre la spéculation, pour faire la guerre aux « affaires de bourse ». En Allemagne, en Autriche, en Belgique, en Russie, des règlements fort sévères sont édictés contre les marchés sur marchandises ou sur effets publics. Nous sommes menacés de suivre ce mouvement. Quiconque effectue des achats et vente de titres mobiliers, aussi bien que celui qui fait des transactions sur des marchandises commerciales, est réputé « spéculateur »; pour un grand nombre de législateurs, c'est un ennemi public. On confond très facilement les affaires sérieuses, la spéculation honnête, avec l'agiotage déloyal ; on décourage ainsi les initiatives

Exagérations de la règlementation, conséquence du socialisme d'Etat.

(1) **Voir** notre étude sur *Le morcellement des valeurs mobilières. Le salaire. La part du capital et du travail.* In-8° 1896 (Mémoire lu à l'Académie des sciences morales et politiques, le 23 mai 1896.)

et l'esprit d'entreprise. Il ne se fonde plus chez nous d'affaires nouvelles. A Londres, au contraire, pour ne prendre qu'un exemple, il s'est créé pendant les mois d'octobre et de novembre derniers 782 compagnies diverses pour un capital de 42,659,441 livres sterling, soit en francs plus de 1,100 millions.

Nous piétinons sur place et, cependant, qui oserait affirmer qu'il ne nous reste plus rien à faire en France, dans nos colonies, à l'étranger ?

*Inquiétude sur l'avenir.* On peut, dès lors, avoir quelque inquiétude sur l'avenir et se demander en présence de l'accroissement des dépenses publiques, du gonflement des budgets de l'Etat, des départements et des communes, de la décroissance de la natalité et de la population, de la diminution des revenus privés, de l'abaissement continu du taux de l'intérêt, de la stagnation dans la création de grandes entreprises commerciales, industrielles et financières, des plaintes et des réclamations des agriculteurs et des salariés, où cette politique anti-économique conduira le pays; quel avenir elle lui réserve pour le siècle prochain, au lendemain de l'exposition universlle de 1900, heureusement décidée cette année par les pouvoirs publics.

## IX

*Conclusion.* Il ne faut pas se lasser de lutter contre ces dispositions d'esprit, contre ces idées exagérées, et de prendre la défense des hommes dont on ose à peine, aujourd'hui, prononcer le nom et qui, cependant, ont bien droit à quelque reconnaissance, car, dans les circonstances les plus difficiles, ils ont rendu les plus grands services : nous voulons parler des capitalistes et des rentiers, de nos commerçants et de nos industriels.

Il y a 25 ans, en 1871, la France avait subi de terribles désastres. C'est à l'épargne française, à l'activité et à l'initiative de nos commerçants et de nos industriels qu'est dû son relèvement. Ils auraient droit à quelque bienveillance et à la justice, ce nous semble, car ils ne demandent qu'une chose : qu'on les laisse continuer leur œuvre de paix et de travail. Ils ne réclament ni lois protectrices, ni subventions budgétaires ; ils désirent seulement la liberté et la tranquillité. Nous l'oublions trop.

L'année 1896, *année des discussions fiscales*, année des projets d'impôts sur *le* ou sur *les* revenus, n'aura pas, à ce point de vue, été stérile, si elle fait comprendre aux pouvoirs publics que, s'il est utile de défendre, protéger et aider ceux qui souffrent, il n'est pas moins avantageux pour un pays de laisser en repos les capitalistes et les rentiers.

Rappelons-nous, comme un avertissement salutaire, les paroles que M. Léon Say prononçait il y a quelques mois au banquet de l'Union libérale républicaine : « Fatiguez le crédit, tourmentez-le, tendez-lui mille embûches; ayez des picadores qui s'appellent inspecteurs, armés de tous les instruments de la fiscalité, amendes et confiscations, et le premier crédit du monde sera vite transformé en crédit d'Etat à finances avariées ».

Il ne faut pas fatiguer le crédit.

# 1897

## L'ANNÉE DE L'ALLIANCE

### I

Deux événements importants, au point de vue exté- Evénements extérieurs. rieur, donnent à l'année qui s'achève un caractère particulier : la guerre gréco-turque, l'alliance franco-russe.

La guerre gréco-turque a failli compromettre la paix Guerre gréco-turque. européenne. Rapidement conduite, elle a mis en évidence la valeur des troupes ottomanes ; elle a montré surtout l'appui que l'Allemagne donnait à l'empire turc.

Cette guerre a eu pour conséquence heureuse — si jamais la guerre peut produire des résultats heureux — l'affirmation et le maintien du concert européen.

Les six grandes puissances, la France, l'Allemagne, l'Autriche-Hongrie, la Russie, l'Italie, l'Angleterre, se sont associées pour régler le différend gréco-turc, dans l'intérêt de la paix. Elles ont pensé que cet intérêt était supérieur aux convoitises, aux intérêts particuliers des gouvernements et des peuples. Ce concert européen après s'être affirmé par l'envoi en Crète de troupes de chaque Etat, ne s'est pas démenti un seul instant ; il s'est maintenu pendant les préliminaires et jusqu'au jour de la signature de la paix définitive. Il peut encore consolider, dans l'avenir, la paix européenne. Si les grandes puissances ont pu se mettre d'accord pour empêcher une intervention quelconque dans le conflit gréco-turc, elles peuvent faire beaucoup pour la conservation de la paix le jour où l'une d'entre elles, ou

bien encore quelque petit Etat secondaire, chercherait
à la troubler.

L'alliance fran-
co-russe.
Le voyage de
M. Félix-Faure en
Russie.
L'affirmation solennelle de l'Alliance franco-russe à
Péterhof, les toasts échangés entre le Président de la
République et le tsar, la réception enthousiaste que le
gouvernement et le peuple russes ont faites à M. Félix-
Faure ont eu un retentissement universel.

## II

Autres événe-
ments impor-
tants.
Ces deux événements ont fait passer au second plan
la politique courante. On a vécu cette année, tout
d'abord dans la crainte de complications extérieures
à la suite de la guerre gréco-turque, puis dans l'espoir
que les Turcs n'abuseraient pas de leur victoire et
enfin, dans l'attente de la signature définitive de la
paix.

L'exil de la reine de Madagascar, les attentats dirigés
contre le roi d'Italie et le Président de la République,
l'assassinat de M. Canovas, le jubilé de la reine d'Angleterre, le soulèvement des Indes, la visite en Europe
et à Paris du roi de Siam, l'avènement en Espagne du
ministère Sagasta, le remplacement du général Wey-
ler à Cuba, le message Mac-Kinley, ont été, sans doute,
commentés, discutés lorsqu'ils ont été connus : aucun
de ces faits, sauf l'épouvantable catastrophe du bazar
de la charité, n'a produit dans le monde entier de sensation pareille à celle du toast de l'alliance. C'est le
principal événement historique de l'année, événement
dont les conséquences, pour les deux pays qui se sont
mutuellement engagés, peuvent être considérables.

1897 est l'an-
née de l'alliance.
L'année 1897 est et restera *l'année de l'alliance.*

## III

Marché finan-
cier.
Année de haus-
se.
Envisagée uniquement au point de vue financier,
1897 est une année de hausse. Elle faisait suite à une
période pendant laquelle la plupart des valeurs avaient

éprouvé un fort mouvement ascensionnel dont on pouvait craindre le prompt arrêt. Il n'en a rien été. Les rentes, les actions de chemins de fer, les grandes valeurs industrielles, métallurgiques, transports, électricité, mines, charbonnages, assurances, ont presque toutes revu leurs plus hauts cours ou atteint des prix qu'elles n'avaient pas encore cotés. Les rentes 3 % perpétuel et 3 % amortissable ont été d'une fermeté remarquable. Au mois d'août dernier, le 3 % perpétuel s'éleva jusqu'à 105 fr. 50 malgré l'éventualité de la conversion dont la réalisation aurait pu facilement s'accomplir sans le trouble jeté sur le marché, d'une part, par des ventes de portefeuilles pour le compte de personnes incitées à souscrire à diverses affaires financières; d'autre part, par la crainte d'un resserrement des capitaux à la suite de la mauvaise récolte de cette année.

En 1896, la récolte du froment avait été de 119 millions d'hectolitres; elle s'élève seulement à 88 millions en 1897; c'est un manquement de 31 millions : pour combler ce déficit, on entrevoyait d'importants retraits d'or à la Banque et de capitaux sur le marché, en même temps qu'une hausse considérable sur les prix du blé. Or, s'il est vrai que le maximum des encaisses métalliques des grandes banques européennes n'a pu être conservé, leur total est encore supérieur à celui des trois années précédentes.

On pourra en juger par le court relevé suivant de l'encaisse-or des principales banques : *L'encaisse-or des banques.*

| BANQUES | ENCAISSES-OR | | |
|---|---|---|---|
| | FIN DÉC. 1895 | FIN DÉC. 1896 | ACTUELLEMENT |
| | millions | millions | millions |
| Banque de France ................... | 1.963,0 | 1.914,6 | 1.963,4 |
| Banque d'Angleterre................. | 1.090,0 | 855,0 | 804,4 |
| Banque d'Autriche-Hongrie........... | 512,6 | 634,4 | 797,2 |
| Banque de Russie ................... | 1.920,0 | 2.401,6 | 3.050,0 |
| TOTAUX............. | 5.485,6 | 5.805,6 | 6.615,0 |

## IV

*Renouvelle-ment du métal jaune.*

Cet amoncellement du métal jaune dans les quatre grandes banques européennes est prodigieux : nous avons le même chiffre qu'en 1895 et 50 millions de plus que l'an dernier; l'Angleterre a un stock d'or plus faible en raison de la constitution particulière de la Banque; l'Autriche-Hongrie possède 285 millions d'or de plus qu'il y a deux ans et 163 millions en plus qu'il y a un an; la Russie tient la tête dans cette recherche et cette conservation de l'or : 1,920 millions en 1895; 2,401 millions en 1896 ; 3 milliards 50 millions en 1897! Jamais pareil amoncellement ne s'était vu. L'influence, si redoutée, de la mauvaise récolte n'a pas entraîné les retraits d'or annoncés. La Banque de France dont

*Renouvelle-ment du privilè-ge de la Banque de France.*

le privilège a été heureusement renouvelé, grâce à l'insistance et à la fermeté de l'honorable M. Cochery, possède près de 2 milliards d'espèces en or. Grâce à elle, notre pays peut regarder philosophiquement les événements; il possède une circulation de billets et une monnaie métallique absolument saines, malgré la campagne véritablement exagérée qui a été menée en

*Taux de l'es-compte.*

faveur du bi-métallisme. L'escompte a été modifié plusieurs fois et augmenté dans beaucoup de pays : cette augmentation est un des moyens les plus puissants que les banques peuvent employer pour enrayer les demandes d'avances sur titres ou les escomptes trop nombreux d'effets commerciaux. Dans un seul pays, le nôtre, le taux de la Banque n'a subi aucune modification et c'est chez nous encore qu'il a été le meilleur marché.

Voici à cet égard un relevé instructif qui fournit le taux de l'escompte en 1896 pour les principales banques :

TABLEAU.

| BANQUES | NOMBRE de variations | PLUS HAUT | PLUS BAS | MOYENNE | TAUX actuel |
|---|---|---|---|---|---|
| Banque de France............... | 0 | 2 | 2 | 2 | 2 |
| Banque d'Allemagne.............. | 3 | 5 | 3 | 3 66 | 5 |
| Banque d'Angleterre............. | 3 | 4 | 2 | 2 48 | 3 |
| Banque d'Autriche-Hongrie........ | 2 | 8 | 4 | 4 09 | 4 |
| Banque de Belgique ............. | 1 | 3 | 2 1/2 | 2 84 | 3 |
| Banque d'Espagne ............... | 1 | 5 | 4 1/2 | 4 78 | 5 |
| Banque des Pays-Bas ............ | 2 | 3 1/2 | 2 1/2 | 3 03 | 3 |
| Banque italienne................ | 0 | 5 | 5 | 5 | 5 |
| Banques suisses................. | 8 | 5 | 3 50 | 3 94 | 4 1/2 |

## V

La mauvaise récolte n'a donc produit aucun effet *Prix des blés et farines* sur l'encaisse-or, sur la hausse du loyer des capitaux, sur le taux de l'escompte : cette influence s'est produite uniquement sur les prix des blés, des farines et du pain. D'après les mercuriales de 1895, 1896 et celles actuelles, voici les différences que l'on constate :

|  | 1895 | 1896 | 1897 |
|---|---|---|---|
| BLÉS : | les 100 kilog. | les 100 kilogr. | les 100 kilog. |
| Blé blanc........... | 18 50 à 19 00 | 20 50 à 21 00 | 30 50 à 30 75 |
| Blé roux........... | 18 75 à 18 50 | 19 75 à 20 50 | 30 00 à 30 50 |
| FARINES : | | | |
| Farines de Corbeil.. | 28 66 | 31 81 | 42 67 |

## VI

A l'exception du métal-argent, dont les prix ont *Baisse du métal-argent. Hausse des autres métaux.* encore continué à baisser, de 109 fr. 10 le kilogramme, fin décembre 1896, à 97 francs son prix actuel, tous les autres métaux ont continué leur mouvement ascensionnel qui a commencé timidement en 1894 et s'est accentué en 1895 et 1896 pour se développer encore pendant l'année actuelle.

Voici, depuis fin 1894, les prix comparés du cuivre, de l'étain, du plomb et du zinc :

|  | 1894 | 1895 | 1896 | 1897 |
|---|---|---|---|---|
| Cuivre, les 100 kilog.... | 105 00 | 113 75 | 129 50 | 124 25 |
| Étain — .... | 175 00 | 176 00 | 163 75 | 170 00 |
| Plomb — .... | 23 00 | 29 50 | 30 00 | 33 50 |
| Zinc — .... | 39 00 | 40 25 | 48 50 | 49 00 |

Cette hausse a pour cause principale le développement de l'industrie métallurgique : il ne faut pas, dès lors, s'étonner en présence de tels prix que les valeurs minières de même que celles des grandes sociétés touchant à l'industrie et à la métallurgie, se soient améliorées. Dans tout ce groupe, la hausse est générale. Quelques chiffres le démontrent : hausse d'environ 200 francs sur les actions du Creuzot, de 120 francs sur les Montrambert, de 400 francs sur les Firminy, de 350 francs sur les Saint-Etienne, de 100 francs sur les Commentry-Fourchambault, de 75 francs sur les Aguilas, de 500 francs sur les Boléo, de 300 francs sur les Escombreyra, de 120 francs sur les Mokta, de 300 fr. sur les Penarroya, de 100 francs sur les Cail, de plus de 200 francs sur les Forges et aciéries du nord et de l'est, les Aciéries de France, etc., etc.

On a introduit sur le marché en banque et sur le marché officiel diverses valeurs russes métallurgiques ou minières ; c'est par centaines de francs et par milliers de francs que se chiffre la hausse obtenue par plusieurs d'entre elles.

Quant à nos grands charbonnages du Nord et du Pas-de-Calais, nous signalions déjà la hausse énorme que leurs actions avaient réalisées en 1896. Pendant 1897, cette hausse est plus importante encore : hausse de 2,250 francs sur l'Aniche; de 690 francs sur les Anzin; de 250 francs sur les Bruay; de 400 francs sur les Béthune; de 1,000 francs environ sur les Courrières; de 5,500 francs sur les Marles 30 % et 3,600 francs sur les Vicoigne, etc.

## VII

Valeurs industrielles.

Pendant cette année les capitaux se sont portés avec un véritable engouement sur les valeurs industrielles, sur les titres à revenu variable. Il ne faut pas voir dans les dispositions de l'épargne une tendance plus favorable qu'autrefois vers ce genre d'affaires : la modicité

du revenu donné par les premières valeurs de placement à revenu fixe, rentes, obligations ou actions, obligations de chemins, obligations industrielles, met le
rentier dans la nécessité de chercher d'autres titres
qui augmentent le rendement moyen de ses placements. Il s'est mis à la recherche des valeurs qui « pouvaient monter » ; peut-être a-t-il été bien vite dans
cette voie. Les valeurs industrielles quelles qu'elles
soient, ne devraient pas se capitaliser à moins de 5 %
et encore faudrait-il que les sociétés qui les ont émises
eussent la précaution d'effectuer de larges amortissements et de constituer de grosses réserves pour les années moins bonnes et pour celles qui sont mauvaises.

Les valeurs d'assurances contre l'incendie et sur                 *Valeurs d'assu
la vie ont, elles aussi, profité de ce mouvement d'opi-            rances.*
nion et de ces dispositions d'esprit. Parmi les titres de
compagnies contre l'incendie, les Assurances générales
ont haussé de 3,000 francs; le Phénix, de 3,500 francs;
la Nationale, de 2,050 francs; l'Union, de 1,800 francs;
la France, de 1,500 francs; le Nord, de 800 francs;
l'Aigle, de 950 francs, etc. Les titres d'assurances sur
la vie sont tous en plus-value, à l'exception de la Caisse
paternelle qui voit chaque année les cours de ses titres
s'affaisser : hausse de 12,000 francs sur les Assurances
générales; de 6,000 francs sur le Phénix, de 6,150 sur
la Nationale, de 1,050 sur l'Union.

## VIII

La hausse des actions des grandes compagnies de            *Actions des
chemins de fer, entraînant à leur suite celles des com-    chemins de fer.*
pagnies secondaires, a été remarquable. Elle est jus-
tifiée par l'amélioration continue des recettes, par la
diminution de la garantie d'intérêts qui en est la conséquence, par l'espérance que l'on peut fonder sur
une augmentation du dividende minimum réservé à
ces titres par les conventions de 1883, ces conventions
si attaquées, si injustement critiquées et qui, en défi-

nitive, ont été plus avantageuses à l'Etat et au pays tout entier qu'aux compagnies elles-mêmes (1).

Nous avions sans cesse fait prévoir cette amélioration, mais nous avons mis en garde le public contre un optimisme exagéré. L'industrie des transports est soumise aux influences commerciales, financières, industrielles; elle se développe, languit, décroît ou prospère, suivant la marche même des affaires du pays. Les compagnies ont encore de lourdes dépenses à faire pour améliorer leur matériel et il faut toujours redouter les exigences parlementaires. Plus s'accroîtra la prospérité des compagnies, plus les députés se croiront obligés de réclamer d'elles, comme si c'était une chose due, des perfectionnements dans les moyens de locomotion ou des réductions de tarifs. Aucune de ces demandes ne peut se réaliser sans un surcroît de dépenses : avant de songer à les effectuer, il faut que les recettes s'améliorent encore et que les pouvoirs publics s'habituent à considérer les compagnies comme des associées du Trésor ne pouvant se permettre des réformes coûteuses, sans que la recette correspondante soit assurée. C'est ce que tous les hommes d'Etat, véritablement dignes de ce nom, tous les ministres des finances et des travaux publics soucieux des intérêts généraux, ont sans cesse répété : c'est ce que disait encore, il y a quelques jours, l'honorable M. Turrel, ministre des travaux publics, à la tribune de la Chambre, et nous ne saurions trop le féliciter de son langage.

Les compagnies de transports en commun, Omnibus, Petites-Voitures, Tramways, et surtout les sociétés de transport par l'électricité, telles que les Thomson-Houston, ont vu progresser sensiblement le cours de leurs titres. Pour les Omnibus et les Petites-Voitures, la hausse s'explique par les diverses transformations projetées de la traction animale à la traction électrique :

*Les compagnies doivent être considérées comme les associées du trésor.*

---

(1) Voir notre étude sur *Les conséquences financières des nouvelles conventions des chemins de fer*, in-8°, 1883.

pour la Compagnie Thomson-Houston, le succès écla-
lant qu'elle obtient dans les entreprises qu'elle a créées
justifie la faveur du public.

Les valeurs industrielles de toute nature, comme
nous l'avons dit plus haut, charbonnages, entreprises
houillères, compagnies russes diverses, sociétés d'électricité, ont gagné des avances énormes. Nous ne voudrions pas contrarier ce mouvement par quelques
craintes exagérées ; nous ne pouvons cependant pas
nous empêcher de renouveler ici nos conseils de prudence. Aucune valeur industrielle, disons-le encore,
ne devrait être capitalisée à moins de 5 %, au grand
maximum. Ce revenu même n'est acceptable qu'autant
que les compagnies procèdent à de larges amortissements sur leur matériel, sur leurs marchandises en
magasin, sur leurs prix d'achat des matières premières, sur leurs frais d'installation et frais généraux.
Aussi bien dirigée qu'elle soit, une affaire industrielle
comporte des risques qui ne peuvent être atténués que
lorsque, dans les années de prospérité, les administrateurs ne se laissent pas éblouir et ont le courage de
mettre à la réserve, de constituer des amortissements
qui sont la sauvegarde des années moins heureuses ou
malheureuses, quand ils ont la sagesse de distribuer
moins de dividendes pour consolider le présent et assurer ainsi l'avenir.

*Charbonnages et houillères.*

## IX

Le projet de budget de l'exercice 1897 présenté à la
Chambre le 1er février 1896, modifié et présenté à nouveau le 25 juin suivant, consistait en deux projets de
lois distincts : l'un relatif aux contributions directes
et aux taxes assimilées, l'autre portant fixation du budget général des dépenses et des recettes. Le premier
de ces deux projets est devenu la loi du 11 juillet 1896;
le second, formant le budget général de 1897, a été
voté le 29 mars 1897 et promulgué le 30.

*Finances pu-
bliques.
Le budget de
1897.*

Le budget de 1898. Le projet de budget de l'exercice 1898 a été déposé le 18 mai 1897. Pas plus que ses devanciers, il n'a été voté en temps voulu pour éviter les douzièmes provisoires. De longues discussions ont eu lieu entre le ministre des finances et la commission du budget au sujet des taxes auxquelles il convenait de demander l'équilibre. Les prévisions primitives de recettes se sont trouvées réduites de 25 millions par le dégrèvement foncier, par le remaniement de la taxe militaire, par les dispositions nouvelles applicables à la dénaturation des al-

Nouvelles taxations sur les valeurs mobilières étrangères. cools. Les recettes compensatrices seront fournies par les fonds d'Etat étrangers et les autres valeurs mobilières étrangères. On augmentera le timbre sur les fonds d'Etat et, par diverses mesures, on cherchera à assurer, en ce qui concerne les actions et obligations des compagnies étrangères, le recouvrement de la taxe sur le revenu établie par la loi du 29 juin 1872, ou à obtenir l'équivalent de cette taxe. Quelques recettes nouvelles sont également proposées pour le budget de 1898, notamment sur les voitures automobiles dont le nombre s'est singulièrement accru depuis quelque temps.

Les valeurs mobilières tendent, plus que jamais, à devenir la bête de somme du budget. Dans le cours de cette année, elles ont été sans cesse menacées. Tantôt il a été question d'augmenter le droit de transmission et la taxe de 4 % sur le revenu, tantôt de frapper les titres nominatifs et, finalement, on s'est rabattu sur les valeurs et fonds étrangers. On continue à opposer les charges de l'agriculture aux charges sur la fortune mobilière, ce qui, nous l'avons maintes fois démontré, est une erreur financière et économique en même temps qu'une faute politique (1).

Vins artificiels. Nouvelle législation fiscale. Signalons aussi la loi du 6 avril 1897 concernant la fabrication, la circulation et la vente des vins artificiels. La loi nouvelle exclut du régime fiscal des vins

(1) Voir nos études sur *Les impôts et la richesse publique de 1869 à 1897*, in-8°, 1898, et *Les impôts sur les valeurs mobilières et leur répercussion*, in-8° 1899.

et soumet aux droits et régime de l'alcool la fabrication industrielle, la circulation et la vente des vins de
raisins secs ou autres vins artificiels, à l'exception des
vins de liqueurs et des vins de marc et de sucre. Elle
frappe les raisins secs du droit général de consommation, à raison de 30 litres d'alcool par 100 kilos s'ils
sont à destination des fabricants, et d'un droit de circulation de 6 francs par 100 kilos s'ils sont à destination
des particuliers pour leur consommation de famille.
Elle interdit la fabrication et la circulation, en vue de
la vente, des vins de marc et des vins de sucre, ainsi
que des cidres et poirés produits autrement que par
la fermentation des fruits avec ou sans sucrage.

Le régime des sucres a encore été modifié par la loi
du 7 avril 1897, qui accorde aux fabricants indigènes,
pour l'exportation en pays étrangers et dans les colonies françaises non soumises au tarif douanier métropolitain, des primes dont elle règle la quotité. C'est
une imitation des dispositions législatives allemandes,
qui ont accordé aux fabricants allemands des primes
à l'exportation.

La loi du « cadenas » a été promulguée le 19 décembre. A dater de ce jour, « tout projet de loi présenté par le gouvernement et tendant à un relèvement
des droits de douane sur les céréales ou leurs dérivés,
les vins, les bestiaux ou viandes fraîches de boucherie,
sera suivi d'un décret dont une disposition spéciale
ordonnera l'exécution immédiate ». Les contrats passés
par nos négociants avec les producteurs étrangers sont
à la merci des protectionnistes. On avait promis que le
double tarif donnerait la stabilité au régime douanier;
on en assure législativement l'instabilité. Protectionnisme et insécurité, c'est, comme l'a dit avec raison
M. Yves Guyot, « vraiment trop à la fois ».

Régime des su-
cres.

Loi du cade-
nas.

Protectionnis-
me et insécurité.

25

## X

Au point de vue de la Bourse, l'année 1897 a été hésitante, indécise, inquiète, malgré la hausse acquise. La
réorganisation ou la désorganisation du marché est en
suspens. Agents de change, coulissiers, intermédiaires
ne savent ce que leur ménage l'avenir.

Le Sénat est saisi d'une proposition de loi qui n'est
ni la liberté complète ni le monopole absolu; plusieurs
députés, par des amendements divers cherchent à consolider le monopole des agents de change; d'autres voudraient le détruire. La vérité est que personne ne peut
recommander une solution nette et précise, car des solutions de cette nature ne s'improvisent pas ; elles
doivent s'appuyer sur l'expérience et la pratique des
affaires. Il faut envisager l'intérêt du Trésor, celui du
public, ceux des agents de change en pouvoir d'un
droit indiscutable, ceux du marché libre qui jouit d'une
situation de fait qu'on ne saurait détruire sans dommages pour les affaires, pour le public, pour le crédit
de l'Etat lui-même.

L'idéal serait un « marché officiel libre », mais il faut
se garder de détruire avant d'être sûr de remplacer ce
qui existe par un nouvel organisme qui vaudrait moins
que celui qui aurait été bouleversé.

La concentration des capitaux dans les mains des
grands établissements financiers a été aussi l'objet de
vives critiques. On se plaint de voir disparaître les
unes après les autres les petites maisons de banque
qui ne peuvent lutter contre les gros magasins de capitaux. De ce côté encore, il faut se garder d'innovations
téméraires; le mieux serait peut-être, en cette circonstance, l'ennemi du bien. C'est une force pour un pays
d'avoir de puissantes associations de crédit ; c'est un
danger aussi de manquer de maisons moins puissantes
pour faire contre-poids à une organisation qui, mal

guidée, pourrait à un moment donné se tourner contre l'État lui-même.

Laisser entre les mains de quelques personnes, jouissant d'un monopole exclusif, le droit d'acheter et de vendre, doit avoir, comme correctif, la faculté donnée à tous ceux qui peuvent et veulent faire les mêmes affaires, d'y procéder sous des conditions déterminées. Laisser quelques grandes sociétés absorber toutes les petites banques, doit, pour éviter les entraînements dangereux, avoir comme correctif la plus large et la plus nette publicité donnée à leurs opérations.

## XI

Il serait à désirer aussi qu'on en terminât au plus vite avec les propositions et les projets fiscaux qui menacent à chaque instant la fortune mobilière. Les valeurs mobilières sont trop surchargées; les frapper davantage, c'est, à coup sûr, détruire ce qui reste de l'esprit d'initiative et d'entreprise, esprit qui malheureusement s'étiole et s'éteint.

*Les valeurs mobilières sont surchargés d'impôts.*

On ne comprendrait une augmentation de taxes sur les titres mobiliers qu'autant que les rentiers trouveraient une compensation dans la diminution des impôts et des charges de la vie ; mais, à force de vouloir réduire le revenu des rentiers sans diminuer les impôts, on frappe l'épargne, on l'inquiète, on diminue le travail et la force productrice et consommatrice du pays. Sous prétexte de protectionnisme agricole, faire de la fiscalité financière, c'est tourner les yeux à la vérité, à la lumière; c'est risquer de mécontenter tout le monde. On aura beau frapper la fortune mobilière de 20, 30, 40, 50, 100 millions d'impôts nouveaux, les agriculteurs, pour qui la vente de leurs produits à des prix rémunérateurs est la meilleure des solutions, n'y trouveront aucun profit.

*Compensation nécessaire.*

On oublie que les taxes fiscales ont une répercussion qui atteint, en première ligne, les produits agricoles,

*L'intérêt des agriculteurs.*

tout ce qui vient de la terre et est ensuite manufacturé
par l'industrie de l'homme. Vous produisez d'autant
plus que la consommation augmente et comment cette
consommation peut-elle augmenter si les revenus de
ceux qui possèdent diminuent? On a fait de trop grosses
promesses aux agriculteurs : on leur a fait entrevoir la
fin de leurs maux et la richesse, grâce au bi-métallisme.

Conditions de<br>prospérité d'un<br>pays. Or, l'année 1897 a vu la faillite de cette illusion. Pour
qu'un pays prospère, il lui faut un crédit sans tache,
une monnaie saine, une administration économe, la
fixité dans les lois commerciales et financières : le
reste n'est qu'expédient ; et quoi qu'en disent les néo-
économistes qui se figurent qu'une « économie politique nationale » donnerait à tous le bien-être et la
prospérité, — comme si les lois économiques n'avaient

Laissez faire,<br>laissez passer. pas existé et n'existaient pas de tout temps et en tous
pays — la véritable doctrine est encore le « laissez
faire, laissez passer ». Cette doctrine est critiquée par
ceux qui ne la connaissent pas. Il ne faut pas se lasser
de dire et d'affirmer, comme l'ont dit et répété après
Turgot et J.-B. Say, des maîtres comme Frédéric Passy,
Léon Say, Levasseur, Molinari, le « laissez faire » veut
dire : laissez faire ce qui est bien, ce qui est juste,
c'est-à-dire empêchez ce qui est injuste : loin de « laisser
passer » indifféremment le bien ou le mal, la doctrine
économique désire surtout « arrêter le mal » mais
n'arrêter que lui afin de « laisser passer le bien ».

## XII

La liberté, base<br>du gouverne-<br>ment. C'est la liberté, toujours la liberté et encore la liberté,
ce qui ne veut pas dire la licence, qui dans un grand
pays comme le nôtre, en politique, en finances, en administration, comme en économie sociale, doit être le
guide de ceux qui ont accepté la mission de gou-
verner.

Nous savons bien que les idées que nous exprimons

ne sont pas à la mode de nos jours, puisque, plus que jamais, les idées protectionnistes sont en faveur.

A qui profitent-elles? Est-ce aux agriculteurs? Non. Ils se plaignent.

Est-ce aux commerçants? Non. Ils se plaignent aussi.

Est-ce aux industriels? Non. Ils souffrent de la concurrence.

Est-ce aux rentiers? Non. Ils sont désolés de la diminution de leurs revenus.

Est-ce l'État qui peut s'en réjouir? Est-ce le Trésor qui voit ses caisses gonfler démesurément? Non. L'État est besogneux : pour équilibrer le budget, on fouille dans tous les coins pour trouver quelques ressources oubliées. Le budget grossit d'année en année, malgré les efforts très méritoires du gouvernement et, en particulier, du ministre des finances pour enrayer les dépenses. Qui donc bénéficie de la protection? Qui donc peut la considérer comme le meilleur des biens? La protection est aujourd'hui un mal presque universel; mais le seul pays où elle soit condamnée, l'Angleterre, est précisément celui dont la brillante prospérité est la plus évidente et aussi la plus enviée.

### XIII

Ledru-Rollin prédisait il y a quarante ans, en deux gros volumes, la décadence de nos voisins; M. de Bismarck affirmait que la Grande-Bretagne serait ruinée si elle persistait à pratiquer le libre-échange.

*La Grande-Bretagne libre-échangiste. Sa prospérité.*

Voici la réponse : les recettes du budget anglais de 1896-97 ont été de 103,949,000 livres sterling, dépassant de 3,460,000 livres sterling celles de l'année précédente et d'autant les prévisions budgétaires.

Tandis que, dans la plupart des autres pays, les gouvernements découragent l'activité individuelle, multiplient les entraves à la liberté de travailler, de s'associer et d'échanger en augmentant les prélèvements du fisc et de la protection sur les fruits du travail, l'Angleterre est restée fidèle à la doctrine du « laissez faire, laissez passer ».

Dans l'exposé budgétaire qu'il faisait le 29 avril à la chambre des Communes, lors du jubilé de la reine Victoria, le chancelier de l'Echiquier, sir Michaël Hicks, a présenté un tableau saisissant des progrès de l'Angleterre de 1837 à 1897, c'est-à-dire pendant la période qui a marqué l'avènement du libre-échange.

En 1837 : commerce extérieur, 125 millions de livres sterling. Recettes budgétaires, 52;

En 1897 : commerce extérieur, 738 millions de livres sterling. Recettes budgétaires, 103 millions 9.

Voilà les fruits de la liberté économique. Il serait difficile de montrer ceux de la protection.

## XIV

Ignorance et illusions des « classes ouvrières ».

Le gouvernement, avec un grand courage, combat le socialisme et se préoccupe de dissiper les illusions de la classe ouvrière dont on exploite l'ignorance économique. A différentes reprises, l'honorable M. Méline qui inspire au monde des affaires et au pays une si grande confiance, justifiée par son énergie, par la rectitude de son caractère et de sa vie, a combattu ces dangereuses théories.

Ignorance relative des « classes élevées ».

Mais les bourgeois, les propriétaires, ceux qui font partie de ce qu'on appelle les « classes élevées » sont-ils moins ignorants? On serait tenté d'en douter en lisant l'exposé des vœux des conseils généraux, composés en majorité de l'élite intellectuelle de la bourgeoisie. Les bourgeois les plus éclairés comme les ouvriers les moins instruits ont foi dans la même panacée : la protection de l'Etat. Ils ont bien la pensée à la vérité que « ce que l'Etat donne aux uns, il le prend aux autres », mais ils n'osent en faire l'aveu. Comme l'a fait spirituellement remarquer M. de Molinari, un des défenseurs les plus écoutés de la science économique et de la liberté, un des maîtres dont la Société d'économie

politique a tenu à fêter cette année le cinquantenaire
de son entrée dans la Société des économistes, socialistes et protectionnistes se disent : « Tant pis pour les
autres » sans se douter qu'ils finissent eux-mêmes par
devenir « les autres ».

Les relèvements des droits sur les blés, les viandes,
les porcs, la houille, la soie, en affaiblissant le pouvoir de consommer diminuent le pouvoir de produire.

Et ce n'est pas tout : on en arrive à demander la protection de l'Etat pour l'industrie départementale.

On reste stupéfait quand on apprend, par exemple,
que le conseil général des Pyrénées-Orientales a demandé que le ministre de la guerre fût obligé de
donner des espadrilles à la troupe, tant comme chaussures de repos que comme chaussures de marche,
pour éviter la concurrence des marchands de
chaussures de cuir. Dans le Calvados on a suren-
chéri sur ces idées protectionnistes ; on a demandé de protéger l'élevage des chevaux et les chevaux eux-mêmes contre les...... automobiles. La loi du
cadenas, qui est promulguée au moment où nous ter-
minons ces lignes, n'est-elle pas, au surplus, l'idéal de
la protection?

## XV

Puisse l'année qui va s'ouvrir, et ce sera notre con-          Conclusion.
clusion, s'inspirer des vrais principes économiques libéraux; puisse-t-elle être une année d'affaires, de tranquillité, de paix, et tirer avantage et profit du fait capital de
1897 : *l'alliance.*

# 1898

## PESSIMISME EXAGÉRÉ

### I

Chaque fois que notre pays prépare une exposition universelle, il semble qu'un mauvais génie s'applique à le troubler, à effrayer les esprits, à faire douter de la réalisation de ces grands tournois pacifiques.

*La première exposition internationale date de 1855 :* en 1853-1854, la France et l'Europe furent troublées par les préparatifs et par la déclaration de la guerre de Crimée.

La seconde exposition eut lieu en 1867, on sait avec quel éclat!

En 1865 on était au lendemain de la guerre des Duchés, en pleine expédition du Mexique, à la veille de la guerre austro-prussienne ; en 1866, ce fut l'année de Sadowa, et, en 1867 même, à la veille de l'exposition, éclatait l'affaire du Luxembourg qui faillit entraîner une guerre avec la Prusse.

L'exposition de 1878 fut précédée, en 1876 et 1877, par de graves événements intérieurs et extérieurs.

En 1876, le ministère Buffet faisait place à un cabinet centre-gauche, puis de gauche pure; les questions religieuses qui étaient soulevées ajoutaient aux difficultés de la politique extérieure, que faisait naître la question d'Orient.

En 1877, la France n'eut pas un jour de répit au milieu de ses luttes politiques intérieures et des événe-

*Les expositions universelles et les crises.*

ments qui s'accomplissaient à l'extérieur : c'est l'année du 16 mai, la chute du ministère Jules Simon, la dissolution de la Chambre, le ministère de Broglie-Fourtou, la guerre d'Orient; arrive 1878 et, avec elle, la mort de Victor-Emmanuel, celle du pape Pie IX. La guerre d'Orient s'achève; elle voit la défaite définitive de la Turquie, décimée par les Russes qui s'avancèrent jusqu'aux portes de Constantinople. L'inquiétude et les armements précipités de l'Angleterre et de l'Allemagne, l'entrée d'une flotte anglaise dans la mer de Marmara, troublèrent singulièrement les esprits.

L'exposition de 1889 fut précédée, elle aussi, de faits et d'événements graves, intérieurs et extérieurs.

L'année 1887 avait vu trois ministères, deux présidents de la République, Jules Grévy et Carnot, l'agitation qui commençait autour du général Boulanger, les manifestations de la gare de Lyon et du 14 juillet; elle eut une crise extérieure — l'incident Schnæbelé — qui faillit mettre aux prises l'Allemagne et la France. L'année 1888 ne fut pas moins agitée : pendant de longs mois, le boulangisme troubla le pays.

Nos expositions universelles, à en juger par les faits que nous venons de rappeler, semblent devoir être d'autant plus brillantes que des agitations nombreuses, des crises aiguës et de vives inquiétudes les précèdent. L'exposition de 1900 n'aura pas été, à ce point de vue, plus épargnée que ses devancières.

**Faits intérieurs de 1898.** 1898 comptera, en effet, parmi les époques les plus préoccupées et les plus préoccupantes, tant au point de vue intérieur et extérieur qu'au point de vue fiscal et économique.

**2e Cabinet Brisson.**
**3e Cabinet Dupuy.** L'affaire Dreyfus, les changements ministériels, les élections générales, les menaces fiscales sans cesse renaissantes, l'anémie et les ennuis du marché financier, conséquences d'une réorganisation défectueuse, les armements maritimes de l'Angleterre, de l'Allemagne et de la Russie, les augmentations des crédits pour les dépenses de la guerre, dans l'Europe entière,

la guerre hispano-américaine, les menaces de guerre entre la France et la Grande-Bretagne à propos des affaires du Niger ou celles de Fachoda, l'assassinat de l'impératrice Elisabeth, etc., l'ont constamment agitée : pas un jour ne s'est écoulé sans apporter un contingent de préoccupations.

## II

Les événements de la politique extérieure ont été suivis avec d'autant plus d'intérêt qu'ils ont profondément modifié la situation respective des puissances.

En Amérique, dans l'Extrême-Orient, dans le Levant, l'équilibre des puissances a changé. La guerre de conquête entreprise par les Etats-Unis, la prise de Cuba, de Porto-Rico et des Philippines, sont des faits considérables. C'est la destruction de l'empire colonial de l'Espagne et l'avènement d'une puissance extra-européenne dans les affaires du vieux continent.

Dans l'Extrême-Orient, le dépècement de la Chine a commencé. L'Allemagne s'est emparée de Kiao-Tchéou; la Russie a occupé Port-Arthur; la Grande-Bretagne, Weï-Haï-Weï et les rivages de Hong-Kong. Nous nous sommes bornés à occuper Outcheou-Wan. Toutes ces prises de possession n'ont fait que précéder l'attribution de concessions de plusieurs régions minières et des principales voies ferrées qui peuvent ouvrir un marché de plus de 300 millions d'habitants au commerce du monde.

Dans le Levant, pendant que les grandes puissances se menacent sur le reste du globe, elles sont restées unies pour régler définitivement la question crétoise au profit de l'influence hellénique. D'autre part, le voyage de l'empereur d'Allemagne à Constantinople, la réception qui lui a été faite par son « bon ami » le sultan, son excursion en Palestine, sont des faits trop importants pour être oubliés.

Faits extérieurs de 1898.

En Tunisie, à Madagascar, au Congo, au Dahomey, l'œuvre de notre colonisation s'est développée et affermie. La capture de Samory met fin à nos expéditions au Soudan. L'Indo-Chine, depuis l'intelligente et active direction du gouverneur général, M. Doumer, est en voie de prospérité, ainsi qu'en témoignent, fait bien rare, les excédents budgétaires. Cette prospérité ne pourra que se développer quand le réseau de chemins de fer qui lui est nécessaire sera exécuté. Notre belle et grande colonie d'Algérie, la plus puissante, la plus riche, celle sur laquelle nous devons veiller avec un soin jaloux, a été malheureusement troublée par les agitations dangereuses de l'antisémitisme; si l'ordre et le calme ne sont pas promptement rétablis, les affaires de ce beau pays risquent d'être compromises pour de longues années. Du côté du Niger et dans la région du Nil, nous avons eu de sérieuses difficultés avec l'Angleterre. La récente affaire de Fachoda a montré bien des périls et il n'a pas dépendu de notre diplomatie que les intérêts de la France n'aient été plus entièrement maintenus. En cédant aux réclamations de l'Angleterre, notre gouvernement a entendu sauvegarder les intérêts supérieurs de la paix; mais la question égyptienne reste entière : elle regarde l'Europe, et c'est de ce côté que des difficultés pourront naître, lorsque l'heure de son règlement sera arrivée.

Les deux seuls faits véritablement heureux qui apparaissent dans la politique extérieure de 1898, si troublée, si inquiète, sont l'appel du tsar en faveur d'un désarmement et la conclusion d'une convention commerciale avec l'Italie, convention qui fait cesser la guerre de tarifs existant entre les deux pays et qui a amené une détente dans leurs relations politiques.

## III

L'appel du tsar. « Il ne peut plus y avoir de politique anglaise, française, russe, prussienne, autrichienne; il n'y a plus

qu'une politique générale, qui doit, pour le salut de
tous, être admise en commun par les peuples et les
rois. »

Ces paroles fameuses que prononçait, en 1823, le tsar
Alexandre I<sup>er</sup>, ne semblent-elles pas avoir inspiré la
proposition pacifique que le tsar Nicolas a adressée à
toutes les puissances? Elle a été accueillie avec respect, mais sans grand espoir de la voir jamais se réaliser, pas plus que ne s'était réalisé l'appel adressé aux
nations, en 1863, par l'empereur Napoléon III.

Malgré la proposition généreuse du tsar, parlant à
l'Europe de paix et de désarmement, jamais les armements militaires n'ont été plus activement poussés que
cette année. En Angleterre, en Allemagne, en Russie,
en France, les dépenses maritimes, les demandes de
crédit pour la réfection ou l'accroissement des forces
navales ont atteint des chiffres considérables et, en
même temps, les dépenses pour l'armée de terre ne
s'arrêtent pas.

En Allemagne, d'après le projet de loi déposé au
Reichstag sur l'effectif de l'armée en temps de paix,
cet effectif sera, à partir du 1<sup>er</sup> octobre 1899, progressivement augmenté de façon à atteindre dans le cours
de l'année budgétaire 1902, le nombre de 502,506 soldats et caporaux. Ce chiffre sera maintenu jusqu'au
31 mars 1904. A la fin de l'année budgétaire 1903 il
devra y avoir : 625 bataillons d'infanterie; 482 escadrons
de cavalerie; 574 batteries d'artillerie de campagne;
32 bataillons d'artillerie à pied; 26 bataillons du génie;
11 bataillons des chemins de fer et télégraphes; 23 bataillons du train.

Que serait-ce donc, si Guillaume II n'avait pas accepté
avec « enthousiasme » le projet de désarmement du
tsar?

La Russie, elle-même, n'échappe pas à la contagion.
A la suite du renouvellement de l'artillerie des armées
française et allemande, le gouvernement russe a décidé
de procéder, lui aussi, au renouvellement de l'artil-

*Marginal notes:*

Nouvelles dé-
penses militaires
en tous pays.

En Allemagne.

En Russie.

lerie de campagne russe. La dépense nécessitée par la
mise à exécution de ce projet sera de 160 millions de
roubles ; les commandes seront, assure-t-on, données
exclusivement à des maisons russes ou françaises et la
France fournira un huitième de la fourniture totale.
Cette réorganisation aurait lieu d'après le modèle français.

## IV

Ce que coûte
la paix armée à
l'Europe.
Cette paix armée, qui coûte annuellement à l'Europe
plus de 5 milliards de dépenses militaires et presque
autant pour l'intérêt des dettes contractées, est la conséquence de la guerre de 1870, si malheureuse pour
notre pays, non moins malheureuse pour l'Europe dont
elle a détruit l'équilibre. Le principal auteur de cette
guerre fatale, le prince de Bismarck, est mort cette
année; il a couvert son pays de gloire, il a fait l'unité
allemande, mais c'est à sa politique que l'Europe doit
les charges énormes qu'elle supporte, charges qui représentent chaque année un surcroît de plus de 2 milliards.
Les dépenses militaires s'élevaient, avant 1870, à environ 2 milliards 1/2 ; elles coûtent aujourd'hui bien
près de 5 milliards et, si l'on totalise les dépenses depuis 1869, c'est environ 50 milliards que l'Europe a
dépensés en armements depuis trente ans.

« L'Europe entière, lisons-nous dans le programme de
l'Association de la paix par le droit, entretenait en
1869 2 millions 200,000 hommes de troupes permanentes; elle en entretient aujourd'hui 3 millions 300,000,
mais elle pourrait en mettre sur pied, en cas de déclaration de guerre, plus de 12 millions 1/2. Les armées
permanentes coûtent à l'Europe la somme de 5 milliards, dont plus du sixième, environ 900 millions, est
payé par la France. Plus du quart des budgets français,
allemand et russe est absorbé par les frais de la paix
armée. »

Chez nous, cet accroissement des dépenses militaires a été particulièrement sensible. Nous en avons fait le compte exact dans un travail publié au commencement de cette année (1). La guerre de 1870 nous a coûté 12 milliards; nous avons dépensé, depuis, 20 milliards pour la guerre et la marine et c'est à ces dépenses énormes que nous devons l'accroissement de nos charges fiscales et de notre dette publique (2).

Une autre conséquence plus grave que cette déperdition des capitaux, c'est la déperdition des hommes, l'arrêt dans l'accroissement de la population. Nous sommes minés par la dépopulation : des vides se font et nous risquons d'être écrasés par la pression des nations plus denses.

*La dépopulation en France.*

Quelques chiffres suffisent à démontrer comment nous diminuons comparativement aux nations voisines qui augmentent dans des proportions sensibles.

Voici quelles étaient, il y a un siècle, et quelles sont aujourd'hui les populations comparées des quatre grands pays d'Europe :

*Population comparée des grands États.*

|  | En 1789 millions | En 1898 millions |
|---|---|---|
| France | 26.0 | 38.2 |
| Angleterre, Ecosse et Irlande | 12.0 | 39.5 |
| Allemagne | 28.0 | 52.2 |
| Russie | 25.0 | 129.2 |

La France a trois naissances légitimes par mariage, tandis que la plupart des nations européennes atteignent ou dépassent quatre naissances.

*Fécondité comparée. Infériorité de la France.*

Les mariages français sont peu féconds comparés à ceux des autres nations d'Europe. On a calculé de com-

---

(1) Voir notre étude sur *Les impôts et la richesse publique de 1869 à 1897*, in-8°, 1898.
(2) Voir notre étude *La paix et les dépenses de la guerre*, in-8°, 1898.

bien d'enfants étaient mères en un an 1,000 femmes ma-
riées ; on a trouvé le résultat suivant :

| | |
|---|---|
| France | 115 |
| Belgique et Italie | 184 |
| Suisse | 176 |
| Allemagne | 202 |
| Prusse | 206 |
| Wurtemberg | 216 |
| Norvège | 186 |
| Angleterre | 190 |
| Ecosse | 205 |

Ces faits sont des plus graves, car c'est l'avenir même
de notre pays qui en dépend.

*Conséquence :
moins d'enfants,
moins de soldats.* Nous n'hésitons pas à dépenser des milliards pour la
guerre : l'arrêt de notre population, pendant que dans les
pays qui nous entourent les naissances s'accroissent,
est l'équivalent de batailles perdues. Si nous avons
moins d'enfants, nous avons moins de soldats.

## V

*Questions mo-
nétaires.* Au point de vue monétaire, l'année 1898 a été agitée :
les affaires des grandes banques d'émission ont eu une
réelle activité : les besoins d'or, provoqués par la mauvaise récolte de 1897, ont été nombreux. La Banque de
France, particulièrement visée par les explorateurs d'or,
a défendu son encaisse métallique en agissant avec une
grande prudence : elle a porté le taux de son escompte
à 3 %, taux encore inférieur à celui des autres banques
européennes.

*Les encaisses
des banques.* Au 31 décembre 1897, les encaisses de métal jaune
étaient les suivantes :

(TABLEAU)

| BANQUES | ENCAISSES-OR | |
| --- | --- | --- |
| | au 31 DÉCEMBRE 1897 | ACTUEL-LEMENT |
| | millions de francs | millions de francs |
| Banque de France.............................. | 1.945 | 1.826 |
| Banque d'Allemagne.............................. | 710 | 706 |
| Banque d'Angleterre.............................. | 761 | 764 |
| Banque austro-hongroise.......................... | 764 | 760 |
| Banque d'Espagne............................... | 236 | 276 |
| Banque d'Italie................................ | 800 | 303 |
| Banque de Russie .............................. | 3.095 | 2.600 |

La diminution constatée pour la Banque de Russie tient surtout à des mouvements intérieurs, la Banque s'efforçant de remplacer les billets par l'or.

D'autre part, les banques associées de New-York ont gagné beaucoup de métal jaune.

Au 31 décembre 1897, elles possédaient une encaisse de 523 millions de francs; au 17 décembre 1898, cette encaisse était de 820 millions, soit une augmentation de 300 millions.

Ce sont elles qui ont absorbé, en majeure partie, l'or européen.

Parallèlement à la diminution des encaisses-or, la circulation des billets s'est accrue dans toutes les banques d'émission.

*Circulation fiduciaire.*

Voici la circulation de quelques-unes des principales banques d'émission aux environs du 15 décembre :

| BANQUES | 1894 | 1895 | 1896 | 1897 | 1898 |
| --- | --- | --- | --- | --- | --- |
| | millions de francs | millions de francs | millions de francs | millions de francs | millions de francs |
| Banque de France ............. | 3.455 | 3.473 | 3.625 | 3.688 | 3.742 |
| Banque d'Allemagne ........... | 1.298 | 1.367 | 1.302 | 1.353 | 1.390 |
| Banque d'Angleterre ........... | 629 | 639 | 650 | 678 | 685 |
| Banque austro-hongroise ....... | 1.030 | 1.228 | 1.330 | 1.407 | 1.460 |
| Banque de Belgique............ | 464 | 444 | 453 | 475 | 507 |
| Banque d'Espagne ............. | 903 | 984 | 1.013 | 1.190 | 1.425 |
| Banque d'Italie................ | 825 | 766 | 768 | 786 | 809 |

Le taux de l'escompte a été élevé partout. Il est actuellement de 3 % à Paris ; 4 % à Londres et à Bruxelles ;
5 % en Suisse, en Italie, en Espagne, en Autriche ; 6 %
en Allemagne, en Portugal et en Russie.

Un grand resserrement de capitaux s'est produit en
Allemagne par suite d'exagérations commises dans la
création d'affaires industrielles et de sociétés par actions.

Sur toutes les places européennes, le taux de l'escompte est actuellement le plus élevé qui ait été fait
depuis plusieurs années.

En voici la comparaison depuis 1895, fin décembre :

| BANQUES | 1895 | 1896 | 1897 | ACTUEL-LEMENT |
|---|---|---|---|---|
| | fr. c. | fr. c. | fr. c. | fr. c. |
| Banque de France...................... | 2 00 | 2 00 | 2 00 | 3 00 |
| Banque d'Allemagne.................... | 4 00 | 5 00 | 5 00 | 6 00 |
| Banque d'Angleterre................... | 2 00 | 4 00 | 4 00 | 4 00 |
| Banque austro-hongroise............... | 5 00 | 4 00 | 4 00 | 5 00 |
| Banque de Russie...................... | 4 1/2 | 4 1/2 | 5 00 | 6 00 |

La prime de l'or s'est accentuée cette année, conséquence, d'une part, des besoins de métal jaune pour
payer les achats de céréales et, d'autre part, de cette
véritable chasse à l'or qu'effectuent toutes les grandes
banques.

Au 31 décembre 1897, le total général de l'encaisse
métallique or de toutes les banques d'émission en
Europe, s'élevait à 8 milliards 745 millions. En
ce moment (15 au 25 décembre) le stock monétaire or
s'élève à 8 milliards 220 millions environ, soit une diminution de 525 millions.

Sur ces 8 milliards 220 millions, la Banque de France
et la Banque de Russie possèdent 4 milliards 425 millions ; les banques d'Allemagne, d'Angleterre, d'Autriche-Hongrie et d'Italie, 2 milliards 530 millions.

L'amoncellement du métal-or dans les banques des
nations amies et alliées, la France et la Russie, dépasse

d'environ 1900 millions le total du métal-or se trouvant dans les caisses des banques de la triple-alliance, et de l'Angleterre.

La baisse du métal-argent s'est arrêtée et a fait place à une légère reprise.

Le métal-argent.

On connaît les causes de la baisse considérable de cet agent monétaire : suspension ou diminution de la frappe presque dans tout le monde entier, arrêt dans la production des mines ; mais il semble qu'un réveil des prix se manifeste. On remarque que les usages et les besoins industriels de l'argent ont augmenté, en même temps que dans plusieurs pays, en Belgique, en Suisse, en Italie et dans plusieurs de nos départements, la monnaie divisionnaire fait parfois défaut et n'est plus en proportion des demandes. Cette année, l'encaisse-métallique argent de la Banque de France est restée stationnaire ; elle a diminué d'environ 50 millions en Allemagne, de 2 millions en Belgique, de 100 millions en Espagne. Pour l'ensemble de l'Europe, la diminution est environ de 150 millions. Il se pourrait que, pendant le cours de l'année qui va s'ouvrir, il se produisît une reprise sur les prix du métal-argent.

Les fluctuations du change ont été considérables en Espagne, en Portugal, au Brésil, dans la République argentine. En Espagne, la perte au change s'est élevée presque à 115 % ; la peseta a valu moins de 0 fr, 50 ; elle s'est relevée à 0 fr. 72 et 73 ; en Portugal, la perte au change s'est élevée jusqu'à 80 % ; en Italie, à 7 ou 8 %. Au Brésil, après une tension très vive du change, une amélioration très sensible s'est produite depuis le voyage en Europe du nouveau président Campos et l'exécution de l'arrangement financier portant création du 5 % funding. En Argentine, la baisse du change s'est accentuée depuis six mois. La fin de la guerre hispano-américaine a amélioré le change sur l'Espagne ; le change portugais est aussi en voie de décroissance.

Fluctuation du change.

La peseta a valu 0 fr. 74 en janvier, 0 fr. 70 en avril;

0 fr. 54 en juillet ; 0 fr. 60 en septembre ; 0 fr. 66 en octobre ; 0 fr. 70 à 0 fr. 73 en décembre.

On voit, dès lors, quelles différences énormes subissent les prix des coupons payables en pesetas!

Un coupon de 7 pesetas, par exemple, négocié en janvier 1898, représentait une valeur de 4 fr. 98 ; en avril, de 4 fr. 90 ; en juillet, de 3 fr. 78 ; en septembre, de 4 fr. 20 ; en octobre, de 4 fr. 82 ; aujourd'hui, de 4 fr. 90 à 4 fr. 95!

## VI

**Hausse des métaux et des valeur métallurgiques.** La hausse s'est encore accentuée en 1898 sur les prix des métaux, sur les charbons, sur le coke. Voici leurs cours, à Londres, aux 30 décembre 1897, 1er avril, 1er juillet, 1er octobre et 1er décembre 1898 :

| PRIX DES MÉTAUX | COURS du 30 DÉC. 1897 | COURS du 1er AVR. 1898 | COURS du 1er juil. 1898 | COURS D'OCT. 1898 | COURS du 1er DÉC. 1898 |
|---|---|---|---|---|---|
| Cuivre Chili à Londres compt. l. st. | 48-8-9 | 5o-17-6 | 49-18-9 | 52-11-3 | 55-0-0 |
| Etain des Détroits — | 62-15-0 | 65-3-9 | 70-11-3 | 74-17-3 | 81-18-9 |
| Plomb anglais — — | 12-13-9 | 12-17-6 | 13-8-9 | 13-0-0 | 13-8-9 |
| — d'Espagne — — | 12-8-9 | 12-15-0 | 13-6-3 | 12-17-6 | 13-6-3 |
| Zinc marq. ordin. — — | 18-1-3 | 18-12-6 | 20-2-6 | 22-3-9 | 24-0-0 |
| Warrants à Glasgow........ sh. | 45-5 1/2 | 46-1 | 45-11 1/2 | 48-7 1/2 | 49-3 |
| Fer n° 2 pays............... fr. | 132-5o | 132-5o | 132-5o | 135-00 | 135-00 |
| Charbon de four........... — | 12-00 | 13-00 | 13-00 | 14-00 | 13-00 |
| Coke métallurgique ordinaire. — | 19-00 | 19-00 | 19-00 | 19-00 | 18-00 |

Sur le marché de Paris, voici, à la fin de décembre 1895, 1896, 1897 et 1898, quels étaient les prix des céréales et des métaux :

| CÉRÉALES ET MÉTAUX | 1895 | 1896 | 1897 | 1898 |
|---|---|---|---|---|
| | fr. c. | fr. c. | fr. c. | fr. c. |
| Blé....................... 100 kilog. | 19 00 | 21 00 | 3o 75 | 21 25 |
| Farines..................... — | 28 66 | 31 84 | 42 67 | 45 25 |
| Cuivre..................... — | 118 75 | 129 5o | 124 25 | 145 00 |
| Etain...................... — | 176 00 | 163 75 | 170 00 | 221 00 |
| Plomb...................... — | 24 5o | 3o 00 | 33 5o | 38 25 |
| Zinc....................... — | 4o 25 | 48 5o | 49 00 | 65 00 |

Ainsi s'explique aussi la hausse nouvelle dont les actions métallurgiques et de charbonnages ont été l'objet.

Depuis le 1er janvier, le Rio-Tinto a haussé d'environ 140 francs ; le Pennaroya, de 420 francs ; l'Escombrera-Bleyberg, de 200 francs, plus de 150 francs de répartition ; l'Aguilas, de 100 francs ; le Malfidano, de 50 francs ; les Aciéries du nord-est, de 60 francs ; celles de la Marine, de 270 francs ; les Aciéries de France, .le 160 francs ; les Firminy, de près de 1,150 francs ; les Dombrowa, de 475 francs ; les Saint-Etienne, de plus de 300 francs ; le Creusot, de 130 francs ; les Mines d'Aniche, de 3,650 francs ; celles de Courrières, de 300 francs ; les Lens, de près de 10,000 francs ; les Liévin, de 500 francs ; les Marles 30 %, de 4,400 francs ; les Vicoigne, de 1,700 francs ; le Mokta, de 165 francs ; les Krivoï-Rog, d'environ 950 francs.

L'année 1898 comptera, pour ces sociétés, parmi les plus favorisées et les plus prospères : mais il ne faudrait pas se créer de trop grandes illusions. Nous sommes d'autant mieux fondés à recommander la prudence que nous n'avons cessé d'indiquer depuis longtemps ces valeurs, alors qu'elles se négociaient à des prix presque dépréciés. Pour que la hausse se consolide et s'accentue, il faut que les conseils d'administration áient la sagesse de profiter de cette année exceptionnelle pour effectuer de larges amortissements, constituer de puissantes réserves et n'oublient pas que c'est surtout dans ce genre d'entreprises que les vaches maigres succèdent aux vaches grasses.


## VII


Au point de vue financier, malgré ses préoccupations et ses agitations, 1898 a été une année de hausse. L'ensemble des valeurs mobilières, principalement les titres

Hausse de la bourse.

industriels, actions de charbonnages et sociétés métallurgiques, comme nous venons de le montrer, ont gagné une nouvelle avance.

Les actions des grands établissements de crédit sont en hausse notable : du 1ᵉʳ janvier au 24 décembre 1898, hausse de 265 francs sur la Banque de France; de 70 fr. sur la Banque de Paris; de 75 francs sur le Crédit foncier; de 65 francs sur le Crédit lyonnais; de 12 francs sur la Société générale; de 180 francs sur la Banque d'Algérie; de 140 francs sur le Crédit algérien; de 50 francs sur la Compagnie algérienne; de 45 francs sur la Banque du Mexique ; de 25 francs sur le Foncier égyptien.

Cette hausse des actions des sociétés de crédit s'explique par le resserrement des capitaux qui rend plus productif l'emploi des ressources dont disposent ces établissements. Il est clair que la Banque de France, par exemple, avec l'escompte à 3 %, réalise plus de bénéfices qu'avec le taux réduit de 2 1/2; il est clair également que ce relèvement du taux de l'intérêt est profitable au Crédit foncier, car la concurrence qui lui est faite devient par cela même plus difficile. C'est du côté des actions des sociétés de crédit que l'attention du public s'est portée dans le second semestre de cette année; il est probable que le mouvement de reprise continuera encore et se dirigera sur les titres des sociétés qui sont le plus en retard dans ce mouvement, notamment la Société générale, le Crédit industriel et commercial, la Banque internationale de Paris, ou quelques sociétés étrangères, comme le Crédit foncier égyptien dont les opérations se développent et qui a effectué cette année, avec un complet succès, la conversion de presque toutes ses obligations 4 % en obligations 3 1/2 se négociant maintenant au même prix que les anciennes.

Hausse de 140 francs sur le Gaz ; de 140 francs sur les Omnibus; de 65 francs sur la Dynamite; de 280 fr. sur le Suez, etc. D'importantes plus-values se sont produites également sur les Annuaire Didot-Bottin, Bénédictine de Fécamp, Compteurs et usines à gaz, Imprimerie Chaix, Compagnie générale des tramways, etc.

Il est à noter cependant que si les valeurs à revenu variable, « pouvant hausser » ou donner des revenus plus élevés, ont été recherchées, les titres à revenu fixe, comme les rentes, les obligations de chemins de fer, tous ceux qui rapportent un intérêt modeste ont été, en général, plus faibles.

*Valeurs à revenu variable et valeurs à revenu fixe.*

Ce mouvement n'est pas spécial à notre pays; il s'est produit également sur les autres marchés et principalement sur les rentes allemande, belge, hollandaise, suisse, norvégienne, danoise, qui avaient depuis trois ans atteint et dépassé le pair et qui, cette année, ont perdu ces prix. Les Consolidés anglais eux-mêmes, s'ils sont plus haut cotés aujourd'hui qu'il y a quatre ans, sont à peu près aux mêmes cours qu'en 1896 et légèrement plus bas que l'an dernier, après avoir coté des prix bien au-dessus de ceux de ces dernières semaines. Nos rentes françaises, sans gagner une nouvelle avance, sont à peu près fin décembre 1898 au même cours que fin 1897 et plus haut cependant qu'en 1895 et en 1896.

On peut se rendre compte de cette situation par le relevé suivant :

| NATURE DES VALEURS | COURS FIN DÉCEMBRE | | | |
|---|---|---|---|---|
| | 1895 | 1896 | 1897 | 1898 |
| | fr. c. | fr. c. | fr. c. | fr. c. |
| Consolidés anglais. | 106 60 | 111 50 | 112 25 | 109 00 |
| 3 % allemand | 93 80 | 98 40 | 97 10 | 93 00 |
| 3 % belge | 100 05 | 101 40 | 101 07 | 99 90 |
| 3 % suisse | 102 75 | 103 75 | 101 30 | 102 00 |
| 3 % français | 101 50 | 102 47 | 102 95 | 101 85 |

## VIII

Les résultats de l'exploitation du réseau général de nos grandes compagnies de chemins de fer, dont les ac-

*Les compagnies de chemins de fer.*

lions ont gagné une nouvelle avance, ont été cette année, de même que pendant l'exercice précédent, des plus favorables. Sur toutes les lignes, on constate des augmentations importantes qui se traduisent, à l'heure actuelle, par un excédent d'environ 35 millions. Déjà le Nord et le Lyon ont pu, l'an dernier, augmenter leur dividende annuel et il en sera probablement de même cette année ; les autres compagnies voient, à leur tour, approcher l'époque où, non seulement elles n'auront plus besoin de faire appel à la garantie et aux avances de l'Etat, mais encore où elles pourront commencer à rembourser au Trésor une partie de ce qu'elles lui doivent. Ainsi tombe la légende des conventions « scélérates » de 1883, légende que nous avons si souvent combattue. Ces conventions que l'on a tant reprochées à MM. Rouvier et Raynal, ont assuré l'exécution de la plus grande partie du programme de 1879, elles ont permis la suppression du budget extraordinaire et des émissions périodiques de rentes : de 1884 à 1894 l'Etat a emprunté 675 millions, tandis que, de 1878 à 1884, les émissions avaient atteint 3 milliards 284 millions; elles ont facilité la hausse des fonds publics, rendu possible la conversion du 4 1/2; assuré la participation des compagnies aux dépenses d'établissement du troisième réseau pour une contribution de 605 millions ; simplifié et amélioré la situation faite à l'Etat par les conventions antérieures au point de vue de la garantie d'intérêt et du partage des bénéfices.

*Les conventions « scélérates ».*

Les conventions de 1883 ont donc profité à l'Etat : elles seront, avant qu'il ne s'écoule beaucoup de temps, une source de revenus annuels pour le Trésor (1).

*Le dégrèvement de 1892.*

On avait critiqué aussi le dégrèvement de l'impôt sur la grande vitesse réalisé en 1892 par M. Yves Guyot, ministre des travaux publics, avec le concours de son collègue aux finances, M. Rouvier. L'impôt de 1872 et

(1) Voir le rapport de M. Darlan, au nom de la commission chargée d'examiner si la Chambre devait mettre M. Raynal en accusation.

celui de 1855, soit au total 23 % furent supprimés (1).
Les résultats sont là pour montrer combien le Trésor,
les compagnies, le public et le commerce tout entier
bénéficient de cette intelligente réforme.

Dans son projet du budget pour l'exercice 1899, le
ministre des finances fait déjà état de la part qui re-
viendra à l'État du partage de bénéfices avec la Compagnie de Paris-Lyon. Il est clair que nos compagnies
de chemins de fer sont dans une voie de prospérité incontestable, mais il ne faut pas que cette prospérité
soit compromise par les demandes incessantes qu'on
leur adresse, soit comme réductions de tarifs, soit comme
nouvelles dépenses à entreprendre.

Les obligations 2 1/2 de ces compagnies ont continué
à servir de placement à l'épargne tranquille qui sait
que nulle part elle ne saurait trouver d'emploi plus
sûr. Les cours ont été un peu plus faibles que l'an
dernier pour les mêmes raisons qui ont arrêté l'essor
de nos rentes et des grandes valeurs de placement à
revenu fixe, mais ce n'est là qu'un arrêt momentané.
Le revenu de ces obligations est modique, il est vrai,
mais la prime au remboursement, qui n'est pas moindre de 65 à 70 francs par titre, constitue un accroissement de capital absolument certain pour le capitaliste
qui met ces obligations en portefeuille sans avoir à se
préoccuper des fluctuations de la Bourse (2).

*Les obligations 2 ½ % des che-mins de fer.*

## IX

L'attitude du marché financier, la hausse à peu
près générale des valeurs font un singulier contraste
avec les agitations et préoccupations de toute nature
qui ont traversé l'année 1898. Ce n'est pas la seule ano-
malie que l'on ait à relever.

*Contraste poli-tique et finan-cier.*

(1) On trouvera tous les détails de cette réforme dans l'ouvrage de
M. Yves Guyot : *Les travaux publics*, in-8°. E. Flammarion, éditeur.
(2) Voir notre étude sur *Les obligations des compagnies de chemins de
fer*, in-8°, 1899.

Ainsi, au point de vue extérieur, l'Europe a toujours été sur le qui-vive ; mais, par un contraste piquant, pendant que la France, l'Angleterre, la Russie et l'Allemagne s'épiaient et s'observaient, soit en Afrique et sur les bords du Nil, soit en Chine, l'union politique et financière se faisait et se maintenait en Grèce. La Crète a été pacifiée. L'entente des puissances s'est maintenue. Grâce à cette entente, la Grèce est en voie de restaurer ses finances ; elle a pu payer les frais de la guerre turco-grecque ; une commission financière internationale a été nommée et il a été émis un emprunt, contracté en 2 1/2 %, garanti par la Grande-Bretagne, la Russie et la France.

Pourquoi cette entente financière ne deviendrait-elle pas une entente politique et ne subsisterait-elle pas toujours? Pourquoi faire entendre des menaces de guerre sur un point du globe et, presque au même instant, se traiter en amis et alliés sur un autre?

## X

*Le mouvement économique protectionniste et fiscal. Relèvement de droits de douane.*

Au point de vue économique et fiscal, 1898 a vu se développer encore les idées protectionnistes.

Après avoir relevé les droits sur les graisses, saindoux et autres produits du porc, le plomb et ses dérivés, la Chambre des députés a continué à perfectionner le tarif des douanes en surtaxant les chevaux, la margarine, le beurre, les fruits, les tissus de soie, etc.

*Impôts sur les fonds étrangers.*

Les impôts sur les fonds étrangers ont été accrus ; le monopole des agents de change a été renforcé par la suppression de la coulisse : de nouvelles charges fiscales ont frappé les porteurs de valeurs mobilières; ce sont eux qui auront fait les frais, en grande partie, du dégrèvement foncier accordé aux petites cotes. Les droits de timbre sur les titres de fonds d'État étrangers ont été augmentés et, en ce moment, tous les porteurs de titres se pressent en foule aux guichets de l'enregistre-

ment pour acquitter des droits qui, récemment portés
de 0 fr. 15 % à 0 fr. 50 %, seront doublés à partir du
1er janvier prochain. Les menaces d'impôts sont toujours à l'ordre du jour : c'est une véritable obsession
fiscale, comme nous l'avons dénommée, et nous ne
saurions trop répéter combien cette situation est dangereuse.

L'année 1898 a vu s'accomplir aussi ce qu'on a appelé
« la réorganisation du marché ». Ce que nous avions
prévu s'est réalisé : cette « réorganisation » a diminué
l'importance des affaires sur notre marché en les rendant plus difficiles; elle a donné aux places étrangères
voisines, notamment à Bruxelles, une activité excessive
peut-être et qui dépasse les forces de la place belge,
mais qui n'est pas moins réelle. Paris était depuis de
longues années un centre financier considérable pour
les arbitrages internationaux en changes et valeurs mobilières : aujourd'hui, la situation s'est modifiée du tout
au tout. Avec le répertoire, les droits de timbre, la suppression du marché libre des valeurs, les arbitrages en
titres internationaux sont presque irréalisables. Le
marché officiel à terme sur la rente, ainsi que la coulisse qui s'occupait de nos fonds d'Etat, n'existent plus
que nominalement ou à peu près.

Le produit de l'impôt sur les opérations de bourse
est en diminution constante, ce qui prouve, en dernière analyse, que le Trésor lui-même n'a pas trouvé
son compte aux réformes du marché financier. Les
projets fiscaux et financiers, les questions budgétaires,
la situation du marché, ont été les préoccupations du
premier semestre de cette année. On espérait que la
législature de 1898 aurait à cœur, pour ses débuts, de
voter le budget en temps normal. Elle pouvait le faire
d'autant plus facilement que le budget présenté par
l'honorable M. Peytral était, sauf légères retouches, un
des plus sérieux et des plus sincères que nous ayons
eus. Il bénéficiait de l'excellente gestion budgétaire et
financière que lui avait léguée l'honorable M. Cochery.

La « réorgani-
sation » du mar-
ché financier.

L'impôt sur les
opérations de
bourse.

Il n'en a rien été. La législature de 1898 se modèle sur celle de 1893 : comme elle, elle ne vote pas le budget en temps; comme elle aussi, elle met le pays au régime des douzièmes pour commencer l'année 1899.

*Les marchés à terme.*

Après avoir diminué l'importance de la bourse des valeurs, quelques politiciens se sont attaqués à la bourse des marchandises en employant le même engin destructeur, le monopole. La proposition de loi de M. Dron sur les marchés à terme, obligeant, pour être valables, que les affaires soient traitées par l'entremise d'un courtier assermenté et soient frappées d'un droit de 1/2 % de la valeur de la marchandise vendue, constitue une violation flagrante de la liberté commerciale.

*La loi sur les accidents du travail.*

La loi sur les accidents du travail, votée par les Chambres et inspirée par le socialisme d'Etat, conséquence du protectionnisme, est vivement critiquée par le monde du commerce et du travail : on considère qu'elle sera nuisible à ceux-là même qu'elle a pour objet de protéger.

*Les ouvrier étrangers.*

Une proposition de la commission du travail demandant que l'Etat, les départements et les communes imposent aux concessionnaires de leurs travaux l'obligation de n'employer qu'un dixième d'ouvriers étrangers au maximum, est encore une conséquence des idées protectionnistes.

On peut juger, par un fait, de cette manie de protection qui s'est emparée de tous les esprits. Déjà, l'an dernier, le conseil général des Pyrénées-Orientales avait demandé de protéger l'espadrille contre la chaussure de cuir. Le conseil général du Calvados avait demandé de protéger l'élevage des chevaux et les chevaux eux-mêmes contre... les automobiles. Cette année, nous avons mieux encore. Le conseil général de l'Aube ne s'est-il pas avisé de demander au gouvernement de protéger les pavés départementaux contre les pavés étrangers en frappant ces derniers d'un droit de 5 francs par 1,000 kilogrammes et le pavé destiné à la réfection des routes d'un droit de 1 fr. 50! N'était-ce pas demander que les frais de pavage des routes soient augmentés aux dépens des contribuables?

Le régime protectionniste a été obligé cependant de céder devant une force plus puissante que tous ses arguments : la hausse énorme du prix du blé, qui s'était élevé en avril jusqu'à 33 fr. 50, et la cherté du pain, qui était presque arrivé à des prix de famine. Il faut rendre cette justice à M. Méline qu'en présence de cette situation, il n'hésita pas à prendre une mesure radicale.

A la suite d'un rapport qu'il adressa au président de la République, un décret fut rendu, le 3 mai, suspendant du 4 mai au 31 juillet les droits sur les blés. Ce fut la première application de la fameuse loi dite du cadenas. Si cette mesure avait été prise à l'époque où le déficit des récoltes a été reconnu, elle aurait pu ralentir le mouvement de hausse en faisant diriger sur nos marchés une partie des approvisionnements qui se portaient de préférence sur ceux qui leur demeuraient librement accessibles.

*Suspension du droit sur les blés.*

En Italie et en Espagne, sous la pression de l'émeute, les droits ont fini par être suspendus.

Un second accroc au protectionnisme a été la conclusion, dans ces dernières semaines, d'une convention commerciale avec l'Italie. Cette convention, préparée sous le ministère de M. Méline (ce qui prouve que les doctrines les plus absolues ne peuvent résister à la force des événements et des faits) ne tardera pas, nous l'espérons, à être votée par les Chambres; elle est défendue par un ministre, M. Paul Delombre, dont l'arrivée au pouvoir a été unanimement approuvée par le monde commercial et industriel, parce que tout le monde connaît les opinions économiques libérales qui le guident. L'accueil favorable que ce projet a reçu en Italie et en France justifie cet accord.

Signalons aussi la création d'un Office national du commerce extérieur, chargé de fournir aux exportateurs les renseignements qu'ils paraissent ne pouvoir

*Création d'un office du commerce extérieur.*

se procurer eux-mêmes. Cet office est composé d'un conseil d'administration de 27 membres, présidé par le ministre du commerce et assisté de 217 correspondants qui portent le titre de conseillers du commerce extérieur. Cette commission du commerce extérieur peut être utile et rendre de grands services à la condition de bien connaître les besoins du commerce à l'étranger et surtout d'avoir des renseignements complets sur les ressources économiques et financières, basées sur des statistiques sûres, des pays avec lesquels nous avons intérêt à traiter des affaires.

**Mort de M. Gladstone.** Rappelons enfin la mort de Gladstone, le dernier survivant de la grande génération d'hommes d'Etat qui ont doté l'Angleterre de la liberté commerciale. Il eut la gloire d'achever l'œuvre de réforme commencée par Huskiston et poursuivie par Robert Peel sous l'impulsion des Cobden, des Bright, des Fox, etc. L'Angleterre a amplement profité de l'avance que le libre échange lui a donnée sur les autres nations : les revenus publics n'ont pas cessé de s'accroître avec la richesse de la population et, tandis que les autres nations augmentaient leurs dettes, l'Angleterre réduisait la sienne de plus de 4 milliards.

## XI

**Résumé général.** Telle est, dans ses grandes lignes, l'année 1898 : malgré toutes ses agitations, la force d'impulsion et le besoin de travail sont tellement grands dans le pays, qu'elle marque une nouvelle étape dans le développement industriel et commercial, ainsi que le prouvent les augmentations de recettes de nos chemins de fer, la recherche d'affaires industrielles, le réveil de l'esprit d'initiative, l'activité de nos usines, de nos charbonnages, de notre métallurgie.

Presque tous les indices commerciaux, industriels, financiers, économiques, montrent que 1898 n'aura pas été stérile.

On s'habitue, à l'étranger, à parler de la décadence commerciale de notre pays, de son inactivité économique et industrielle, ce qui n'empêche pas tous ceux qui nous décrient de faire appel à nos capitaux, car ils savent bien que c'est encore chez nous que se trouvent la plus grande masse d'épargnes accumulées, le plus grand esprit d'épargne, le plus grand amour du travail. Au point de vue politique, on nous fait grise mine, mais on adresse les plus gracieux sourires à notre bourse. Nous donnons, du reste, trop souvent et facilement raison à ces critiques malveillantes. Nous sommes nos plus grands ennemis en nous dépréciant comme à plaisir.

Nous répétons à qui veut l'entendre qu'il n'y a plus, chez nous, ni force, ni énergie, ni activité, ni initiative; nous disons que nos finances sont délabrées, que notre budget est en déficit, que notre commerce va de mal en pis. Nous mettons à nu nos misères intérieures, nous sommes divisés entre nous-mêmes, nous nous menaçons comme les pires ennemis, et l'étranger, qui n'a pas pour nous des sentiments de grande bienveillance, exagère nos doléances et nos plaintes à notre propre détriment. Ne pourrions-nous pas cependant répondre à nos détracteurs et nous dire aussi que si la France n'avait pas conquis un grand développement commercial et industriel, si ses ressources et ses épargnes ne s'étaient pas merveilleusement accrues, si elle n'avait pas gardé en elle, dans ses propres forces, une énergie et une vitalité indomptables, jamais elle n'aurait pu supporter les pertes et les fléaux dont elle a été accablée au lendemain des événements de 1870-1871 : elle aurait succombé sous leur poids?

Ne devrions-nous pas nous rappeler au contraire, et rappeler à nos détracteurs, tous les progrès accomplis depuis la guerre? La France rendue à elle-même, plus de 20 milliards dépensés pour reconstituer nos forces militaires, les travaux publics développés, nos réseaux de chemins de fer doublés, l'instruction publique rece-

vant plus de 250 millions par an au lieu de 34 en 1869,
les œuvres charitables accrues, nos budgets ordinaires
acquittant les charges de la guerre et de la marine sur
les ressources ordinaires, la fortune mobilière et immobilière atteignant des chiffres jusqu'ici inconnus, et
ce relèvement de la nation nous valant des amitiés précieuses se changeant en une alliance qui a relevé notre
prestige au dehors?

Sans ses malheurs immérités, la France aurait atteint
un degré de prospérité incomparable; la richesse
publique et privée se serait accrue dans bien d'autres
proportions que celles que nous avons rappelées. Sans
les crises intérieures et extérieures qui, depuis 1870,
ne nous ont pas ménagés, sans les lourds impôts qu'il
nous faut acquitter et qui rendent la lutte d'autant
plus difficile à notre commerce et à notre industrie,
car ils ne peuvent travailler à armes égales avec leurs
concurrents, on peut affirmer, sans excès de chauvi-
nisme, qu'aucun pays n'aurait pu nous égaler.

Ayons donc plus de confiance en nous-mêmes; ne
nous montrons pas meilleurs que nous ne le sommes,
mais ne nous discréditons pas par nos paroles et par
nos actes.

Exagérations
et dangers du
pessimisme.

Nous ne saurions trop protester contre le pessimisme
exagéré, dangereux, décourageant, qui nous entoure
et qui fait la joie de nos adversaires et de nos ennemis.
Nous ne saurions trop protester contre les appréciations de tous ceux qui crient que nos affaires vont mal,
que la France se ruine, qu'elle marche à la banqueroute, que ses sources vives sont atteintes. Il faut
réagir contre de pareilles exagérations.

Nous ne sommes pas, du reste, les seuls à nous
apercevoir aujourd'hui du mal que nos critiques et nos
doléances font au pays tout entier, à son commerce, à
ses affaires. Des hommes bien placés pour connaître
à fond notre situation commerciale et industrielle, en
France et à l'étranger, viennent de faire entendre des
paroles qu'on ne saurait trop méditer.

La commission permanente des valeurs de douane, dans son rapport sur le résultat des importations et des exportations en 1897, s'exprime ainsi :

« La sage confiance, dit-elle, est la première condition de la victoire et nous avons le droit d'espérer. Nulle nation au monde n'est plus laborieuse que la nation française. Aucune n'a plus d'ardeur au travail, d'intelligence, de probité, de goût natif. L'ingéniosité, l'esprit inventif, l'amour du beau, que nous ont laissés nos ancêtres, se transmettent intacts de génération en génération. Ce sont comme autant de fleurs dont la vieille terre française reste la terre privilégiée. Il n'est pas un peuple qui ait une plus riche pépinière de hardis explorateurs. Le passé et le présent protestent contre notre prétendue inaptitude à la colonisation ; ce n'est pas l'une de nos moindres qualités de savoir nous assimiler les races conquises, y semer des germes d'estime, d'affection et de fidélité. Sous l'impulsion d'hommes d'État pour lesquels on ne saurait avoir trop de reconnaissance, nous avons singulièrement élargi, depuis quelques années, notre domaine colonial, préparé à nos fils de précieuses réserves et d'immenses débouchés. »

On ne saurait mieux dire et ces paroles consolantes doivent être opposées au dénigrement perpétuel que nous faisons de nous-mêmes.          *Conclusion.*

Nous disions, en commençant cette revue de fin d'année, que chaque fois que notre pays avait préparé une grande exposition universelle, il semblait que les événements se liguassent pour en empêcher la réalisation et faire douter de sa vitalité et de son avenir.

1898, comme les années qui ont précédé 1855, 1867, 1878, n'a pas échappé à ce pessimisme à outrance que, nous l'espérons, 1899 et 1900 viendront également démentir.

# 1899

## UNE ANNEE D'AFFAIRES ET DE PROFITS

### I

L'année 1899 aura vu se dérouler une quantité de faits, d'événements, de questions et de discussions qui ont violemment agité les esprits, soulevé des polémiques sans fin.

Envisagée dans ses détails et dans son ensemble, au point de vue économique, commercial et financier, elle aura été, pour le marché financier, malgré la réaction sensible de ces dernières semaines, une année d'affaires et de hausse ; pour le commerce et l'industrie, une année d'activité telle qu'il faut remonter bien haut pour en retrouver une semblable ; pour l'ensemble de la fortune publique et privée, une année de progrès, d'amélioration et de plus-value.

A l'intérieur, nous avons eu la transmission des pouvoirs présidentiels, après la mort inopinée du président Félix-Faure; l'élection de M. Loubet; l'affaire Dreyfus; le scandale d'Auteuil ; le procès des ligues ; l'affaire du fort Chabrol ; les grèves des facteurs des postes et des ouvriers du Creusot; les troubles en Algérie ; le manifeste du duc d'Orléans; la réunion de la haute-cour de justice, sans parler ni des discussions auxquelles donna lieu la modification de l'article 445 du code d'instruction criminelle, ni des crises ministérielles provoquées par la démission du cabinet Dupuy, et son remplacement par le cabinet Waldeck-Rousseau.

*Mort de M. Félix-Faure.*
*M. Loubet, président de la République.*
*L'affaire Dreyfus.*

*Manifeste du duc d'Orléans.*
*La haute-cour.*

*Cabinet Waldeck-Rousseau.*

A l'extérieur, malgré les paroles de paix échangées à l'occasion du nouvel an dans toutes les chancelleries, malgré la conférence de La Haye, les visites et voyages de souverains et chefs d'État, les éventualités de guerre en Europe n'ont pas disparu, pendant qu'au sud de l'Afrique elle était déclarée et se poursuit entre la Grande-Bretagne et la petite République sud-africaine.

La guerre an-glo-transvaa-lienne.

Difficultés avec l'Angleterre.

En ce qui nous concerne, notre pays s'est heurté, à chaque instant, contre des difficultés avec l'Angleterre : en Afrique, à Madagascar, au Siam, en Chine. Devons-nous rappeler les paroles de l'ambassadeur d'Angleterre à Paris, sir Monson, au banquet de la Chambre de commerce britannique, paroles échappées sans doute à l'improvisation, mais qui ont motivé son rappel en Angleterre? Les discours de lord Cromer à Omdurman, en Egypte, sur les droits de la Grande-Bretagne, à l'exclusion de tout autre pays, sur cette contrée? Les paroles enflammées de M. Chamberlain? Les critiques sévères contre la France, publiées dans le livre bleu anglais, sur Madagascar? Et, cependant, en regard de ces « coups d'épingles », nous pouvons opposer le discours calme, pacifique, de notre ambassadeur à Londres, M. Cambon, les paroles françaises et dignes que prononçait, au banquet de la Chambre de commerce, son honorable président, M. Masson.

Jusqu'au milieu du mois de mars, les relations entre les deux pays ont été très tendues ; le voyage et le séjour à Nice de l'impératrice-reine Victoria, le respect dont elle a été entourée, l'accueil qui lui a été fait, ont amené un peu de détente. Le traité du 21 mars, réglant l'affaire de Fachoda, pouvait mettre fin à cette animosité. Il n'en a rien été, les excitations ont continué ; la guerre du Transvaal a été et en est encore le prétexte. Il semble que la France doive, aux yeux de l'Angleterre, être responsable des sympathies que l'Europe et le monde entier témoignent à un petit peuple qui se défend avec vaillance contre une agression qui aurait pu être terminée pacifiquement par voie d'arbitrage, comme semblait l'indiquer les résolutions adoptées par les grandes puissances et par l'Angleterre elle-même au Congrès de La Haye.

La France ne nourrit aucune hostilité contre la Grande-Bretagne qui est, pour elle, un de ses plus riches et actifs clients, et ne désire que vivre en paix avec elle, comme avec le reste du monde, mais il faudrait demander à plusieurs hommes d'Etat anglais de ne pas exciter les esprits par leurs discours ou par des paroles peu mesurées.

L'année 1899 aura vu se réunir la conférence de La Haye et formuler des principes très généreux en faveur du maintien de la paix et de la diminution des risques et des fléaux de la guerre ; mais, à peine cette conférence était-elle close, qu'éclatait la guerre du Transvaal, et l'Europe est restée impassible. *La conférence de La Haye.*

1899 aura vu aussi flotter à Cuba, depuis le 1er janvier, le drapeau étoilé des Etats-Unis, ratifier par l'Espagne le traité de paix par lequel elle abandonne le grand empire colonial qu'elle avait fondé. Les îles Philippines, bien que cédées par elle aux Etats-Unis, moyennant une indemnité de 100 millions, restent en insurrection contre leurs nouveaux maîtres. *Paix entre l'Espagne et les Etats-Unis. Cuba et les Philippines américaines.*

Avec la Russie, nos relations sont restées plus cordiales que jamais. Le voyage à Saint-Pétersbourg de M. Delcassé, le voyage à Paris de M. Mouraview, ont resserré encore les liens qui existent entre les deux pays.

Avec l'Allemagne, les bons rapports continuent. On se rappelle la visite que l'empereur fit à notre ambassadeur à Berlin et les commentaires auxquels elle donna lieu, ainsi que la réception faite à Alger à une flottille allemande. Le récent discours de M. de Bulow au reichstag a confirmé la courtoisie de ces relations.

Avec l'Italie, la convention commerciale, conclue l'année dernière et qui a été ratifiée dès le mois de janvier, a mis fin à une guerre de tarifs préjudiciable aux intérêts *Convention commerciale avec l'Italie.*

des deux nations ; elle a surtout aidé à les rapprocher au point de vue politique.

Malgré M. Crispi, qui est sorti de sa retraite pour prononcer un grand discours dans lequel il prédisait une conflagration générale, l'opinion publique a été frappée de trois faits qui témoignent de la détente heureuse survenue entre la France et l'Italie : le discours de notre ambassadeur à Rome, M. Barrère, à l'occasion du nouvel an ; la visite de l'escadre française en Italie ; l'élection à l'Académie des sciences morales et politiques, comme membre correspondant, de M. Luzatti, ancien ministre du Trésor à Rome, l'un des personnages politiques qui n'ont jamais varié dans leurs sympathies pour la France.

Toujours la paix armée. Les dettes publiques. Les dépenses annuelles.

L'Europe entière désire assurément la paix ; mais elle ne cesse d'augmenter ses armements militaires. En Allemagne, en Angleterre, en Italie, en Russie, en France, des crédits importants sont demandés pour accroître les flottes maritimes.

Voici où conduit cette frénésie dans les armements : en 1870, la dette publique des États européens s'élevait à environ 75 milliards: — fin 1886, elle était de 117 milliards ; — fin 1899, elle dépasse 125 milliards.

Depuis trente ans, l'augmentation du capital nominal des dettes publiques européennes atteint 50 milliards.

Les dépenses de la guerre et de la marine coûtent à l'Europe, d'après les derniers budgets, plus de 5 milliards et demi par an, c'est-à-dire que ces dépenses dépassent les sommes nécessaires à l'intérêt et à l'amortissement des dettes publiques.

Quand donc les gouvernements cesseront-ils de s'occuper presque exclusivement de fusils, de vaisseaux blindés et cuirassés, de mélinite, de balles dum dum et d'engins de destruction, pour songer à diminuer les charges qui frappent les contribuables et la dette publique, et consacrer à des œuvres utiles au bien-être de tous, les 5 milliards et demi que leur coûtent annuellement la guerre et la préparation à des guerres futures?

Vœu chimérique, dira-t-on : il ne faut pas cependant se
lasser de l'exprimer, car les peuples et les individus
doivent avoir un autre idéal que la guerre, la destruction et la ruine.

## II

Pas plus cette année que les années précédentes, le
budget n'aura pu être voté en temps normal, c'est-à-
dire avant le 31 décembre. Le régime provisoire des
douzièmes menace de devenir permanent, tant est
grande la force de l'habitude. La discussion et le vote
du budget, qui devraient être le principal souci du législateur, ne sont plus maintenant qu'une question secondaire, qui s'agite, la plupart du temps, devant une salle
et des banquettes vides. Vienne, au contraire, la plus
petite interpellation, les billets de séance font prime.

*Finances pu-*
*bliques.*
*Le budget de*
*1900.*

Nous aurons encore, cette année, au moins deux
douzièmes provisoires. La Chambre n'aura pas terminé
l'examen de tout le budget ; quant au Sénat, transformé
en haute-cour de justice, à la veille de demander au
corps électoral le renouvellement du mandat pour le
tiers de ses membres, il a bien d'autres soucis!

Le budget de 1900 sera le plus élevé, le plus lourd
de tous ceux qui ont été présentés dans le cours du
siècle. Le projet rectifié prévoit les dépenses pour 3 milliards 523,133,264 francs et les recettes pour 3 milliards
522,616,019 francs, laissant un excédent de 517,245 fr.

*Le budget de*
*1900 sera le plus*
*lourd du siècle.*

L'accroissement des dépenses est dû à ces cinq causes
principales : l'augmentation de la dette consolidée,
conséquence des emprunts de la guerre 1870-1871 ; —
l'augmentation des dépenses pour la guerre et la marine ; — l'augmentation des pensions civiles et militaires ; l'augmentation des dépenses pour l'instruction
publique ; — l'augmentation des dépenses pour la perception des impôts.

Si l'on compare, en effet, le budget des dépenses de
l'exercice 1869 à celui de 1899, ainsi que vient de le

*Comparaison*
*des dépenses*
*entre 1869 et 1899.*

faire l'honorable M. Boudenoot, rapporteur général du
budget de 1900, on remarque les différences suivantes :

En 1869, le total des dépenses s'élevait à 1,937 millions ; pour 1900, ce total, d'après les évaluations primitives budgétaires, est de 3,478 millions, soit un
accroissement de 1,541 millions. Cet accroissement concerne les chapitres suivants :

| | 1900 millions de francs | | 1869 millions de francs |
|---|---|---|---|
| 1. Dette consolidée..................... | 684 | au lieu de | 361 |
| 2. Guerre, marine et colonies........... | 1.020 | — | 593 |
| 3. Pensions civiles et militaires......... | 238 | — | 110 |
| 4. Instruction publique................. | 200 | — | 51 |
| 5. Perception des impôts................ | 377 | — | 216 |
| TOTAUX........... | 2.519 | au lieu de | 1.331 |

Le total des cinq chapitres s'élevait à 1,331 millions
en 1869 ; il atteint 2,519 millions pour 1900, soit une
augmentation de 1,188 millions. Les dépenses militaires,
absolument indispensables à la sécurité de notre pays,
proposées par tous les ministères qui ont dirigé les
affaires, approuvées et votées par les députés et les sénateurs, quelle que soit leur opinion politique, sont les
causes principales de cet accroissement. Il en est de
même dans le monde entier.

En Europe, les dépenses pour la guerre ont doublé
depuis 1869 ; chez nous, les budgets de la guerre et de la
marine dépassent, avec les pensions militaires, 1,100 millions, alors que le service de la dette publique consolidée, de la dette remboursable et des annuités diverses,
s'élève à 971 millions. Depuis 30 ans, la guerre, la marine et les pensions nous ont coûté 30 milliards, c'est-à-
dire annuellement plus d'un milliard.

L'Allemagne, la Russie, la Grande-Bretagne, l'Autriche-Hongrie, l'Italie, nous ont précédés et suivis dans
cette voie. Si la préparation à la guerre coûte des milliards, que coûterait donc la guerre elle-même ?

Notre budget de 1900, avec ses 3,522 millions de dé- Comparaison avec 1789 et avec l'an IX. penses, est près de sept fois plus fort que le dernier budget de l'Ancien régime et quatre fois plus élevé que le premier budget du siècle, en l'an IX.

D'après le tableau que Necker faisait connaître le 5 mai 1789 aux Etats-Généraux, les dépenses fixes étaient évaluées à 531,444,000 livres et les recettes à 475,294,000 livres. Le déficit, qui était de 56,150,000 livres, a été cause, en grande partie, de la chute de la monarchie. On émettrait, de nos jours, sans autre préoccupation, des bons du Trésor pour le couvrir.

En l'an IX, en 1801, le total des recettes ordinaires et extraordinaires s'élevait à 835,597,725 francs et celui des dépenses à 835,223,437 francs. En un siècle, les dépenses publiques se sont accrues de 2,643 millions — sans compter les dépenses communales et départementales. Pendant la même période, les recettes, c'est-à-dire les impôts que payent les contribuables, ont suivi une marche égale puisque nos budgets s'équilibrent aujourd'hui en recettes et en dépenses.

Ces chiffres sont vertigineux : la somme totale des dépenses publiques annuelles, le montant formidable des impôts que payent les contribuables, dépassent tout ce que l'imagination aurait pu concevoir. Il faut cependant se hâter de dire qu'à ces dépenses et à ces charges il faut opposer le mouvement de progression de la fortune publique et privée, le développement du bien-être et de l'aisance des particuliers. Il y a, sans doute, encore bien des ombres à ce tableau, bien des misères à secourir, bien des inégalités sociales à aplanir : ces misères et ces inégalités ont toujours existé et existeront toujours. Il faut s'appliquer à les diminuer, à les réduire de plus en plus et le siècle qui s'achève, aura fait, à ce point de vue, bien plus de bien et de progrès que tous ceux qui l'ont précédé. Quel est celui d'entre nous qui, remontant le cours des ans voudrait vivre de la vie d'autrefois et s'en contenterait? Cela ne signifie pas sans doute qu'il convienne de dépenser sans compter et de ne pas réaliser le plus d'économies possible; bien au contraire, nous devons être d'autant plus ménagers de nos ressources, d'autant plus économes, que les besoins du pays s'accroissent, car les forces contributives des particuliers pourraient, à la longue, se ralentir et s'épuiser.

Voilà pourquoi encore, nous ne cessons de protester contre les tendances fiscales de nos législateurs. Malgré ses défectuosités, le système d'impôts que nous devons à la Révolution française a de tels « états de service », suivant la juste expression de M. Stourm, que nous ne saurions trop rappeler qu'il a pu permettre de quadrupler les recettes de l'État. Ce système a bien droit à quelque respect et, sinon à de la reconnaissance, du moins à quelque ménagement.

### III

*Les questions fiscales, obsession et contagion.*

Voilà pourquoi nous ne cessons aussi de combattre les tendances du parlement et de beaucoup de ministres, tendances que nous avons qualifiées d' « obsession fiscale ». Cette année encore les questions fiscales ont continué d'inquiéter les capitalistes et les rentiers.

*Le projet d'impôt général sur le revenu, de M. Peytral.*

Le plus gros projet à l'étude est celui relatif à l'établissement d'un impôt général sur le revenu déposé par le ministre des finances, M. Peytral, le 25 octobre 1898, renvoyé à une commission spéciale, présidée par M. Rouvier, qui a été également saisie des propositions de MM. Guillemet Jacob, Klotz, Rose, Menier, Massabuau, etc. M. Caillaux, aujourd'hui ministre des finances, a été chargé de l'examen des divers textes qui ont été soumis à la commission ; il propose lui-même,

*Le projet d'impôt dégressif sur le revenu, de M. Caillaux.*

comme ministre des finances, un projet qui semble conclure à l'impôt dégressif sur le revenu, basé sur les signes extérieurs.

L'an dernier, sous ce titre *l'Obsession fiscale* (1).

(1) Voir *L'obsession fiscale*. Les divers projets d'impôts sur *le* ou *les* revenus, in-8° 1899.

nous avons déjà dit ce que nous pensions de toutes
les propositions dont le parlement était saisi. Nous avons
analysé dans plusieurs numéros du *Rentier* et nous con-
tinuons encore l'examen des nouvelles propositions
des rapporteurs de la commission. C'est encore l'obsession fiscale qui se développe et s'accentue. Quand
donc le parlement comprendra-t-il qu'inquiéter sans
cesse les rentiers par des propositions qui n'aboutis-
sent pas et ne peuvent aboutir, cause un grand dom-
mage à la fortune publique! A l'obsession fiscale, nous
voudrions voir substituer la « paix fiscale » : ce serait
le moyen le plus sûr de rendre les impôts existants
plus productifs et les affaires plus actives.

D'autres questions d'ordre financier et fiscal restent
en suspens à la suite de propositions dues à l'initiative
parlementaire ou à des projets gouvernementaux : le
report du 1er janvier au 1er juillet de l'ouverture de l'exercice financier (proposition Viviani); la suppression du
privilège accordé au Crédit foncier en matière d'inscriptions hypothécaires (proposition Jonnart); l'acquisition,
la conservation et la transmission héréditaire de la petite
propriété foncière (proposition Lemire); la réduction de
la taxe de consommation des sucres et une taxe de faveur
pour les sucres destinés à l'alimentation du bétail (propositions Castelin et des Rotours); la suppression des
octrois (proposition Fleury-Ravarin); le régime fiscal des
boissons (projet Caillaux), etc.

Nous devons mentionner enfin le rapport de M. Bourrat, au nom de la commission des chemins de fer, dont
les conclusions tendent au rachat des compagnies de
l'Ouest, de l'Orléans, de l'Est, du Midi et, par extension, du Nord et de Lyon. Ces propositions sont dangereuses pour le crédit public et privé; leur résultat
immédiat a été d'alarmer des intérêts respectables au
plus haut degré. Les actions et obligations des six
grandes compagnies de chemins de fer représentent,
aux cours actuels, un capital de 20 milliards environ,
appartenant à des centaines de mille familles, à des

*La question du rachat des chemins de fer.*

millions de rentiers. Ces titres répartis par le menu et à l'infini dans les petites bourses, forment ce que nous avons appelé « de la poussière de titres » et « de la poussière de revenus » (1). Que l'on suppose, un instant, que la Chambre et le Sénat sanctionnent de pareilles combinaisons financières : du jour au lendemain, l'Etat serait responsable vis-à-vis de l'épargne de 26 milliards constitués en rentes et de 20 milliards constitués en actions et obligations de chemins de fer.

Nous souhaitons que de pareilles fantaisies financières ne se réalisent jamais.

Droits de timbre sur les titres étrangers en Angleterre.

Nos lois diverses qui ont frappé les valeurs étrangères et, notamment, celle du 13 avril 1898 qui a augmenté les droits de timbre sur les fonds étrangers, ont trouvé des imitateurs chez nos voisins d'Angleterre. C'est la contagion de l'impôt, contagion qui menace de s'étendre encore. L'Angleterre a établi divers droits de timbre sur des titres étrangers qui jusqu'à présent en étaient exemptés, où accru ceux qui existaient déjà. Ces différents droits sont exigés depuis le 1er août 1899.

Droits de mutation par décès rétablis aux Etats-Unis.

Aux Etats-Unis, les droits de mutation par décès, qui avaient été supprimés quelques années après la guerre de sécession, ont été rétablis. Les successions de toute nature dont la masse dépasse 10,000 dollars, sont soumises à des taxes progressives. Les descendants directs, frères et sœurs, payent 75 centimes par 100 dollars de la valeur nette. Les descendants du frère ou de la sœur, 1 dollar 5 cents. Les oncles et tantes du *de cujus* ou leurs descendants, 3 dollars; les grands-oncles et autres rejetons 5 dollars.

Les taxes étant progressives, pour les masses de 25,000 à 100,000 dollars le droit est multiplié par 1 1/2 ; pour les masses de 100,000 à 500,000 dollars le droit est

(1) Voir notre étude sur *Le morcellement des valeurs mobilières*, in-8° 1896.

doublé; pour celles de 500,000 à 1 million de dollars la taxe est multipliée par 2 1/2 ; pour les masses plus importantes la taxe est triplée.

Les successions, donations ou legs entre époux ne donnent lieu à aucune perception.

Le système de taxation adopté par les Etats-Unis pour les successions est excessif : il s'éloigne complètement des différents régimes actuellement en vigueur dans les pays européens.

## IV

En 1898, l'influence des événements politiques internationaux, la guerre entre l'Espagne et les Etats-Unis, les différends entre la France et l'Angleterre, en avaient fait une année de renchérissement du loyer des capitaux. Ce renchérissement était, en outre, soutenu par le développement commercial et industriel de tous les grands pays d'Europe, par les dépenses maritimes faites pour les flottes et pour les colonies, pour les constructions de chemins de fer, de tramways, d'entreprises électriques.

*Renchérissement du loyer des capitaux.*

En 1899, le renchérissement du loyer de l'argent a fait de nouveaux progrès et, à peu près, pour les mêmes causes.

Dans la Grande-Bretagne, en Allemagne, en Russie, en France, les besoins industriels et commerciaux se sont développés et, avec eux, les besoins de capitaux. La guerre du Transvaal, en même temps qu'elle a arrêté la production des principales mines et conséquemment l'exportation de l'or en Europe, a nécessité, de la part de l'Angleterre, de grandes dépenses et d'importants payements en métal jaune. Le développement et la mise en valeur des colonies européennes en Afrique, en Asie, en Océanie, oblige les Etats colonisateurs à effectuer de fortes dépenses et conséquemment encore à exporter des capitaux, ce qui raréfie ceux qui restent en Europe. C'est par centaines de millions, c'est par

milliards qu'il faudra bientôt compter les dépenses que
la vieille Europe a entreprises pour coloniser l'Afrique,
du nord au sud, de l'est à l'ouest ; pour dépecer et
s'approprier la Chine, sans parler des possessions en
Amérique et en Océanie. Ces dépenses, jusqu'au jour
encore lointain où elles deviendront productives pour
la mère patrie, raréfient les disponibilités de l'Europe
et relèvent le loyer de l'argent. Le taux de l'escompte
a été élevé sur toutes les places européennes.

*Le taux de l'es-
compte.*

La Banque de France, qui a agi avec beaucoup de
prudence et de circonspection, a porté le sien à 4 1/2,
taux encore de beaucoup inférieur à celui des autres
banques européennes.

L'escompte est actuellement de 4 1/2 % à Paris ; 7 % en
Allemagne, 5 1/2 % en Autriche-Hongrie, 6 % en Angleterre, 7 % en Russie, 6 % en Serbie, Suède, Suisse;
6 1/2 % en Grèce ; 8 % en Roumanie; 4 % en Espagne;
5 % en Belgique, en Hollande, en Italie; 5 1/2 % en Portugal; 6 1/2 % en Norvège.

Voici, depuis 1895, la comparaison du taux de l'escompte, fin décembre, en France, en Allemagne, en
Angleterre, en Autriche-Hongrie, en Russie :

| BANQUES | 1895 | 1896 | 1897 | 1898 | ACTUEL-LEMENT |
|---|---|---|---|---|---|
| | fr. c. | fr. c. | fr. c. | fr. c. | fr. c. |
| Banque de France.............. | 2 00 | 2 00 | 2 00 | 3 00 | 4 1/2 |
| Banque d'Allemagne........... | 4 00 | 5 00 | 5 00 | 6 00 | 7 00 |
| Banque d'Angleterre........... | 2 00 | 4 00 | 3 00 | 4 00 | 6 00 |
| Banque austro-hongroise....... | 5 00 | 4 00 | 4 00 | 5 00 | 5 1/2 |
| Banque de Russie.............. | 3 1/2 | 4 1/2 | 5 00 | 6 00 | 7 00 |

*Les encaisses-
or.*

Au 31 décembre 1897 et 1898 et actuellement les encaisses de métal jaune étaient les suivantes :

| BANQUES | ENCAISSES-OR | | |
|---|---|---|---|
| | au 31 DÉCEMBRE 1897 | au 31 DÉCEMBRE 1898 | ACTUELLEMENT |
| | millions de francs | millions de francs | millions de francs |
| Banque de France......... | 1.952 | 1.822 | 1.879  21 décembre |
| Banque d'Allemagne........ | 710 | 631 | 636  15 décembre |
| Banque d'Angleterre....... | 761 | 733 | 732  21 décembre |
| Banque austro-hongroise.... | 764 | 764 | 811  15 décembre |
| Banque d'Espagne......... | 236 | 276 | 840   9 décembre |
| Banque d'Italie............ | 300 | 303 | 295  31 novembre |
| Banque de Russie .......... | 2.097 | 2.652 | 2.814  12 novembre |
| TOTAUX......... | 6.820 | 7.171 | 7.007 |

Au 31 décembre 1895, 1896, 1897, 1898 et actuellement les totaux des encaisses-or de toutes les banques d'émission d'Europe et ceux de la circulation des billets étaient et sont les suivants, en millions de francs : Circulation fiduciaire.

| | Or | Billets |
|---|---|---|
| 1895.. .............. | 7.596 | 16.320 |
| 1896................. | 7.842 | 14.585 |
| 1897................. | 8.667 | 15.254 |
| 1898................. | 8.090 | 14.975 |
| Actuellement.. ...... | 7.903 | 14.557 |

Sur les 7,903 millions de numéraire en or, en chiffres ronds, que détiennent les banques d'émission d'Europe, la France et la Russie possèdent 4,153 millions; l'Allemagne, l'Autriche-Hongrie, l'Italie, 1,708 millions; l'Angleterre, 732 millions.

Par contre, la circulation des billets, en Russie et en France, s'élève à 5,307 millions; en Allemagne, en Autriche-Hongrie et en Italie, à 3,715 millions ; en Angleterre, à 719 millions.

Voici la circulation de quelques-unes des principales banques d'émission au 31 décembre 1897, 1898 et actuellement :

| BANQUES | CIRCULATION | | |
|---|---|---|---|
| | au 31 DÉCEMBRE 1897 | au 31 DÉCEMBRE 1898 | ACTUELLEMENT |
| | millions de francs | millions de francs | millions de francs |
| Banque de France......... | 3.809 | 3.810 | 3.424 21 décembre |
| Banque d'Allemagne....... | 1.650 | 1.696 | 1.730 15 décembre |
| Banque d'Angleterre....... | 708 | 682 | 719 21 décembre |
| Banque austro-hongroise.... | 1.470 | 1.548 | 1.445 15 décembre |
| Banque d'Espagne......... | 1.256 | 1.444 | 1.508 9 décembre |
| Banque d'Italie............ | 789 | 831 | 8.0 30 novembre |
| Banque de Russie.......... | 2.451 | 1.821 | 1.363 12 novembre |
| TOTAUX......... | 12.083 | 11.822 | 11.249 |

Le métal-ar-
gent.

Pendant l'année dernière, le prix moyen du métal-
argent avait été, à Londres, en pences, de 25 15/16.

La reprise que nous faisions prévoir sur ces cours,
que nous considérions comme une limite de baisse, a
commencé à se produire dans des proportions modérées, mais qui sont néanmoins significatives, étant
donnée la progression continue de la production de
l'argent.

En janvier, l'once d'argent, à Londres, a varié de
27 5/8 à 27 1/4; en avril, les prix se sont élevés à 27 3/8
et 28 7/8. Ce dernier cours a été le plus haut de
l'année. En mai, juin, juillet, les prix ont oscillé entre
27 1/2 et 28; depuis, les cours de 27 à 27 1/2 ont été
maintenus et on cote, au moment où nous écrivons,
27 1/4.

L'or a continué à être très recherché; il faisait
3 1/2 ‰ de prime à Paris, au commencement de l'année;
à la fin de juillet, la prime s'abaissait à 1/2 ‰ ; elle s'élevait à 17/8 ‰ fin septembre ; depuis elle a notamment
haussé et vaut 5 1/2 à 6 1/2 ‰.

La guerre entre l'Angleterre et le Transvaal a arrêté
la production de l'or dans l'Afrique du sud ; c'est un
appoint très important qui fait défaut au marché monétaire, si l'on se rappelle la marche ascendante de la
production de l'or dans les mines du Transvaal.

D'après le tableau publié par l'ingénieur des mines de l'Etat, la production des mines d'or du Transvaal a atteint, en 1898, une valeur de 406,015,750 francs; soit une augmentation de 114,672,000 francs sur l'année précédente.

Voici quelle a été la production d'or au Transvaal, de 1871 à 1886, d'après les tableaux officiels des exportations de Natal et du Cap, et de 1887 à 1898, d'après les rapports de l'ingénieur des mines de l'Etat à Prétoria : *Production de l'or au Transvaal depuis 1871.*

| ANNÉES | PRODUCTION | ANNÉES | PRODUCTION |
|---|---|---|---|
|  | francs |  | francs |
|  |  | Report.......... | 10.845.500 |
| 1871.................. | 9.250 | 1885.................. | 1.738.575 |
| 1872.................. | 20.625 | 1886.................. | 3.427.000 |
| 1873.................. | 24.500 | 1887.................. | 4.286.025 |
| 1874.................. | 985.800 | 1888.................. | 24.185.400 |
| 1875.................. | 1.786.300 | 1889.................. | 37.264.200 |
| 1876.................. | 1.292.675 | 1890.................. | 46.741.125 |
| 1877.................. | 1.689.875 | 1891.................. | 73.107.625 |
| 1878.................. | 983.500 | 1892.................. | 112.571.150 |
| 1879.................. | 755.375 | 1893.................. | 137.012.450 |
| 1880.................. | 561.250 | 1894.................. | 191.678.800 |
| 1881.................. | 448.800 | 1895.................. | 214.238.875 |
| 1882.................. | 551.000 | 1896.................. | 215.095.625 |
| 1883.................. | 761.425 | 1897.................. | 291.343.125 |
| 1884.................. | 975.125 | 1898.................. | 406.015.750 |
| *A reporter......* | 10.845.500 | TOTAL.......... | 1.770.401.375 |

La production de 1898 représente une moyenne mensuelle de près de 34 millions; les dernières statistiques officielles de cette année, pour les mois de juillet et d'août, dépassaient 41 millions pour chacun de ces mois.

Non seulement cet or, qui était envoyé mensuellement en Europe, fait défaut aujourd'hui, mais l'Angleterre est obligée d'en expédier pour faire face aux dépenses de la guerre.

## V

Hausse des
métaux et du
combustible.
Les valeurs
métallurgiques.

La hausse considérable dans les prix des métaux et des combustibles et, comme conséquence, celle de toutes les actions de sociétés productrices de cuivre, d'étain, de plomb, de zinc, de charbon, de coke, sera aussi un des faits économiques et financiers les plus saillants de l'année 1899.

Dans le courant du mois de janvier, nous avons étudié très attentivement et publié des statistiques détaillées sur la production, la consommation et le prix des divers métaux. Nous faisions alors prévoir la continuation du mouvement de hausse qui, commencé en 1896, s'était consolidé en 1897, développé en 1898 et paraissait s'accentuer davantage. Toutes nos prévisions se sont réalisées. On pourra en juger par le tableau comparatif suivant des prix cotés à Paris sur le cuivre, l'étain, le plomb et le zinc, fin décembre 1897 et 1898 et aujourd'hui?

| MÉTAUX | COURS | | |
|--------|-------|-------|-------|
| | FIN 1897 | FIN 1898 | FIN 1899 |
| | fr. c. | fr. c. | fr. c. |
| Cuivre............................ | 128 50 | 165 75 | 190 50 |
| Etain............................. | 171 25 | 221 50 | 290 00 |
| Plomb............................ | 32 75 | 38 75 | 47 25 |
| Zinc............................. | 48 75 | 65 00 | 65 00 |

Sur le métal argent, qui valait environ 26 1/2, nous disions que « la limite de sa dépréciation était arrivée et que l'on pouvait prévoir une amélioration des prix ». Cette amélioration est encore légère, puisque le métal argent vaut seulement 27 1/4, mais, dans le cours de l'année, il s'est rapproché du prix de 29.

Sur le cuivre, qui valait 60 livres sterling et qui était déjà en hausse sur 1897, nous disions que ces cours n'étaient pas exagérés et qu'ils étaient au-dessous de la moyenne. Nous les jugions appelés « à se rapprocher de 70 livres sterling prix auxquels ils se négociaient dans la période 1880 à 1882, par suite de l'augmentation de la consommation, de l'activité et des besoins industriels des grands pays ». Dans le cours de cette année, ils se sont élevés jusqu'à 78 livres sterling et sont revenus, à la suite de réalisations, aux environs de 70 livres.

Le plomb valait 13 livres sterling 1/2 à 14 livres sterling ; nous disions que la reprise ne faisait que commencer et qu'on se rapprocherait insensiblement de 20 livres sterling. Aujourd'hui, le plomb vaut 16 livres sterling 1/2 après avoir fait près de 18 livres sterling.

Sur le zinc, tout en faisant prévoir la continuation du mouvement, nous disions qu'il suivait toujours ceux du cuivre et du plomb, mais dans des proportions moins étendues. Sur ce point encore, nos pronostics se sont réalisés.

Sur l'étain, la hausse nous semblait avoir dépassé les limites raisonnables. Nous estimions que, s'il existait un certain parallélisme dans les cours des prix des divers métaux, cette hausse de l'étain ne pouvait être attribuée qu'à des achats précipités pour parer à des besoins imprévus. Après une grande hausse, les prix sont devenus plus faibles.

Quant aux prix du fer et du charbon, nous n'avons cessé de faire prévoir une amélioration des cours.

Aussi ne faut-il pas s'étonner de la hausse qui s'est produite sur les diverses actions des sociétés de métaux ou de charbonnages. Cette hausse a été énorme. Malgré la baisse qui s'est produite dans ces dernières semaines sur les plus hauts cours, la plus-value est encore importante.

Le Rio-Tinto est en hausse de 869 à 1,075 après avoir dépassé 1,200 francs; le Boléo, de 1,925 à 2,800 après 3,000 ; le Tharsis, 204 à 230 après 240; l'Aguilas a haussé de 306 à 480 après 510; le Penarroya, de 2,060 à 2,900 après 3,100; l'Escombrera-Bleyberg, de 1,029 à 1,250, après avoir dépassé 1,300; Krivoï-Rog a haussé de 2,000 jusqu'à 3,300, pour revenir aux environs de 3,100.

Les actions de charbonnages français ont réalisé une plus-value considérable, bien que les plus hauts cours cotés en octobre et dans les premiers jours de novembre n'aient pas été maintenus par suite de réalisations de bénéfices bien explicables. Depuis le commencement de l'année, Aniche a haussé de 16,900 à 31,000, l'action entière ; Anzin, de 5,490 à 7,700 ; Bruay, de 1,970 à 2,750 ; Bully-Grenay, de 1,200 à 4,480 ; Courrières, de 1,165 à 2,950 ; Lens, de 475 à 725 ; Liévin, de 1,900 à 2,625 ; Marles 30 %, de 21,000 à 34,000 ; Vicoigne-Nœux, de 23,500 à 27,000.

La hausse obtenue par les prix du charbon est due à l'extension prise par les établissements industriels, hauts-fourneaux, aciéries, ateliers de constructions de toutes sortes, extension qui nécessite l'emploi de quantités considérables de houille. Les demandes ont été si importantes que toutes n'ont pu être satisfaites malgré la plus grande activité développée dans les mines. D'un autre côté, l'industrie des transports augmente tous les jours et absorbe, elle aussi, de fortes quantités de charbon.

Les prix du fer et de la fonte ont atteint des hauteurs presque inconnues jusqu'ici. On peut en juger par le tableau comparatif des cours pratiqués au 1er décembre 1898 et 1899 sur les marchés belges, qui donnent en quelque sorte le mouvement régulateur sur les autres places. On remarquera, notamment, que les fers n° 2, qui valaient 135 francs le 1er décembre 1898 se sont élevés à 225 francs le 1er décembre 1899; la fonte de moulage n° 3 a haussé de 59 à 110. Nous ne croyons pas que de tels prix aient été encore pratiqués pour l'exportation.

(TABLEAU.)

| NATURE DES PRODUITS | COURS du 1er DÉCEMBRE 1897 | COURS du 1er DÉCEMBRE 1898 |
|---|---|---|
| | francs | francs |
| Fonte de moulage Luxembourg (no 3)...... | 59 | 110 |
| —        puddlage    —      ...... | 63 | 100 |
| —        —    Charleroi...... ..... | 57 | 105 |
| —        Thomas............ ........... | 67 | 110 |
| Fers no 2 franco gares belges............. | 140 | 225 |
| — no 3        —    ............. | 145 | 230 |
| Fers no 2 franco bord Anvers............. | 135 | 215 à 225 |
| — no 3        —    ............. | 140 | 220 à 230 |
| Poutrelles 2 (fer ou acier) usines.......... | 140 | 210 |
| —        franco bord Anvers.......... | 135 50 | 205 |
| Cornières franco gares belges............. | 147 | 235 |
| Tôles en fer no 2 exportation............. | 155 | 225 |
| —        —    no 3    .........-... | 165 | 240 |
| —        —    homogène................ | 180 | 260 |
| — --    --    no 2 franco gares belges..... | 160 | 225 |
| —        —    no 3        —    | 170 | 240 |
| —        —    homogène    —    ..... | 200 | 260 |
| —        —    d'acier    —    ..... | 170 | 240 |
| —        —    fines    —    ..... | 195 | 250 |
| —        —    d'acier (exportation).......... | 165 | 240 |
| Rails    —        —        — ......... | 120 | 160 |

## VI

Un des traits caractéristiques peut-être de l'année
1899, c'est, dans l'ensemble du monde civilisé, le
retour encore bien lent, mais qu'il faut noter comme
un heureux symptôme, des idées libérales en matière
commerciale. Les guerres de tarifs, la protection,
perdent du terrain. L'arrangement conclu à la fin de
l'année derrière par un ministre libéral, M. Paul Delombre, entre la France et l'Italie a mis fin à une guerre
qui n'avait que trop duré. Cette convention a été saluée
avec joie dans les deux pays ; elle a été profitable aux
intérêts des deux nations. Un accord est intervenu
entre la France et les Etats-Unis pour abaisser les droits
qui frappent certains produits. La convention du
21 mars, signée entre notre ambassadeur à Londres,
M. Cambon, et lord Salisbury, a mis fin au différend
qui s'était élevé au sujet des frontières des possessions
franco-anglaises et de la sphère d'influence des deux

nations en Afrique. Elle contient un curieux article. Il y est stipulé que dans tout pays compris entre le lac Tchad et le Nil, du 5° au 15° parallèle, l'égalité de traitement entre la France et l'Angleterre est concédée.

La même stipulation établit déjà dans la région du Niger le régime de la porte ouverte. M. de Molinari, dans le *Journal des économistes*, a pu dire, avec infiniment d'esprit, que les consommateurs noirs de l'Afrique française, plus heureux que leurs confrères blancs de la métropole, échapperont à la servitude du protectionnisme.

**Baisse des prix du blé.** Le protectionnisme a subi, du reste, dans ses principes, dans ses théories, un rude accroc. Malgré les droits de douane, les prix du blé n'ont pas cessé de baisser : 18 fr. 25 en décembre 1895 ; 20 fr. 46 en décembre 1896; 28 fr. 89 en décembre 1897; 21 fr. 39 en décembre 1898; 17 fr. 50 en décembre 1899. C'est une baisse de 4 francs sur les prix de l'an dernier et de 11 francs sur ceux de 1897. Depuis 1872, sauf cependant le premier semestre de 1894-95, jamais les prix n'ont été aussi bas. Les agriculteurs n'ont donc pas été « protégés » par les droits de douane, puisque les prix sont plus bas que pendant la période de la plus complète franchise des droits : les consommateurs, par contre, qui payent le pain plus cher que sur aucune place du monde et ont supporté des augmentations de prix quand les droits de douane ont été établis, ne subissent pas de diminution dans leur coût actuel d'achat.

**Les warrants agricoles.** On croyait aussi que la loi sur les warrants agricoles faite en vue de donner aux cultivateurs la facilité d'attendre, pour vendre leurs produits, le moment où les marchés sont moins garnis qu'après les récoltes, serait efficace : mais cette mesure, elle aussi, est critiquée aujourd'hui et les défenseurs les plus convaincus du protectionnisme agricole recherchent les moyens de remédier à une situation qui n'est pas sans dangers. Si, en effet, le protectionnisme n'empêche pas les prix de s'abaisser, si le consommateur paye son pain plus

.cher, ou du moins ne profite pas de la baisse des prix, si, enfin, le remède des warrantages agricoles ne produit aucun effet, ne peut-on pas se demander si la liberté, cette liberté si chère aux économistes, n'aurait pas produit moins de déceptions et, dès lors, pourquoi l'avoir repoussée, pourquoi ne pas y revenir?

Les défenseurs de la réglementation du commerce des grains feraient bien de se rappeler les réflexions que M. de Witte, ministre des finances de Russie, faisait entendre à une réunion de commerçants : « Le système protecteur, disait-il, nous a sans doute donné des bénéfices, mais c'est une école très coûteuse ; ce système pèse maintenant sur presque toutes les classes de la population. » Ces paroles, d'autres pays que la Russie peuvent les méditer et en faire leur profit. *Le protectionnisme jugé par M. de Witte.*

Il ne faut pas croire, du reste, que cet échec des doctrines protectionnistes ralentisse l'ardeur de ses partisans. Plusieurs faits accomplis pendant cette année le prouvent. Ainsi, tout au début de l'année, un emprunt indo-chinois a été émis avec plein succès. Or, les concessionnaires, les entrepreneurs et sous-entrepreneurs doivent être Français aussi bien que leur matériel, et celui-ci doit être transporté sous pavillon français. Nous admettons la première clause, mais si le matériel acheté en Indo-Chine, par exemple, coûte 10, 20, 30 % meilleur marché, pourquoi se priver de l'acquérir là où il nécessite, à qualités égales, un moindre coût?

Veut-on voir jusqu'à quelles infimes questions descend le protectionnisme? L'année dernière, nous avions vu le conseil général des Pyrénées-Orientales demander au gouvernement de protéger l'espadrille contre la chaussure de cuir; le conseil général du Calvados, demander de protéger l'élevage des chevaux et les chevaux eux-mêmes contre... les automobiles ; le conseil général de l'Aube demander de protéger les pavés nationaux contre les pavés étrangers. Cette année, ces propositions bizarres ont été dépassées. La Société des chasseurs français a demandé, par une péti- *On demande de la protection.*

tion revêtue de dix mille signatures, l'interdiction du transit par la France des... cailles vivantes venant d'Afrique à destination de l'Angleterre. Le conseil des ministres a été saisi de cette pétition, et le ministre de l'agriculture a été autorisé, à dater du 20 avril, à supprimer cette tolérance. Pauvres cailles! Comme il existe une ligne non interrompue de chemins de fer de Gênes à Anvers ou Ostende, en supprimant le transit par la France on supprime à nos compagnies de chemins de fer françaises les bénéfices de ce transport, sans pouvoir empêcher les amateurs de cailles d'en recevoir en Angleterre.

Autres idées protectionnistes : une pétition a été adressée au conseil municipal de Paris, tendant à réserver aux artistes « nés à Paris », au moins la moitié des achats faits annuellement par la Ville aux salons de peinture et de sculpture. Pourquoi, si semblable requête était admise, les architectes, maçons, paveurs, égoutiers, etc., nés à Paris, n'auraient-ils pas la préférence pour l'exécution de tous les travaux municipaux?

*Le mouvement socialiste.* — Le protectionnisme est le père du socialisme; aussi, ne faut-il pas s'étonner que les idées et les projets socialistes aient pris une plus grande ampleur. La loi sur les accidents du travail est en vigueur depuis le 1er juin; avec les conditions de travail et de salaire qui sont maintenant édictées, les grands entrepreneurs et industriels sont effrayés des charges qui pèsent sur eux et de celles qui les menacent.

M. Aynard a pu dire avec raison, à la Chambre des députés : « Si l'on met dans l'esprit de l'ouvrier que l'État peut lui garantir un certain salaire, on suscite non pas un germe de paix, mais un germe de guerre. »

## VII

*Marché financier.* — La baisse des fonds et titres à revenu fixe et à faible rendement qui avait commencé à se produire en 1898, s'est généralisée et accentuée en 1899. Les rentes fran-<br>çaises ont fléchi ; il en a été de même des fonds de pays<br>riches et dont les finances sont bien ordonnées, comme<br>les fonds anglais, russes, allemands, hollandais, belges,<br>suédois, norvégiens, danois, etc.

Baisse des va-<br>leurs à revenu<br>fixe.<br>Hausse des va-<br>leurs à revenu<br>variable.

Les titres de placement de premier choix, comme<br>les obligations de chemins de fer, de la ville de Paris<br>et du Crédit foncier, et plusieurs titres de grandes so-<br>ciétés industrielles ont suivi le mouvement de recul des<br>rentes.

Nous avons expliqué, à diverses reprises, les causes<br>de cette réaction. L'attention du public de l'épargne et<br>de la spéculation s'est portée de plus en plus du côté<br>des valeurs industrielles présentant des chances de<br>plus-value comme revenu ou comme capital.

On a négligé les titres à faible rendement.

Cette baisse a été, cette année, assez vive; elle a,<br>comme contre-partie, une hausse nouvelle des grandes<br>valeurs industrielles, hausse considérable qui faisait<br>suite à la plus-value sérieuse déjà obtenue pendant<br>l'année précédente. Que les rentes, obligations de che-<br>mins de fer, ville de Paris et du Crédit foncier soient<br>à des cours plus ou moins élevés, cela ne veut pas dire<br>que ces titres de placement soient plus ou moins sûrs ;<br>ils présentent les mêmes garanties et les mêmes sécu-<br>rités. C'est une simple indication des dispositions du<br>public. Le relèvement du loyer des capitaux, com-<br>mencé légèrement à la fin de 1897, s'était accentué en<br>1898 et s'est à nouveau développé cette année; la con-<br>séquence inévitable devait être la faiblesse et la baisse<br>des titres à revenu peu élevé. C'est ce qui s'est produit :<br>mais, de même qu'au-dessous d'un certain minimum<br>d'intérêt le public de l'épargne restreint ses achats,<br>préfère garder ses capitaux inactifs et réaliser parfois<br>tout ou partie des titres qui lui rapportent peu, de<br>même aussi, quand les cours de ces mêmes titres re-<br>viennent à un niveau moins élevé, les achats et les pla-<br>cements recommencent avec entrain. Dans ce dernier quart de siècle, semblable mouvement s'est produit plusieurs fois : recherche et hausse des rentes et titres à faible rendement; abandon et baisse des titres à revenu variable; puis, mouvements en sens inverse.

Le rentier qui conserve ses titres en portefeuille n'a pas à s'inquiéter de ces fluctuations; les rentes françaises sur l'Etat, les obligations de la ville de Paris et du Crédit foncier, les obligations des grandes compagnies de chemins de fer, doivent former la base de tout portefeuille sérieux, quelles que soient les fluctuations de cours qui se produisent, tantôt en hausse, tantôt en baisse.

La sécurité du revenu doit être la première préoccupation de tout capitaliste prudent qui n'est pas assez au large dans ses ressources pour pouvoir s'engager sur des valeurs qui, sans doute, « peuvent monter » et donner de gros revenus, mais qui aussi « peuvent baisser » et rapporter très peu.

Pendant tout le cours de cette année, les capitaux ont été plus demandés sur l'ensemble du marché ; par suite de la création d'affaires nouvelles ou du développement d'anciennes entreprises, la possibilité de les rémunérer plus largement est apparue. Comme l'a fait remarquer M. Paul Leroy-Beaulieu, dans *les Débats*, « les effets de la chute de la maison Baring, de la catastrophe de la République argentine, de l'Uruguay, plus tard du Brésil, ont disparu. L'Amérique latine s'est réveillée; les Etats-Unis, à la suite d'excellentes récoltes, ont joui d'une prospérité merveilleuse; des débouchés nouveaux se sont ouverts dans l'Afrique du sud, dans la Chine, pour laquelle on a emprunté bien près d'un milliard sous des formes diverses; il faut des capitaux pour les colonies variées des peuples européens que l'on commence à outiller. Une nouvelle industrie surtout, si elle est déjà de date ancienne quant à ses commencements, s'est montrée tout à coup envahissante et très productive dans ses domaines divers : l'électricité. » Voilà la vraie cause de la hausse récente du taux de l'intérêt et, par conséquent, de la baisse du cours des valeurs à revenu fixe, car les deux phénomènes se tiennent.

Les émissions de valeurs diverses, en 1899, ont été nombreuses sur tous les marchés financiers du globe, et particulièrement en Angleterre, en Allemagne, aux États-Unis (1). Emission de valeurs en 1899.

Dans le premier semestre de cette année, d'après *l'Economist* et la *Gazette de Francfort*, les émissions de valeurs mobilières nouvelles auraient atteint en Angleterre 2,200 millions de francs contre 1,300 millions dans la même période de 1898. Pendant le seul premier semestre de 1899, il aurait été créé en Allemagne pour 1,720 millions de francs de valeurs nouvelles.

A New-York, les admissions à la cote de la Bourse se seraient élevées au chiffre énorme de 5,320 millions de francs. Si l'on se rappelle que les divers appels au crédit faits dans le monde entier se sont élevés, en chiffres ronds, à 9,600 millions, en 1897, à 10,500 millions, en 1898, on reconnaîtra que l'année 1899 dépasse de plusieurs milliards ces totaux déjà si considérables.

Les principales émissions effectuées en France, en 1899, ont été les suivantes :

Gouvernement général de l'Indo-Chine : 110,000 obligations 3 1/2 °/°.................................................... janvier.
Crédit foncier de France ; 500,000 obligations communales 1899........................................................ février.
Emprunt chinois 5 °/° 1898 : 133,000 obligations 5 °/°...... avril.
Oural-Volga : 35,625 obligations 4 0/0..................... mai.
Compagnie générale de construction : 10,000 obligations.. juin.
Crédit foncier de Hongrie : 40,000 obligations 3 1/2 °/°.... juillet.
Compagnie Thomson-Houston : 40,000 obligations 4 °/°.... juillet.
Mines d'Algérie-Tunisie : 15,000 obligations 4 1/2 °/°..... novembre.
Ville de Paris : emprunt métropolitain, 115 millions...... novembre.
Emprunt roumain : 100 millions de bons du Trésor..... décembre.

(1) Voir nos rapports à l'Institut international de statistique sur *La statistique internationale des valeurs mobilières*, in-8° 1897 (Session de Saint-Pétersbourg) et 1900 (session de Christiania). Nous donnons, dans ce dernier document, le détail de ces appels au crédit.

Nous avons eu aussi l'augmentation du capital social de la Société générale et de plusieurs sociétés industrielles, en même temps que les compagnies de chemins de fer ont continué à servir, à leurs guichets, les demandes d'obligations que l'épargne met en portefeuille.

Sur le marché en banque, de nombreuses introductions de titres divers ont eu lieu. Les sociétés de crédit ont émis, à leurs guichets, un certain nombre de valeurs; le Crédit lyonnais, notamment, a placé, dans sa clientèle un stock important d'obligations russes 3 1/2 de la Banque foncière de la Noblesse. Avec les placements habituels qu'elle effectue sur ses valeurs favorites, telles que les obligations de chemins de fer que les compagnies ont continué à délivrer, on peut dire que l'épargne française a placé, cette année, plusieurs centaines de millions, — près de 1,500 millions — sur des titres divers de création récente.

Régularisation<br>de diverses dettes. Pour terminer ce résumé du mouvement financier de l'année, constatons que de vieilles dettes se régularisent : Santa-Fé, Corrientes, Entre-Rios, Cordoba, sont entrés en arrangement avec leurs créanciers. Espérons que l'année 1900 verra se terminer les difficultés pendantes encore du côté de l'Espagne et du Portugal.

## VIII

1899 est une<br>année d'affaires<br>et de profits. Cette année est une des plus variées et agitées que nous ayons eu à analyser depuis trente ans. Pas un jour ne s'est écoulé sans qu'un incident imprévu, politique, économique ou financier, ne soit venu apporter son surcroît d'agitations, d'inquiétudes et de préoccupations. Et cependant, elle a été prospère et d'une grande activité commerciale et industrielle.

Les chiffres le prouvent.

Plus hauts<br>cours. Au point de vue de la Bourse, à part les titres à revenu fixe qui, pour des raisons spéciales que nous avons exposées, ont fléchi, sans rien perdre de leur sécurité, de leurs garanties, de la confiance qu'ils méritent d'inspirer toujours à l'épargne tranquille, la hausse a été générale. Quelques fonds d'Etat, même parmi les plus dépréciés, ont regagné de hauts cours. A la fin de l'année 1898, l'Extérieure valait 46,65 : elle vaut 65 après 69; les chemins de fer espagnols, actions et obligations, ont suivi le mouvement; les Andalous sont encore en hausse, malgré la réaction de ce mois-ci, de 130 à 250; le Nord de l'Espagne, de 95 à 190; le Saragosse, de 170 à 260. Toutes les valeurs de métaux, cuivre, plomb, étain, zinc, fer, sont en grande plus-value. Il en est de même des charbonnages, des sociétés de crédit, des titres industriels, des valeurs de traction et d'électricité, etc. Les mines d'or du Transvaal se sont réveillées et ont atteint pendant un moment de très hauts cours dont nombre de capitalistes ont profité pour réaliser. Ces prix ont été perdus à la suite des défaites anglaises, mais, dans l'ensemble, ils ne s'éloignent pas beaucoup des cours cotés à la fin de l'année dernière. L'ensemble du portefeuille des capitalistes français, évalué aux cours actuels, qui ne sont pas les plus hauts de l'année est, en somme, en amélioration.

Ce qui est préférable à la plus-value des cours de la Bourse, c'est le réveil de l'esprit d'initiative et d'entreprise. Les capitalistes se montrent plus disposés à s'intéresser dans des affaires industrielles, dans des compagnies coloniales, dans des opérations extérieures. Ce peut être un bien, à la condition que les affaires présentées au public soient sérieuses, honnêtement conduites et qu'on ne majore pas les prix auxquels on les offre à l'épargne. Ce serait un mal, mal peut-être irréparable, si la spéculation, exagérant les cours des titres industriels, même les meilleurs, causait de nouvelles déceptions à cette épargne si confiante. *Plus d'esprit d'initiative et d'entreprise.*

Ce qui est préférable aussi à la hausse et à la plus-value des valeurs, quelles qu'elles soient, c'est le développement commercial, industriel et financier du *Développement commercial industriel et financier.*

pays, sans parler de la récolte en céréales et de la production des vins qui ont été exceptionnellement belles. Tous les indices économiques que nous avons consultés, toutes les statistiques que nous avons relevées permettent de se rendre compte de la situation.

Ce sont les chiffres qu'il convient de laisser parler :

Indices favorables.
Contributions directes.

1° Le montant des recettes des contributions directes évalué à 2,442 millions pour les onze premiers mois, a donné au Trésor 2,540 millions, soit une plus-value de 98 millions;

Taxe sur le revenu.

2° Le montant de la taxe sur le revenu des valeurs mobilières, pour les onze premiers mois de l'année, dépasse 73 millions, ce qui fait prévoir, pour l'année entière, une recette de 74 millions. Ce chiffre n'avait jamais été atteint. Il prouve que la somme totale des revenus des particuliers, constituée en valeurs mobilières, s'est accrue;

Impôt sur les opérations de Bourse.

3° L'impôt sur les opérations de Bourse s'élève, pour les onze premiers mois de 1899, à 6,246,000 francs, ce qui fait supposer un produit total de près de 7 millions pour l'année entière : c'est une plus-value de 1 million 500,000 francs à 2 millions sur les années 1896, 1897, 1898. En 1896, cet impôt avait produit 5,064,000 francs; en 1897, 5,526,000 francs; en 1898, 5,104,500 francs. Cet accroissement montre que les transactions sur le marché financier se sont développées;

Recettes des chemins de fer.

4° Les recettes des chemins de fer, toujours pendant la même période, dépassent de 38 millions celles de l'année dernière;

Navigation.

5° Le mouvement de la navigation soit comme nombre de navires, soit comme tonnage à l'entrée et à la sortie de nos ports, constate que le tonnage est en augmentation de plus d'un million de tonnes à la sortie par rapport à 1898.

Que prouvent encore ces chiffres? Le développement des affaires;

6° Le mouvement du commerce extérieur accuse des progrès brillants. Les exportations sont en progrès de 432 millions de francs sur celles de la même période de l'an dernier, soit de près de 14 %. Nos importations sont en diminution de 233 millions;

*Commandes industrielles.*

7° Dans toutes les grandes villes manufacturières, Reims, Sedan, Lille, Elbeuf, Valenciennes, Rouen, Saint-Etienne, dans tous les centres métallurgiques ou houillers, au nord, à l'est, à l'ouest ou au midi, l'activité des transactions a été telle, les demandes si nombreuses, que les producteurs et les fabricants n'ont pu livrer la totalité des demandes de leur clientèle. La hausse des métaux et des charbons, d'une part, celle des cotons, de la laine, de presque toutes les matières premières, d'autre part, ont été des plus intenses.

*Commerce extérieur.*

Pendant les onze premiers mois de l'année, les expéditions de combustible de nos charbonnages du Nord et du Pas-de-Calais ont nécessité 986,309 wagons contre 950,988 en 1898, soit une augmentation de 35,321 wagons.

*Expéditions de combustible.*

Sur la place du Havre, le prix des cotons a haussé, de décembre 1898 à décembre 1899, de 36 à 48; les laines, de 145 à 215. Sur le marché de Lyon, les prix des soies d'Europe, du Levant, du Japon, de Chine, sont en hausse considérable. Les prix en soie d'Europe, notamment pour grège Cévennes 1er ordre, ont haussé de 45 francs à 65 francs ; les soies usage pour grège Syrie 2e ordre 9/100 ont haussé de 41 à 56 et 57; les soies du Japon sont en hausse de 44 à 59 francs. Les cuirs, les suifs, les graines oléagineuses, les huiles de graines, sont également en hausse. Les prix du suif ont notamment haussé de 50 francs à 65 francs les 100 kilog;

8° Ajoutons enfin que, malgré la tension monétaire qui sévit partout, la Banque de France a maintenu, jusqu'au commencement de ce mois, son escompte à 2 1/2 ; elle ne l'a élevé à 3 1/2, puis à 4 1/2 que par mesure préventive et, nous le pensons, momentanée. A

*Escompte.*

l'heure actuelle, l'escompte est encore en France 1 1/2 à 2 % meilleur marché que dans le reste du monde. Son encaisse-or est de 57 millions plus élevée que l'an dernier ;

Capitaux en comptes courants.

9° Rarement les capitaux déposés en comptes courants à la Banque, en comptes de chèques dans les grandes sociétés de crédit, ont été plus abondants que cette année. A la Banque de France et dans les grands établissements de crédit, plus de 1,500 millions sont en dépôt sans intérêt, ou en comptes de chèques rapportant 1/2 à 1 %, en même temps que plus de 4 milliards, appartenant aux plus petites bourses, sont déposés aux caisses d'épargne. Rarement enfin les affaires financières ont été plus actives dans les établissements financiers, à la Bourse, au parquet des agents de change et à la coulisse des valeurs.

Conclusion.

Tel est, en quelques chiffres, le résumé de cette année 1899, agitée, inquiète et néanmoins active et prospère. Puisse 1900, l'année de l'exposition et du centenaire, confirmer et développer, au milieu de la tranquillité intérieure et de la paix extérieure, les progrès matériels réalisés par l'année qui finit.

# 1900

---

## LA DERNIÈRE ANNÉE DU XIXᵉ SIÈCLE

---

Trois faits principaux ont absorbé l'attention pendant cette année qui s'achève : 1° la continuation de la guerre au Transvaal ; 2° la guerre de Chine, l'intervention des puissances, la prise de Pékin ; 3° l'exposition universelle.

Dégagés des événements quotidiens de la politique courante, ces trois faits dominent l'année.

Tout à ses débuts, pendant qu'on échangeait à Berlin les signatures de la conférence de La Haye, on apprenait que le gouvernement anglais augmentait ses armements et ses envois de troupes au Transvaal; on espérait néanmoins que cette guerre serait bientôt terminée. Il n'en a rien été, bien que la Grande-Bretagne ait envoyé plus de 250,000 hommes et dépensé près de 3 milliards pour réduire un petit peuple de laboureurs et de paysans; Kimberley, Bloemfontein, Kronstadt, Mafeking, Pretoria ont été pris; les généraux boers sont morts ou prisonniers : le président Krüger est venu solliciter l'intervention des grandes puissances; la lutte dure toujours sans que l'Europe, se rappelant les généreuses résolutions prises à La Haye, sorte de son impassibilité.

*La guerre du Transvaal.*

La guerre de Chine a réuni l'Europe entière dans une entente et un effort communs pour venger les massacres des Européens et sauver les légations.

*La guerre de Chine.*

Cette union internationale est un fait unique dans l'histoire. Mais, si l'entente était facile à faire en vue de la guerre à entreprendre, elle est plus difficile à conserver quand il s'agit de s'entendre sur les conditions de la paix à imposer à la Chine.

L'accession des Etats-Unis et du Japon dans ce « concert européen » est aussi un des faits internationaux importants qu'il convient de ne pas oublier.

Les Etats-Unis ont réélu président, il y a deux mois, M. Mac-Kinley : ils revendiquent pour eux et chez eux l'application de la doctrine Monroë, ce qui ne les empêche pas de se mêler très activement aux affaires européennes. L'Europe les a laissés faire ce qu'ils ont voulu dans leur guerre contre l'Espagne et ne s'est pas opposée à l'annexion de Cuba et des Philippines. Elle n'a pas même dit un mot pour défendre les intérêts des porteurs de titres de Cuba et demander aux Etats-Unis de prendre à sa charge les dettes extérieures de ce pays. Aujourd'hui, la grande République américaine fait cause commune avec l'Europe dans les affaires de Chine, mais elle ne se gêne pas pour s'opposer à plusieurs de ses réclamations ; elle sait faire entendre elle aussi, ses volontés. Les Etats-Unis avaient montré, l'an dernier, leur puissance militaire dans la guerre cubaine ; leur puissance financière et économique s'affirme cette année par l'ouverture de leurs marchés financiers à des emprunts de deux des plus grandes puissances européennes, la Grande-Bretagne et l'Allemagne! Qui aurait prévu, il y a un siècle, que les Etats-Unis avec leurs 5 millions d'habitants deviendraient assez puissants, assez riches, cent ans plus tard, avec une population de près de 80 millions d'âmes, pour prêter à l'Angleterre, qui cependant dépensait des milliards dans ses luttes contre Napoléon Ier, et pour prêter encore à l'Allemagne, devenue si puissante depuis ses victoires

de 1870 ! Avant qu'il ne s'écoule beaucoup d'années, l'Europe qui a craint le « péril jaune » redoutera le « péril yankee ». L'alliance des Etats-Unis sera recherchée sur le continent, car cet allié dispose de capitaux énormes; il est maître de la production des principaux métaux et produits de la terre; sa dette publique est minuscule. L'Europe, au contraire, ploie sous le poids de plus de 130 milliards de dettes publiques et elle dépense tous les ans près de 6 milliards pour l'entretien de ses armées de terre et de mer. La population qui, depuis cent ans, s'est accrue dans le vieux continent dans la proportion de 1 à 2, a progressé, au contraire, aux Etats-Unis, dans la proportion de 1 à 16. Nous n'avons cessé, depuis de longues années, de faire prévoir cette situation.

L'exposition est enfin le troisième fait qui, chez nous comme à l'étranger, a captivé l'attention. Si elle a permis de juger les progrès accomplis dans le monde et en France dans le cours du XIX⁰ siècle, elle a montré une fois de plus aux nombreux visiteurs qui sont venus à Paris, et c'est un des profits moraux que nous en retirons, que la France si injustement et si souvent décriée était un pays de travail et de paix.

*L'exposition universelle.*

Au point de vue intérieur et extérieur, nous résumerons brièvement les principaux faits.

Le ministère Waldeck-Rousseau a accompli ce mois-ci son dix-huitième mois d'existence. Il s'est formé, en effet, le 21 juin 1899, à la veille des débats du procès de Rennes : c'est le troisième cabinet de longue durée que la République ait eu depuis son installation.

*Le ministère Waldeck-Rousseau.*

Deux seulement sont restés au pouvoir plus longtemps que lui : ce sont les cabinets Ferry et Méline. Malgré les violentes attaques dont il a été et est l'objet, il ne serait pas impossible que le ministère actuel durât autant sinon plus qu'eux. Et, cependant, combien d'événements pouvaient compromettre son existence! Les élections municipales des 6 et 13 mai, les interpellations et questions sans cesse renaissantes, les discussions sur le budget, sur le régime fiscal des successions, sur celui des boissons, sur l'amnistie, etc.!

Consommation
de ministres de-
puis 1871.

Depuis la réunion de l'Assemblée nationale, c'est-à-dire depuis 1871 jusqu'à aujourd'hui, en trente années d'existence, la République a eu 196 ministres différents, en y comprenant les onze qui forment le ministère actuel.

Sur les 185 anciens ministres, un est président de la République, 59 appartiennent encore au parlement, dont 28 à la Chambre et 31 au Sénat, 42 sont rentrés dans la vie privée, 83 sont décédés.

Principaux
faits extérieurs
en 1900.

La stabilité ministérielle en France peut servir d'exemple, en cette année 1900, aux gouvernements étrangers. Dans la Grande-Bretagne, lord Salisbury a démissionné de son poste de chef du Foreign-Office; en Allemagne, le prince de Hohenlohe a été remplacé par M. de Bulow ; en Autriche-Hongrie, en Italie, en Espagne, en Portugal, en Serbie, en Bulgarie, en Roumanie, plusieurs crises ministérielles ont eu lieu; en Russie, la mort inopinée de M. le comte Mouraview a fait changer le titulaire du ministère des affaires étrangères. Nous avons eu les odieux attentats contre le prince de Galles et le shah de Perse, l'assassinat du roi d'Italie. Les fiançailles de la gracieuse reine Wilhelmine des Pays-Bas, le mariage du roi de Serbie, le voyage du président Krüger sont encore des faits dont s'est occupée l'opinion publique, en France et à l'étranger. En Angleterre, la famine qui a désolé l'Inde anglaise ; en Allemagne, la perte du *Gneisenau ;* chez nous, celle de la *Framée,* sont autant d'événements douloureux au passif de l'année qui s'écoule.

La politique co-
loniale.

Nous aurions beaucoup à dire encore sur la politique coloniale, l'extension de notre influence en Afrique, le développement de nos possessions d'Indo-Chine, la colonisation de Madagascar, les expéditions au Soudan, la mission Gentil, et nous ne voulons pas parler du drame horrible de Zinder !

Nous sommes aujourd'hui engagés un peu partout, aux quatre coins du monde. La Chambre a voté la loi sur l'armée coloniale qui était réclamée depuis si longtemps. Les événements de Chine, l'attitude et la défense

énergiques de notre représentant M. Pichon, le courage
de nos troupes, sont présents à la mémoire de tous.
Dans ces expéditions lointaines, la sagesse commande
aujourd'hui de ne pas trop s'étendre. Nous possédons
un empire colonial immense qu'il faut se borner à amé-
nager et à mettre en valeur avant de songer à de nouvelles conquêtes. Nous devons ne pas nous départir des
sentiments nobles et généreux qui sont l'apanage et
l'honneur de notre pays : l'humanité envers les vaincus,
envers ces populations que nous considérons comme
des « sauvages», comme des « classes inférieures » que
nous voulons appeler à la civilisation. Les excès commis
doivent être hautement réprouvés. Dans le cours
de cette année, une conférence internationale s'est
réunie à Londres pour la protection des animaux en
Afrique, sous la présidence de lord Hopetoun, chancelier de la Reine. Les animaux sont protégés, chez nous,
par la loi Grammont; mais les hommes, les femmes,
les enfants, fussent-ils des sauvages, sont au moins aussi
intéressants que les animaux.

## II

Le 19 mars 1900, la loi de finances de l'exercice 1900 
était votée par la Chambre : la discussion de ce budget
avait duré 54 séances; il avait fallu recourir à 4 douzièmes provisoires. Le 12 avril, le budget était définitivement voté par le Sénat et là loi de finances, portant
la date du 13 avril, était promulguée le 14. Le 31 mai,
le ministre déposait le budget de 1901, dont la première
partie concernant les contributions directes était votée
avant la clôture de la session ordinaire. L'examen de la
seconde partie est actuellement presque terminé ; on
arrivera peut-être à la voter à la Chambre avant le
31 décembre. Comme il est impossible que le Sénat
discute et vote en deux ou trois jours, un douzième
provisoire sera nécessaire. Néanmoins, comme autrefois c'était la Chambre qui retardait le vote du budget,

*Le budget de 1900.*

*Le projet de budget de 1901.*

elle a droit, cette année, à des félicitations pour son empressement inaccoutumé. Ce sera la première fois, depuis bien longtemps, que ce retour aux saines traditions financières aura été obtenu. Le mérite en revient à la Chambre et surtout à la clarté du projet de budget présenté par le ministre des finances, M. Caillaux, à la lucidité des rapports, notamment de ceux de MM. Guillain et Boudenoot.

Après avoir étudié ces documents importants, il était impossible de ne pas être complètement au courant de notre situation financière; de tels travaux font honneur à leurs auteurs et au parlement et ont épargné bien des discussions superflues. Ajoutons que l'adoption, en avril 1900, des amendements de MM. Rouvier et Berthelot limitant l'initiative parlementaire relativement au dépôt d'amendements ou d'articles additionnels tendant à augmenter les dépenses « après les trois séances qui suivent la distribution du rapport dans lequel figure le chapitre visé » et interdisant « toute proposition tendant, soit à des augmentations de traitements, d'indemnités ou de pensions, soit à des créations de services, d'emplois, de pensions ou à leur extension en dehors des limites prévues par les lois en vigueur, sous forme d'amendements ou d'article additionnel au budget », a singulièrement facilité la tâche de la Chambre.

Après de nombreuses discussions, les lois sur le régime fiscal des successions et le régime fiscal des boissons ont été votées, mais il leur faudra la sanction du Sénat pour devenir définitives et il paraît peu probable que la Chambre Haute les accepte sans modifications importantes. Le projet d'impôt général sur le revenu, auquel s'ajoutent les diverses propositions présentées par plusieurs députés, MM. Guillemet, Jacob, Klotz, Rose, Ménier, Massabuau, est toujours en suspens. Ce sera un des lots de l'année prochaine.

La loi du 7 avril 1900 aura consacré un fait important, au point de vue économique : l'abaissement à

4 % en matière civile et à 5 % en matière commerciale
du taux de l'intérêt légal de l'argent.

En juillet 1900, la Chambre a voté la création des
bons d'importation, mesure protectionniste s'ajoutant
à tant d'autres, dont l'efficacité ne sera pas plus grande.
Le privilège de la Banque d'Algérie a été renouvelé. La
création d'un budget spécial pour l'Algérie a été votée :
la loi du 19 décembre 1900 consacre cette évolution financière, nous ne voulons pas dire révolution. Signalons
enfin les vives préoccupations qu'ont données les questions de population. Le Sénat a nommé une commission extra-parlementaire chargée de les étudier. L'arrêt
dans l'accroissement de la population française est un
péril national.

Les grèves ont été nombreuses : nous avons eu celle
des Voitures à Paris, des soutiers au Havre et à Marseille, des mineurs à Monceau, à Firminy, au Creusot.

Les conseils du travail qui ont été créés pourront-ils
les éviter dans l'avenir et rendre plus faciles les rapports entre les salariés et les patrons? Il faut l'espérer,
sans trop y croire. Plus l'activité du travail sera grande,
plus l'industrie se développera, plus nombreuses seront
les réclamations des travailleurs qui voudront, de plus
en plus, participer aux bénéfices des patrons et obtenir
d'eux une rémunération plus large de leur travail. Ce
mouvement n'est pas particulier à la France : il s'étend
dans le monde entier. Nous avons eu cette année la
grève des verriers en Belgique, des chaudronniers à
Hambourg, des tonneliers à Vienne. Tous les grands
ports d'Europe ont été successivement éprouvés par la
grève des ouvriers. En ce moment même une grève
générale a été décidée à Gênes. Le régime protectionniste, l'intervention de plus en plus grande de l'Etat
dans les affaires qui dépendent de l'industrie privée,
ne sont pas étrangers à ces revendications. Quand on
voit l'Etat constituer des monopoles, protéger les producteurs de blé, donner des primes aux producteurs de
sucre, le salarié se demande à son tour, pourquoi l'Etat

*Bons d'impor-*
*tation.*

*Banque de l'Al-*
*gérie.*
*Budget spécial*
*de l'Algérie.*

*Questions   de*
*population.*

*Grèves.*

*Conseils   du*
*travail.*

*Grèves étran-*
*gères.*

ne lui garantirait pas son salaire. Tout s'enchaîne dans l'ordre économique : quand la protection de l'Etat s'étend sur quelqu'un ou sur quelque chose, on ne sait où elle s'arrêtera, car on se demande pourquoi elle favoriserait quelques-uns et non tout le monde.

**Plaintes des agriculteurs.** Les salariés ne sont pas seuls à réclamer aide et protection de l'Etat : les agriculteurs se plaignaient l'année dernière de l'abondance de la récolte qui, malgré les droits de douane, faisait tomber le prix du blé; cette année, nous avons entendu les doléances des viticulteurs sur la mévente des vins et l'avilissement des prix : un tonneau vide coûtait plus cher que le vin qu'il pouvait contenir. Ils auraient désiré qu'une mesure législative fût prise pour leur faire vendre leurs vendanges le plus cher possible. En même temps, on demande au gouvernement d'intervenir pour empêcher et enrayer la hausse du charbon. Il faut que le gouvernement contente tout le monde à la fois!

**Les traités de commerce.** Nous touchons à la date où les traités de commerce en vigueur entre les principales nations de l'Europe vont prendre fin. En 1901, 1902, 1903, arrivera, pour les principaux contractants, le renouvellement des accords temporaires intervenus qui leur ont permis de prendre un développement d'échanges dont nous avons été privés. Après avoir usé de la protection et en avoir vu les résultats, pourquoi ne pas essayer de la liberté? Pourquoi ne pas revenir à un régime plus libéral en profitant de l'expérience faite à nos dépens?

**Le krach des laines.** Le krach des laines à Roubaix a remis en discussion les marchés à terme sur les marchandises. Ici encore, la question se pose entre la liberté et la restriction. Supprimer les marchés à terme est bientôt dit. Se borner uniquement à faire des opérations au comptant est très facile à conseiller ; mais, quand on y réfléchit, on s'aperçoit que cette solution serait non un progrès mais un recul et, de plus, serait irréalisable. Quand bien même nous posséderions tout l'or, tout l'argent, tous les billets de banque du monde entier, cette masse serait insuffi-

sante pour les seuls échanges au comptant de notre marché intérieur (1). L'État, lui-même, serait victime d'une
loi semblable ; il est, en effet, un des plus gros négociants effectuant, en temps de paix ou de guerre, des
marchés à terme et ne pouvant agir autrement.

### III

La hausse considérable dans les prix des métaux et
des combustibles et, comme conséquence, celle de toutes
les sociétés productrices de cuivre, de plomb, de zinc, de
charbon, de coke, avait été un des faits économiques et
financiers les plus saillants de 1899. Sauf sur le métal-
argent, le cuivre et l'étain, cette hausse après avoir pris
de nouveaux développements pendant le premier trimestre de 1900 ne s'est pas maintenue. Le fer et la fonte
sont en recul prononcé. Le charbon, après avoir atteint
des prix jusqu'alors inconnus, est en baisse sensible à
Londres et tend à revenir à des cours normaux. Le
contre-coup de ces mouvements s'est fait sentir sur
toutes les valeurs de mines, de charbonnages et d'entreprises métallurgiques et bien que ces sociétés, dans
leur ensemble, distribuent des dividendes plus élevés
cette année que l'an dernier, le cours de leurs actions a
reçu un recul prononcé.

Voici le tableau comparatif des prix cotés à Paris sur
le cuivre, l'étain, le plomb, le zinc, fin 1897, fin 1898, fin
1899 et aujourd'hui.

*Arrêt dans la hausse des métaux et des combustibles.*

| MÉTAUX | COURS FIN 1897 | COURS FIN 1898 | COURS FIN 1899 | COURS DÉCEMBRE 1900 |
|---|---|---|---|---|
| | fr. c. | fr. c. | fr. c. | fr. c. |
| Cuivre............................... | 198 50 | 155 75 | 190 50 | 190 00 |
| Etain............................... | 173 25 | 121 50 | 290 00 | 333 00 |
| Plomb............................... | 32 75 | 38 75 | 47 25 | 47 00 |
| Zinc.............................. | 48 75 | 65 00 | 65 00 | 46 00 |

(1) Voir notre *Rapport général* au *Congrès international des valeurs mobilières*, in-8° 1900.

Le métal-argent a atteint, à Londres, 29 7/8 continuant
la hausse commencée en 1899. Un courant régulier d'affaires s'est établi vers le continent, l'Inde et les Détroits.
Ce sont surtout les besoins du gouvernement indien,
qui ont provoqué cette hausse nouvelle. Il faut tenir
compte aussi de la plus grande consommation du
métal-argent qui a lieu en Extrême-Orient depuis le
commencement de la guerre de Chine, pour le service
des troupes. Lorsque le métal-argent valait environ
26 1/2 en 1898, nous faisions prévoir que la limite de sa
dépréciation était arrivée et que l'on pouvait s'attendre
à une amélioration de prix. Cette amélioration est, on le
voit, importante et ne semble pas arrivée à son terme,
les causes qui l'ont provoquée n'ayant pas pris fin. Elle
est d'autant plus remarquable que l'augmentation de la
production, aux États-Unis et au Mexique, ne s'est pas
ralentie. Les envois d'argent de Londres en Orient, du
1er janvier au 6 décembre, qui s'étaient élevés à un peu
plus de 4 millions de livres sterling en 1898, à 6 millions
522,988 livres sterling en 1899, se sont élevés, en 1900,
à 9 millions 956,000 livres sterling. La production de ce
métal, aussi active qu'elle ait été, n'a donc pas suffi
aux besoins ; pour les satisfaire, il a fallu prélever sur
les stocks existants. Ainsi, le gouvernement indien a employé cette année 2 millions de livres, puisées dans le
stock d'or accumulé, à acheter de l'argent qu'il a transformé en roupies : le montant de cette frappe s'est élevé
à 45 millions de roupies. En outre, il a frappé, après
refonte, de vieilles monnaies d'argent n'ayant plus cours
et aussi du métal blanc fourni par plusieurs États indigènes en vertu d'arrangements spéciaux.

La prime sur l'or est peu élevée ; elle est nulle à Paris
et légèrement au-dessous du pair à Londres. La Banque
d'Angleterre achète l'once standard à 77/8 d. : ce sont à
peu près les prix cotés sur le marché. La production de
l'or dans le monde, depuis la fermeture des mines du
Transvaal, s'est considérablement ralentie. Cette produc-

tion, d'après le directeur de la monnaie des Etats-Unis,
avait été dans le monde de : 1,053 millions en 1896,
1,230 millions en 1897, 1,490 millions en 1898.

Dans ce dernier total, le Transvaal représentait la belle
somme de 406 millions. Non seulement cet or qui était
envoyé mensuellement en Europe, fait défaut aujour-
d'hui, mais l'Angleterre se trouve obligée d'en expédier
pour faire face à ses dépenses de guerre.

Au 31 décembre 1897, 1898, 1899 et actuellement, les
encaisses de métal-jaune dans les grandes banques européennes étaient les suivantes :

*Encaisse-or des banques.*

| BANQUES | ENCAISSES-OR | | | |
|---|---|---|---|---|
| | au 31 DÉC. 1897 | au 31 DÉC. 1898 | au 31 DÉC. 1899 | ACTUELLEMENT |
| | millions de francs | millions de francs | millions de francs | millions de francs |
| Banque de France....... | 1.952 | 1.822 | 1.874 | 2.332 20 décembre |
| Banque d'Allemagne..... | 700 | 631 | 694 | 686 15 décembre |
| Banque d'Angleterre..... | 761 | 733 | 732 | 753 13 décembre |
| Banque austro-hongroise. | 764 | 754 | 825 | 965 15 décembre |
| Banque d'Espagne....... | 236 | 276 | 340 | 349 15 décembre |
| Banque d'Italie.......... | 300 | 303 | 295 | 298 30 novembre |
| Banque de Russie ....... | 2.097 | 2.652 | 2.277 | 1.840 23 novembre |
| TOTAUX....... | 6.810 | 7.171 | 7.007 | 7.223 |

D'une année à l'autre, l'encaisse-or de la Banque de
France s'est accrue de 458 millions alors que sa circulation de billets a augmenté seulement de 144 millions.
Cette situation est extrêmement favorable. En Russie, la
diminution de l'encaisse-or de la banque n'est pas moindre de 437 millions pendant que la circulation des billets
s'est accrue. Ce double mouvement est la conséquence
de la crise économique que vient de traverser ce pays.

Au 31 décembre 1895, 1896, 1897, 1898, 1899 et actuellement, les totaux des encaisses-or de toutes les banques
d'émission en Europe et ceux de la circulation des billets étaient et sont les suivants :

| ANNÉES | OR | BILLETS |
|---|---|---|
| | millions de francs | millions de francs |
| 1895........................................................ | 7.596 | 16.320 |
| 1896........................................................ | 7.842 | 14.585 |
| 1897........................................................ | 8.667 | 15.254 |
| 1898........................................................ | 8.090 | 14.976 |
| 1899........................................................ | 7.850 | 14.992 |
| Actuellement............................................ | 8.230 | 15.128 |

Sur les 8,230 millions de numéraire or, en chiffres ronds, que détiennent les banques d'émission d'Europe, la France et la Russie possèdent 4,172 millions ; l'Allemagne, l'Autriche-Hongrie, l'Italie, 1,949 millions ; l'Angleterre 753 millions.

Par contre, la circulation des billets, en Russie et en France, s'élève à 5,633 millions ; en Allemagne, en Autriche-Hongrie et en Italie, à 3,743 millions; en Angleterre, à 741 millions.

*Circulation fiduciaire.* Voici la circulation de quelques-unes des principales banques d'émission au 31 décembre 1897, 1898, 1899 et actuellement :

| BANQUES | CIRCULATION | | | |
|---|---|---|---|---|
| | au 31 DÉC. 1897 | au 31 DÉC. 1898 | au 31 DÉC. 1899 | ACTUELLEMENT |
| | millions de francs | millions de francs | millions de francs | millions de francs |
| Banque de France....... | 3.809 | 3.810 | 3.983 | 4.127 | 20 décembre |
| Banque d'Allemagne..... | 1.650 | 1.696 | 1.699 | 1.461 | 15 décembre |
| Banque d'Angleterre..... | 708 | 682 | 707 | 741 | 20 décembre |
| Banque austro-hongroise. | 1.470 | 1.548 | 1.531 | 1.465 | 15 décembre |
| Banque d'Espagne....... | 1.206 | 1.444 | 1.518 | 1.569 | 15 décembre |
| Banque d'Italie.......... | 789 | 831 | 882 | 827 | 30 novembre |
| Banque de Russie....... | 2.451 | 1.821 | 1.380 | 1.840 | 23 novembre |
| TOTAUX........ | 12.083 | 11.882 | 11.700 | 12.020 | |

*L'escompte.* L'escompte est actuellement à 3 % à Paris ; 5 % en Allemagne; 4 1/2 % en Autriche-Hongrie; 4 % en Angleterre ; 4 % en Russie ; 5 % en Suisse ; 5 % en Espagne ;

4 % en Belgique ; 3 1/2 % en Hollande ; 5 % en Italie ;
6 % en Portugal.

Voici depuis 1895, la comparaison du taux de l'escompte fin décembre, en France, en Allemagne, en
Angleterre, en Autriche-Hongrie, en Russie :

| BANQUES | 1895 | 1896 | 1897 | 1898 | ACTUEL |
|---|---|---|---|---|---|
| | fr. c. | fr. c. | fr. c. | fr. c. | fr. c. |
| Banque de France............. | 2 00 | 2 00 | 2 00 | 3 00 | 3 00 |
| Banque d'Allemagne........... | 4 00 | 5 00 | 5 00 | 6 00 | 5 00 |
| Banque d'Angleterre........... | 2 00 | 4 00 | 3 00 | 4 00 | 4 00 |
| Banque austro-hongroise........ | 5 00 | 4 00 | 4 00 | 5 00 | 4 1/2 |
| Banque de Russie.............. | 4 1/2 | 4 1/2 | 5 00 | 6 00 | 6 00 |

## IV

1899 avait été une année de hausse considérable et de
plus-values importantes. Le mouvement de recul, commencé en 1897 sur les titres à revenu fixe, s'était accentué pendant que se développait la hausse des titres à
revenu variable. Les rentes françaises, les obligations
de chemins de fer et du Crédit foncier, les fonds d'Etat
des grands pays européens avaient continué à fléchir.

1900, au contraire, a vu se produire le relèvement des
rentes et titres à revenu fixe et le recul des titres à
revenu variable. Pendant le premier trimestre et la
seconde moitié du second, le public a continué à négli-
ger et à vendre les titres à revenu fixe pour acheter
encore les valeurs à revenu variable dont la hausse prenait de nouveaux développements. Le fléchissement,
suivi d'une baisse importante des valeurs industrielles
russes, des actions de tramways et de traction, charbonnages, actions métallurgiques, minières et industrielles
diverses, a enrayé brusquement ce mouvement. Dans le
dernier trimestre de cette année, la baisse ayant continué dans de grandes proportions sur tous ces titres, le
public est revenu tout apeuré au bercail, c'est-à-dire à

*Hausse des
rentes et valeurs
à revenu fixe.*

ses titres favoris, rentes et obligations, et il s'est mis
à vendre les valeurs industrielles avec autant d'empressement et, pour quelques-unes d'entre elles, avec autant
d'irréflexion qu'il en mettait à les acquérir.

A entendre les enthousiastes, la hausse des actions de
tramways, de charbonnages, d'affaires métallurgiques,
minières, industrielles, devait être illimitée.

Les illusions coûtent cher, à la Bourse surtout. En
comparant les cours cotés sur l'ensemble des valeurs
fin décembre 1899 à ceux d'aujourd'hui, on s'aperçoit
que seules les rentes françaises, les obligations de chemins de fer, comme celles de l'Est, de Lyon, du Nord,
sont plus haut cotées aujourd'hui ; quelques rares titres
miniers, comme le Rio-Tinto, ou quelques valeurs du
Transvaal, comme la Rand Mines, sont en hausse ; mais
sur le reste du marché, la baisse a prévalu : les cours
actuels sont non seulement au-dessous de ceux cotés
fin décembre, mais encore de beaucoup au-dessous des
plus hauts prix atteints dans le premier semestre de
l'année. Sur les fonds d'Etat étrangers et sur les obligations étrangères à revenu fixe, un mouvement de
reprise semblable à celui de nos rentes s'est produit :
baisse d'abord, puis relèvement des cours.

Notre 3 % valait 99 fr. 25 le 2 janvier ; le 3 % amortissable était à 98 fr. 35 ; le 3 1/2 était à 101 fr. 80 ; l'action Nord valait 2,160 francs ; l'Est 1,005 francs ; les
obligations 3 % de chemins de fer variaient de 452 francs
à 460 francs, sauf celles de l'Orléans qui valaient 464 fr.
et celles du Nord 470 francs ; le Rio était à 1,130 francs
au commencement de l'année ; les Rand Mines valaient
805 francs. Les cours actuels sont de beaucoup dépassés,
mais la baisse de presque toutes les autres valeurs, compagnies d'assurances, charbonnages, valeurs métallurgiques, est significative.

Parmi les valeurs incendie, les Assurances générales
qui valaient fin décembre dernier 31,500 francs ne sont
plus qu'à 29,100 francs ; le Phénix a baissé de 12,500 fr.
à 11,000 francs ; la Nationale, de 14,500 francs à

13,900 francs; l'Union, de 16,500 francs à 15,500 francs.
Parmi les titres vie, le Phénix a baissé de 35,500 francs
à 33,000 francs ; la Nationale, de 32,000 francs à
28,000 francs ; l'Union de 5,400 francs à 4,950 francs.

Les actions de charbonnages, malgré la hausse du
charbon et l'augmentation des dividendes, n'ont pas
été mieux favorisées : les Aniche ont baissé de 1,325 fr.
à 945 francs après avoir valu 1,370 francs; les Anzin, de
6,995 francs à 6,150 francs après avoir valu 7,300 fr.
les Courrières de 3,000 francs à 2,375 francs ; les Liévin,
de 2,720 francs à 2,256 francs ; les Vicoigne, de
27,000 francs à 24,200 francs, etc.

Les valeurs métallurgiques ont presque toutes donné
cette année des dividendes plus élevés que l'exercice
précédent. Après un nouveau mouvement de hausse pendant les premiers mois de l'année, elles ont reperdu
non seulement la nouvelle plus-value acquise, mais ont
fléchi au-dessous de leurs cours du 31 décembre dernier.
Ainsi, les Firminy ont baissé de 3,500 francs à 3,305 fr ;
les Saint-Etienne, de 1,950 francs à 1,760 francs ; les
Chatillon-Commentry de 1,220 francs à 990 francs
après avoir valu 1,400 francs ; l'Aguilas, de 400 francs
à 390 francs après 525 francs ; l'Escombreyra, de
1,280 francs à 1,100 francs après 1,700 francs ; les Pennaroya, de 2,850 francs à 2,460 francs. Les Aciéries de
France, de Longwy, les Forges du nord et de l'est, les
Aciéries de la marine, ont baissé de 150 francs à 300 fr.
sur leurs cours du commencement de l'année.

Cette baisse s'explique d'une part, par les réalisations
d'acheteurs qui ont voulu s'assurer une parties des bénéfices que les hauts cours cotés leur faisaient entrevoir
et, d'autre part, par le mouvement de recul, sauf sur
le cuivre et l'argent, de presque tous les métaux.

*Baisse des va-
leurs métallur-
giques et des ti-
tres à revenu va-
riable.*

Une baisse non moins importante, qu'il faut attribuer
à la crise intense qui a sévi en Russie et aussi à l'influence générale de la baisse des affaires de même nature
sur toutes les places européennes, a frappé les entreprises industrielles russes, charbonnages, métallur-

gie et autres. On peut en juger par le court relevé suivant :

Au 31 décembre dernier, la Huta-Bankowa valait 4,550 francs, elle est au moment où nous écrivons à 2,500; les Donetz ont baissé de 1,185 francs à 750; la Dniéprovienne de 4,125 francs à 2,850; la Briansk de 1,255 francs à 650; la Tangarog de 1,560 francs à 840; l'Oural-Volga de 545 francs à 30; la Nicolaïeff de 985 fr. à 295; les Constructions mécaniques du midi de la Russie de 820 francs à 520; le Krivoï-Rog de 3,000 francs à 2,050.

Les valeurs de traction et de tramways, « introduites » sur le marché ou admises à la cote, perdent considérablement sur leurs plus hauts prix; leur baisse a entraîné les actions d'anciennes compagnies, car la baisse est contagieuse. Les Est-Parisien qui ont valu 768 francs ont baissé à 400 francs; l'Ouest-Parisien qui a valu 650 francs a fait moins de 400 francs; la Traction, après avoir valu 345 francs, a fait 150 francs. La Thomson-Houston dont la situation, de même que celle des sociétés de son groupe, est bonne et saine, valait fin décembre dernier 1,440 francs : elle est à 1,260 francs; la Compagnie générale française de tramways, après avoir valu 1,260 francs ne fait plus que 680 francs; la Compagnie générale parisienne de tramways, après avoir haussé jusqu'à 550 francs n'est plus qu'à 340 francs. L'Omnium lyonnais, après avoir valu 140 francs et émis ses nouvelles actions à 114 francs, a baissé à 65 fr. sans autre cause que l'influence déprimante de tous les titres de même nature. La Société parisienne électrique a valu 375 francs et est à 260 francs. Le Métropolitain, après de nombreuses fluctuations, est seul en hausse : il s'est élevé ces jours derniers presque aux plus hauts cours qu'il ait encore faits, 600 francs, bien que pendant l'année il se soit négocié à 425 francs au plus bas.

## V

Les questions de chemins de fer ont, comme toujours, été agitées. On s'est occupé du rapport de l'honorable M. Bourrat, tendant au rachat par l'Etat des grandes compagnies. Le rapport de M. Plichon sur les chemins de fer, celui du rapporteur général, M. Guillain, sur le budget, le vote de la commission de ce budget, le silence de la Chambre, ont montré clairement que le parlement n'était pas disposé à faire courir à nos finances publiques des aventures aussi dangereuses. On oublie trop souvent que les compagnies sont des associées de l'Etat et que l'actionnaire qui perçoit les plus gros bénéfices est le Trésor, l'Etat lui-même. Le congrès international des valeurs mobilières dont le succès a été si complet, a mis cette vérité en évidence une fois encore, de même qu'il a prouvé les charges énormes que le fisc prélève sur les sociétés de crédit, sur les titres mobiliers. Les rapports que nous avons reçus, pour ce congrès, des grandes compagnies de l'Est, Lyon, Orléans, Midi, et qui ont été publiés (1), montrent les progrès énormes réalisés par les compagnies au profit du commerce et de l'industrie, au profit du public, de l'Etat et, en somme, les maigres bénéfices que perçoivent les actionnaires.

Les compagnies ont fait de grands efforts pour mettre la France au rang qu'elle doit occuper dans le monde

*Les chemins de fer.*

*Congrès international des valeurs mobilières.*

*La France est tout près du premier rang.*

(1) Voir les *publications du Congrès des valeurs mobilières*, 5 vol. in-8° 1900-1901 : T. I. Documents du congrès. Procès-verbaux des séances du congrès. Rapport général de M. Alfred Neymarck. — T. II et III. Mémoires, notes et monographies sur les questions de statistique. — T. IV. Mémoires, notes et monographies sur les questions d'économie politique. — T. V. Mémoires notes et monographies sur les questions de législation civile et fiscale.
Dans le tome II figurent les mémoires que nous avons donnés au congrès sur *La dette publique de l'Allemagne.* — *La statistique internationale des valeurs mobilières.* — *Les capitaux français en Italie.*— *Les capitaux français en Russie.* — *Les valeurs à lots.* — Dans le tome IV a été insérée notre étude sur *Les obligataires et leurs droits.*

au point de vue des voies ferrées. Elle se tient maintenant, en Europe, tout près du premier rang; chez nous, les trajets sont les plus rapides et le meilleur marché. A l'étranger, — nous avons cité plusieurs fois ces opinions venues du dehors, — la France est citée comme un modèle à suivre pour l'exploitation de son réseau ferré, pour la commodité, la vitesse et le bon marché de ses voyages. Au congrès international des chemins de fer, les étrangers n'ont pas tari d'éloges sur nos chemins de fer et nos grandes compagnies. En France, nous sommes trop enclins à penser et à dire le contraire; les pouvoirs publics, eux aussi, ne sont pas aussi justes qu'ils devraient l'être envers elles; ils sont prodigues de critiques et bien avares d'éloges.

*Congrès international des chemins de fer.*

Rappelons, enfin, à propos des chemins de fer, l'ouverture du métropolitain dont le succès près du public est très grand. Le bon marché et la facilité du parcours sont des plus appréciés. Ce mode de traction est appelé à se développer et à révolutionner tous les moyens de transport en commun à Paris.

*Le métropolitain.*

VI

Après avoir sensiblement baissé pendant les cinq premiers mois de l'année sur leurs cours de 1899 qui étaient déjà en forte baisse sur ceux de 1898 et de 1897, les divers fonds d'Etat étrangers se relèvent. Les fonds danois, norvégiens, suédois sont en reprise marquée sur leurs plus bas cours de l'année; ils suivent l'impulsion et la marche des titres à revenu fixe et de la rente française.

*Les fonds d'Etat étrangers.*

Les rentes russes notamment, dans lesquelles notre épargne a de gros intérêts et qui n'ont, malgré tout, qu'un marché étroit à Paris, ce qui est fort regrettable, ont regagné et même dépassé pour quelques-unes les prix de fin décembre 1899. Il serait à désirer que le même mouvement se produisît sur les valeurs industrielles : la baisse de ces titres a été profonde à Paris et à Saint-Pétersbourg. La Russie a traversé une crise économique, commerciale et industrielle qui n'est pas encore terminée, mais qui ne paraît pas devoir durer longtemps ; il faut à cet immense pays dont les richesses du sol sont considérables, des capitaux importants pour les mettre en valeur.

Les fonds espagnols sont en hausse sur leurs cours du commencement de l'année. Nous n'avons pas à rappeler les vives discussions auxquelles le convenio, aujourd'hui voté par les Cortès, a donné lieu. L'Espagne a le plus grand intérêt à ménager et à développer son crédit à l'étranger, mais en adoptant et en suivant une *politique agressive contre les sociétés industrielles,* financières, les compagnies de chemins de fer, qui l'ont aidée de leurs capitaux, elle finirait par s'aliéner des sympathies et des concours qui, en France surtout, ne lui ont jamais fait défaut. C'est en observant une sage et prudente ligne de conduite financière qu'elle agira le plus efficacement pour améliorer ses budgets et, comme conséquence, le change, la plaie de ses finances comme celle de tout Etat.

En 1898, la moyenne du cours du change sur Paris avait été de 53 fr. 89; en 1899, de 24 fr. 80. En ce moment le change dépasse 33 %. Cette situation cause de grosses pertes aux compagnies qui ont des paiements à effectuer à l'extérieur, comme les Andalous, le Nord de l'Espagne, le Saragosse. Les deux premières, après de nombreuses difficultés, ont pu proposer à leurs obligataires un convenio qui a été accepté. Le Saragosse s'est imposé de lourds sacrifices pour payer régulièrement en or l'intérêt et l'amortissement de ses obligations, il a pu commencer, l'an dernier, à donner un dividende de 9 pesetas à ses actionnaires; mais la perte au change, s'ajoutant aux nouvelles taxes que le gouvernement espagnol a établies, impose à toutes les compagnies des charges excessives. Quand le change est à 33 %, par exemple, c'est comme si les recettes nettes étaient diminuées du tiers. Puisque le gouvernement

Le change espagnol.

espagnol étudie le remaniement des tarifs, ne voit-il pas que le meilleur remaniement serait l'amélioration du change? Le jour où, au lieu de perdre 33 %, le change serait à 15, 10, 5 % ou au pair, les compagnies pourraient apporter les plus grandes améliorations et accorder de nombreuses concessions, alors qu'aujourd'hui le change leur fait perdre des sommes énormes sans profit pour personne. ni pour le Trésor, ni pour elles, ni pour le public. L'excès de la circulation fiduciaire de la Banque d'Espagne cause en grande partie tout le mal.

Au commencement de 1897 cette circulation était de 1,034 millions; elle atteignait 1,307 millions au commencement de la guerre d'Amérique; elle s'élevait à 1,500 millions en 1899; elle a atteint 1,582 millions le 24 novembre dernier et oscille aujourd'hui encore, à quelques millions près, aux environs de 1,480 millions. Le gouvernement espagnol a une grande part de responsabilité dans cet état de choses auquel il est urgent d'apporter un prompt et énergique remède.

## VII

Emissions publiques.

L'augmentation du capital du Crédit lyonnais de 200 à 250 millions a été réalisée avec un plein succès; les actions nouvelles émises à 925 francs se négocient maintenant comme les actions anciennes aux environs de 1,100 francs. Le Comptoir national d'escompte a également porté son capital de 100 à 150 millions ; les nouvelles actions ont été émises à 575 francs. Les actionnaires anciens ont usé avec un réel empressement du droit de préférence qui leur était accordé. Parmi les valeurs diverses, l'émission des actions nouvelles de la Compagnie générale française de tramways, trop rapidement effectuée sans que les actionnaires aient été avertis assez à l'avance pour permettre à tous de souscrire en temps opportun, a indisposé les porteurs de titres. Leur mauvaise humeur s'est traduite par la baisse

des actions anciennes et nouvelles. Celle de l'Omnium
lyonnais a été bien accueillie; de même aussi celle des
Tramways de Paris et du département de la Seine ;
mais le plus grand succès d'émission a été obtenu par
MM. de Rothschild frères avec les 100,000 obligations
Lombards 4 %, émises à 448 fr. 75 libérées et qui valent
maintenant 490 francs. Les conditions d'émission et de
répartition peuvent servir de modèles; elles ont permis
de satisfaire tout à la fois aux grosses et aux petites
souscriptions et de contenter tout le monde.

Le Crédit lyonnais, de son côté, a placé avec succès
à ses guichets et dans sa clientèle de province plus de
100,000 obligations 4 % des Chemins autrichiens et un
lot important d'obligations de la ville de Paris, de la
Banque foncière de la noblesse et de diverses sociétés.

Les principales émissions publiques qui ont eu lieu
sont les suivantes :

| MOIS | NOMBRE ET IMPORTANCE DES TITRES | SOCIÉTÉS QUI ONT ÉMIS LES TITRES | CHIFFRE D'ÉMISSION |
|---|---|---|---|
| | | | francs |
| Janvier | 450.000 act. | Dynamite du Transvaal.... | 25 |
| — | 100.000 — de 100 fr. | Omnium lyonnais.......... | 114 |
| Avril | 14.000 — de 500 fr. | Compagnie générale française de tramways...... | 900 |
| — | 24.000 — de 500 fr. | Banque d'Indo-Chine....... | 675 |
| — | 100.000 — de 100 fr. | Compagnie générale de traction............... | 230 |
| Mai | 100.000 — do 500 fr. | Crédit lyonnais........... | 925 |
| — | 100.000 — — | Comptoir national d'escompte | 575 |
| — | 6.000 — — | Compagnie d'éclairage des villes.............. | 545 |
| — | 25.000 — | Hauts fourneaux en Russie 4 1/2.............. | 475 |
| — | 10.000 — de 500 fr. | Compagnie générale de charbonnages........... | 525 |
| — | 10.000 — de 500 fr. | Tramways de Paris et du département de la Seine.. | 735 |
| Juin | 6.000 obl. de 500 fr. | Mines de Malfidano 4 1/2.. | 485 |
| — | 100.000 — — | Chemins lombards 4 %.... | 450 |
| Octobre | 20.000 act. — | Thomson-Houston de la Méditerranée.......... | 600 |
| — | 6.000 obl. ........ | Éclairage des villes 4 1/2 %. | 485 |

Ces émissions ont été, en réalité, peu nombreuses à
côté du nombre de celles qui ont eu lieu sur les mar-

chés anglais, allemands, autrichiens, belges, suisses et surtout américains. Notre législation fiscale éloigne beaucoup d'affaires de notre place qui, depuis ce qu'on a appelé la « réorganisation du marché », tend à perdre son importance internationale. Il y a là de gros dangers pour l'avenir et peut-être dans un avenir prochain. Le marché de Paris devrait être et rester, avec celui de Londres, l'un des régulateurs et des principaux centres financiers du monde.

## VIII

Les « introductions » au parquet et les « admissions » à la cote officielle des agents de change.

S'il y a eu peu d'émissions publiques, les « introductions », néologisme financier que nous avons déjà expliqué (1), les admissions à la cote, au parquet et en banque, n'ont pas chômé.

Voici le relevé des valeurs admises à la cote officielle pendant l'année 1900 :

| NOMBRE | NATURE DES VALEURS | VALEUR nominale | PREMIER COURS coté | COURS ACTUELS |
|---|---|---|---|---|
| | | fr. c. | fr. c. | fr. c. |
| 8.000 actions .... | Hauts fourneaux et forges de Trignac.................. | 500 00 | 581 00 | 435 00 |
| 4.000 obligations. | Compagnie du gaz de Mulhouse 4 %................... | 500 00 | 505 00 | 490 00 |
| 757 obligations. | Port de Tunis, Sousse et Sfax 3 %.................... | 500 00 | 492 00 | 490 00 |
| 4.020 obligations. | Gaz de la France et de l'étranger.................... | 500 00 | 499 00 | 491 00 |
| 700 actions .... | Éclairage électrique ........ | 500 00 | 600 00 | 614 00 |
| 100 millions fr. | Bons du trésor roumain 5 %.. | 500 00 | 479 00 | 471 00 |
| 50.455.800 roub... | Banque foncière de la noblesse 3 1/2 %................ | 100 00 | 91 25 | 91 20 |
| 30.000 obligations. | État de Berne 3 1/2 %........ | 500 00 | 479 00 | 496 00 |
| 20.000 — | Cⁱᵉ des omnibus 4 %......... | 500 00 | 502 00 | 506 00 |
| 40.000 actions .... | Société industrielle d'énergie électrique ............... | 250 00 | 275 00 | 280 00 |
| 10.000 parts...... | — — | | 125 00 | 75 00 |
| 8.527 obligations. | Union des gaz 4 %.......... | 500 00 | 492 00 | 495 00 |

(1) Voir notre *Vocabulaire manuel d'économie politique*, Librairie Armand Colin et Cⁱᵉ, in-8°, 1ʳᵉ édition, 1898; Vᵒ *Émission*.

| NOMBRE | NATURE DES VALEURS | VALEUR nominale | PREMIER COURS coté | COURS ACTUEL |
|---|---|---|---|---|
| | | fr. c. | fr. c. | fr. c. |
| 160.000 obligations. | Foncières 3.75 % 1899....... | 500 00 | 490 00 | 517 00 |
| 4.550 — | Cⁱᵉ La Providence, accidents. | 500 00 | 465 00 | 575 00 |
| 137 — | Voies ferrées du Dauphiné... | 500 00 | 410 00 | 428 00 |
| 8.000 — | Soc. lyonnaise des forces motrices du Rhône.........,, | 500 00 | 503 00 | 509 00 |
| 12.000 actions .... | Banque indust. coloniale,.... | 500 00 | 715 00 | 750 00 |
| 8.000 — .... | Ouest parisien............... | 500 00 | 650 00 | 390 00 |
| 8.385 obligations. | Laiterie Ferm.-Réunis 3 %.. | 400 00 | 300 00 | 290 00 |
| 40.000 actions .... | Fers et aciers Robert....... | 100 00 | 150 00 | 129 00 |
| 6.000 obligations. | Secteur Place Clichy 4 1/2... | 500 00 | » | 494 00 |
| 4.000 actions .... | Eclairage électrique........ | 500 00 | 590 00 | 514 00 |
| 8.000 — .... | Ouest parisien............... | 500 00 | 654 00 | 390 00 |
| 100.000 — .... | Société parisienne électrique. | 250 00 | 315 00 | 284 00 |
| 8.000 — .... | Union électrique........... | 500 00 | 550 00 | 540 00 |
| 5.000 — .... | Hauts fourneaux de Pauillac. | 500 00 | 566 00 | 490 00 |
| 50.000 — .... | Phosphates du Dyr.....•... | 100 00 | 145 00 | 130 00 |
| 5.500 obligations. | — — 4 1/2 %. | 500 00 | 490 00 | 480 00 |
| 200 actions .... | Eclairage des villes........ | 500 00 | 600 00 | 545 00 |
| 2.000 obligations. | — 5 %...... | 300 00 | 306 00 | 299 00 |
| 28.000 actions .... | Tramways Paris St Denis.... | 250 00 | 360 00 | 406 00 |
| 15.000 — .... | Fabrication de matières plastiques................... | 100 00 | 260 00 | 217 00 |
| 1.512 obligations. | Cⁱᵉ gén. transatlantique..... | 500 00 | 344 00 | 328 00 |
| 75 millions fr. | Bons du trésor roumain..... | 500 00 | 488 00 | 471 00 |
| 120.000 actions .... | Cⁱᵉ gén. paris. de tramway. | 250 00 | 425 00 | 345 00 |
| 14.000 — .... | Cⁱᵉ gén. franc. de tramways. | 500 00 | 1.069 00 | 689 00 |
| 24.000 obligations. | Cⁱᵉ centrale du gaz 3 %.... | 500 00 | 415 00 | 440 00 |
| 25.000 parts...... | Soc. pari-ienne électrique... | » | 215 00 | 220 00 |
| 4.000 obligations. | Cⁱᵉ gén. des eaux 3 %..... | 500 00 | 456 00 | 447 50 |
| 8.000 actions .... | Société des hauts fourneaux de Trignac........ ....... | 500 00 | 640 00 | 435 00 |
| 8.300 obligations. | Cⁱᵉ gén. des omnibus 4 %... | 500 00 | 503 00 | 506 00 |
| 10.000 — | Crédit fonc. égyptien 4 %... | 505 00 | 504 00 | 505 00 |
| 24.000 actions .... | Chemins sur routes d'Algérie. | 500 00 | 500 00 | 477 00 |
| 3.444 obligations. | — — 4 1/2 %. | 500 00 | » | 497 00 |
| 9.000 — | Colonie de Madagascar...... | 100 00 | 82 00 | 82 00 |
| 1.700 actions .... | Carrières et scieries de Bourgogne............... | 500 00 | » | 375 00 |
| 4.080 obligations. | L'Urbaine et la Seine........ | 500 00 | 503 00 | 492 00 |
| 10.000 actions .... | Cⁱᵉ gén. d'électricité........ | 500 00 | 630 00 | 632 00 |
| 43.200 — .... | Raffinerie et sucrerie Say.... | 500 00 | 1.190 00 | 1.178 00 |
| 30.000 — | Phénix autrichien. Fl....... | 100 00 | » | 133 00 |
| 56.000.100 roubles. | Foncière noblesse 3 1/2 %... | 100 00 | 89 80 | 91 20 |
| 5.550 obligations. | Cⁱᵉ gén. transatlantique..... | 500 00 | 334 00 | 328 00 |
| 5.000 actions .... | La Soie............... | 1.000 00 | » | » |
| 5.300 obligations. | — 5 %.............. | 500 00 | » | » |
| 32.000 actions .... | Routchenko ,............. | 500 00 | 765 00 | 755 00 |
| 40.000 — .... | Crédit ind. et commercial... | 500 00 | 603 00 | 602 00 |
| 1.200 — .... | Carrières de l'Ouest......... | 500 00 | » | 625 00 |
| 100.000 — .... | Chemins lombards 4 %...... | 500 00 | 450 00 | 490 00 |
| 28.000 actions .... | Charbon. de Rykowsky...... | 500 00 | 825 00 | 760 00 |
| 20.000 obligations. | — — 4 1/2.. | 400 00 | 489 00 | 487 00 |
| 10.000 — | Messageries maritimes...... | 500 00 | 491 00 | 484 00 |
| 4.000 — | Foncière lyonnaise.......... | 500 00 | 423 00 | 443 00 |
| 6.000 actions .... | Eclairage des villes........ | 500 00 | 582 00 | 544 00 |
| 48.200 — .... | Ch. de fer nogentais........ | 500 00 | 550 00 | 530 00 |
| 1.974 obligations. | — — 3 %.... | 500 00 | » | 350 00 |
| 30.000 actions .... | Tramways de Nice et littoral. | 500 00 | 550 00 | 550 00 |
| 10.000 obligations. | Soc. lyonnaise des eaux,..... | 500 00 | 486 00 | 498 00 |

| NOMBRE | NATURE DES VALEURS | VALEUR nominale | PREMIER COURS coté | COURS ACTUEL |
|---|---|---|---|---|
| | | fr. c. | fr. c. | fr. c. |
| 43.260 obligations. | Ottoman 5 % 1896........... | 500 00 | 494 00 | 509 00 |
| 100.000 actions.... | Omnium lyonnais............. | 100 00 | 133 00 | 68 00 |
| 3.600 obligations. | Bône-Guelma 3 %........... | 500 00 | 444 00 | 448 00 |
| 62.060 actions.... | Tramways Est-Parisien...... | 500 00 | 710 00 | 415 00 |
| 8.375 — .... | Cirque d'Hiver............. | 140 00 | 180 00 | 180 00 |
| 54.934 — .... | Compagnie générale de construction................. | 100 00 | 170 00 | 145 00 |
| 12.000 obligations. | — — 4 %.. | 500 00 | 478 00 | 471 00 |
| 4.300 actions.... | Papeteries Gourand......... | 500 00 | 675 00 | 605 00 |
| 6.000 — .... | Secteur Rive-Gauche....... | 500 00 | 629 00 | 610 00 |
| 24.000 — .... | Transports de liquides....... | 100 00 | » | » |
| 38.494 obligations. | Minas-Geraës 5 %......... | 500 00 | 376 00 | 370 00 |
| 90.000 — | Norvégien 3 1/2 1900....... | 100 00 | 92 00 | 97 00 |
| 100.000 actions.... | Compagnie générale de traction............... | 100 00 | 230 00 | 158 00 |
| 100.000 — .... | Comptoir national d'escompte. | 500 00 | 595 00 | 587 00 |
| 100.000 — .... | Crédit lyonnais............. | 500 00 | 1.038 00 | 1.100 00 |
| 6.000 — .... | Compagnie d'éclairage des villes................... | 500 00 | 570 00 | 544 00 |
| 22.188 — .... | Société française des Nouvelles galeries réunies .......... | 500 00 | 944 00 | 685 00 |
| 25.000 — .... | Compagnie foncière de la ville d'Alger..... | 100 00 | 115 00 | 109 00 |
| 15.000 obligations. | Port, quais et entrepôts de Beyrouth ................ | 450 00 | » | 497 00 |
| 20.000 actions.... | Société ardoisière de l'Anjou. | 250 00 | 222 00 | 220 00 |
| 24.000 obligations. | Société immobilière marseillaise 3 %............. | 500 00 | » | 550 00 |
| 20.000 actions.... | Energie électrique.......... | 250 00 | 400 00 | 404 00 |
| 28.000 — .... | Société française de constructions mécaniques...... | 250 00 | 300 00 | 220 00 |
| 24.000 — .... | L'Oyonnithe ............... | 100 00 | 200 00 | 150 00 |
| 10.000 obligations. | Port de Salonique 5 %...... | 500 00 | 457 00 | 456 00 |
| 7.480 actions.... | Compagine générale d'électricité.................. | 500 00 | 725 00 | 632 00 |
| 28.000 — .... | Construction de locomotives.. | 500 00 | 720 00 | 735 00 |
| 4.000 — .... | Thomson-Houston de la Méditerranée............... | 500 00 | 810 00 | 600 00 |
| 30.000 obligations. | Wagons-Lits 4 %........... | 500 00 | 500 00 | 445 00 |
| 20.000 actions.... | Gaz acétylène............. | 100 00 | 124 75 | 149 00 |
| 2.600 obligations. | Chemins de fer de la Camargue 3 %................. | 500 00 | 422 00 | 424 00 |
| 2.000 actions.... | Compagnie générale de travaux d'éclairage.......... | 500 00 | 608 00 | 508 00 |
| 4.500 — .... | Eaux naturelles de Vichy.... | 500 00 | 501 00 | 505 00 |
| 40.000 — .... | Restaurants Paillard et Maire. | 100 00 | 100 00 | 53 00 |
| 40.000 — .... | Société italienne pour le gaz................... | 250 00 | 550 00 | 550 00 |
| 6.000 — .... | Omnibus 4 %.............. | 500 00 | 505 00 | 506 00 |
| 25.100 actions.... | Paris-France............... | 500 00 | 780 00 | 720 00 |
| 11.300 obligations. | — 5 %.......... | 500 00 | 554 00 | 613 00 |
| 24.000 actions.... | Banque de l'Indo-Chine...... | 500 00 | 799 00 | 758 00 |
| 12.500 obligations. | Chargeurs-Réunis 4 %...... | 500 00 | » | 495 00 |
| 341 — | Produits chimiques de Saint-Denis ................. | 500 00 | » | 345 00 |
| 8.000 actions.... | Forges et aciéries en Russie.. | 500 00 | 633 00 | 530 00 |
| 6.000 — .... | Maison Durst-Wild frères.... | 500 00 | » | » |
| 5.200 — .... | Manufacture de porte-plumes. | 500 00 | 820 00 | 840 00 |
| 40.000 — .... | Banque commerciale italienne | 500 00 | » | » |

| NOMBRE | NATURE DES VALEURS | VALEUR nominale | PREMIER COURS coté | COURS ACTUEL |
|---|---|---|---|---|
| | | fr. c. | fr. c. | fr. c. |
| 40.000 actions .... | Société du Grand-Hôtel ...... | 100 00 | 194 00 | 145 00 |
| 1.552 obligations. | Société générale des chemins de fer économiques........ | 500 00 | 426 50 | 435 00 |
| 5.582 — | Toulouse à Boulogne-sur-Gesse 4 %........................ | 500 00 | » | 425 00 |
| 6.000 — | Malfidano 4 %.............. | 500 00 | 495 00 | 488 00 |
| 4.000 actions .... | La Prévoyance.............. | 500 00 | » | » |
| 10.000 obligations. | Canal de Suez, 2e série...... | 500 00 | 455 00 | 460 00 |
| 90.000 actions .. . | Compagnie russe-française de tramways................. | 100 00 | 189 00 | 193 00 |
| 180.000 obligations. | de 500 fr. Argentin 1900...... | 100 00 | 56 50 | 61 65 |
| 4.000 actions .... | Société d'électricité, automobiles Mors .............. | 500 00 | » | 550 00 |
| 527 obligations. | Chemins de fer du Médoc.... | 500 00 | 353 00 | 363 00 |
| 16.000 actions .... | Penarroya .............. | 250 00 | » | 2.402 00 |
| 7.200 — .,.. | Paris-France............... | 500 00 | 730 00 | 720 00 |
| 10.000 — .... | Tramways de Paris et du département de la Seine...... | 500 00 | 730 00 | 700 00 |
| 2.500 obligations. | Gaz et Eaux 4 %........... | 500 00 | 492 00 | 497 00 |
| 1.000 actions .... | Compagnie gén. de glace hygiénique................. | 100 00 | 31 00 | 31 00 |
| 6.000 — .... | Ports de Tunis, Sousse et Sfax. | 500 00 | » | » |
| 240 obligations. | — — 4 %. | 500 00 | 477 00 | 490 00 |

Voici le résumé de cette statistique :

| NATURE DES VALEURS | NOMBRE de TITRES | VALEUR NOMINALE totale | VALEUR TOTALE d'après le cours d'admission | VALEUR TOTALE d'après le cours actuel |
|---|---|---|---|---|
| | | millions de francs | millions de francs | millions de francs |
| Obligations.............. | 988.541 | 1.757 3 (1) | 1.312 8 (1) | 1.363 3 (1) |
| Actions................. | 1.872.537 | 475.6 | 865 7 | 799 2 |
| Parts................. | 35.000 | » | 6 6 | 6 1 |
| TOTAUX.......... | 2.896.078 | 2.232 9 | 2.185 1 | 2.168 6 |

(1) Cette somme comprend 175 millions de francs en Bons du trésor roumain et 106,155,000 roubles. Banque foncière de la noblesse 3 1/2 %.

## IX

Les admissions à la cote, sur le marché en banque, ont été moins nombreuses qu'au parquet des agents de change; mais, de même que sur le marché officiel, les cours actuels de la plupart des valeurs introduites ne répondent guère aux espérances et aux cours du début.

Elles représentent un total de 3,024,322 titres divers valant, au cours nominal, 238 millions; au premier cours coté en banque, 393 millions et, aux cours actuels, 335 millions.

En voici le relevé :

| NOMBRE | NATURE DES VALEURS | VALEUR nominale | PREMIER COURS coté | COURS ACTUEL |
|---|---|---|---|---|
| | | fr. c. | fr. c. | fr. c. |
| 15.000 actions .... | Mines d'Algérie et Tunisie.. | 500 00 | 476 00 | 505 00 |
| 45.000 — .... | Producteurs de glycérine..... | 100 00 | 55 00 | 41 00 |
| 20.000 — .... | Tramways de Lorient.......... | 100 00 | 107 00 | 90 00 |
| 4.000 obligations. | The Ritz Hôtel............... | 500 00 | 460 00 | 476 00 |
| 60.000 actions .... | Mines Joltaïa Rieka........... | 100 00 | 100 00 | 52 00 |
| 20.000 — .... | Omnium colonial français.... | 100 00 | 100 00 | 100 00 |
| 10.000 — .... | Voyage aérien de Paris....... | 100 00 | 120 00 | » |
| 20.000 — .... | Compagnie industrielle de Paris................... | 100 00 | 105 00 | 90 00 |
| 2.500 — .... | Photographie des couleurs... | 500 00 | 750 00 | 400 00 |
| 54.933 — .... | Compagnie générale de construction............. | 100 00 | 155 00 | (²)145 00 |
| 2.000 — .... | L'Alimaïenne................ | 500 00 | 725 00 | 700 00 |
| 20.000 — .... | Manufacture de Lin de Kostroma.................. | 500 00 | 540 00 | 410 00 |
| 20.000 — .... | Tramways électriques et voies ferrées............. | 250 00 | 285 00 | 180 00 |
| 46.500 — .... | Façonnerie de bois du Nord.. | 100 00 | 106 00 | 45 00 |
| 51.450 — (1).. | Harpener Bergbau.......... | » | 1.770 00 | 1.835 00 |
| 10.000 — .... | Voitures du Grand-Hôtel..... | 100 00 | 132 00 | 75 00 |
| 21.333 obligations. | — — 4 ½ | 500 00 | 477 50 | 460 00 |
| 3.000 actions .... | Café-restaurant américain.... | 500 00 | » | 515 00 Cotée au parquet |
| 32.000 — .... | Société minière de Routchenko................... | 500 00 | 845 00 | 760 00 |
| 3.300 — .... | Société agricole du Setté-Cama................... | 500 00 | 660 00 | 450 00 |

(1) Ces 51,450 actions comprennent 12,500 coupures de 600 marks, 11,200 coupures de 1,008 marks et 27.750 coupures de 120 marks.

(2) Cotée au parquet.

| NOMBRE | NATURE DES VALEURS | VALEUR nominale | PREMIER COURS coté | COURS ACTUEL |
|---|---|---|---|---|
| | | fr. c. | fr. c. | fr. c. |
| 12.000 actions.... | Compagnie agricole de la Lefini........................ | 100 00 | 120 00 | 80 00 |
| 600.000 — .... | Compagnie du Zambèze...... | 25 00 | 47 50 | 35 75 |
| 400.000 — .... | Geduld Proprietary........... | 25 00 | 129 00 | 118 50 |
| 6.000 — .... | Verreries de l'Ancre réunies.. | 500 00 | 550 00 | 550 00 |
| 10.000 — .... | Société immobilière de Vichy. | 500 00 | 505 00 | 505 00 |
| 300.000 — .... | New Goch Gold............. | 25 00 | 70 00 | 67 00 |
| 50.000 act. ordin.. | Compagnie de recherche et exploitation de gisements métallifères............... | 25 00 | 29 00 | 28 00 |
| 50.000 act. priv... | — | 25 00 | 31 50 | 31 00 |
| 65.000 actions... | Société du Saint-Raphaël quinquina................ | 100 00 | 50 00 | » |
| 20.000 — .... | Compagnie française du bi-métal...................... | 100 00 | 107 00 | 85 00 |
| 300.000 — .... | New Steyn Estate........... | 25 00 | 63 00 | 55 00 |
| 20.000 — .... | Compagnie générale de charbonnages............... | 500 00 | 527 00 | 398 00 |
| 100.000 obligations. | Crédit foncier de Santa-Fé.... | 100 00 | 60 00 | 85 00 |
| 8.021 — | Forges et aciéries Basse-Indre | 350 00 | 400 00 | 400 00 |
| 2.496 — | Société des chemins algériens | 500 00 | 477 50 | 500 00 |
| 50.000 actions.... | Charbonnages du Bielaïa..... | 100 00 | 101 00 | 120 00 |
| 44.500 — .... | Établissements Porcher...... | 100 00 | 130 00 | 125 00 |
| 6.000 parts...... | Mines d'Azincourt.......... | » | 750 00 | 729 00 |
| 45.000 actions.... | La Haute-Sangha........... | 100 00 | 115 00 | 152 50 |
| 12.000 — .... | Ateliers Burton........... | 100 00 | 150 00 | 152 50 |
| 300.000 — .... | Russian Collieries.......... | 25 00 | 38 00 | 89 00 |
| 150.000 — .... | Société française de revenus industriels............... | 100 00 | 110 00 | » |

Les valeurs qui ont été « introduites » au parquet des agents de change, de même que celles qui l'ont été au marché en banque, ont causé des déboires. Comme il faut toujours chercher une raison pour expliquer tel ou tel mouvement de hausse ou de baisse, on a attribué ces pertes au système des « introductions » au lieu de l'ancien mode de « souscription publique ». La vérité est que les deux systèmes ont leurs inconvénients et leurs avantages. Le mode d'émission et de placement de titres par souscription publique a été naguère aussi critiqué que le sont aujourd'hui les « introductions ». Quand le public s'engoue de tel ou tel titre, quand « pris de vertige », suivant l'expression de Léon Say, il se met à la recherche de placements « avec inquiétude, avec hâte, avec une furie singulière », il achètera tout ce qui se présentera à lui, que ce soit par souscription publique, par introduction sur le marché, par vente directe. La vérité est que ces violents mouvements en hausse ou en baisse et que ces pertes énormes ne se produiraient pas, si les capitalistes, les petits rentiers, ainsi que les spéculateurs, étaient plus réservés, plus prudents et ne se jetaient pas avec une frénésie qui leur fait perdre le jugement, quels que soient les conseils de prudence qui leur sont donnés et les avertissements qu'ils reçoivent, sur toutes espèces de valeurs, car « ils perdent, comme l'écrivait M. Léon Say, le sentiment de la réalité et croient au surnaturel ».

A des époques périodiques, capitalistes, rentiers, spéculateurs, se jettent comme des fous sur des titres de chemins de fer, de compagnies d'assurances, de sociétés financières, de titres industriels, et ce n'est pas seulement en France mais à l'étranger que de semblables entraînements se produisent. Pour offrir des placements à ces capitalistes affolés, on a vu, par exemple, dans la Grande-Bretagne, surgir de véritables compagnies éruptives, des « bulbes companies ».

On a vu se fonder des sociétés et émettre des actions pour le commerce des cheveux de femmes ; d'autres pour assurer toutes sortes de risques comme, par exemple, le risque d'infidélité des hommes et des femmes dans le mariage ; d'autres pour fabriquer de l'eau douce avec de l'eau de mer ; d'autres pour exploiter le « mouvement perpétuel ». Dans son curieux ouvrage sur *Lombard Street*, M. Bagehot a relevé les noms de grand nombre de ces sociétés éphémères.

Il y en avait une, entre autres, dont le promoteur s'engageait à révéler le secret de l'entreprise un mois après que la souscription aurait abouti. Il émettait des actions de 100 livres sterling. Chaque souscripteur devait déposer 2 livres sterling pour s'assurer la possession d'une action de 100 livres sterling, qu'on lui

remettrait en lui révélant la nature des opérations de
la compagnie. Plus de 1,000 personnes, en une matinée,
souscrivirent des milliers de ces actions mystérieuses
afin de connaître la combinaison financière et d'en
profiter. Le mystère fut bien vite éclairci : le promoteur partit dans l'après-midi ; les souscripteurs ne
revirent jamais leur argent (1).

## IX

L'impérialisme,

De l'année qui finit, on ne peut dire ni beaucoup de
bien, ni beaucoup de mal.

Au point de vue politique extérieur, 1900 n'aura pas
encore vu la fin des guerres et des conquêtes ; bien
au contraire, un esprit nouveau, l'impérialisme, sévit
en Angleterre, en Allemagne, aux Etats-Unis. Ce n'est
pas seulement sur le terrain politique que cet esprit
s'est développé et s'est accentué.

Au point de vue économique, l'impérialisme américain, anglais, allemand, n'est pas moins dangereux. Il
tend à isoler commercialement et de plus en plus complètement les pays les uns des autres.

Les Etats-Unis inondent le vieux continent de leurs
produits et, par le bill Mac-Kinley et le tarif Dingley, se
ferment aux importations étrangères.

En Angleterre, les plaintes contre la concurrence
américaine et la concurrence allemande sont vives. Les
sérieuses difficultés que les négociants anglais éprouvent, aujourd'hui, à faire entrer partout leurs marchandises les incitent à demander, à leur tour, des représailles sous forme de barrières douanières. Le principe
du libre-échange, que la Grande-Bretagne a répandu
dans le monde, est maintenant discuté et battu en
brèche.

---

(1) Voir dans notre travail : *Une nouvelle évaluation du capital et
du revenu des valeurs mobilières* (communication faite à l'Académie
des sciences morales et politiques le 23 mai 1896), le chapitre relatif aux
pertes de l'épargne.

L'Allemagne voyant, elle aussi, se fermer de grands débouchés étrangers pour son commerce, cherche, par des possessions coloniales, à assurer son expansion extérieure dans des pays lui appartenant.

Cette lutte économique explique les expéditions et les conquêtes entreprises depuis plusieurs années : les Etats-Unis s'emparent de Cuba et des Philippines ; la Grande-Bretagne fait la guerre aux deux Républiques sud-africaines; l'Allemagne crée une grande marine militaire et marchande et fonde des colonies.

Nous devons suivre de très près ces grandes évolutions politiques et économiques, car elles auront inévitablement une influence considérable sur l'avenir et la prospérité de notre pays et de l'Europe même, si elle reste aussi divisée.

Résultats commerciaux et industriels de 1900.

Au point de vue commercial et industriel, 1900 aura été une année d'affaires et d'activité. L'exposition universelle y aura beaucoup contribué, sans doute, mais on n'a pas travaillé seulement en vue de l'exposition et à cause d'elle : les rapports de l'Office du travail, venant de tous les points de la France, ont constaté, chaque mois, que rarement le commerce et l'industrie, dans toutes les branches où ils s'exercent, ont été plus animés, plus occupés.

Résultats pour la bourse et le monde des affaires.

Au point de vue strictement financier, la hausse des rentes et valeurs à revenu fixe est une compensation à la baisse des titres à revenu variable, de même que l'an dernier nous signalions un mouvement en sens contraire.

Pour la Bourse et le monde des affaires, 1900 aura été, tout à la fois, une année de hausse dans le premier semestre et de baisse dans le second. A-t-elle été une année de « crise »? En aucune façon. Elle aura été une année d' « allègements », de « liquidation » d'opérations mal engagées sur une quantité d'affaires industrielles, minières, métallurgiques, de charbonnages. La spéculation a perdu beaucoup et les capitalistes qui dé-

sertaient les rentes et les titres à revenu fixe ont subi
de gros déboires.

La petite épargne a perdu dans les placements en
valeurs industrielles qu'elle a faits; mais ses pertes sont
atténuées en partie, sinon en totalité, par la plus-value
de ses titres à revenu fixe.

Les pertes sont graves, surtout dans la grosse clientèle
du marché, dans le groupe des capitalistes et spéculateurs, des habitués de la Bourse, des « gens du monde
et des cercles », toujours à l'affût de nouvelles affaires,
toujours prêts à entrer dans des syndicats, à prendre
des participations et qui les recherchent bien moins
pour le revenu qu'ils peuvent en tirer que pour la plus-
value que ces opérations peuvent donner au capital
engagé. Grand nombre de syndicats et de participations financières sur les titres de tramways, traction,
charbonnages, mines, sociétés métallurgiques, n'ont pu
se liquider. Quand cette liquidation se fera, les syndi-
cataires peuvent s'attendre à subir d'assez grosses
pertes. Ce sont des accidents regrettables, sans doute,
mais qui, en somme, n'atteignent pas la véritable
épargne. Le marché, néanmoins, se ressent de cette
situation, car les capitaux immobilisés dans ces opérations qui restent à liquider, manquent aux nouvelles
affaires à créer.

Les rentiers et porteurs de rentes françaises, obligations de chemins de fer, du Crédit foncier, des grandes
sociétés industrielles et de plusieurs rentes et compagnies étrangères n'ont pas à se plaindre de l'année 1900 :
elle marque le relèvement des fonds d'Etat et titres à
revenu fixe et ce sont elles qui se trouvent en majeure
proportion dans les portefeuilles. Cette amélioration se
trouve néanmoins diminuée par la baisse des autres
titres à revenu variable. Il n'est guère de rentier qui,
entraîné par le mirage des titres qui « peuvent monter »
ou qui donnent de « gros revenus », n'ait en portefeuille
un ou plusieurs titres miniers, industriels, métallurgiques, etc.

*Résultats pour
les rentiers.*

En résumé et à un point de vue général, en établissant comme dans un bilan l'actif et le passif de cette année 1900, nous pouvons dire que ses profits l'emportent sur ses pertes et qu'elle a consolidé, malgré certaines défaillances, l'amélioration acquise pendant les années précédentes. Tous les faits économiques le prouvent : 1° Plus-value et rentrée régulière et par anticipation des impôts, ce qui indique que le contribuable supporte facilement ses lourdes charges ; — 2° Augmentation du produit de la taxe sur le revenu des valeurs mobilières qui aura dépassé cette année 78 millions, chiffre qui n'avait jamais été atteint, ce qui prouve que la somme totale des revenus des particuliers constitués en titres mobiliers s'est accrue ; — 3° Maintien des produits élevés de l'impôt sur les opérations de bourse, ce qui montre qu'en somme les transactions pour l'ensemble de l'année qui, depuis six mois, laisse beaucoup à désirer, ne sont pas inférieures en nombre à celles de l'an dernier ; — 4° Augmentation de 84 millions environ sur les recettes des chemins de fer ; — 5° Accroissement du mouvement de la navigation ; — 6° Abondance des capitaux en dépôt dans les sociétés de crédit et à la Banque, à aucune époque ils n'ont été plus élevés ; — 7° Taux de l'escompte meilleur marché que sur aucune place du monde ; — 8° Jamais le compte courant du Trésor à la Banque n'a été plus gros, c'est-à-dire que jamais ses disponibilités n'ont été plus fortes ; — 9° Ajoutons encore que notre pays dispose d'une épargne qui s'accroît sans cesse et que les rentes françaises, expression du crédit public, se capitalisent à moins de 3 % et, dans l'étiage du crédit et de la confiance, sont le plus haut cotées.

Mais tous ces résultats indéniables seraient vite détruits, et ce sera notre conclusion finale et comme la synthèse aussi bien des événements qui se sont accomplis sous nos yeux que de ceux qui se préparent, si l'ordre, la paix à l'intérieur et à l'extérieur, n'étaient pas énergiquement maintenus, si nous n'avions pas un Trésor bien garni, des finances « libres et fortes » suivant une expression de M. Ribot, que nous aimons souvent à répéter ; si nous n'avions pas un marché financier large, ouvert à toutes les initiatives ; si l' « obsession fiscale » devait continuer à agiter nos législateurs (1). Il faut prendre résolument la décision de laisser le contribuable, le rentier, vivre en paix ; il faut penser à augmenter le travail productif du pays ; c'est, comme le disait M. Caillaux, une « orientation nouvelle » qu'il faut imprimer aux esprits; ce sera la meilleure façon d'accroître les recettes du Trésor. *Des finances libres et fortes.* *Nécessité de mettre fin à l'obsession fiscale.*

L'année 1900 contient de sérieux avertissements, aussi bien pour le monde politique que pour le monde financier ; les capitalistes, les rentiers et spéculateurs, personne ne doit les oublier. La prudence doit être conseillée à tous.

## X

La fin de l'année 1900 est aussi la fin du siècle. *La fin du siècle. Conclusion.*

Les révolutions qui se sont accomplies sont considérables; elles ont bouleversé les anciennes conditions de la vie si complètement et si universellement, qu'à peine pouvons-nous apprécier l'immensité du changement ou apercevoir les plus prochaines conséquences qu'il va entraîner.

Qu'on essaye de se représenter ce que pouvait être un gouvernement en 1815, lorsqu'il n'y avait ni télégraphe pour relier le centre aux provinces ou un général avec ses corps de troupes, ni chemins de fer pour transporter troupes ou dépêches. Les armées étaient munies d'armes enfantines. Les colonies pouvaient succomber sans que personne en fût averti et avant qu'on ait pu contourner l'Afrique pour les secourir. Au-dedans, le peuple était mal nourri, mal habillé, ignorant. Peut-on se représenter ce qu'était alors une grande ville, resser-

(1) Voir notre art. le *Encore l'obsession fiscale*, in-8° 1900.

rée, malpropre, bien petite à côté des nôtres ? Qu'était-ce alors que le budget d'un État? Qu'était sa dette publique? L'imagination qui ne peut recréer ce passé qu'à l'aide des statistiques dressées dans notre siècle pour la première fois, n'est pas moins impuissante à tracer de l'avenir un seul trait qui ait chance de se trouver exact, d'autant plus qu'un des principaux caractères du siècle est que les changements qui s'y sont produits ont été soudains, imprévus, plus qu'en aucun autre.

Comment les hommes de la Révolution voyaient-ils l'avenir? Comme le champ d'action de nouveaux o-mains vertueux et sensibles. Vertueux, nous le sommes fort en paroles, comme dans tous les temps; il n'y a pas eu là de révolution. Sensibles, nous le sommes heureusement, car jamais l'humanité souffrante n'a été plus intelligemment secourue que de nos jours, jamais l'homme ne s'est penché sur les misères de l'homme avec une plus ferme volonté d'être humain. Mais les hommes de 1789 prévoyaient-ils les bouleversements industriels du monde, la concurrence des marchés universels, la lutte pour la houille, forme moderne de la lutte pour la vie, le mouvement de la population? Soucieux avant tout des droits de l'individu, pouvaient-ils prévoir le développement des sociétés commerciales et des grandes entreprises collectives? Prévoyaient-ils et pouvaient-ils prévoir la transformation des métiers en machines, la toute-puissance de la mécanique et de la chimie? Ils en étaient à l'Encyclopédie; l'électricité n'était qu'une force amusante, un curieux caprice de la nature; la chimie n'était pas sortie des laboratoires. Aussi la révolution industrielle du XIXᵉ siècle a, par sa soudaineté, déconcerté les plus avertis. Les sciences, force immense dont on ne soupçonnait pas les conséquences, ont déroulé comme au hasard la série des effets bons, terribles ou pernicieux. Maintenant, ces forces sont déchaînées ; personne ne peut dire où elles nous conduisent.

Déjà des époques récentes, comme 1870, semblent reculées d'un siècle par la transformation des moyens d'exis-

tence et des conditions de gouvernement. L'armée de
1870 est peu nombreuse et mal armée, si on la compare
à notre nation armée et armée du Lebel. Le téléphone
succède au télégraphe et, à ce dernier, le télégraphe à
ondes électriques. Cependant, il y a toujours des sous-
préfets, preuve précisément de la rapidité de la révolution. Elle est telle, que les gouvernements n'ont pas eu
le temps de se mettre au niveau des exigences modernes;
les idées du public, même du public gouvernant, sont
en retard et l'ont toujours été sur les idées du temps.
Sur une foule de points, les gouvernements vivent encore, à leur insu, dans le passé. C'est ainsi qu'avec les
trains-éclairs, nous avons encore l'octroi et la douane,
comme, avec les valeurs mobilières, nos codes distinguent toujours entre les meubles et les immeubles et ne
croient sûrs que les placements immobiliers! L'humanité de 1901 n'est plus la même humanité que celle de
1800. Elle est plus nombreuse, elle sera demain à l'abri
de la misère et de l'ignorance, mais elle est tout cela
sans le savoir encore. Par routine, elle agit comme hier,
elle fait la guerre, elle est encore barbare, car on ne
change pas ses habitudes du jour au lendemain. Mais
arrêtons les prophéties. Il est toutefois tentant de répéter
le vœu de Michelet : « Au xxᵉ siècle, la France donnera
la paix au monde », et de fermer l'oreille au bruit des
canonnades africaines ou asiatiques. La guerre est partout : au Transvaal, en Egypte, au Soudan, à Madagascar, en Chine, en Sibérie, aux Philippines, en Colombie.
Pour prévoir la paix, il faut être très optimiste, ou se
rappeler que si le temps est quelque chose pour les
hommes, il n'est rien pour la nature et que la parole de
Michelet, à de graves accidents près, peut être vraie.
La rapidité des communications jointe à la diffusion
de l'instruction peuvent, en effet, par leur réunion, ame-
ner la civilisation générale à un degré qu'elle n'a pas
encore atteint ; l'espérance reste permise.

# 1901

## UNE ANNÉE DE FLÉCHISSEMENT
## ET DE LIQUIDATION

### I

La première année du xxᵉ siècle, 1901, qui s'achève Ce que 1901 a été à l'étranger. est pleine de contrastes à en juger par les faits politiques et économiques qui se sont produits en France, en Europe et au delà de l'Océan. L'Europe est en paix. La guerre de Chine est terminée ; les troupes alliées sont rentrées dans leurs foyers. Des difficultés, aujourd'hui aplanies, ont surgi au Maroc et en Turquie ; mais, dans l'Afrique du Sud, la guerre continue toujours. Des difficultés s'élèvent entre le Chili et la République Argentine, menaçant d'entraîner dans le conflit le Brésil et le Pérou ; la situation est troublée au Venezuela et en Colombie. En Europe, les armements se développent, accroissent les charges des contribuables, augmentent les déficits des budgets et obligent tous les Etats à recourir à des emprunts.

Des crises industrielles et financières graves ont Crises industrielles et financières. frappé l'Allemagne, la Belgique, la Russie ; elles ne sont pas encore éteintes, la situation n'est pas redevenue normale. La continuation de la guerre du Transvaal a Finances anglaises. bouleversé les finances de la Grande-Bretagne : le budget britannique a presque doublé en trois ans ; plus de 4 milliards ont été empruntés ; les impôts ont été accrus dans des proportions considérables. L'income-tax était de 8 d. à la livre en 1898-1899 : il s'élève pour 1901-1902 à 1 shilling. Les Consolidés anglais sont tombés un instant jusqu'à 91 francs, cours qu'ils ne connaissaient pas depuis 50 ans, pour se relever légèrement. Depuis 1899, l'augmentation de la dette égale les amortissements effectués depuis un demi-siècle. Les grandes industries, le commerce intérieur et extérieur, souffrent cruellement. Les statistiques commerciales indiquent pour les onze mois de l'année courante plus de 13 millions de livres sterling, soit 325 millions de francs, de diminution dans les affaires extérieures. La Grande-Bretagne, après une suite presque ininterrompue de prospérité, subit, avec ténacité et persévérance, l'épreuve la plus dure qu'elle ait traversée depuis ses guerres contre Napoléon 1er.

**Prospérité des États-Unis.** Au delà de l'Océan, les États-Unis ont donné le spectacle d'une prospérité et d'une activité d'affaires vertigineuse : comme contraste, le monde entier a assisté avec stupéfaction à des mouvements formidables de hausse, de baisse, de reprise, sur les valeurs dont la spéculation s'occupait le plus, notamment les titres de chemins de fer. Il a entendu parler de « trusts » de plusieurs milliards. Les journées des mois d'avril à juin resteront légendaires à la bourse de New-York. On a vu, par exemple, les actions de la Northern Pacific hausser dans une journée, de 150 dollars à 1,000 dollars; c'est à dire de 750 francs à 5,000 francs; puis, reculer aussi brusquement qu'elles avaient haussé. On a entendu parler de trains de chemins de fer commandés spécialement pour expédier à New-York des titres vendus et qu'il fallait livrer en temps. Des opérations roulant sur des centaines de millions et des milliards ont été annoncées, sous forme « de trust », de « cartells », expressions qui se résument en un seul mot qui signifie : accaparement. A côté de ces spéculations énormes, il faut signaler le développement de l'agriculture, de l'industrie minière, métallurgique. Les États-Unis, dont la population s'accroît avec rapidité, sont devenus exportateurs des produits de leur sol et de leur industrie ainsi que de capitaux.

Le Nouveau Continent peut aujourd'hui prêter des fonds à la vieille Europe qui s'endette chaque année de plus en plus. Deux des plus grands Etats européens, l'Allemagne et la Grande-Bretagne, se sont adressés au marché de New-York, en 1900 et 1901, pour placer leurs emprunts.

Autres contrastes encore. L'Europe plie sous la charge toujours croissante de ses budgets, elle peut difficilement satisfaire à tous ses besoins. Les Etats-Unis plient sous le poids d'un véritable embarras de richesses ; l'emploi de leurs excédents cause des soucis au secrétaire d'Etat qui administre les finances. La dette publique des Etats-Unis a été réduite dans de vastes proportions ; les impôts sont minimes ; le Trésor public ne sait, en quelque sorte, « que faire de son argent. » Mais, par une singulière ironie, les Etats-Unis, dont les dépenses militaires étaient minimes, alors que l'Europe n'a cessé d'y consacrer non seulement le plus clair de ses ressources mais même ce qu'elle ne possède pas, veulent maintenant avoir une armée et une marine puissantes. Le projet de budget de 1902 s'élève à 3 milliards 54 millions. Sur cette somme, le budget de la guerre absorbe 805 millions et celui de la marine 505 millions. Les Etats-Unis n'ont plus rien à nous envier. Cet état d'esprit qu'on a dénommé « l'impérialisme » a pris naissance lors de la guerre hispano-américaine : il s'est développé pendant et depuis la guerre de Chine. On a vu, en 1900 et 1901, les troupes des Etats-Unis marcher, côte à côte, avec les troupes européennes et japonaises. L'influence de ce grand pays a été telle, que lors du règlement de l'indemnité chinoise, l'opinion du gouvernement des Etats-Unis a prévalu sur celle des puissances alliées.

La Chine a supporté avec un calme véritablement oriental les efforts de l'Europe, des Etats-Unis et du Japon, alliés contre elle pour obtenir réparation des injures et des préjudices qu'elle avait causés. Elle a été battue; les Boxers ont été dispersés; les légations euro-

*Contrastes avec l'Europe.*

*Passivité chinoise.*

péennes ont été sauvées ; Pékin, le palais impérial, les
tombeaux des empereurs ont été occupés. Quand l'heure
du règlement final est arrivée, la cour chinoise s'est
enfuie et n'est pas encore rentrée dans la capitale. Il a
fallu de longues tergiversations pour négocier de la
paix et de ses conditions et trouver un négociateur
chinois. Presque par lassitude, les plénipotentiaires
des gouvernements alliés ont fini par accepter un règlement dont le payement exigera 78 semestrialités, soit
39 ans. La passivité chinoise a été telle qu'on peut se
demander si cette expédition a beaucoup grandi l'influence européenne et ne semble pas avoir causé à la
Chine autre chose qu'une simple égratignure.

Progrès du Ja-
pon.

Le Japon, dont les progrès économiques ont été si rapides depuis plusieurs années, s'est débattu et se débat
encore contre des embarras budgétaires, conséquences
d'un développement industriel trop rapide et de dépenses militaires trop lourdes.

## II

Ce que 1901
a été en France.

La France a-t-elle échappé à ces contrastes que nous
venons de rappeler? Si l'an 1901 a été calamiteux en
Allemagne, dans la Grande-Bretagne, en Belgique, en
Russie, prospère aux Etats-Unis, qu'a-t-il été en France,
qu'a-t-il fait, qu'a-t-il produit?

La réponse peut être résumée en quelques mots : 1901
est une année de fléchissement, de liquidation et d'avertissements. On ne peut dire que ce soit une bonne année
quand on examine le rendement de plusieurs revenus
budgétaires; quand les recettes des chemins de fer présentent de grosses diminutions ; quand un temps d'arrêt s'est produit dans les affaires industrielles ; quand
la baisse déprime l'ensemble des valeurs à revenu variable et frappe les titres de tout ordre, les sérieux et
les douteux, les bons et les mauvais.

On ne peut dire, si on consulte son portefeuille, que
ce soit une bonne année ; on ne peut le dire davantage

quand on compare les prix de vente des produits de la
terre à ceux des années précédentes ; quand le producteur de blé se plaint de la baisse des prix ; quand le viti-
culteur se plaint de la mévente de ses vins.

Serait-il donc juste de dire que 1901 a été une année
de crise?

En aucune façon.

Nous avons eu à supporter le contre-coup des crises
industrielles, commerciales, financières qui ont sévi en
Europe ; nous n'avons bénéficié en rien des événements
qui se sont accomplis aux Etats-Unis. Bien au contraire, cette prospérité paraît être tellement brillante
qu'on se demande si elle n'est pas factice ou exagérée ;
dans tous les cas, elle commande la prudence et la
réserve. Les Etats-Unis ont eu, eux aussi, un boom épouvantable sur les chemins de fer dont nous ne pouvons,
en Europe, nous faire une idée. Ce boom a bouleversé
le marché de New-York pendant plusieurs jours, ainsi
que le continent européen. Ce mouvement s'est calmé
quand les auteurs ont compris qu'au lieu de s'entretuer
ils feraient mieux de s'entendre. La spéculation aux
Etats-Unis a pris une telle intensité tant dans les affaires
commerciales et industrielles que dans les affaires de
bourse ; il s'est commis de telles exagérations à propos
de trusts, de cartells, d'accaparement de matières premières ou de valeurs mobilières ; la machine a été tellement chauffée et surchauffée qu'un jour ou l'autre —
et on peut déjà signaler quelques craquements avertis-
seurs, — les Etats-Unis n'échapperont pas à la « crise »
européenne. Cette crise sera d'autant plus violente que
les excès de la spéculation ont dépassé toute limite ;
les millions et les milliards boursoufflés seront réduits
à leur juste valeur.

*Influence des faits extérieurs. Contre-coup des crises européennes.*

Nous avons eu aussi à supporter le contre-coup de la
crise financière des marchés allemands bouleversés par
les faillites retentissantes des banques hypothécaires,
par les chutes de nombreuses sociétés industrielles, la
baisse ou plutôt l'effondrement de tous les titres de ces

*Contre-coup de la crise financière allemande, belge et anglaise et de la crise industrielle russe.*

compagnies, la ruine des actionnaires et commandi-
taires, le suicide de plusieurs de leurs chefs. Nous
n'avons pu non plus rester indifférents à la situation
embarrassée du marché de Bruxelles qui devait, lui
aussi, souffrir de la crise intense qui a frappé les sociétés et valeurs russes et la plupart des titres allemands.
La gêne du Trésor anglais et les embarras budgétaires
de la Grande-Bretagne, ses appels successifs au crédit,
ne pouvaient manquer d'exercer leur répercussion sur
nos propres affaires. Nous avons surtout souffert de la
crise industrielle en Russie, crise plus intense que partout ailleurs, parce que, comme le disait récemment
à la Société d'économie industrielle et commerciale un
des hommes les mieux placés pour bien connaître et
apprécier sainement cette situation, M. A. Raffalovich,
« aux causes générales qui ont produit cette crise sont
venues s'ajouter, pour la Russie, des causes locales,
un large accroissement de concurrence intérieure, un
resserrement inusité du crédit, et aussi, il faut le dire,
parce qu'elle frappait des entreprises naissantes mal préparées à la résistance, souvent même dépourvues des
capitaux nécessaires à l'achèvement de leur installation. »

Solidarité des
marchés.

Les marchés sont solidaires. Malgré les douanes et
les douaniers, malgré les lois restrictives et prohibi-
tives, les malaises et les crises qui éclatent dans les
pays consommateurs ou producteurs se répercutent sur
les affaires et sur la situation économique des autres nations. Quand les capitaux sont recherchés et, conséquemment, plus chers sur une place voisine, la répercussion se produit sur celles où les capitaux sont plus
abondants et moins chers. Quand les affaires industrielles et commerciales languissent ou diminuent, les
pays voisins en subissent le contre-coup.

## III

A côté de l'influence des faits extérieurs, faits financiers et commerciaux, faits politiques comme les événements de Chine, la continuation de la guerre du Transvaal, ou bien, dans une moindre mesure, les difficultés
avec le Maroc et l'envoi d'une croisière à Mitylène, il
faut tenir compte aussi de nos propres difficultés.

Nous avons supporté le poids de nos propres embarras que l'esprit de parti a exagérés. Jamais les questions budgétaires n'ont été discutées avec autant
d'âpreté que cette année. On a insisté outre mesure sur
les diminutions de recettes budgétaires qui devaient, inévitablement, se produire et se seraient produites sous
n'importe quel ministère. Les partis politiques ont pris
comme champ de bataille les finances de l'Etat, au
risque de leur porter un coup funeste en répétant, ce
qui n'est pas, qu'elles allaient de mal en pis.

Et cependant, aussi peu favorables et aussi agitées que
soient plusieurs parties qui la composent, on ne peut
dire que 1901 ait été pour la France une année de crise.
Bien des preuves, au contraire, attestent la vitalité,
l'énergie de notre pays et prouvent qu'il a droit d'avoir
toujours confiance dans l'avenir.

Jamais les disponibilités de l'épargne, ainsi qu'en
témoignent les dépôts de fonds dans les sociétés de
crédit, n'ont été aussi considérables.

Jamais l'encaisse métallique or de la Banque de
France n'a été aussi élevée. La Banque de France, au
19 décembre de cette année, possédait 2 milliards
465 millions en or, en augmentation de 143 millions sur
l'année précédente, qui était elle-même en accroissement
sur 1899 et 1898. Son encaisse totale, or et argent réunis, est en augmentation de 136 millions sur 1900, alors
que la circulation des billets est en diminution de
63 millions sur les chiffres de l'année dernière; les
comptes courants des particuliers qui s'élevaient au

*Faits politiques extérieurs.*

*Questions budgétaires.*

*Finances publiques injuste-ment attaquées.*

*Situation de la Banque de France.*

20 décembre 1900 à 459 millions étaient de 591 millions au 19 décembre 1901. Ces chiffres comparatifs peuvent être résumés dans le tableau suivant :

| NATURE DES CHAPITRES | SITUATION au 20 DÉCEMBRE 1900 | SITUATION au 19 DÉCEMBRE 1901 | DIFFÉRENCE |
|---|---|---|---|
| | millions de francs | millions de francs | millions de francs |
| Encaisse totale...................... | 3.432 | 3.568 | + 136 |
| Encaisse-or......................... | 2.322 | 2.465 | + 143 |
| Circulation des billets............... | 4.127 | 4.064 | — 63 |
| Comptes courants particuliers........ | 459 | 591 | + 132 |

Ce simple résumé des principaux chapitres de la Banque de France est la preuve d'une situation tout autre que celles que révèlent les crises. Dans les périodes troublées, les encaisses des banques diminuent, la circulation des billets augmente, les avances sur titres, les escomptes de billets de commerce, les ouvertures de crédit gonflent à vue d'œil. Ce sont les phénomènes économiques que l'on a pu constater cette année en Allemagne, en Russie, dans la Grande-Bretagne et que nous avons vérifiés et relevés encore dans notre rapport général à Budapest, à l'Institut international de statistique, sur la statistique internationale des valeurs mobilières. En France, la situation est tout autre. Jamais, répétons-le, l'encaisse de la Banque de France n'a été plus élevée, alors que la circulation n'a pas augmenté; rarement les comptes courants des particuliers ont eu à leur crédit des capitaux aussi importants; jamais le total des effets de commerce en portefeuille à la Banque n'a été moins élevé, ce qui s'explique, il est vrai, par la concurrence que font à la Banque les établissements de crédit qui se livrent, suivant une expression que nous avons déjà employée à « la chasse à l'escompte ». Si la France était en crise, la plus grosse partie, sinon la totalité du portefeuille bancable des établis-

sements financiers et des maisons de banque se serait
réfugiée dans le portefeuille de la Banque de France.
Nous aurions vu se réaliser l'avertissement que donnait M. Léon Say, avec son grand esprit d'observation,
son expérience et sa lumineuse intelligence des faits
économiques et financiers, lorsqu'il disait « qu'en temps
de crise le rôle de la Banque de France était de liquider
toutes les autres banques ». Par ce mot « liquider » il
voulait dire que, lorsqu'une crise éclate, le papier escomptable, les titres mobiliers sur lesquels on peut
obtenir des avances de fonds, prennent le chemin de
la Banque de France. On voit alors, dans cet établissement, tous les chapitres d'escompte des effets de commerce, d'avances sur titres ou garanties, gonfler outre
mesure. C'est alors l'heure de la crise qui approche ou
qui sonne. En 1901, nous n'avons rien vu de pareil.

Les résultats de notre commerce extérieur prouvent
également que la France ne subit pas une crise. Pendant les dix premiers mois de 1901 notre commerce extérieur se chiffre par 3,430 millions au lieu de 3,365 : nos
exportations ont augmenté de 65 millions et nos importations de 56 millions. Comparez cette situation à celle
de l'Angleterre : pendant la même période, on y relève
une diminution de plus de 100 millions. Il en est de
même dans les autres pays qui, tous, souffrent et se
plaignent. *Commerce extérieur.*

On a fait grand bruit, nous le disions tout à l'heure,
des diminutions de recettes budgétaires : diminution
dans le rendement de l'impôt sur les sucres, diminution
dans celui des douanes et des contributions indirectes, etc. On en connaît les causes et nous n'avons pas à
y revenir. Ces diminutions n'indiquent nullement que le
contribuable éprouve de la gêne. Le rendement des contributions directes est là pour le démontrer. A la fin d'octobre dernier, le montant des recouvrements dépassait
de 101 millions les sommes à recevoir. *Recettes budgétaires.*

Nous avons dit enfin que jamais les disponibilités de
l'épargne n'avaient été aussi considérables : les place- *Disponibilités de l'épargne.*

ments qu'elle a effectués cette année confirment cette
affirmation. Malgré les déboires subis par les capitalistes et les spéculateurs sur les valeurs à revenu variable et titres industriels divers, l'emprunt russe 4 %
or de 424 millions, couvert plus de quinze fois, a été
un éclatant succès; la souscription aux obligations du
Yunnan a été dix fois couverte; l'emprunt français de
265 millions vient d'être souscrit vingt-cinq fois; les émissions par voie de souscription publique et introductions de titres sur le marché ont été plus élevées qu'en
1900 et elles dépassent le chiffre énorme de 2,500 millions. L'épargne a continué d'acheter des rentes par
l'entremise des trésoriers généraux et caisses d'épargne
et des obligations de chemins de fer aux guichets
des grandes compagnies ; les versements dans les caisses
d'épargne, dans les compagnies d'assurances, dans les
sociétés de capitalisation, de mutualité, dans les caisses
de retraites, etc., ont été aussi élevés que d'habitude.

Temps d'arrêt
au point de vue
financier.

L'année 1901, au point de vue financier, commercial
et industriel, ne pouvait échapper au contre-coup des
événements qui ont frappé les autres pays. On peut dire
que ces événements ont pu empêcher une plus grande
expansion de sa prospérité et qu'à ce point de vue,
1901 marque un temps d'arrêt. On peut ajouter encore,
et on sera dans la vérité, que c'est aussi une année de
liquidation d'affaires, de réalisation de valeurs qui ont
donné des mécomptes, de même qu'au point de vue
politique intérieur et extérieur, c'est une année de liquidation.

Liquidation de nombreuses lois qui depuis longtemps
soulevaient et soulèvent encore de vives controverses :
loi sur les successions, loi sur les boissons, loi sur le
budget spécial de l'Algérie, loi sur les associations, etc.
Liquidation des affaires de Chine et de Turquie; apaisement de difficultés pendantes au Maroc; liquidation
des difficultés avec le Brésil, à la suite de la sentence
arbitrale rendue par la Suisse sur la question des territoires contestés.

## IV

L'année 1901 aura vu s'accentuer le mouvement commencé pendant le second semestre de 1900 sur les titres à revenu fixe et sur ceux à revenu variable : les premiers, à de rares exceptions près, comme les consolidés anglais parmi les fonds étrangers, sont en hausse nouvelle et sensible; les seconds ont supporté une baisse énorme.

*Titres à revenu fixe. Continuation de la hausse.*

Nos rentes 3 % et 3 % amortissable ont vaillamment maintenu leurs cours et se négocient même plus haut que pendant les mois d'avril, de juillet et d'octobre. Cette fermeté est d'autant plus significative que rarement les finances de l'Etat et son crédit ont été plus violemment attaqués.

*Rentes françaises.*

Si la rente 3 1/2 % se négocie environ 2 francs plus bas qu'au commencement de l'année, cela tient aux craintes que suscite l'approche du moment où l'Etat recouvre le droit d'effectuer une nouvelle conversion.

Les tendances du public à rechercher les titres à revenu fixe et, d'autre part, les incitations à placer ses fonds au dehors dont il a été l'objet, ont eu pour résultat de provoquer la hausse de la plupart des fonds d'Etat étrangers, belges, danois, hollandais, norvégiens, suédois, suisses, égyptiens, italiens, autrichiens, hongrois. Les fonds de troisième et quatrième ordre ont profité de ce mouvement, qui, pour quelques-uns d'entre eux, tient à des causes générales et à des causes particulières, comme l'amélioration du change au Brésil, la hausse des prix du café pour le Brésil et pour Haïti; les projets financiers en cours, en Espagne, en Portugal, en Turquie. En Argentine, les fonds se sont bien maintenus jusqu'à ces derniers jours, malgré l'échec du projet de conversion de la dette, projet qui paraît être simplement ajourné. Les fonds russes 3 %

*Fonds d'Etat étrangers.*

ont supporté quelques réalisations sous l'effet de la
concurrence des rentes 4 % qui rapportent davantage;
les nouvelles rentes 4 %, émises cette année à 98,50,
se négocient à 102, avec 3 fr. 50 de plus-value. Le public,
impressionné par la baisse de toutes les valeurs industrielles russes, a compris qu'il n'y avait aucune solidarité à établir entre la crise de ces sociétés et la situation
financière et budgétaire de l'Empire; mais il souhaite
que cette crise prenne fin le plus vite possible, car les
détenteurs de rentes russes 3 % et 4 % possèdent aussi,
en moins grande partie, des valeurs russes industrielles,
métallurgiques, minières, aussi bien des titres de
nouvelles que d'anciennes compagnies. Les fonds allemands, qui ne se négocient pas sur nos marchés,
avaient été l'objet, à l'étranger, d'un vif mouvement de
hausse pendant les premiers mois de l'année; la crise
des places financières allemandes leur a fait perdre le
terrain gagné. Les fonds d'Etat qui ont le plus souffert
ont été les fonds anglais. Le 2 3/4 consolidé se négociait
à Paris, au commencement de janvier, à 98; au mois de
novembre dernier, il est tombé aux environs de 91 et
s'est depuis relevé à 95. Les dépenses que la Grande-
Bretagne a faites, ses emprunts répétés, les impôts
nouveaux qu'elle a établis pour continuer la guerre
contre le Transvaal, devaient peser sur les cours des
rentes.

Obligation des chemins de fer français. Les obligations 3 % des grandes lignes de chemins
de fer français, de même que les obligations 2 1/2 %,
ont donné lieu à d'importants placements de fonds.
Après avoir fléchi pendant le second trimestre de cette
année, elles ont rapidement reconquis leurs plus hauts
cours, du commencement de 1901 et ont dépassé leur
cote de 1899. Les obligations Nord 3 %, qui valaient
467 francs en 1899, 472 francs en 1900, sont maintenant
à 471 fr. 50; les 2 1/2 %, qui valaient 412 francs en 1900
et 418 francs en 1899, sont à 424 francs. Ces titres de
placement ont suivi un mouvement parallèle à celui

de nos rentes, qui, elles aussi, ont reconquis leurs
cours de 1899 sans perdre sur ceux cotés en 1900.

Les obligations du Crédit foncier et de la ville de
Paris, celles de la plupart des grandes compagnies industrielles, ont continué leur mouvement ascensionnel
ou maintenu avec fermeté leur cours.

*Crédit foncier. Ville de Paris.*

Les obligations des chemins étrangers ont subi
d'assez fortes fluctuations, les unes, comme celles des
chemins espagnols, par suite des mouvements désor-
donnés du change; les autres, comme celles des Lombards, par suite de l'agitation causée par des actionnaires qui auraient voulu faire modifier, à leur profit,
les droits que possèdent les obligataires. Les cours
cotés sur ces divers titres ne s'éloignent pas beaucoup
de ceux du commencement de l'année. Les obligations
Nord-Espagne et Saragosse sont revenues à des prix
légèrement plus élevés. Les Andalous étaient en voie
de relèvement, mais l'intention de la compagnie de
reprendre le paiement des coupons en pesetas devait
en alourdir les cours. Les actions de ces diverses compagnies se sont relevées, dans ces dernières semaines,
quand a été connue la décision du ministre des finances
d'Espagne de faire payer les droits de douane en or,
mesure qui a provoqué, aussitôt annoncée, une amélioration du change.

*Titres des che-
mins de fer étran-
gers. Fluctua-
tions.*

Sur les autres valeurs du marché, actions de chemins
de fer, actions de compagnies d'assurances, valeurs métallurgiques, valeurs minières, charbonnages, valeurs
d'électricité et d'éclairage par le gaz, valeurs de transport en commun et de traction — sauf le Métropolitain,
dont le succès près du public parisien est toujours aussi
grand, — la baisse est énorme. Sur le marché en banque, de même que sur le marché officiel, les valeurs
diverses russes ont subi une dépréciation considérable :
aucune d'elles n'a pu résister à la tourmente. La dépréciation du portefeuille français, si les cours actuellement cotés devaient être considérés comme ne devant
jamais plus se relever, serait, de ce chef, une des plus

*Baisse des va-
leurs à revenu
variable.*

importantes qu'il aurait subies depuis de longues années.

L'année 1901, au point de vue de la Bourse, présente ce contraste bien net : année de hausse et de plus-value sur les fonds d'Etat, titres de placement à revenu fixe, français et étrangers; retour au bercail des capitaux égarés à la poursuite de valeurs donnant de gros revenus ou « pouvant hausser ».

Année de baisse sur tous les titres à revenu variable, français et étrangers. Les quelques titres en hausse sont clairsemés.

C'est le Crédit foncier qui, du 2 janvier au 16 décembre, a haussé de 45 francs ; le Crédit industriel et commercial, qui est en hausse de 8 francs ; le Canal de Suez, de 140 francs ; la Dynamite, de 132 francs ; les Téléphones, de 33 francs ; le Crédit foncier égyptien, de 20 francs ; le Nord de l'Espagne, de 10 francs ; les Tabacs des Philippines, de 143 francs ; les Tabacs du Portugal, de 90 francs ; la Banque de l'Algérie, de 62 fr. les Forges d'Epinac, de 420 francs ; les Lits militaires de 85 francs ; la De Beers, de 274 francs ; puis la plupart des titres miniers du Transvaal.

Quant au reste des valeurs du marché, c'est une dépression, une baisse générale, baisse qui, dans certains cas, ressemble à un effondrement ; la comparaison entre les cours cotés le 2 janvier 1901 et ceux du 16 décembre fait ressortir les moins-values suivantes :

Banque de France, 10 francs; Banque de Paris, 94 fr.; Compagnie algériennne, 80 francs ; Comptoir national d'escompte, 13 francs ; Crédit foncier et agricole d'Algérie, 20 francs ; Crédit Lyonnais, 120 francs ; Société générale, 10 francs ; Est, 76 francs ; Lyon, 268 francs ; Midi, 5 francs ; Nord, 390 francs ; Orléans, 98 francs ; Ouest, 65 francs ; Compagnie parisienne du gaz, 326 fr.; Compagnie transatlantique, 163 francs ; Messageries maritimes, 95 francs ; Métropolitain, 55 francs ; Omnibus, 635 francs ; Société parisienne électrique, 17 francs; Est-Parisien, 214 francs ; Compagnie parisienne de tramways, 150 francs ; Compagnie générale française de tramways, 259 francs ; Voitures à Paris, 110 francs ; Compagnie générale de. traction, 127 francs ; Electro-métallurgie, 280 francs; Malfidano, 638 francs ; Métaux, 109 francs; Aguilas, 160 francs; Sels gemmes, 378 francs ; Thomson-Houston, 585 francs ; Raffinerie Say, 190 francs ; Banque nationale du Mexique, 78 fr. ; Andalous, 56 francs ; Autrichiens, 17 francs ; Lombards, 46 francs ; Wagons-lits, 88 francs ; Rio-Tinto, 440 francs; Sosnowice, 815 francs ; Boléo, 720 francs ; Carmaux, 105 francs ; Escombrera-Bleyberg, 395 francs ; Kri-voï-Rog, 595 francs ; Laurium, 141 francs ; Aciéries de France, 201 francs ; Aciéries de Longwy, 122 francs ; Châtillon-Commentry, 105 francs; Aciéries de la Marine, 280 francs ; Forges de la Méditerranée, 30 francs ; Acié-ries du nord et de l'est, 214 francs ; Edison, 40 francs ; Compteurs à gaz, 149 francs ; Etablissements Duval, 265 francs ; Le Figaro, 60 francs ; Distillerie Cusenier, 185 francs ; Bec Auer, 49 francs ; Petit Journal, 476 fr. ; Richer, 875 francs ; Thomson-Houston de la Méditerra-née, 176 francs.

Il faudrait ajouter à cette triste énumération la liste navrante des valeurs russes, aussi bien celles de création récente que celles de vieilles compagnies comme la Briansk, qui ont subi une atteinte profonde, celles des actions de charbonnages, etc. La dépréciation est générale sur les valeurs à revenu variable. Ce mou-vement n'est pas spécial à la France : il en a été de même sur les places étrangères. En Allemagne, les titres de sociétés de crédit, sociétés métallurgiques, charbon-nages, entreprises d'électricité, de traction, etc., ont tous été entraînés. *Valeurs russes.*

Les rentiers et capitalistes qui n'ont pas eu la sagesse de se contenter de faibles revenus en restant fidèlement attachés, comme nous ne cessons de le leur recomman-der, aux titres à revenu fixe, — ce qui ne veut pas dire que ces titres eux-mêmes ne soient pas exposés à la baisse — et qui possèdent seulement, dans leur porte- *Répercussion sur les porte-feuilles.*

feuille, des titres à revenu variable, auront vu la valeur
vénale de ce portefeuille subir cette année une importante moins-value. Mais, heureusement, la grande majorité de nos rentiers possède un plus important chiffre
de titres à revenu fixe ; rentes, obligations de chemins
de fer, du Crédit foncier, etc. Les pertes sont donc très
atténuées. Grâce à leur timidité que nous ne saurions
blâmer, nos capitalistes ont pris l'habitude de diviser
leurs placements ; cette division des risques est, pour
un rentier, le commencement de la sagesse.

Cette baisse a frappé tout le monde et tous les portefeuilles; en bloc, elle représente une dépréciation de
plusieurs centaines de millions, si les cours actuels
devaient être considérés comme définitifs et ne pouvant plus se relever ; mais comme ces valeurs extrêmement réparties sont en quantité modeste dans de nombreux portefeuilles, cette moins-value, en supposant
qu'elle devienne une perte définitive, sera moins lourde
à supporter. Ce qui le prouve, c'est que, malgré cette
dépréciation énorme, les disponibilités de l'épargne
n'ont pas diminué, de même que ses achats et ses placements nouveaux en valeurs mobilières.

## V

Emissions pu-
bliques.
L'emprunt russe 3 % consolidé de 424 millions, émis
par MM. de Rothschild frères au mois de mai dernier, a
été un grand succès. L'emprunt français de 265 millions
vient de montrer, une fois de plus, la confiance du public
dans le crédit de l'Etat et la puissance de l'épargne française. Ce sont, en réalité, avec les obligations du Yunnan, les trois souscriptions publiques les plus importantes de l'année. Les émissions qui ont eu lieu ont été
moins nombreuses que l'année précédente, mais elles
dépassent de beaucoup, comme capital souscrit, le montant des souscriptions de 1900.

Les conditions d'émission et de répartition adoptées
par MM. de Rothschild frères pour l'emprunt russe 4 %

ont obtenu la même faveur que celles qu'ils avaient employées lors de la souscription aux obligations Lombards 4 %. Elles peuvent servir de modèle, car elles permettent de donner satisfaction aux petits comme aux gros souscripteurs.

On remarquera que, contrairement à ce qui s'est produit bien souvent, les cours actuels de la plupart des titres émis sont plus élevés que ceux qui ont été fixés pour la souscription publique. Les actions Krivoï-Rog émises à 1,000 francs valent près de 1,200 fr.; les actions nouvelles du Métropolitain de Paris émises à 255 francs valent près de 500 francs ; les rentes russes 4 % 1901 émises à 98 fr. 50 sont à 102 ; le 3 % français émis à 100 francs vaut 100 fr. 50 ; les actions du Crédit foncier de France émises à 612 fr. 50 valent près de 720 francs ; les actions de la Compagnie franco-algérienne émises à 665 francs valent environ 660 francs ; les autres titres, sauf la Briansk, sont à peu près aux mêmes cours et encore est-il nécessaire de faire remarquer que les actions nouvelles de la Briansk émises à 540 francs ont valu, quelques semaines après la souscription publique qui obtint un grand succès, plus de 700 francs. La persistance de la crise métallurgique et industrielle en Russie est la cause de la baisse de ces titres, baisse qui, il faut l'espérer, n'est que momentanée.

Voici les principales émissions qui ont eu lieu :

Principales émissions.

| MOIS | NOMBRE, NATURE ET IMPORTANCE DES TITRES | ÉTATS OU SOCIÉTÉS QUI ONT ÉMIS LES TITRES | CHIFFRE D'ÉMISSION |
|---|---|---|---|
| | | | fr. c. |
| Janvier | 4.000 act. de 500 fr. | Cie des mines de fer de Krivoï-Rog............... | 1.000 00 |
| — | 12.000 obl. 4 % de 500 f. | Société des sels gemmes et houilles de la Russie méridionale............... | 472 50 |
| — | 100.000 act. de 250 fr. | Métropolitain de Paris .... | 255 00 |
| Mars | 20.000 — de 500 fr. | Compagnie algérienne .... | 665 00 |
| Mai | 40.000 — de 100 roub. | Société des usines de Briansk | 540 00 |
| — | 424 mill. de fr. | Rente russe 4 % consolidée | 98 50 |
| Juin | 59.000 act. | Crédit foncier de France.... | 612 50 |
| — | 88.543 obl. privilégiées | Société Damas-Hamah...... | 360 00 |
| Octobre | 178.000 — | Chemin de fer de l'Indo-Chine et du Yunnan............ | 438 50 |
| Décembre | 265 mill. de fr. | Rentes françaises 3 %..... | 100 00 |

## VI

Si, comme en 1900, il y a eu peu d'émissions en 1901, les introductions et admissions à la cote du parquet des agents de change, de même aussi qu'en 1900, ont été nombreuses.

**Valeurs admises à la cote officielle en 1901.** Voici le relevé des valeurs admises à la cote officielle pendant l'année 1901 :

| NOMBRE | NATURE DES VALEURS | VALEUR nominale | PREMIER COURS coté | COURS ACTUEL. |
|---|---|---|---|---|
| | | fr. c. | fr. c. | fr. c. |
| 2.000 actions .... | Chantiers de St-Nazaire ....., | 500 00 | 600 00 | 620 00 |
| 6.000 obligations. | — — ..... | 500 00 | 440 00 | 436 00 |
| 20.000 actions .... | Hauts fourneaux et aciéries de Pompey.................. | 500 00 | 500 00 | 500 00 |
| 6.000 obligations. | Cie pour l'éclairage des villes 4 ½ ...................... | 500 00 | 485 00 | 471 00 |
| 2.000 actions .... | Ch. de fer de Saône-et-Loire.. | 500 00 | 501 00 | 500 00 |
| 1.935 obligations. | — — | 500 00 | 487 00 | 489 00 |
| 5.500 actions .... | Société des Nouvelles galeries réunies.................. | 500 00 | 649 00 | 715 00 |
| 43.500 — .... | Société Ancienne stéarinerie Frédéric Fournier......... | 100 00 | 245 00 | 241 00 |
| 120.000 — .... | Cie des tramways électriques de la rive gauche......... | 100 00 | 47 00 | 50 00 |
| 4.000 obligations. | Chambre de commerce de St-Dizier 3 ½.............. | 100 00 | 100 00 | 100 00 |
| 60.000 actions .... | Société de Penarroya........ | 250 00 | 1.220 00 | 1.000 00 |
| 10.000 — | Journal Le Matin............. | 100 00 | 390 00 | 402 00 |
| 30.000 parts..... | — — ............... | » | 302 00 | 295 00 |
| 30.000 actions .... | Annuaire Didot-Bottin........ | 250 00 | 780 00 | 785 00 |
| 1.700 — | Société Paris-France......... | 500 00 | 730 00 | 730 00 |
| 3.174 obligations. | 3 ½ Colonie de la Martinique. | 500 00 | 485 00 | 485 00 |
| 2.450 — | Ch. Sud de la France........ | 500 00 | 445 00 | 426 00 |
| 9.000 actions .... | Mines de Ligny-les-Aires...... | 500 00 | 595 00 | 500 00 |
| 20.000 — .... | Hauts fourneaux de Denain et [Anzin. | 500 00 | 945 00 | 1.060 00 |
| 16.000 obligations. | — — | 500 00 | 500 00 | 505 00 |
| 12.000 — | Sels gemmes de la Russie méridionale ................ | 500 00 | 482 00 | 464 00 |
| 779 — | Union des Gaz 4 %......... | 500 00 | 504 00 | 502 00 |
| 4.000 actions .... | Société des chemins de fer sur route d'Algérie........ | 500 00 | 500 00 | 500 00 |
| 10.049 obligations. | Société du crédit foncier de Hongrie 3 ½.............. | 500 00 | 465 00 | 472 00 |
| 20.000 actions .... | -Omnium russe priv......... | 500 00 | 609 00 | 573 00 |
| 30.000 — | — ordin........ | 500 00 | 500 00 | 500 00 |
| 30.000 obligations. | — 4 %......... | 500 00 | 485 00 | 473 00 |
| 5.000 actions .... | Cie des eaux et électricité de l'Indo-Chine.............. | 500 00 | 500 00 | 500 00 |

| NOMBRE | NATURE DES VALEURS | VALEUR nominale | PREMIER COURS coté | COURS ACTUEL |
|---|---|---|---|---|
| | | fr. c. | fr. c. | fr. c. |
| 6.000 obligations. | Cᵉ des eaux et électricité de l'Indo-Chine............. | 500 00 | 460 00 | 465 00 |
| 2.960 actions.... | Société minière du Kanguet.. | 500 00 | 575 00 | 575 00 |
| 6.000 obligations. | Tramways des Deux-Sèvres.. | 500 00 | 400 00 | 380 00 |
| 6.000 parts...... | Soc. civ. des mines de Marles. | » | 1.810 00 | 1.810 00 |
| 12.000 actions... | Société métall. de l'Ariège... | 500 00 | 710 00 | 425 00 |
| 150.400.000 francs. | Suédois 1900, 4 %.......... | 100 00 | 104 30 | 106 02 |
| 1.893 obligations. | Camargue 3 %............. | 500 00 | 434 00 | 430 00 |
| 80.875 actions.... | Usines de Briansk.......... | 266 67 | 612 00 | 390 00 |
| 10.000 obligations. | Crédit foncier égyptien 4 %.. | 505 00 | 508 00 | 509 00 |
| 5.000 — | Foncière lyonnaise 3 %. .... | 500 00 | 436 00 | 432 00 |
| 672 — | Hauts fourneaux de Russie... | 500 00 | 467 00 | 452 00 |
| 4.000 — | Cᵉ génér. des eaux, 3 %.... | 500 00 | 452 00 | 448 00 |
| 808 — | Chemins économiques 3 %... | 500 00 | 430 00 | 430 00 |
| 63.000 — | Sud de l'Autriche 4 %....... | 500 00 | 511 00 | 499 00 |
| 10.000 actions. .. | Cᵉ russe française de chemins de fer et tramways........ | 100 00 | 225 00 | 185 00 |
| 24.000 — .... | Anciennes sucreries de la Cᵉ de Fives-Lille.............. | 250 00 | 295 00 | 230 00 |
| 60.000 — .... | Mines de Courrières......... | 100 00 | 2.400 00 | 2.375 00 |
| 50.500 — .... | Tramways de Bordeaux..... | 250 00 | 264 00 | 200 00 |
| 5.500 — .... | Etablissements J. Voirin..... | 500 00 | 500 00 | 500 00 |
| 10.000 — .... | Soc. d'application indust..... | 500 00 | 500 00 | 500 00 |
| 2.000 obligations. | Cᵉ électrique du secteur de la rive gauche 5 %.......... | 500 00 | 490 00 | 488 00 |
| 13.000 actions.... | Société des caves et producteurs de Roquefort........ | 500 00 | 500 00 | 500 00 |
| 1.600 obligations. | Cᵉ du chemin de fer du Bois de Boulogne 4 %......... | 300 00 | 250 00 | 258 00 |
| 12.000 actions.... | Le Triphasé................. | 500 00 | 500 00 | 500 00 |
| 8.000 obligations. | — | 500 00 | 468 00 | 468 00 |
| 4.000 actions.... | Krivoï-Rog................. | 500 00 | 1.840 00 | 1.259 00 |
| 6.000 — .... | Cᵉ du gaz et régie des eaux [de Tunis. | 500 00 | 785 00 | 785 00 |
| 3.398 obligations. | — — 4%. | 500 00 | 500 00 | 492 00 |
| 424 millions de fr.. | Rente russe 4 % 1901........ | 100 00 | 99 50 | 102 00 |
| 10.000 obligations. | Cᵉ générale d'électrité 4 % 2ᵉ série.............. | 500 00 | 490 00 | 468 00 |
| 496.584 — | Serbe 4 % amortissable..... | 100 00 | 70 00 | 69 40 |
| 358.046.500 francs. | Rente belge 3 % 1898........ | 100 00 | 98 00 | 100 00 |
| 10.000 actions.... | Forces motrices du Rhône... | 500 00 | 448 00 | 410 00 |
| 6.000 parts...... | Didot-Bottin.............. | » | 545 00 | 785 00 |
| 200.000 obligations. | Confédération suisse, emprunt [3 ½ 1899. | 100 00 | 99 85 | 102 20 |
| 100.000 — | — — , emprunt 1900................... | 750 00 | 107 75 | 110 50 |
| 11.200 — | Forces motrices Rhône 5 %.. | 500 00 | 506 00 | 509 00 |
| 4.600 actions.... | Société Gramme............ | 500 00 | 525 00 | 525 00 |
| 10.000 obligations. | Wagons-Lits 4 %............ | 500 00 | 428 00 | 439 00 |
| 3.000 — | Cᵉ du gaz et régie des eaux de Tunis................. | 500 00 | 492 50 | 492 00 |
| 7.500 actions.... | Chemins de fer Andalous..... | 500 00 | 246 00 | 220 00 |
| 4.000 obligations. | Cᵉ du gaz et régie des eaux de Tunis ................. | 500 00 | 508 00 | 492 00 |
| 20.000 actions.... | Compagnie algérienne........ | 500 00 | 640 00 | 655 00 |
| 1.800 — .... | Mines de Dourges........... | 1.000 00 | 1.000 00 | 1.000 00 |
| 7.200 obligations. | — 4 %...... | 500 00 | 500 00 | 500 00 |
| 88.543 — | Chemins Damas-Hamah...... | 500 00 | 360 00 | 349 00 |
| 7.500 — | Département de l'Aude 3.44 %. | 500 00 | 484 50 | 492 00 |

| NOMBRE | NATURE DES VALEURS | VALEUR nominale | PREMIER COURS coté | COURS ACTUEL |
|---|---|---|---|---|
| | | fr. c. | fr. c. | fr. o. |
| 36.000 actions.... | Eaux de Vals............... | 125 00 | 298 00 | 293 00 |
| 16.800.000 cour... | Danois 3 ½ 1900............ | 100 00 | 97 25 | 101 00 |
| 59.000 actions.... | Crédit foncier............... | 500 00 | 655 00 | 719 00 |
| 5.800 — .... | Cⁱᵉ de Pierrefitte, Cauterets [et Luz. | 500 00 | 500 00 | 500 00 |
| 5.000 obligations. | — — 4 %. | 500 00 | 460 00 | 450 00 |
| 12.000 actions .... | Société française de banque et de dépôts................. | 500 00 | 575 00 | 566 00 |
| 4.000 obligations. | Entrepôts et magasins génér.. | 500 00 | 453 00 | 502 00 |
| 272 — | Chemins économiques 3 %... | 500 00 | 440 00 | 430 00 |
| 60.000 actions.... | Société hongroise de charbon- [nages. | 250 00 | 425 00 | 250 00 |
| 24.000 obligations. | — — 4 ½. | 500 00 | 462 00 | 507 00 |
| 6.300 — ' | Industrie houillère de la Russie méridionale............... | 500 00 | 490 00 | 419 00 |
| 12.000 | Cⁱᵉ madrilène d'électricité.... | 500 00 | 505 00 | 509 00 |
| 100.000 actions.... | Société parisienne électrique. | 250 00 | 275 00 | 287 00 |
| 4.000 obligations. | Cⁱᵉ générale des Eaux 3 %... | 500 00 | 446 00 | 448 00 |
| 3.000 — | Société du gaz gén. de Paris.. | 300 00 | 302 00 | 307 00 |
| 50.000 actions .... | Cⁱᵉ des tréfileries du Havre. | 100 00 | 100 00 | 65 00 |
| 4.000 — .... | Société l'Oyonnite........... | 100 00 | 100 00 | 150 00 |
| 40.000 — .... | Usines de Briansk.......... | 266 67 | 424 00 | 390 00 |
| 5.000 obligations. | Cⁱᵉ des phosphates de Gafsa.. | 500 00 | 500 00 | 500 00 |
| 25.000 actions .... | Cⁱᵉ des chemins de fer de l'In- [do-Chine et du Yunnan. | 500 00 | 500 00 | 500 00 |
| 178.000 obligations. | — — 3 %. | 500 00 | 438 50 | 436 00 |
| 10.000 — | Crédit foncier égyptien 4 %... | 505 00 | 512 00 | 509 00 |
| 10.000 — | Crédit foncier de Hongrie 3 ½................. | 500 00 | 467 00 | 472 00 |
| 28.000 actions .... | Chemins éthiopiens......... | 500 00 | 500 00 | 500 00 |
| 18.300 obligations. | — — 3 %...... | 500 00 | 182 00 | 159 00 |
| 9.000 — | Canal de Suez 3 % 2ᵉ série... | 500 00 | 483 00 | 483 00 |
| 25.000.000 de fr.. | 3 ½ Finlandais 1901.......... | 100 00 | 95 00 | 96 25 |
| 255.000.000 de fr.. | 3 % Belge 1901............. | 100 00 | 100 00 | 100 00 |
| 300 obligations. | Bateaux parisiens........... | 300 00 | 295 00 | 300 00 |

Résumé par nature de va- leurs.

Voici le résumé de cette statistique :

| NATURE DES VALEURS | NOMBRE de TITRES | VALEUR NOMINALE totale | VALEUR TOTALE d'après le cours d'admission | VALEUR TOTALE d'après le cours actuel |
|---|---|---|---|---|
| | | millions de francs | millions de francs | millions de francs |
| Fonds d'État............ | » | 1.652.4 | 1.600.8 | 1.626.5 |
| Obligations............ | 637.488 | 315.3 | 282.4 | 278.1 |
| Actions................ | 1.166.435 | 339.7 | 635.8 | 580.3 |
| Parts.................. | 52.000 | » | 31.1 | 42.4 |
| TOTAUX......... | 1.855.923 | 2.307.4 | 2.550.1 | 2.527.3 |

## VII

Pendant l'année 1900, le nombre de titres admis à la cote officielle était de 2,896,078 ; la valeur nominale totale s'élevait à 2 milliards 232 millions 921,000 francs ; la valeur totale, d'après les cours d'admission, était de 2 milliards 188 millions ; la valeur totale, d'après les cours fin décembre 1900, était de 2 milliards 168 millions 610,000 francs.

*Placements mobiliers en 1901.*

L'année 1901, comparée à 1900, indique donc une augmentation de 119 millions dans le montant des titres admis à la cote, d'après le cours d'admission, et .le 360 millions, d'après les cours cotés. Mais ces chiffres ne peuvent indiquer le montant total des titres réellement placés : cette statistique ne peut relever que le montant des titres négociables, introduits à nouveau sur le marché. On commettrait une erreur en disant qu'il a été placé pour 2 milliards 527 millions de titres. On sera dans la vérité en disant qu'il a été créé, en 1901, ou admis à la cote pour être négociés, cette somme énorme de titres. Sur ces 2 milliards 527 millions, nous pouvons évaluer approximativement à 1,500 millions le montant réel des titres placés, acquis, ayant exigé un déboursé effectif de l'épargne française. Si, à ces chiffres fort respectables, on ajoute le nombre des obligations de chemins de fer que les compagnies ont vendues, sans parler d'autres valeurs acquises en France et à l'étranger et qui n'apparaissent pas à la cote officielle ou à la cote en banque, nous serons bien près de la vérité, en disant que, pendant le cours de l'année 1901, l'épargne française a acquis, soit par souscription publique, soit par achats en bourse, tant en France, qu'à l'étranger, un minimum de 1,700 à 1,800 millions de valeurs mobilières françaises et étrangères.

On conviendra qu'un pays qui, dans une année de fléchissement et de liquidation, comme celle que nous venons de traverser, peut placer tranquillement et sans

*Vitalité du pays.*

se gêner en quoi que ce soit, sans diminuer son « train
de vie » 1,700 à 1,800 millions en titres mobiliers, prouve
sa richesse, sa vitalité et non, comme les partis politiques se sont trop complus à le répéter, sa décadence,
sa ruine et son épuisement.

## VIII

Valeurs ad-
mises à la cote
sur le marché
en banque.

Voici maintenant le relevé des introductions et admissions à la cote, sur le marché en banque.

| NOMBRE | NATURE DES VALEURS | PRIX nominal | PREMIER COURS coté | DERNIER COURS connu |
|---|---|---|---|---|
| | | fr. c. | fr. c. | fr. c. |
| 200.000 actions .... | Colombian India Rubber Explo-ration ..................... | 25 00 | 25 00 | 29 00 |
| 500.000 — .... | South African Gold Trust Li-mited...................... | 25 00 | 183 00 | 178 00 |
| 250.000 — .... | Frank Smith Diamond........ | 25 00 | 48 00 | 68 00 |
| 7.400 — .... | Traction électrique sur les ca-naux du Nord............. | 500 00 | 522 50 | 400 00 |
| 2.000 obligations. | Les Verreries de l'Ancre réu-nies..................... | 500 00 | 480 00 | 350 00 |
| 120.000 actions .... | Crown Reef Gold Mining..... | 25 00 | 86 00 | 97 00 |
| 125.000 — .... | Henry Nourse Gold Mining.... | 25 00 | 217 00 | 210 00 |
| 700.000 — .... | Spies Petroleum Company Li-mited..................... | 25 00 | 37 00 | 15 00 |
| 2.450 — .... | Société des armateurs nan-tais..................... | 500 00 | 665 00 | 515 00 |
| 80.000 — .... | Société des pétroles Moësi-llir..................... | 250 00 | 250 00 | 205 00 |
| 300.000 — .... | Golden Horse Shoe Estates Limited................... | 125 00 | 318 00 | 265 00 |
| 60.000 — .... | Pierre de verre Garchey...... | 100 00 | 110 00 | 100 00 |
| 200.000 — .... | Lumière North American Li-mited..................... | 25 00 | 35 00 | 25 00 |
| 6.000 — ord. | Ch. de fer du Bois de Boulogne | 100 00 | 90 00 | 60 00 |
| 6.500 — priv | — | 100 00 | 85 00 | 72 00 |
| 24.000 délégations. | | » | 12 00 | 15 00 |
| 350.000 actions .... | Associated Northen Blocks.... | 25 00 | 80 00 | 91 00 |
| 4.060 — .... | Verreries de Fresnes-sur-Es-caut..................... | 500 00 | 500 00 | 502 00 |
| 425.000 — .... | Rose Deep Limited.......... | 25 00 | 225 00 | 244 80 |

Ces valeurs représentent un total de 3,362,410 titres
divers, valant au cours nominal 127 millions, au premier
cours coté en banque 408 millions et, aux cours actuels,
382 millions.

Pendant l'année 1900, les valeurs introduites sur le marché en banque représentaient un total général de 3,024,322 titres divers valant au cours nominal 238 millions, au premier cours coté en banque 393 millions et, aux cours de décembre 1900, 335 millions.

Nous avons donc à constater, pour 1901, un accroissement de 111 millions comme valeur nominale des titres introduits ; de 15 millions, comme valeur au premier cours coté ; de 47 millions comme valeur aux cours actuels.

## IX

De même que l'an dernier, la question a été agitée, de savoir si les procédés d'émission par voie de souscription publique étaient préférables à ceux par voie d'introduction sur le marché, ou si, au contraire, ces derniers devraient avoir la préférence. Cette question a été récemment discutée à la Société d'économie politique. Nous pouvons répéter ici ce que nous avons dit dans cette discussion. Si les procédés d'émission diffèrent de même que la nature des titres, les coupures, les modes de négociation, si dans tous les pays, sur tous ces points, on trouve la plus grande diversité, c'est que l'emprunteur, que ce soit un État ou une société, est obligé de tenir compte des goûts du prêteur, de ses habitudes, de ce qui lui plaît ou déplaît, de l'état du marché, des facilités de négociation des titres émis.

L'intérêt de l'emprunteur est d'obtenir le plus rapidement possible et aux meilleures conditions les capitaux qu'il demande.

L'intérêt du prêteur est d'obtenir en échange de ses capitaux, un titre d'une négociation courante, ayant un marché facile et sur lequel il puisse espérer obtenir des avantages, soit comme plus-value du capital, soit comme revenu.

Des États ou des sociétés ont-ils un besoin immédiat de la totalité des capitaux qu'ils empruntent : ils ont

Doit-on préférer les souscriptions publiques ou les introductions ?

recours à une souscription publique. Les capitaux ne leur sont-ils, au contraire, nécessaires qu'à mesure de leurs besoins, ils vendent les titres à la Bourse, dans leur clientèle, au jour le jour, par voie d'introduction sur le marché.

On peut dire que, dans une souscription publique, la concurrence s'exerce sur le nombre de titres offerts ; dans une introduction, la concurrence s'exerce sur le prix.

Dans les souscriptions, on ne peut souvent obtenir le nombre des titres que l'on veut, si l'opération réussit.

Dans l'introduction, on peut obtenir le nombre de titres que l'on désire, mais en payant d'autant plus cher que ces titres sont plus demandés.

Dans une souscription plusieurs fois couverte, le souscripteur qui n'obtient qu'un petit nombre de titres est mécontent s'il voit le titre hausser ; dans une introduction, l'acheteur qui a obtenu le nombre de titres qu'il a demandé est mécontent si, ensuite, il le voit baisser.

On ne peut donc affirmer *a priori*, que tel ou tel procédé soit plus ou moins favorable au porteur de titres.

Ce n'est pas parce qu'il y aura eu souscription ou introduction que telle ou telle valeur est ou sera bonne ou mauvaise.

Réglementation des bourses. Mesures inutiles. On a essayé de réglementer les souscriptions et les modes d'émission à l'étranger : aucune de ces réglementations n'a réussi ; elles n'ont pu faire qu'une société mauvaise devînt bonne, ou rendre mauvaise une entreprise sérieuse. S'il y a des fraudes commises dans les modes divers employés pour obtenir les capitaux du public, les lois existantes sont suffisantes pour les réprimer. Ce que l'on doit désirer, quel que soit le mode d'émission employé, souscription publique, mise en vente et introduction sur le marché au cours de la Bourse, quelle que soit la nature des titres émis, c'est que le public sache ce qu'il fait quand il souscrit ou achète telle ou telle valeur. On a établi un répertoire fiscal pour les opérations de bourse : il eût été autre-

Nécessité d'un répertoire des sociétés.

ment utile d'établir un répertoire des sociétés, des souscriptions et appels au crédit, répertoire dans lequel le
public pourrait trouver et consulter gratuitement les
bilans, les rapports des conseils d'administration, les
prospectus d'émission, tous les renseignements concernant les affaires en cours, les titres cotés, etc., etc. Il
est non moins nécessaire d'avoir un grand marché libre,
débarrassé de toutes entraves, et cette liberté ne veut pas
de licence, car la liberté des affaires et des transactions
produira toujours un plus grand bien qu'une réglementation que les habiles et les gens de mauvaise foi sauront toujours éviter.

*Nécessité d'un marché financier libre.*

## X

Dans le cours de cette année, les questions agricoles
et viticoles ont occupé l'attention concurremment avec
les questions financières et fiscales. La question des blés
a été plus que jamais à l'ordre du jour. L'élévation des
droits de douane n'a pas produit les effets qu'on en
attendait et n'a pu ni relever, ni même maintenir le
niveau des prix. En 1885, un droit particulier de 3 fr.
par quintal était voté ; ce droit a été porté à 5 francs en
1887, puis à 7 francs en 1894. Or, voici quelle est la
moyenne quinquennale des prix de l'hectolitre de froment en France :

*La question des blés.*

|  | fr. c. |
|---|---|
| 1876-1880 | 22.26 |
| 1881-1885 | 19.48 |
| 1886-1890 | 18.28 |
| 1891-1895 | 16.92 |
| 1896-1900 | 16.77 |

On a cru pouvoir remédier à cet état de choses en proposant d'établir des bons d'importation, c'est-à-dire d'accorder aux blés et farines une prime de 7 francs. C'eût été
créer en quelque sorte une disette factice en France jusqu'au moment où les cours dépasseraient de 7 francs au

moins les cours de Londres, d'Anvers, de Bruxelles, etc.
A ce moment, la prime d'exportation ne jouerait plus.
On voulait appliquer à ces blés la législation qui a profité
à l'industrie sucrière au profit de quelques-uns, mais au
détriment de la masse des consommateurs et du budget.
Ces propositions ont été repoussées après de brillants
discours de M. Couteaux et de M. Caillaux. Le discours
si typique du ministre des finances, de même que celui
qu'il a récemment prononcé dans la discussion générale
du budget, a eu les honneurs de l'affichage.

La question vi-
nicole.

Le développement de la production viticole, la mévente des vins, la concurrence que leur font le cidre, la
bière, ont donné lieu à de nombreux discours au parlement et à de non moins nombreuses discussions dans la
presse : on a tout naturellement réclamé l'intervention
de l'Etat. La réforme du régime des boissons, réclamée
par tous les partis depuis plus de vingt années, a été
appliquée ; elle a contribué à développer la consommation ; les neuf premiers mois de 1901 comparés à ceux
de 1900 constatent, dans la consommation une augmentation de 5,315,302 hectolitres ; les prix de détail se sont
abaissés, mais le Trésor et les budgets communaux,
notamment celui de la ville de Paris, souffrent de la diminution de ressources qui résulte de cette réforme; il
est vrai, comme l'a démontré M. Caillaux à la Chambre,
que ce sont les consommateurs qui en profitent. On a
établi des taxes dites de « remplacement », qui ont soulevé et soulèvent de vives réclamations : à des inégalités
fiscales existant depuis longtemps, ce qui les rendait
plus supportables, on a substitué d'autres inégalités
qui font crier d'autant plus que les taxes qui les créent
sont nouvelles. Il en sera toujours de même : les impôts
les moins mauvais, nous ne voulons pas dire les meilleurs, sont ceux auxquels on est habitué.

L'impôt sur le
revenu.

On peut juger par là ce que serait la réforme de nos
« quatre vieilles contributions directes » et de tous les
systèmes d'impôts généraux sur le revenu, progressifs
ou dégressifs. Il a été question aussi de l'impôt général

sur le revenu. La Chambre a pu lire le rapport de M. Mer-
lou : c'est un travail consciencieux qui prouve combien
son auteur reste fidèle à d'anciennes convictions; mais
heureusement, l'heure n'est pas venue d'appliquer de
tels systèmes qui porteraient un coup funeste à nos
finances et, quoi qu'en disent nos réformateurs,
auraient, au point de vue politique, de grosses conséquences.

Il en est de même, au point de vue intérieur, de la
séparation de l'Eglise et de l'Etat, de la suppression du
budget des cultes, propositions que la commission du
budget avait votées, mais que la Chambre, bien inspirée,
vient de repousser à la suite de l'intervention du président du conseil des ministres, M. Waldeck-Rousseau.

*La séparation de l'Eglise et de l'Etat. Le budget des cultes.*

La loi sur les successions, les questions de chemins de
fer, la réglementation du travail des agents, les propositions de rachat par l'Etat, la situation des nombreuses
entreprises de tramways, les mécomptes que ces sociétés éprouvent et les pertes qui en résultent pour le
public, le gaz, les omnibus, les sociétés de traction :
autant de questions qui ont été discutées pendant cette
année et sont bien loin d'avoir reçu une solution.

*Les affaires de transport en com-
mun.*

Nous noterons enfin la large place qu'a prise dans
les préoccupations du public l'épidémie de grèves,
véritable influenza économique, qui a sévi en France
et à l'étranger : grève des tullistes de Calais, des cou-
turières et ouvriers tailleurs parisiens, des mineurs de
Monceau, des ouvriers des ports de Marseille, etc. Nous
rappellerons aussi les nombreuses discussions auxquelles ont donné lieu les questions de prévoyance
sociale, le projet des retraites ouvrières, etc. Combien
M. Léon Say avait raison quand il disait que si les budgets d'une démocratie doivent être des budgets économes, ils ne sont pas nécessairement des budgets économiques! Le rôle de l'Etat est compris d'une manière
plus étendue que ne font généralement les gouvernements monarchiques et l'orientation est nettement déterminée dans le sens d'une extension des services publics.

*Le rôle de l'Etat.*

On veut que l'Etat fasse tout, subvienne à tout et à tous. Et l'exemple que donne l'Etat, les municipalités s'empressent de le suivre à leur tour.

Son intervention abusive.

Les difficultés financières et budgétaires qui s'accroissent chaque année montrent que l'Etat et les villes ont dépassé la limite et que les particuliers qui, à chaque instant, réclament l'intervention de l'Etat, oublient que « cette grande fiction », suivant l'expression de Bastiat, ne vit et ne se soutient qu'à l'aide des contributions qu'elle lève sur la société sous diverses formes, qu'il n'a aucune ressource qui lui soit propre et que ce qu'il donne à l'un il le reçoit de l'autre, c'est-à-dire qu'il le prélève ou le prend sur le fruit du travail et des économies d'autrui. L'Etat ne fera certainement jamais ni plus, ni mieux que l'initiative individuelle.

La réforme de l'enseignement secondaire.

La réforme de l'enseignement classique et moderne qui a donné matière à un remarquable rapport de M. Ribot est à l'ordre du jour de la Chambre : il est à désirer qu'elle l'examine et le discute, au lieu de perdre son temps en questions et interpellations trop souvent oiseuses et inutiles.

Mort de la reine Victoria, de l'impératrice Frédéric, de Crispi, du président Mac-Kinley.

Rappelons encore, parmi les nombreux faits de l'année 1901, la mort de la reine Victoria; l'allocution émue de M. Waldeck-Rousseau à la Chambre et de M. Delcassé, au Sénat, à propos de ce triste événement; la mort de l'impératrice douairière d'Allemagne; de Crispi; le mariage de la reine Wilhelmine, des Pays-Bas; l'attentat contre l'empereur Guillaume ; l'assassinat du ministre de l'instruction publique, en Russie, et du président Mac-Kinley, aux Etats-Unis ; ce qui prouve que les épouvantables théories anarchistes font encore de criminels adeptes.

Relations extérieures : le tsar à Compiègne, le duc de Gênes à Toulon.

Nous rappellerons enfin le voyage de M. Delcassé à Saint-Pétersbourg, précédant la visite du tsar à Compiègne ; puis l'arrivée à Toulon d'une escadre italienne sous les ordres du duc de Gênes, venant saluer le président de la République ; la réception des ambassadeurs du Maroc, etc.

Quant aux questions monétaires et fiduciaires, nous aurions encore à rappeler la baisse continue qui s'est produite sur le métal argent, sur les divers métaux, cuivre, étain, plomb, zinc, sur les combustibles et, comme conséquence, sur tous les titres des sociétés de charbonnages et de celles qui exploitent les métaux : la dépréciation des prix est générale.

Le cuivre valait 190 francs fin décembre 1900, il vaut aujourd'hui 135 francs ; l'argent a baissé de 108 fr. 90 le kilo. à 92 fr. 50; l'étain, de 348 à 297 francs; le plomb, de 48 fr. 50 à 30 francs ; le zinc, de 50 à 45 francs.

Le change s'est amélioré en Italie, en Portugal, au Brésil. Il s'est aggravé en Espagne au cours de 1901, mais il paraît devoir devenir meilleur. Cette question du change espagnol a été une des graves préoccupations de cette année.

La situation monétaire et fiduciaire de la France contraste avec les embarras des autres pays. La Banque de France possède l'encaisse-or la plus considérable du monde et c'est elle qui, pendant toute l'année, malgré les embarras financiers de l'Europe et les spéculations insensées qui s'exerçaient aux Etats-Unis, a pu maintenir le taux de l'escompte à 3 %, alors qu'il s'est élevé jusqu'à 5 % à Londres et à Berlin et qu'il est maintenant à 4 % sur ces deux places, à 5 % à Rome et à Saint-Pétersbourg, à 4 % à Berne.

*Questions monétaire et fiduciaires Le change.*

## XI

L'année 1901 n'a été dans le monde entier, ni calme, ni inquiète, ni pacifique, ni belliqueuse. C'est une année de crise pour plusieurs pays. C'est, pour le nôtre, une année de fléchissement et de liquidation de beaucoup de titres industriels, c'est en même temps une année de hausse et de reprise sur les titres à revenu fixe, année pendant laquelle la France a continué, comme par le passé, à travailler et à économiser. Dans le cours de

*Résumé et conclusion.*

1901, elle a placé, en titres mobiliers, plus de 1,700 millions de francs, malgré les déboires et les pertes que l'épargne et la spéculation ont subis (1).

Année disparate, pendant laquelle les questions économiques et financières ont présenté les plus singuliers contrastes et ont été des plus vivement discutées. Aux Etats-Unis les idées protectionnistes sont très combattues : dans la Grande-Bretagne, les principes du libre-échange sont battus en brèche. Les principes financiers, les règles budgétaires et fiscales, soit pour l'établissement des budgets, soit en matière de taxes, ont reçu, cette année, dans ce pays de terribles accrocs. Le gouvernement anglais a émis les emprunts les plus divers, rentes consolidées, bons du trésor à échéances variées. Pour finir l'année, en attendant le grand emprunt prévu pour le printemps de 1902, il mettra en adjudication, le 31 décembre, 1 million 1/2 de livres sterling de bons du trésor à 12 mois ; il a touché à l'income-tax ; il a augmenté les droits sur le thé, etc.

Les questions douanières, en Allemagne, en Russie, dans l'Europe entière, sont devenues de plus en plus aiguës. Partout enfin, les questions sociales et ouvrières se sont multipliées et ont suscité, avec les grèves, de sérieuses inquiétudes.

Si l'année 1901 n'a pas été chez nous, comme dans d'autres pays, une année de crise économique, financière et politique, elle doit être considérée néanmoins comme une année d'avertissements. La France a besoin de vivre et de travailler ; il est nécessaire que l'obsession fiscale, qui a été, depuis grand nombre d'années, la manie délirante de nos législateurs comme elle devient celle de nos conseillers généraux et municipaux, fasse place à la paix fiscale ; il est nécessaire de s'arrêter dans la voie des dépenses. Toute dépense inutile, si faible qu'elle soit, est un prélèvement arbitraire, injuste, effec-

(1) Voir notre étude *La France se ruine-t-elle ? Des faits et des chiffres*. In-8°, 1901.

lué sur le contribuable. L'utilité d'une dépense n'est pas
une justification : il faut y ajouter la nécessité. Le parlement ne devrait pas oublier qu'il est impossible de
faire tout ce qui serait utile parce que nous ne pouvons
dépenser et toujours dépenser. Il faut en un mot, à notre
pays, du calme et de la paix, pour qu'il continue, non
seulement à supporter le poids de ses lourdes charges,
mais qu'il puisse les diminuer, en augmentant ses
richesses et ses épargnes.

# TABLE CHRONOLOGIQUE

# TABLE ANALYTIQUE

## J

## K

## L

## M

# P

Imp. PAUL DUPONT, 4, rue du Bouloi. — Paris 1er Arrt. — 539.11.1902.